フランチェスコ・グイッチァルディーニ＝著
末吉孝州＝訳

フィレンツェの政体をめぐっての対話

Francesco Guicciardini,

DIALOGO DEL REGGIMENTO DI FIRENZE

ジュリアーノ・ブジアルディーニによるグイッチァルディーニの肖像
（エール大学収蔵）

ジョヴァンニ・ディ・ビッチ・デ・メディチ
（画家はブロンツィーノ）

「祖国の父」コジモ・ディ・ジョヴァンニ・デ・メディチ
（画家はポントルモ）

ロレンツォ・イル・マニーフィコ
（画家はジョルジョ・ヴァザーリ）

ピエロ・ディ・ロレンツォ・デ・メディチ
（ロレンツォ・イル・マニーフィコの息子である。画家はブロンツィーノ）

人文主義者たち。左よりマルシーリオ・フィチーノ，クリストフォロ・ランディーノ，アンジェロ・ポリツィアーノ，ジェンティーレ・ベッキ。
（ドメニコ・ギルランダイオのフレスコ画。サンタ・マリア・ノヴェルラ教会）

ジローラモ・サヴォナローラ
(画家はフラ・バルトロメーオ)

フィレンツェの政体をめぐっての対話

凡例

一、本書はフランチェスコ・グイッチァルディーニの『フィレンツェの政体をめぐっての対話』(Dialogo del Reggimento di Firenze)の全訳である。

一、今日、この『対話』の稿本は二種類残されている。一つはグイッチァルディーニ自筆の原稿である(A)。他の一つは後に秘書に清書させたもので、これにはグイッチァルディーニ自身によって修正の書き込みがなされているという(B)。したがって、これが『対話』の定本である。

一、『対話』がいつ書かれたかについては議論がある。しかし、ここではロベルト・リドルフィの考証に従って、まず一五二一年秋に書き出され、その後、何度か中断されたあと、一五二五年秋に完成されたものとする。

一、『対話』が初めて刊行されたのは一八五八年、カネストリーニの監修による。最初のグイッチァルディーニ全集(1857-67)十巻のうちの第二巻に収められている。次いで一九三二年になって、パルマロッキィ監修のものが出る。これは稿本AとBを比較対照した批判版である。長い間、これが決定版となっていたが、一九七〇年、エマヌエルラ・ルニァーニ・スカラノ監修のものが刊行された。本訳書はこれに依った。Opere di Francesco Guicciardini. Volume primo. A cura di Emanuella Lugnani Scarano. Unione Tipografico-Editrice Torinese. 1970. pp. 299-483.

一、『対話』には英訳書がある。Guicciardini. Dialogue on the Government of Florence. edited and translated by Alison Brown. Cambridge University Press. 1994. 翻訳に当たって多少参考になった面もあるが、解釈に疑念も残った。

一、巻末に付録として『リコルディ』抄を入れた。ここに抜粋されたリコルドはすべて、『対話』と関連あるものばかりである。これによって、個々のリコルドの書かれた時期がある程度、決定することができよう。『リコルディ』とは、一五一二年から一五三〇年にかけて綴られた一種の箴言集である。ここに挙げられたリコルドは拙訳『グイッチァルディーニの「訓戒と意見」―「リコルディ」』(太陽出版、一九九七年)から取ったものである。

一、巻末に同じ付録として『登場人物案内』を付した。

1500年前後のイタリア地図

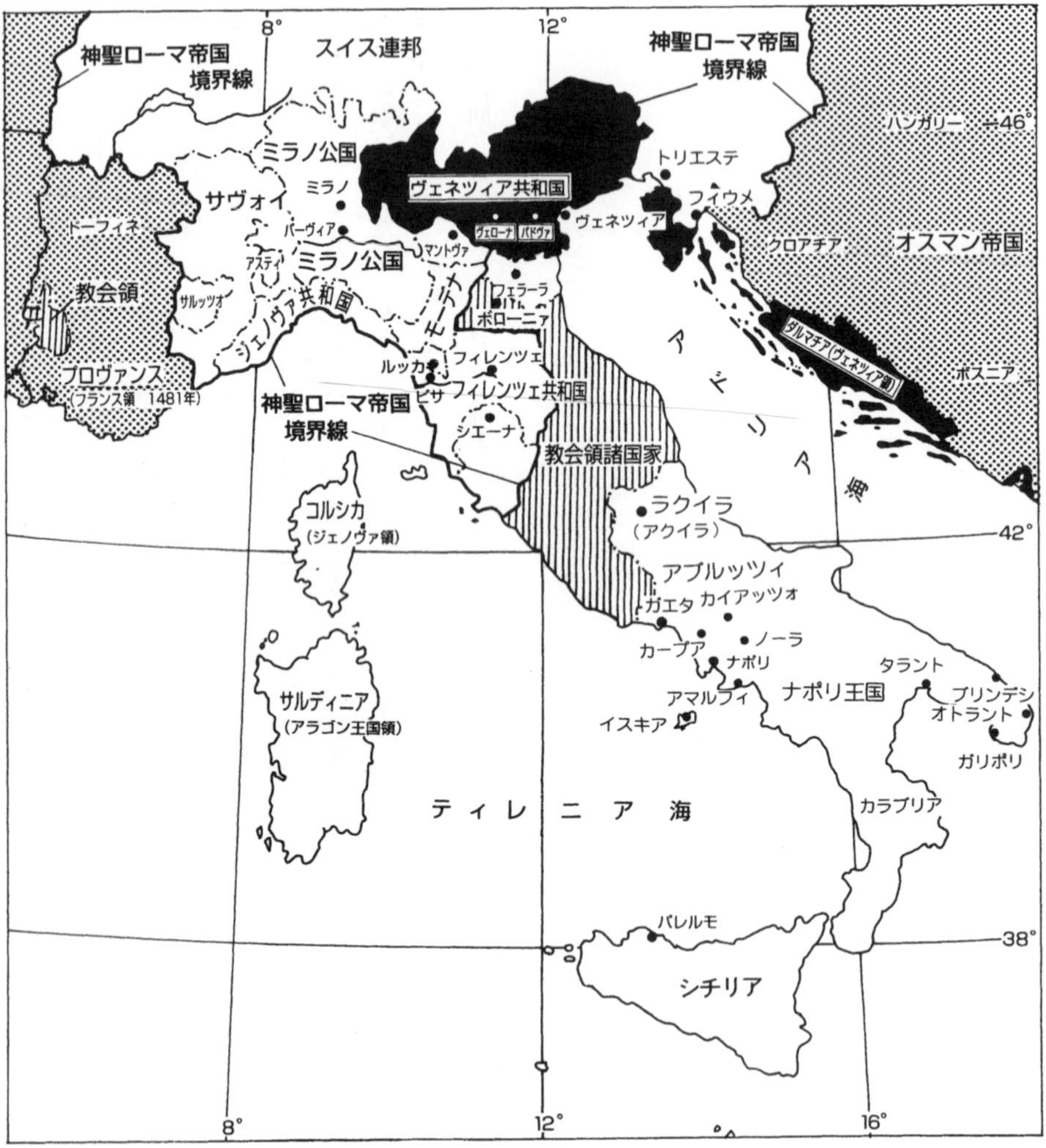

メディチ家系図

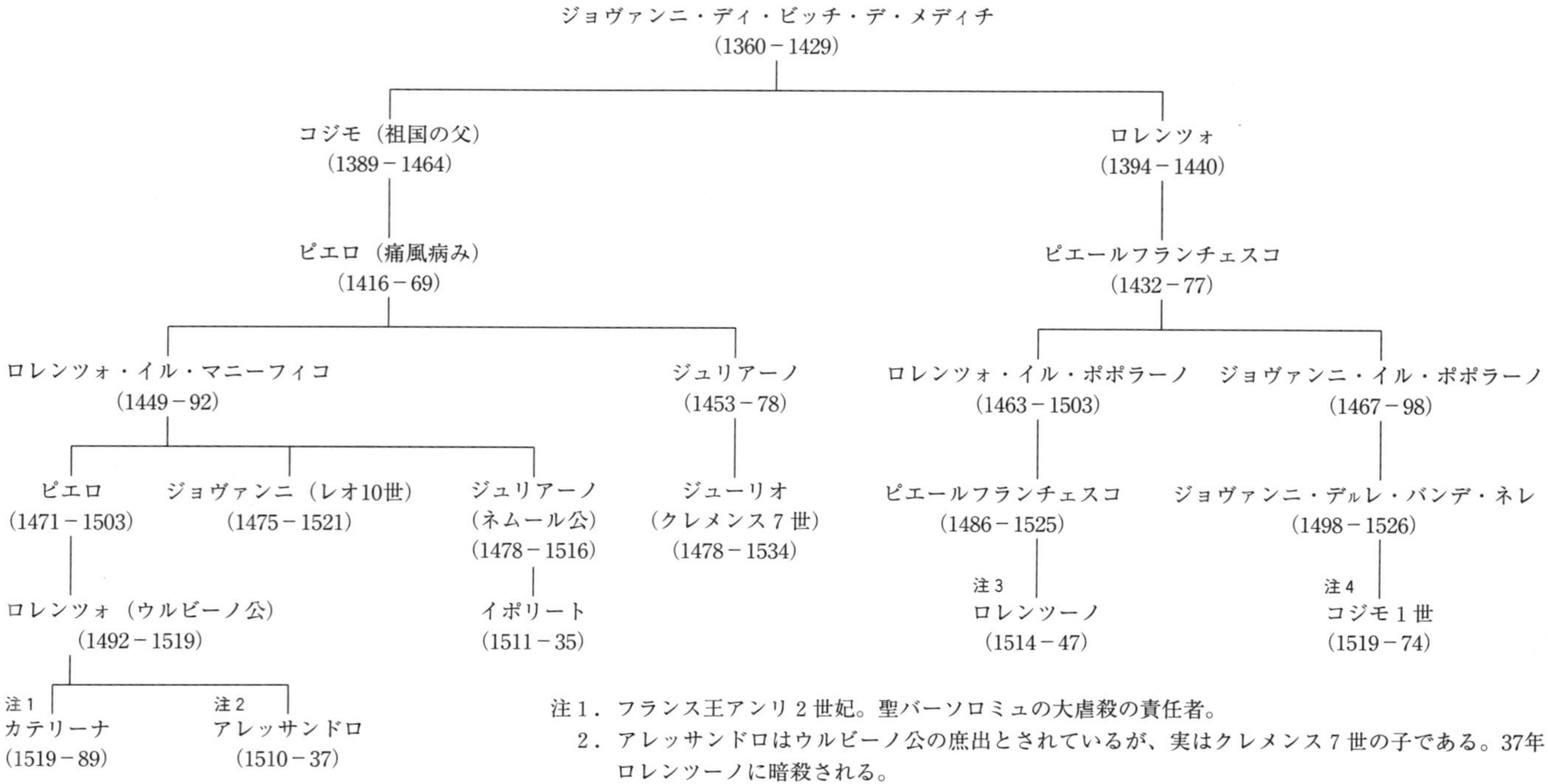

注1．フランス王アンリ2世妃。聖バーソロミュの大虐殺の責任者。
2．アレッサンドロはウルビーノ公の庶出とされているが、実はクレメンス7世の子である。37年ロレンツーノに暗殺される。
3．アレッサンドロを暗殺し、逃亡。
4．アレッサンドロが殺害された後、グイッチァルディーニによってフィレンツェ公に擁立される。

関係年表

（年）

一二九三　正義の法令。ゴンファロニエーレ・ディ・ジュースティアの制定。
一三四三　アテネ公の追放。
一三七五　戦争の八人《オット・ディ・バリーア》による教会との戦い（―七八年まで）。
一三七八　チオンピ（毛梳き工）の反乱。当時のゴンファロニエーレはルイジ・グイッチァルディーニ。
一三八二　有力市民層によるフィレンツェ寡頭支配体制の成立。
一四三四　コジモ・デ・メディチ、亡命先のヴェネツィアからフィレンツェに帰還、権力掌握。
一四四三　アラゴン王アルフォンソ五世、フランスのアンジュー家にとって代わり、ナポリ王を兼ねる。ナポリ王としてはアルフォンソ一世。
一四四七　ミラノ公フィリッポ・マリア・ヴィスコンティ没。ヴィスコンティ家の断絶。ミラノ公国の継承権をめぐっての争い。フランチェスコ・スフォルツァ、オルレアン公シャルル、アラゴン王アルフォンソ、三者の争い。
一四五〇　フランチェスコ・スフォルツァ、ミラノ公となる（―六六年）。
一四五三　コンスタンティノープルの陥落。オスマン・トルコの脅威増大。
一四五四　ロディの平和。フィレンツェ、ミラノ、ヴェネツィア、ローマ教皇参加。以後、四十年間にわたるイタリアの平和。

一四五八　ナポリ王アルフォンソ一世没。フェルランド（フェルランテ）一世即位。
一四六四　コジモ・デ・メディチ没。後継者は「痛風病み」のピエロ（—六九）。
一四六六　ミラノ公フランチェスコ・スフォルツァ没。後継者はガレアッツォ・マリア・スフォルツァ（—七六）。ピッティ陰謀事件（ピエロ・デ・メディチに対する暗殺計画未遂）。
一四六九　ピエロ・デ・メディチ没。後継者、ロレンツォ・デ・メディチ（イル・マニーフィコ）。弟ジュリアーノ。マキァヴェリ生まれる。
一四七二　ロレンツォ・デ・メディチ、ヴォルテルラと戦う。これを掌握。
一四七六　ミラノ公ガレアッツォ・マリア・スフォルツァ暗殺される。ジァン・ガレアッツォ・スフォルツァが継ぐ。
一四七八　パッツィ陰謀事件。（四月二十六日）ロレンツォは逃れるが、弟ジュリアーノは殺害される。ロレンツォの復讐。教皇シクストゥス四世とナポリ王フェルランテの同盟。翌年にかけてフィレンツェ攻撃。フィレンツェの危機。
一四八〇　ロレンツォの冒険的なナポリ行。ナポリ王フェルランテとの和約。フィレンツェ危機を脱す。ロレンツォのフィレンツェ凱旋。
一四八三　三月六日、フランチェスコ・グイッチァルディーニ、フィレンツェで生まれる。
一四九二　ロレンツォ・イル・マニーフィコ没。後継者、ピエロ・デ・メディチ。八月、教皇アレクサンデル六世即位。
一四九四　九月、フランス王シャルル八世のイタリア侵入。十一月、メディチ家、フィレンツェから追放される。十一月十七日、シャルル、フィレンツェ入城。十二月二十三日、サヴォナローラの影響下、コンシーリオ・グランデ（大会議）の成立。民主政権の樹立（—一五一二年九月一日）。『対話』の行われたとされるのはこの直前である。

一四九五　シャルル八世のナポリ制圧。三月、対仏同盟（ヴェネツィア同盟）の成立、シャルルのフランス撤退。

一四九八　シャルル没。ルイ一二世即位。フィレンツェの政変。サヴォナローラの処刑。マキァヴェリ、「十人委員会《ディエチ》」の書記に任命される。

一四九九　ルイ一二世、ミラノ公国の相続権を要求して、ロンバルディア占領。ロドヴィーコ・イル・モロ、ミラノ公国を失う。チェーザレ・ボルジア、ルイ一二世の援助でロマーニァ地方の征服に乗り出す（—一五〇二年）。

一五〇〇　スペイン、フランス両国によるグラナダ同盟。ナポリの分割を策す。

一五〇一　五月、チェーザレ・ボルジア、フィレンツェ領に侵入。内政・外政両面におけるフィレンツェの危機。

一五〇二　フィレンツェの行政改革。終身ゴンファロニエーレ制度の導入。ピエロ・ソデリーニの選出。

一五〇三　教皇アレクサンデル没、十一月、ユリウス二世即位。ピエロ・デ・メディチ溺死。

一五〇六　マキァヴェリの「市民軍」（milizia）の組織化。

一五〇八　グイッチァルディーニ、フィレンツェ政界の大物アラマンノ・サルヴィアーティの娘マリアと結婚。『リコルダンツェ』『わが一族の追憶』『フィレンツェ史』の執筆。

一五一一　十月五日、ユリウス二世、アラゴン王、ヴェネツィアによる対仏大同盟「神聖同盟」の成立。ユリウス二世とルイ一二世との抗争。グイッチァルディーニ、スペイン大使に任命される。

一五一二　四月十一日、ラヴェンナの戦い。戦闘そのものはフランス軍の勝利。しかし、以後、戦いは神聖同盟軍に有利となり、フランスはイタリアから撤退。中立を保っていたフィレンツェはユリウス二世とアラゴン王フェルディナンドの介入で、九月、ソデリーニ政権が倒れ、メディチ家が復帰。

一五一三　マキァヴェリの失脚。グイッチァルディーニ、スペインにおいて最初の『リコルディ』「Q1」・「Q2」、フィレンツェの共和政体を論じた『ログローニョ論考』を書く。

一五一四　ユリウス二世没。メディチ家のジョヴァンニ枢機卿がレオ一〇世として即位。

一五一五　一月、グイッチァルディーニ、スペインより帰国。

ルイ一二世没。フランソア一世即位。ノヴァラ戦の雪辱を期しロンバルディアに侵入。マリニァーノの戦いで勝利してミラノ公国を掌握。

一五一六　アラゴン王フェルディナンド没。カルロス一世即位（一五一九年以降、皇帝カール五世）。グイッチァルディーニ、レオ一〇世よりモーデナの代官に抜擢される。翌年にはレッジョのそれも兼ねる。

ジュリアーノ・デ・メディチ没。フィレンツェの実権はピエロの子、ロレンツォの手に帰す。レオ一〇世、ウルビーノ公フランチェスコ・マリア・デルラ・ローヴェレを武力でウルビーノから追放。ロレンツォ、ウルビーノ公を称する。

一五一七　十月、マルティン・ルターの宗教改革の開始。

一五一九　一月、皇帝マクシミーリアーン没。六月、カール、皇帝に選出されカール五世と称す（フランソア一世敗れる）。

一五二一　五月、ロレンツォ・デ・メディチ没。ジューリオ（・デ・メディチ）枢機卿、フィレンツェに入り、フィレンツェの実権を握る。自由の外見の回復。

北イタリアをめぐってのフランソア一世と皇帝カール五世の対立・抗争の激化。レオ一〇世の二枚舌外交。五月、レオとカールとの秘密同盟。レオの戦争準備。七月、宣戦。グイッチァルディーニ、教皇軍のコメサーリオ・ジェネラーレ（特別顧問）に任命され、軍と行動を共にする。総司令官プロスペロ・コロンナとスペイン軍司令官ペスカラ侯との対立。ジューリオ枢機卿を教皇代理として軍に派遣。ミラノ陥落。パルマその他も陥落。グイッチァルディーニ、パルマにコメサーリオとして派遣される。レオ一〇世の急逝。十二月、グイッチァルディーニのパルマ防衛。十月から十一月、『フィレンツェの政体をめぐっての対話』の試み。五月、モーデナにおけるマキァヴェリとの友情。

一五二二　一月、トルトナ枢機卿、教皇ハドリアーヌス六世として即位。

一五二三　教皇ハドリアーヌス没、メディチ家のジュリアーノ枢機卿、クレメンス七世として即位。

一五二四　グイッチァルディーニ、クレメンスよりロマーニァ総督に任命される。

一五二五　二月、パヴィーアの戦い、カール五世の勝利、フランソアは捕虜としてマドリッドの獄に送られる。秋、『フィレンツェの政体をめぐっての対話』完成。

一五二六　一月、マドリッド条約、フランソアの釈放。釈放後、フランソアはマドリッド条約を反古とする。カールとフランソアのイタリア戦争再開。グイッチァルディーニ、カール五世に対抗してフランソアとの同盟を推進。コニァック同盟。グイッチァルディーニ、教皇軍、フィレンツェ軍の最高軍事顧問に任命される。カール五世と戦う。

一五二七　五月、「ローマの劫略」。クレメンス七世、サン・タンジェロ城に逃れる。フィレンツェの政変。メディチ家が追放され、共和政権が樹立される。マキァヴェリ没。グイッチァルディーニ、教皇軍の任を解かれフィレンツェに戻る。

一五二八　四月、『リコルディ』「B」の成立。『フィレンツェ事情《コーゼ・フィオレンティーネ》』の執筆。未完。

一五二九　クレメンスとカールの和解。グイッチァルディーニの亡命。皇帝軍によるフィレンツェ包囲。

一五三〇　グイッチァルディーニ、欠席裁判で有罪。財産没収。八月、フィレンツェ降伏。メディチ家の復帰。アレッサンドロ・デ・メディチによるフィレンツェ支配。グイッチァルディーニによる急進共和派に対する苛酷な処刑。この年、『リコルディ』「C」の成立。『マキァヴェリ論』未完。

一五三四　九月、クレメンス七世没。パウルス三世即位。グイッチァルディーニ、アレッサンドロの政治顧問としてフィレンツェ政界に君臨。

一五三七　アレッサンドロ・デ・メディチの暗殺。グイッチァルディーニによるコジモ擁立（後のトスカーナ大公コジモ一世）。グイッチァルディーニの引退、『イタリア史』の執筆。未完。

一五四〇　五月二十二日、グイッチァルディーニ没。

目次

凡例　2
一五〇〇年前後のイタリア地図　4
メディチ家系図　5
関係年表　6
序……15
第1巻……21
第2巻……133
[付録]
『リコルディ』(抄、本書に関連のあるもののみ)　256
登場人物案内　299
解説　325
人名索引　371

序

フィレンツェの統治機構について考察することは、何と美しい、かつ名誉ある偉大なことであろうか。なぜなら、われわれの幸福、健康、生活、さらにこの地上の劣った世界(1)でなされるすべての卓越した行為は、この統治機構に依存しているからである。ここで考え抜かれ構想されているものが現実に行われるといった望みはまったくないにしても、それでもかくも立派で価値のあるテーマの考察に精神を傾け、時間を費やす者は称讃に値しない者とはいえない。というのも、われわれの生活の様々な面に対して適切にして有益な教訓を、これから引き出すことができるからである。もっとも、プラトンが共和国(2)について省察し著述したのは、これによって彼の空想したあの政体がアテナイ市民によって採用され、現実化されるであろうという希望からであると信じることはできない。アテナイ人は当時、放恣に流れ傲岸に終始していたために、プラトンは良き政体を彼らに受け入れさせようなどとは試みたことはない。ある書簡の中で述べているように(3)、プラトンは絶望しており、アテナイ人は二度と再び良き政治を始めることができないと思っていて彼らの共和国に自らが巻き込まれるのを、あるいはそのために自らが磨り減らされてしまうのを決して欲しなかったのである。

したがって、われわれフィレンツェの政体について考え、あるいは書き記すことは決して非難されることではないであろう。とくに、次のような理由からしても、なおさら非難されるべきことではない。なぜなら、フィレンツェにおけるメディチ家の権威のために、また教皇の巨大な権力のために現

(1) questo mondo inferiore 中世ヨーロッパの宇宙観を暗示させる。偽アレオパギタの天上ヒエラルヒの世界である。月下の世界は不完全な物質、土、水、火、空気の四元素から成る。このため、この世界には腐敗と死がある。これに対し天上界は腐敗することのない第五精質《クインテッセンス》から成る。不死の、完全な世界である。このヒエラルヒの最高天が神の座である。

(2) republica 共和国と訳しておく。これについては藤沢令夫訳『国家』（プラトン全集11、岩波書店）の解説参照。

(3) 第七書簡、長坂公一訳、プラトン全集14参照。

在、フィレンツェはその自由を失っているかのように思われるが[4]、それにもかかわらず、人間の事柄で日常しばしば生じているように、予期せぬ出来事のために一人による政体がいつ何時、以前の自由な政体に戻るかもしれないからである。あたかも、民主政体が一夜のうちにいとも簡単に一人による政体に変えられたのと同様である。一家門が一共和国に比して永遠に続くであろうと望むことは疑いなく難しいのであるから、このことは大いにあり得るのである。仮にこのようなことが生じれば、われわれのこの省察と議論は完全に無益にはならないであろう。とくにピエロ・ソデリーニがゴンファロニエーレであった時の[5]、つい最近の例が示しているように、いまだフィレンツェの事情はこのような祝福を受けることができないほど、堕落してもいないし、怠惰でもないように思われるがゆえに、なおさらそう言えるのである。ちなみに、この時期、フィレンツェは立派で称讃に値する政体をほとんど採用するところまで行っていたのである。私は賢くもないし思慮分別に長けているわけでもない。さらに、長期にわたって祖国から遠く離れて生活してきた[6]。それにもかかわらず、私がフィレンツェに、真に自由といえるような正当で秩序正しい政体を、しかもこの政体たるやフィレンツェの起源から今日に至るまで、いかなる市民といえどもいかにして導入し得るかをまったく知ることのなかったものであり、事実、実現し得なかったものであるが、このような政体をいかにしてフィレンツェに導入し得るかを私が示すことができると思ったとしても、自分自身を買いかぶり過ぎている、傲慢であるといった非難を受けることにはならないであろう。なぜなら、私はこの議論の中に私自身みずから考え出したことや、あるいは私自身の意見を挿入しようとしているのではないからである。そうではなくて、本書はかつてわれわれフィレンツェ市民の中でも最も賢明にして最も重要な数人の人びとによって実際に議論されたものを忠実かつ正確に語ろうとするものであるからである。これを書き記し

（4）本書の執筆時期は一五二一年から二五年にかけてである。フィレンツェは一五一二年以来、再びメディチ家の支配下にある。巻末の「解説」一参照。

（5）Gonfaloniere di Giustizia 正義の旗持ち。フィレンツェの行政長官。シニョリーア（政庁）を率いる。任期は二カ月。一五〇二年、終身職となる。ピエロ・ソデリーニが選ばれ、一五一二年メディチ家の帰還までフィレンツェを統治する。シニョリーアおよびゴンファロニエーレについては「解説」三参照。またピエロ・ソデリーニについては巻末「登場人物案内」310頁および「解説」一参照。

（6）一五一二年、ソデリーニ政権下でスペ

て後世の記憶に委ねるに当たって、私は父の取ったのと同様の方法と順序に従いたいと思う。私の父はこの時の議論を繰り返し私に語ってくれたが、それも父は対話者の一人であったからである。もっとも、父はいつもの通り自らの意見を口にするよりも、むしろ他の人びとの言うことに耳を傾ける方を好んでいたが。

それゆえ、父はその時のことを何度も私に語ったものである。一四九四年、ピエロ・デ・メディチが追放[7]されてから数週間後、父はピエロ・カッポーニとパゴラントーニオ・ソデリーニと連れ立ってサンタ・マリア・インプルネータ[8]教会に行く。そこに行ったのは誓いを立てるためであったのか、礼拝するためであったのか、これについては私は知らない。ピエロ・カッポーニもパゴラントーニオ・ソデリーニも、ともに他に卓越した大きな権威を帯びた市民である。帰途、彼らはベルナルド・デル・ネロを訪ねる。当時、ベルナルドは高齢に達した極めて聡明な人物であった。公けの場から排除されていて、近くの別邸で静かに日を送っている身である。公けの場から排除されたのは大きな疑惑に晒されていたからである。メディチ家の時代に勢力を振るっていた人びとは、すべてそのような疑惑の目をもって見られていたのである。父にとってどちらが強烈であったか、すなわちこの時の議論を思い出す際に感じた喜び（この喜びは確かに大きかった）の方か、あるいはベルナルドの不幸な最期を考える際の不愉快さの方か、そのどちらが強烈であったかを言うのは容易ではない。極めて賢明なベルナルドはあたかも神託僧のように、その後生じた多くの物事を予見したのである。おそらく彼は、民主政権によって加えられたいくつかの不正に憤激していたのかもしれない。とくに、彼は極めて不公平な税を課せられている。あるいは当時、深刻に分裂し混乱していたフィレンツェに絶望していて、フィレンツェがいつの日か秩序正しい政体に戻り得るとは思えなかったからなのか、好んでフ

イン大使に抜擢されて以来、グイッチァルディーニはレオ一〇世の下でモーデナ、レッジョの代官、クレメンス七世の下でロマーニァ総督といった具合に長期間フィレンツェを離れている。「解説」一参照。

（7）正確な日付は一四九四年十一月九日である。ピエロ・デ・メディチについては巻末付録「登場人物案内」319頁参照。

（8）サンタ・マリア・インプルネータのマリアの肖像は奇跡を惹起こす力を持っていると考えられていた。フィレンツェが危機に瀕した時など、フィレンツェに持って来られ礼拝されていた。なお、巻末付録『リコルディ』257頁C一二四参照。

イレンツェの政治生活に繰り返し思いを馳せている。ベルナルドを子供の頃から養ったのはフィレンツェであり、彼の愛したのもフィレンツェであったからである。あるいは、おそらく運命から逃れることが不可能であったからかもしれない。ともあれ、彼はピエロ・デ・メディチを帰還させようという陰謀を彼に洩らす者に対して耳を十分に閉ざす術を知らなかったし、閉ざすこともできなかったのである。かくしてベルナルドは首を刎ねられる。このような陰謀の首謀者あるいは助言者であったからではない。そのような陰謀の存するのを明かさなかったからである(9)。

しかし主題に戻ろう。私はまた、メディチ家に対する忘恩のゆえをもって非難され得るとは思わない。たしかに私はメディチ家に対して深い、事実、異例ともいえるほどの恩義を蒙っている。メディチ家出身の二人の教皇に用いられ、過度の名誉を与えられてきたからである。最初はレオによって、次いでクレメンスによってである。彼らは私を遇するに最大の信頼をもってした。とくに、クレメンスの場合はいっそうそうであった。このような恩義を考えれば、彼らメディチ家の政権に反対するような思想を抱くことは不謹慎のように思われる。しかし、私の書いたものから私が彼らの偉大さに反発している、あるいは彼らの権威に不愉快を感じているなどという結論を下すことはできないし、そうすべきでもない。とくに本書が書かれたのは私の楽しみと気晴らしのためであって、これを出版する意図などまったくないからである。これとまったく同じ理由からして、われわれはアテナイの一市民であり、間違いなく偉大な愛国者であったクセノポンがキュロスの名のもとに君主政について著述したからといって(10)、彼がアテナイの自由を嫌っていたなどと論じようとはしないのである。あるいは、アレクサンドロス大王の師傅であり、また大王に大きな恩義を蒙っているアリストテレスが『政治(Politica)』をものしたからといって、大王の敵であるなどと論じようとはしないのである。

(9) ベルナルドの処刑は一四九七年八月二十一日である。なお、この事件および裁判についての詳細はフランチェスコ・グイッチァルディーニの『フィレンツェ史』(拙訳、太陽出版)二三〇頁以下参照。なお、ベルナルドについては巻末付録「登場人物案内」312頁参照。

(10) Ciropaedia ペルシャ王キュロス(紀元前五五九—五二九)の伝記である。クセノポンおよびアリストテレスについては巻末「登場人物案内」299頁および305頁参照。

あたかも、人間の意欲や欲望はその者の思想、あるいは議論と異なってはあり得ないかのようではないか。あるいは本書の議論から私が二つの政体、いずれも混乱し、堕落した政体であるが、そのいずれを大目に見ているかが明らかになっているとでもいうかのようではないか。われわれはそのいずれをも批判するが、それでもやり直しのできそうな、改良される見込みのあるものについては擁護すべきであろう。これは必然の命ずるところである。したがって、真に自由なバランスのとれた秩序正しい政体が提案されれば、その政体こそ、その他いかなる政体にもまして私の好むものであると言っても、私は非難されることはなかろう。祖国に対する義務、また他の人びとに対する義務について哲学者の書いていることは周知の事柄であり、また市民生活における人間の恩義や義務の位階は異なったものである。したがって、小さな恩義や義理ではなく、大きなそれを重視したとしても忘恩の誹りを受けることはないのである。しかし、これらの議論や反論を脇に置いて、われわれの本題に入ろうではないか。私はこれを対話の形で書いた。それが本来もっていた真実と実際の形式からできる限り逸脱しないためである。

第1巻

対話者

ベルナルド・デル・ネロ
ピエロ・カッポーニ
パゴラントーニオ・ソデリーニ
ピエロ・グイッチァルディーニ

カッポーニ(11)

この神聖な場所を訪れました(12)ことはわれわれにとりまして最大の喜びですが、あなたにお会いできる機会を得ましたことはさらに大きな喜びです。あなたがフィレンツェの政庁舎《パラッジョ》と政務に就いておられないのは、われわれの意見では予想を遙かに超えたものです。革命ではいろんなことが起こりましたが、これなどはまったく奇怪極まりないことのように思われます。しかし、革命とはこのようなものなのですね。

ソデリーニ(13)

あなたを常に父のように愛し敬愛してまいりましたわれわれだけが、このように申し上げるのではありません。心ある人はすべてわれわれのように考えております。

グイッチァルディーニ(14)

しかし革命の性格からして、現在、あらゆる道理に反して行われていることが間もなく修正されるであろうことを知れば、誰もが慰められるというものです。あなたの実務的な英知がどれほど必要とされているかを知れば、現在、あなたが公務から遠ざけられているのを見て喝采している同じ連中がひとたび興奮から醒め不必要な疑いを解けば、真っ先にあなたを召還し、フィレンツェがあなたの忠告によって利益を受けるよう望む最初の人びととなることでしょう。

(11) 対話者ピエロ・カッポーニについては巻末の「登場人物案内」302頁参照。

(12) サンタ・マリア・インプルネータ教会である。

(13) パゴラントーニオ・ソデリーニについては巻末の「登場人物案内」309頁参照。

(14) ピエロ・グイッチァルディーニ。本書の筆者フランチェスコの父である。巻末の「登場人物案内」304頁参照。

ベルナルド

フィレンツェは人材に事欠いたことはありませんよ。私の忠告など必要とする時などありません。ましてや、私の知恵も今や老いのためすっかり衰え消耗してしまっているのですから。身体の方も同じようにすっかり駄目になって政庁舎の激務に戻ろうなどと思ってはなりませんし、仮に今それに携わっているとしたら、即刻、身を引くことを考えねばならないでしょう。大変残念に思っておりますのは、数年前、私が自ら進んでやっておかねばならなかったことが革命[15]とピエロ・デ・メディチの追放によって実現されたということです。これは私にとっては悲しいことです。私はメディチ家をずっと愛しておりましたから。それ以上に悲しいことは、私の長い人生経験からして明らかなように、政変は常にフィレンツェに害をなして来たからです。良かったことは決してありませんでした。これを示す多くの例を挙げることができます。

カッポーニ

どうしてあなたは、この革命がフィレンツェに害をなすとお考えですか。

ベルナルド

私の経験では、政変[16]は常にフィレンツェを不安定にし、悪い結果を生んで来たことは確かです。

ソデリーニ

あなたの生涯の間に為されたようなものであれば、おそらくあなたの仰しゃる通りでしょう。それらは革命というよりも人から人への変化、あなたの言い方をすれば、政変と呼ばれて然るべきものです。なぜならば、それらにおいては権力が一市民から他の市民に移されるか、あるいは支配者の権威が市民間の争いによって高められるか、そのいずれかであったからです。一四三三年と一四三四年、

(15) la mutazione

(16) le alterazioni

一四六六年、一四七八年、その他すべての騒乱で生じたことはまさにこれなのです[17]。しかし今回のものだけは、あなたの生涯で見られたものとは異なって初めて一つの型の政体から他の型の政体への転換がなされたのです。実際にこのようなことが生じたのです。悪い型の政体から良い型のものへ、あるいは単に良いものから、より良いものへと変化したのですから、この革命が有益でないなどという理由が私には理解し得ないのです。かつてはそのようなものであったとしても、今回の革命によって、本来は自由に慣れ親しんでいたが、有力市民の反目によって隷属させられて来たフィレンツェが少数の市民の力によって本来の古い自由を回復したものと私は信じています。流血もなく破壊もなく、あるいはこれといった騒ぎもなく、ただフィレンツェを押さえつけていた市民の追放のみをもって為されたのです。あなたもこのような意見をお持ちのことと存じます。あなたの高潔さ、高邁さを考えれば、われわれ同様、あなたもお喜びのことと存じます。メディチ家と親密であられたがゆえに、おそらくあなたはこのようにはっきりと口に出すのはふさわしくないと思われたのでしょう。

ベルナルド

あなた方は私に会えて嬉しくお思いでしょう。私も大変喜んでおります。私はこのような喜びを聊《いささ》かも台無しにしたくありません。それどころか、この喜びをお互いにできるだけ大きなものに致しましょう。このような議論は打ち切りにしましょう。このような重要な事柄について議論をすれば、たとえどれほど友好的に行ったとしても、必ずや反論や異論が出ます。そうなれば不愉快なことにもなります。議論をする代わりにもっと愉快な話をしましょう。よろしかったら、農園にでも参りましょう。栽培しようとしている美しいものをたくさんお見せしましょう。栽培するのは私自身のためではなく、私の後に来る人びとのためです。綺麗な建物の設計図もお見せしましょう。建物はいつでもで

（17）一四三三年はコジモ・デ・メディチが追放された年。翌一四三四年はコジモの帰還の年。この年、メディチ政権の基礎が固まる。一四六六年は「痛風病み」のピエロ・デ・メディチに対するピッティ陰謀事件。ピエロは難を免れている。一四七八年はパッツィ陰謀事件、ロレンツォ・イル・マニーフィコは一命を取りとめるが、弟のジュリアーノは殺害される。これらについては、グイッチァルディーニ『フィレンツェ史』七一―八二頁参照。

きますが、私が建設するのではありません。なぜなら、私は長年にわたって政務に就いて来たために、これらの欲求を満足させるだけの十分なお金を稼ぐことができませんでしたから。私がどれほどの喜びを農業に見出しているかお分かりでしょう。また、いかに誠実に時を過ごすことができるか、閑暇からどれほどの成果を引き出すことができるかがお分かりでしょう。閑暇は、うまく利用できれば誰にとっても歓迎すべきものです。しかし長い間、激しい政務に携わった後、時折り小休止を取る者にとってはなおさら歓迎すべきものなのです。小休止を取るのであれば、私などよりもっと早めに取った方がよろしいでしょう。しかも、そうせざるを得なくなってからではなく、私の場合のように自らの意志で行った方がよろしいでしょう。いずれにせよ、小休止は時折り取るべきでしょう。名誉ある地位にあって勢威に取り巻かれていた時に比べて、ここにいて私は私自身にことのほか満足しておりますし、静かな心境にあることは確かです(18)。

グイッチァルディーニ

さあ、お願いですから閑暇などについてそんな風にお話しするのはおやめ下さい。われわれはいずれもあなたの実際的な思慮分別が価値あるものであることを確信しております。引退しておられようが、政務に就いておられようが、この点まったく関係ありません。先の会話を続けましょう。私の申し上げたいのは、この会話は友人間の会話ではございません。むしろ、父と息子との会話といってよろしいでしょう。われわれはそう思っております。したがって不愉快になるといったものではありません。大変楽しいものになるはずです。個人的に申せば私は、高齢でしかも特別思慮分別に富んだ人物が公けの市民的な事柄について語るのを聞くのは楽しいことで、それ以上の楽しみを私は知りません。しかもその人物はそれらの事柄を哲学者の書物によってではなく、経験と実際の行動によって学

(18) これについては巻末付録『リコルディ』257頁C一七、B五七参照。

んでいるからです。これこそ物を学ぶ真の方法なのです。(19)私は常にこのような機会を求めてまいりました。ピエロ・カッポーニもパゴラントーニオも同じ思いにあると私は信じます。二人とも私以上に物を知っておりますが、それでもあなたから学ぶことがたくさんあると彼らは思っているはずです。

カッポーニ

君は私から言葉を奪ってしまったよ、ピエロ。私の言わんとしたことも同じことなんだから。私が何よりも望んでいるのは、他ならぬ君の言ったことなのさ。また私は、高貴な精神にとってこれほど有益で、かつふさわしい話題はないと思っております。現在行われているような、あるいはこれから行われようとしている話題は、その時その時の話題ではなく、実は永遠の問題なのですから。それにベルナルドほどの優れた教師をわれわれは持つことができるでしょうか。生来の思慮深さに年齢から来る経験の豊かさ、不断に政務に携わって来たこと、こうしたことを考え合わせると、控え目にいっても、かつて生きていたいかなる哲学者に比してもベルナルドは物を知っていると思われます。パゴラントーニオは黙っておりますが、顔付きからしても彼の欲求が何であるかが分かろうというものです。今までしばしばそうなさって来たように、あなたの教えをもってわれわれを喜ばせ向上させたいというのでしたら、不躾ではありますが、われわれすべての名においてピエロ・グイッチャルディーニがあなたに求めたことを本日なさって下さるようお願い致したいと思います。時折り、あなたと意見が合わないようなことがありましても、あなたに反対しようとするのではありません。われわれはあなたをわれわれの教師、父とも思っているのですから、反対するのではなく、問題になっている論題を明らかにする機会をあなたに提供するためなのです。農業や造園、建築はまたの機会に致しましょう。そのような話題ではなく、もう一度お願い致しますが、このたびの革命が有益でないと考えら

(19) 経験については巻末付録『リコルディ』258頁C一〇参照。

れるのは何故かをお答え願います。また、われわれフィレンツェの政体についていかなるお考えをお持ちか、お教え下さい。

ソデリーニ

さあ、さあ、ベルナルド、こんな重大な問題で息子たちを落胆させないで下さい。もっと些細なことでは、いつもわれわれを満足させようとして来たではありませんか。

ベルナルド

このような会話をあなた方と持てて嬉しく思います。しかし、教えるというより学ぶようなものです。このような問題についてわずかでも理解しているとすれば、それは経験を通してのみ理解し得たものですが、経験についてはあなた方も誰ひとりとして欠いているわけではありません。かなりの年月、あなた方は政務に携わってきているのですから。[20] 経験以外にもあなた方は生来、才能に恵まれておりますし、また何といっても広く物を読んでおられる。これはあなた方の利点です。あなた方は読書によって過去の諸々の時代に起こったことを死者たちから学ぶことができるのです。これに対し私は生きている人とのみ語り、私自身の時代の出来事以外、何も目にすることができません。したがって、申し上げておきたいのは、私がメディチ家と長期にわたる友情を享受して来たこと、さらにメディチ家に対し計り知れないほどの恩義を蒙っているということです。あなた方お三方のように高貴な生まれでもないし、親類縁者に取り囲まれてもおりません。私がメディチ家から恩顧を賜わり昇進させられ、通常ならば私に先んじてフィレンツェの要職、顕職を与えられるはずのすべての人びとと同等にさせられたのです。それゆえ、ピエロの没落が私を不快にさせなかったなどと言えば、それは真実ではありません。本当にそのように言えば、あまりにも忘恩すぎると非難されることになろうと思

(20) 対話者は三人ともメディチ政権時代にプリオーレ、大使、コメサーリオなど要職の経験がある。巻末の「登場人物案内」参照。

います。しかし、あなた方も御存知の通り、私がもっとも不愉快に思ったのはこのたびの没落の原因となった経緯なのです。私はこのような結果を予想しておりました。これが単にピエロやメディチ家の友人たちだけでなく、間違いなくフィレンツェにとっても有害であることを信じて彼に忠告して事態を改善しようと致しました。ピエロの態度を批判したために、彼の怒りも買いました。しかしながら、天空の配置と宿命的なものの方が、私の忠告や常に良い助言を与えて来た他の少数の人びとのそれよりも力があったのです。したがって、この家門に対して私が抱いて来た愛情、また現に抱いている愛情にもかかわらず、この革命がフィレンツェにとって少しでも有益であると思えば、他の誰にもまして私はこの革命を大切に受け入れたと思います。何と言っても、私はまずフィレンツェ人なのです。メディチ家の友人である以前に、あるいはメディチ家の恩顧に浴する以前に、まず私は祖国に恩義があるからです。このことについては神が証人になってくれるはずです。またフィレンツェが悪くなれば、メディチ家であれ、その他、支配者が誰であれ、うまくやって行けるはずがありません。しかしフィレンツェは、メディチ家がいなくとも十分偉大であり得るのです。これが私の考えですが、これについて他の証拠を持ち出すつもりはありません。というのも、私が今お話ししている人びとは既に私をよく知っている人びとですから。必要以上に話を長引かせないようにしましょう。まず私は、あなた方を納得させるために、単純にあなた方の用いているのと同じ武器を用いましょう。マルシーリオ・フィチーノ(21)と私はよくお話し致しましたが、彼が真理を語ったとしての話ですが、あなた方の哲学者たちは三つの政体のうち、すなわち一人による政体、少数者による政体、多数者による政体のうち、最良の政体は一人による政体で、次に良いのは少数者による政体、最悪のものは多数者による政体であると言明しているのではないでしょうか。とすれば、あなた方はいかにしてあなた方御自身

(21) Marsilio Ficino (1433-99) 詳細は巻末「登場人物案内」315頁参照。フィチーノはフランチェスコ・グイッチァルディーニの代父の一人。なお、哲学者については巻末付録『リコルディ』258頁C一二五参照。当時の哲学に対するグイッチァルディーニの見方が示されていて興味深い。

と書物との折り合いをつけることができるのでしょうか。なぜならば、あなた方は哲学者が最も称讃している政体を斥け、彼らの最も称讃しない政体を選んでいるのですから[22]。

カッポーニ

博学の者が答えるべきです。私は実際、いかなる学問もありません。占星術については多少知っております。これはジーノやその他の人びとから学び取ったものですが[23]、これは今の場合、役に立ちません。したがって、哲学者として自らを弁護するのは皆さんにお任せ致します。私としては、文法の訓練を受けたことのない者でも会話に加わることができるようになった時に、再び意見を申し上げましょう。

ソデリーニ

ピエロ・グイッチァルディーニが当然答えるべきです。彼はメッセル・マルシーリオの弟子の一人ですし、マルシーリオはその書物の中でピエロをメランコリックな、均整の取れた幸せな性格の人物と言って敬意を表しているのですから[24]。ピエロに答えてもらいましょう。そしてこれはまたピエロに相応しいことです。ベルナルドに話すよう求めたのは他ならぬピエロですから。ピエロこそ答えるべき最初の人なのです。

グイッチァルディーニ

君たちがこの役割を私に与えるのは、私に栄誉を与えるためではありません。君たちがベルナルドの詰問に答えるのはいとも簡単なはずです。ベルナルドが異議を申し出たのは議論の基礎としてではなく、むしろわれわれを試そうとするためだということを君たちは先刻知っているのだから。有能な隊長のやり方を見てごらんなさい。戦闘の始めに軽騎兵を送って攻撃させる。次いで圧力が増大する

(22) 三つの政体の問題は常にグイッチァルディーニの念頭に存したものである。しかし力点が時代によって移り変わっている。初期は貴族的共和主義、後期は独裁制の擁護者といった具合である。しかし大衆の政体については生涯、これを認めていない。この問題については巻末付録『リコルディ』259頁C二一二、およびB一三二参照。

(23) 占星術は当時の精神生活にとって大きな影響力を持っていたが、グイッチァルディーニも例外ではなかった。一五一六年にホロスコープを作らせている。これは豪華な作りの大冊で生涯、グイッチァルディーニはこれを読んでいた形跡があ

につれ重騎兵を送り、やがて少しずつ軍の中核を送るといった具合です。私はこのような難しい問題に当たって、本来、聴き手として終始すべきなのですが、メッセル・マルシーリオから学んだことを喜んでお話し致しましょう。しかし、これはあなた方みなさんが私以上に御存知のことばかりです。三つの政体がそれぞれ良くいっている場合ですが、それでもその中で最良のものといえば、一人による政体であるということは真理です。しかし、一人による政体が被支配者による選挙、あるいは自由な選択によってではなく、暴力という手段によって、あるいは派閥抗争により、あるいは権力の簒奪によって実現された場合には良いというわけにはいかないでしょう。メディチ政権がこの種のものであったことは否定し得ません。今日の一人による政体は、ほとんどすべてこの種のものです。これらはほとんどが被支配者の意志あるいは自然を代表するものではなく、支配者の欲望に基づいているのです。したがって、これは同様の政体について哲学者の是認している事例ではありません。私はまた次のように申すことができます。すなわち、これら同じ哲学者の言っていることに従えば、一人による政体はそれが良く行っている場合にはすべての政体のうちで最良のものであるが、しかし悪く行っている場合には最悪のものとなるということです。また私の思いますに、一人による政体が多数者によるそれよりもいっそう悪くなる理由は、それがより勝手気ままな恣意に委ねられ、それをチェックするものがいないからです。したがって、哲学者が私に説明しようとした点は次のごときものと思っております。すなわち、一方において一人による政体と多数者による政体が双方ともうまく行っている場合には一人による政体の方が多数者によるそれよりもどれほど良いものであるか。他方、双方とも悪い場合には一人による政体が多数者によるそれよりもどれほど悪いものであるか、さらに一人による政体がしばしばどれほど悪くなるものであるか等々を考えていくと、これらの問題のいずれがよ

る。この問題については拙著『グイッチァルディーニの生涯と時代』上・下巻（太陽出版）、とくに上巻二五二頁以下参照。また巻末付録『リコルディ』260頁以下C五七、二〇七、B一四五、A一五八参照。

（24）ingegno, melancolico, temperato, felice…フィチーノの著作とはApologia（1489）である。ピエロ・グイッチァルディーニに献呈されたものである。

り重大な問題であるかという点なのです。すなわち、一人による政体はそれが良い場合には他のものより断然良いのであるから、その際の利点か、あるいはそれが悪い場合には最悪になるのであるから、その際の不利益か、そのどちらがより重大であるかという問題なのです。しかも、一人による政体が他と比べてしばしば悪くなりがちなのは何故か。私はまた、今日新しく基礎が置かれ、それ自身の政体を樹立していく必要のある都市にとって、一人による政体を取るのと多数者による政体を取るのといずれがより幸運であるかを知りたいと思います。

ベルナルド　良い問いですが、目下、議論する必要はないでしょう。あなたの最初の答えだけで十分です。

グイッチァルディーニ　それでは私にとりましてはあなたを満足させただけで結構です。これ以上発言する責任を負うものではありません。その責任はピエロとパゴラントーニオに任せましょう。彼らは実際に、彼らの行動によって実現したものに対し言葉で弁護せねばなりません。(25)

カッポーニ　君が中立にとどまり、いかなる政権になっても生き延びることができるよう望んでいるといっても、われわれを納得させることは決してできないよ。いいかい、君はヤコポ・グイッチァルディーニ(26)の息子なのだ。メッセル・ルイジの息子ピエロの孫なのだ。また、君はロレンツォとピエロに常に大切に扱われて来たし、君も彼らに一度も対立したことはないだろう。君が今どのように感じているか、われわれには良く理解できますよ。パゴラントーニオと私も君と同じように感じていますよ。パゴラントーニオは彼の父メッセル・トッマーゾ(27)のゆえに、私は祖父ネリ・ディ・ジーノ(28)のゆえに。しかし、

(25) ピエロ・カッポーニとパゴラントーニオはピエロ・デ・メディチの追放に積極的であったが、ピエロ・グイッチァルディーニは静観している。その後の政変に際しても同様である。これについては先にあげた拙著『グイッチァルディーニの生涯と時代』上巻三七頁以下、その他参照。

(26) ヤコポ・グイッチァルディーニ、メッセル・ルイジ・グイッチァルディーニ、ルイジの息子ピエロ・グイッチァルディーニについては巻末「登場人物案内」303―304頁参照。

(27) 巻末の「登場人物案内」311頁参照。

(28) 巻末の「登場人物案内」302頁参照。

われわれはわれわれ自身の行動によって彼らの記憶を拭い去ってしまったのです。

グイッチァルディーニ

そのように仰しゃられても、君たちから話す順番を奪うつもりはありませんよ。しかし、冗談はそろそろ終わりにして、本格的な議論に取り掛かりましょうよ。

ベルナルド

ピエロの言う通りです。私の詰問にピエロは極めて効果的に答えています。私が異議を唱えたのは試すつもりではありません。このような形で始めたのは議論の道を開くためなのです。哲学者に対する一切の言及を取り下げて自然に申せば、私の言いたいのは次のことです。陋巷《ろうこう》にいる人ですら、一人の良い人間による統治の方がその他いかなる政体よりもより良いものであることが理解できます。なぜなら一人による政体は、より統一されていて善を行うに当たって邪魔されることがより少ないからです。またピエロの行った一人による政体どうしの区別も、無学な者によって理解されます。なぜなら、優しく温和に、臣下の満足のいくように支配する者は誰であれ生まれつき無知でない限り、あるいは邪悪でない限り、悪く統治するいかなる謂われもないからです。しかし、暴力的な手段によって国家を統治する支配者の場合には、このようには行きません。なぜなら、国家を維持し、疑惑を抱いている者どもから己れを守るためには彼自身まったく望んでいないし、むしろ嫌悪している物事を極めてしばしば為さねばならないからです。コジモ[29]の場合、しばしばそうであったのを私は知っております。そしてロレンツォ[30]が時に涙に暮れ、自らの意志に反して決断を下していたことも私自身、証言することができます。そのような決断ほど彼の性格に反し、彼の寛大さに反し、彼の魂の偉大さに反することはなかったのですから。したがって、異なった型の政体を良しとしたり悪しとしたりする

(29) コジモ・デ・メディチ。巻末の「登場人物案内」317頁参照。
(30) ロレンツォ・イル・マニーフィコ。巻末の「登場人物案内」319頁参照。

ことによって、このような違いを説明するのは政体それ自体の類型ではないのです。むしろ、国家が大きく異なれば統治も異なったやり方で為される必要があるからです。私が端的に申し上げたいのは次のことです。すなわち、非合法的な政権でありながら、優しい政権と同じように愛想よく立派に統治されていれば、それが非合法的であるという事実のみをもってして、合法的なものより、より悪いとすることはできないであろう、ということなのです。なぜなら、私はどの型の政体がより良いのか、あるいはより良くないのかを知るためには、その結果のみを考慮に入れるべきだと信じているからです[31]。また、非合法的な政権が通常悪いものと判断されるのは、一般的な出来事の流れにあって、それが常に悪い結果を生み出すからであると思っております。これに対してあなた方はどのようにお考えか。

カッポーニ

思いますに、あなたは不可能な事例を引き合いに出しておられます。すなわち、悪いものが良いものと同様、良くあり得るというのですから。

ベルナルド

私は現実の状況としてそれを引き合いに出しているのではありません。また、それが現実に起こり得るかどうかをいま議論しようとしているのでもありません。単に議論をより明確に進め、この問題の起源と根元を吟味することによって、それが実際にどのようなものであるかを考える機会を持つためなのです。しかし、それが現実にそのようであったとすれば、あなたはどのように思いますか。より良く私を理解して頂くためにもう少しはっきり申しましょう。仮に生まれながらの君主[32]が無知によってにせよ、悪意によってにせよ、権力を簒奪した者とまったく同様の悪を行った場合、暴力によって獲得された国家が他の正当なそれよりも悪いものと言えるとは私は思っておりません。しかし、両

(31) non si consideri in sustanza altro che gli effetti

(32) uno principe naturale

者ともその結果が等しく悪く有害であると考えれば、一方も他方同様に批判することになりましょう。これは真実で、議論の余地がないのではありませんか。

カッポーニ

まったくその通りですね。両者とも等しく悪いというだけでは足りません。もう一歩進めて、生まれつきの性格によって何の必要もなく邪悪に振舞う正当な支配者の方が非合法のそれよりもいっそう悪いと言うべきでしょう。正当でない支配者の場合、彼の国家の性格によってそのように振舞わざるを得ないが、そうでなければおそらく他のように行動していたであろうからです。

ベルナルド

よく仰しゃいました。ピエロ・グイッチァルディーニの分類に対する私の意見の根拠を示すためではありませんが、私の言いたいことの結論を申しましょう。異なった政体間の違いを判断しようとするならば、それらがどのような型の政体かということではなく、その結果がどのようなものであるかを考慮すべきなのです。より良い結果、あるいはより悪くない結果をもたらす政体を、より良い政体、あるいはより悪くない政体と呼ぶべきなのです。たとえば、権力を簒奪した者が他の正当な支配者よりも良く臣下の利益になるように統治するのであれば、その者の都市の方がうまく行っており、より良く統治されていると言えないでしょうか。いかなる国家の方がより良いのか、すなわち暴力的な国家か(33)、あるいは自発的な国家か(34)、といった一般的な議論においては、私は、いついかなる時にあっても躊躇なく自発的な政体の方がより良いものであると申します。なぜならば、それが自然であり、邪悪に統治するいかなる理由もないと見なされねばならないからですが、これに対し、他の政体はほとんど常に邪悪に行動せねばならないからです。しかし、われわれが具体的に細目にわたって既存の政

(33) uno violento
(34) uno volontario

体を扱い、どちらがより良い政体か、この特殊な都市のそれか、あの都市のそれか、メディチ家時代のフィレンツェのそれか、あるいはメディチ家以前のそれか、を問うのであれば、その時には私はしっかり答えるために、それらの政体の型[35]ではなく、それらの結果を重視することになりましょう。私はどこの統治が一番良いか、法がより良く守られているのはどこか、どこでより良き正義が行われているか、それぞれの人がその位階によって他の人と区別され、すべての人びとの善のためにより多くの配慮が払われているのはどこか、を考慮に入れることになりましょう。あなた方の哲学者がこれについて何と言っているか私は存じませんが、私が自然な形で理解しているのはこのことなのです。これが私には明々白々たる道理のように思われるのです。

カッポーニ
その通りです。

ベルナルド
それでは話を先に進めましょう。われわれが討議したいと思っているのは、革命がフィレンツェに利益を与えたかどうかという問題です。私が提示した前提に従って満足いくようにこの問題を解決するために、われわれは打倒された政体の成果と状況とを考えねばなりません。他方、あなた方が導入された政体、あるいはより適切にいえば、導入されようとしている政体の成果と状況がどのようなものになるかを考えねばなりません。なぜなら、現在われわれが進もうとしている道は、初めにパルラメント[36]（住民総会）で示された道と異なっているのを見て、私はこの政体を何と名付けて良いものやら分からないからです。この政体がどのようなものになるのかお教え願いたい。そうすれば、その性格とフィレンツェおよびフィレンツェ市民の性格を考えて、それがどのような結果を生み出すかが想像

(35) spezie 三つの政体のいずれかの型。
(36) parlamento パルラメントとは共和国が危機に直面した時など、大聖堂の大鐘によって召集されるフィレンツェ住民の総会。大改革がなされるべきかどうか、またはバリーア (balia) を承認すべきかどうかを決定するためである。バリーアとは本来、権力を意味するが、ここでは危機を克服するために臨時につくられる委員会である。一定期間、危機克服のために大きな権限が与えられる。
　ここで触れられているパルラメントは一四九四年十二月二日に行われたものである。したがってこの対話が行われたのは十二月二日以後であることが暗示

できるはずですから。これらの結果を一方に置き、他の政体の結果を他方に置けば、それらがどのようなものであるかをわれわれは誰も知っておりますので、そうすればわれわれはわれわれの判断を下すことができるでしょう。

グイッチァルディーニ

これは難しいことになりそうですね。確実なことと不確実なこととの間にあって判断を下そうというようなものですから。多くの間違いを冒すことになりましょう。

ベルナルド

両者が既に存在していれば、決定的な判断が下せるのは当然です。この場合、一方が不確実であるところから確かに決定的な判断は下せません。しかし、あなたが思われるほど、的外れになるとも思われません。私の長い生涯とフィレンツェにおける国内的な騒擾にしばしば立ち合った経験からしても、また公共の事柄に経験を積んだ老人たち、とくにコジモやネリ・ディ・ジーノ、その他の人びとが過去について語るのをたびたび耳にして来たことからしても、今の私はフィレンツェの人びとや市民たちの性格について、また一般にフィレンツェ全体について熟知しておりますので、政治生活のそれぞれの形式の生み出す結果について極めて正確に推定できると思っております。私は大変な年寄りですし、不断に国内問題に携わってもまいりました。もっとも、外政問題に携わったことは一度もありませんが。このようなことを考慮して頂ければ、私がそのようなことを多少理解しているといっても傲慢であると思われることはないものと確信いたします。つまり、私には確信があるということです。細部については間違うことも多々ありますが、一般的な事柄においては、また本質的な問題では、いずれにおいても間違うことはなかろうと思っております。また、私が間違っている場合には、あな

される。十二月二日のパルラメントで二十人の有力市民から成るアッコピアトーリ（主として官職候補者名簿の作成、およびその選出、管理に当たる行政官）が選出され、この二十人による臨時政府が成立する。官職候補者名簿が作成されるまでこの二十人アッコピアトーリがシニョリーアを選び、ゴンファロニエーレを選ぶ権限を持つ。任期は一年である。対話者のピエロ・カッポーニは二十人に選ばれるが、パゴラントーニオ・ソデリーニは選ばれない。その工作を行ったのは他ならぬピエロ・カッポーニとされている。グイッチァルディーニは政治には極めて消極的である。二人が選ばれたのは十

た方が容易に補うことができるはずです。あなた方は古代および近代の様々な国についての歴史をたくさん読んでおられます。その結果、あなた方はそれらについてもまた考えており、それらによく通じているものと私は確信しております。したがって、あなた方が未来がどのようになるかを判断することは難しいことではないでしょう。というのも、現に存在しているものは以前にも異なった名称で、異なった時代に、異なった場所に存在していたものであって、本来、世界というものはそのように組み立てられているものですから。かくして過去に存在していたものは一部は現に存在しており、一部は日ごとに生まれ変わり他の時に存在することになりましょう。ただし、異なった扮装と異なった色彩の下に生まれ変わるために極めて良い目を持っていないとそれを新しいものと見なし、それと見分けることができないのです。しかし鋭い視力を持った人であれば、一つの出来事と他のそれとをいかにして比較し対照させ、本質的な違いがどこにあるか、またどちらが重要でないかを知っていて容易にそれを識別することができ、過去の出来事を計測し、測定することによって極めて多くの未来の出来事を予測し、測定する術を知っているのです[37]。したがって、すべてをこのようなやり方で扱うことによって、われわれは議論において間違うこともあまりなく、この新しい政治体系の中で何が生じるか、その多くを予言することができるでしょう。これは疑いありません。それでもう一度お尋ねします。あなたはそれを何と名付けようとしているのですか。

ソデリーニ　これにお答えする前に、申し上げなければなりませんのは、われわれの議論には誤りがあるのではないかということです。なぜなら、どの型の政体がより良いものであるかをその結果に基づいて判断するというあなたの前提は、われわれの場合に有効であるかどうか、私には納得し得ないのです。一

人委員会である。

パゴラントーニオ・ソデリーニは二十人に選ばれなかったことに不満と怨みを抱いたようである。その後、彼はサヴォナローラに積極的に接近し、二十人アッコピアトーリの臨時政府に敵対していく。

十二月二日のパルラメントの後、十二月二十二日から二十三日にかけて、再びパルラメントが召集される。これはサヴォナローラの強い影響の下に置かれ、急進的な改革案が採択される。コンシーリオ・グランデ（大会議）が導入され、民主政権 el governo popu-lare が成立する。対話はこの十二月二十三日のパルラメントの直前になされたものとさ

方において、われわれはメディチ政権に審判を下そうとしています。この政権は一人による政権であり、簒奪されたものです。他方、われわれは自由な共和政権についても審判を下そうとしています。自由な政体が他の所でも良いものであるとしても、われわれのフィレンツェにおいては、これは最良のものなのです。フィレンツェではこれが自然なものであり、一般の人びとの本能的な欲求なのです。なぜなら、フィレンツェにおいては自由が政庁舎入口の壁と旗に書き込まれているし、[38]人びとの心の中にも刻み込まれているからです。政治思想家たちは政体を分類する場合、通常、三つの型に従って、すなわち一人による政体、少数者による政体、多数者による政体といった具合に分類しておりますが、いかなる都市であれ、最良のものはその都市に自然なものであるということを否定しておりません。したがって、条件がこれほど不均衡なままで、いかにしてあなたの方式に従って議論を進めて行くことができるのか分からないのです。誰もが認めているように、フィレンツェで最も自然な政体である自由な政体が、他の導入され得るいかなる型の政体より、より良いものであることをわれわれはいかにしても否定し得ないからです。

ベルナルド

パゴラントーニオ、あなたの言う理由をもってわれわれの前提がなぜ変更されねばならないのか、私には納得がいきません。なぜなら、一般的な条件で話せば、あなたは自由な、あるいは開かれた政体が他の政体に比して必ずしもより良いものではないということを認めておられるからです。あなたの哲学者たち、あなたのただいま用いた言葉をもってすれば、政治思想家[39]たちは通常、一人による政体の方をその人間が良い場合には都市の政治的自由よりも好んでいるという点で、これについてのあり余るほどの証拠を提供してくれます。しかも十分な根拠をもってして、です。なぜなら、これらの

れている。
　これらについては先にあげたグイッチァルディーニの『フィレンツェ史』（太陽出版）一七五頁以下参照。

(37) 巻末付録『リコルディ』261頁C七六、B一一四参照。これはまたマキァヴェリの基本思想でもあった。マキァヴェリ『政略論』（世界の名著16、中央公論社、永井三明訳）第一巻および第二巻はしがき参照。

(38) 政庁舎入口および市章の楯には「自由」Libertas なる文字が刻されている。これについては G. A. Brucker, Florence 1138-1737, London, p.138.

(39) politici

自由な共和政を導入した人の目的は、すべての人が政権に関与するのを許すことではなく、法と公共の安寧を守ることなのです[40]。これは一人の人間の下での方が、それが良い統治であればその他の型の政体よりもより良く実現されるからなのです。これはまた、あなたの議論の確固たる基盤である、自由はフィレンツェにおいて自然なものであるという点でも矛盾するものではありません。哲学者であれば、あるいは誰であれ判断力のある者であれば、一般的な条件で問われれば、いかなる都市にとっても最良の政体はその都市に自然なものであると答えるでしょう。なぜなら、その住民の頭脳および欲求により良く適合しているために、それが通常、暴力を伴う政権を妨げている障害や問題を解決し、その他いかなる型の政体以上に繁栄し、より実り豊かになるであろうと望めるからです。これはあたかも造園に当たってその土壌に合った植物を植えるよう勧められるのと同じことなのです。普通はその方がずっとよく育つからなのです。しかし個々の場合となると、自由な政体がその都市に自然であるにもかかわらず、何らかの特殊な理由によって良い結果を生み出すことができないような場合には、あなたの哲学者であれ、その他の誰であれ、その人間が賢明であれば、その政体をその他の型の政体よりとくに選び取ることはないでしょう。より大きな善をもたらすのであれば、その他いかなる型の政体をも称讃することになりましょう。したがって、われわれは最初の私の前提に戻らねばなりません。私の間違いでなければ、これは明々白々たる前提ですので、これについてこれ以上時間を費やすことは不必要でしょう。でありますから、これで三度目になりますが、あなた方の政体がいかなる型のものとなるのかお教え願います。

カッポーニ　われわれの意図はフィレンツェを一人の男の権力から解放し自由を回復することでした。これはそ

(40) この問題については巻末付録『リコルディ』262頁C一〇九、B一四三参照。グイッチァルディーニにとって問題なのは政体の型ではなく法と公共の安寧なのである。このような政治的技術主義は後にマックス・ウェーバーによって説かれることになる。

の通り行われました。われわれは政権を完全に大衆に与えるのを避けようとしたことは事実です。むしろそれを有力な、より尊敬に値する市民たちの手に委ねようとしたのです。完全な民主政権というよりも、むしろ尊敬に値する市民たちによる政権にするためです。しかしながら、われわれは政権をあまりにも少数者の手に限定しようとは望みませんでした。自由が失われるからです。また、手綱をあまりにも弛めようとも望みませんでした。そうなれば政権は大衆の手に帰し、人と人との区別がなくなるからです。われわれは二十名の市民を選んで官職候補者名簿の作成に当たらせ、その他、パルラメントで導入された措置を実行に移させています。これがわれわれの進んできた道です。次いで、例の修道士が立ち上がりました[41]。民主政権とヴェネツィアを模範としたコンシーリオ・グランデ（大会議）を求めて、大変な騒ぎを惹き起こしはじめたのです。これは本来、大衆の好みに訴えるものを持っておりましたし、また修道士に対する信頼も加わりまして、パルラメントでの法令は彼によって修正されております。したがって、法令のうちで今や残っているものといえば、われわれアッコピアトーリの持っております権限、すなわち本年末までにシニョリーアを任命する権限のみとなっております。しかも、これですら大衆に嫌悪されておりますので、彼らのために放棄せざるを得なくなるかもしれないのです。これは神のみぞ知るというところです。かくして、現実としては本来われわれが意図していたものに比べて遥かに民主的な政権になっております[42]。それにもかかわらず、フィレンツェは自由になりましょう。これこそわれわれの意志であったのです。政権は全面的に民主化されるとはいえ、有力な尊敬に値する市民たちは必ずや他の人びとより、より重んじられることになりましょう。良き市民たちが表に立ち、機会が生まれれば次第に事態を純化させ、多少の差はあれ、われわれ本来の計画に戻して行くことも可能となりましょう。われわれの諺にもありますように、重荷は旅を

(41) ジローラモ・サヴォナローラを指している。巻末の「登場人物案内」306頁参照。

(42)「かくして、現実としては……民主的な政権になっております」。テキストは次のようなものである。In effetto le cose vanno a molto più larghezza che non fu el primo disegno. 字義通り訳せば、「当初、意図したものより事態はより広がっている (larghezza)」、すなわち、政権に参画する人びとの数がいっそう広がっている、ということになる。

続けるうちに軽くなるというものです[43]。

ベルナルド あなた方は修道士に多くを負っているものと私は思いますよ。彼がタイミングよく警告を発してくれたおかげで、あなた方の政権の形式から生じてくる必然的な帰結をあなた方は経験しないで済んだのですから。なぜなら、あなた方の政権の形式からして当然、市民的な騒擾が生まれて来るでしょうし、これは直ちに無秩序な暴動へと発展しますから。あなた方は今のうちに為すべきことを実現した方が慎重というものです。なぜなら、あなた方はまだ自らの意志でそれを行うことができそうですし、地位もあります。拱手傍観していれば、強引に為さざるを得なくなりましょう。なぜなら、フィレンツェにコンシーリオ・グランデ（大会議）があり、他方、シニョリーアを任命する権限のある二十名のアッコピアトーリがあることは二つの矛盾した事柄ですから。一方は他方に譲らねばならなくなります。したがって、小さい数の方が大きい数の方に飲み込まれることになりましょう。これを知るには大した苦労はいりませんよ。これについて率直に申し上げましょう。あなた方がこれから私の述べるような政権を樹立し得たなら、私はそれを最良の政体と呼びましょう。すなわち、フィレンツェが実際に政治的自由を享受し、有力市民が、すなわち賢明にして最良の人びとが他の人びとより、より高い地位と位階を与えられ、重要な事柄が無知な者によって議論され恣意的に決定されることのないような政権です。これこそ私の言う最良の政体なのです。これがあなた方の思い描いていたことだと思います。二十名アッコピアトーリの選出も、パルラメントのその他の法令も、一歩その実現に向けたものであったのでしょう。もっとも、多くの点で称讃に値したのは、むしろあなた方の意図でした。その意図の実現ではありませんでした。しかしフィレンツェにおいては、権力というものは必然的に

(43) le some si acconciano tra via.

一人の人間によってのみ保持されるか、あるいは全面的に大衆の手に移るか、そのいずれかでなければならないというのが私の不動の意見ですし、また経験も常にこのことを示すことになりましょう。これらの中間の道はいずれも、大きな混乱と日ごとの騒擾を生むことになりましょう。これこそ、過去の経験が私に教えてくれたものです。なぜならば、権力が少数の市民たちによって保持されるたびにフィレンツェは常に争いに満たされ、日ごとに政変が起こり、パルラメントが召集されます。この種の政権にあっては、大市民の中で首を刎ねられなかった者、あるいは追放されなかった者は極めて稀なことでした。権力が少数者の手から最終的に滑り落ちると、一人の人間のみがそれを掌握するか、あるいは一般大衆が握るか、そのいずれかでした(44)。この種の例はしばしば繰り返され、よく知られていることですので、それらをいちいち挙げて時間を浪費するつもりはありません。しかし、その理由は周知のことです。

フィレンツェ人は生来、自由を愛しております。それゆえ、他人を己れの上級者として受け入れ、それを認めるのをことのほか嫌っています。そのうえ、われわれの脳はその特質からして激情に駆られ落ち着くことはありません。これこそ、支配権を握っている少数の市民たちの間の争いと反目の第二の原因なのです。お互いに相手より優越したいという欲望によって彼らはこの人物、あの人物の足を引っ張ることになりますが、この欠陥のために権力をさらに失うことになります。ある人物が優越すれば、他の人びとはそれを嫌悪いたします。したがって、そのようなことが実際に起これば、優越した人びとは破滅することになります。なぜならば、フィレンツェでは権力を握っていないサークルに属する者は誰でも他の人びとの権勢を憎んでいますので、権力基盤を支えてくれる肩がなくなれば勢力を維持し続けることは不可能になるからです。支配している人びとが結束していなければ、この

(44) これに関しては再び巻末付録『リコルディ』263頁Q^{2}一七参照。また259頁、注22のC二一二、B一三二参照。先にも触れたがグィッチァルディーニの初期、すなわち『フィレンツェ史』を執筆していた一五〇八年頃から一五一二年、スペイン大使時代の彼の理想は他ならぬ、ここでピエロ・カッポーニの説いている有力市民による貴族的な共和主義の立場に立つものであった。『リコルディ』C二一二の書かれたのは一五三〇年、本書のこの部分が書かれたのはおそらく一五二五年の晩秋であろう。しかしこの対話が行われたとされているのはグィッチァルディーニ十一歳の一四九四年十二月の

ある日である。

ような肩や基盤を与えてくれる人がどこにいるでしょうか。したがって、次のような結論を下しても私は思い違いしているとは思いません。すなわち、あなた方がパルラメントを通して導入したものが良き目的に沿ったものであったとしても、それを永続させることはできないでしょう。なぜなら、あなた方は結束していることができないからです。それほどの時を経ずして、あなた方は必ずや政変に曝され打撃を受けることになりましょう。政変はいずれか次の二つの形で行われるでしょう。一つは、現在の修道士のそれよりもいっそう開かれた、より放恣な民主政権が誕生するかもしれません。なぜなら、興奮と暴動をもって生まれるからです。あるいは、これとは別に混乱と暴動を伴ってピエロの帰還への道が開かれるかもしれません。なぜなら、あなた方の誰ひとりとして、このフィレンツェにしっかり根付いた、身分の高い者はいないからです。したがって、己れを唯一の支配者たらしめ、その他すべての人びとに対して優位に立つだけの権威を手にし得るのを当てにすることはできないのです[45]。この点、思い違いをしてはなりません。そんなことをすれば狂気の沙汰です。混乱の極み権力を握る者が出てくるのを否定するつもりはありません。しかし、そのようなことは困難である上に基盤を欠いていて、政権を永続することは、あるいは安定させることはできないでしょう。これを実現するためには、思慮分別と富、名声がその者の内に結合されていなければなりません。これは滅多に生じることではありません。そして、たとえ同一人物にこのような資質がすべて結び付いていたとしても、それらはさらに時の長さやその他無数の好意的な機会の助けが必要となりましょう。かくも多くの物事や機会が同一人物に同時に生じるのは実際上、不可能なことなのです。このような理由からして、結局、フィレンツェではこのような例は一人のコジモ以外出ていないのです。この修道士がいなかったなら直ちに行われていたであろうことが、今、修道士によって行われています。しかも、遙か

(45) 巻末付録『リコルディ』263頁B一五五参照。

(46) 二十人アッコピアトーリの臨時政府はここでいわれているオッティマーティの政府であったが、サヴォナローラは大衆を動員してこれを無力化しつつあった。

(47) 巻末「登場人物案内」299頁参照。

(48) 巻末「登場人物

に良いやり方で混乱もなく行われているのです。したがって、われわれは今や民主政体について語らねばなりません。われわれ本来の目的に戻るために、われわれは一方においてメディチ政権とその業績について、何が良かったか、何が悪かったかを考え、他方においてフィレンツェの民主政体の成果がどのようなものになるかを考えねばなりません。なぜなら少数者の政体、すなわち、あなた方の言い方をすればオッティマーティ（有力市民）の政体については既に、これを語る面倒さを修道士が取り除いてくれているからです(46)。しかし先に進む前に、このことについてあなた方がどのようにお考えか、知りたいと思います。

カッポーニ

メッセル・マーゾ・デリ・アルビッツィ(47)や私の曽祖父のジーノ、ニッコロ・ダ・ウッザーノ(48)、その他の人びとの時代においては、政権は最も尊敬に値する有力市民たちの手にありました。しかし、それほど狭い政権(49)ではなかったので、フィレンツェには自由がありました。この政権はフィレンツェにおいて長い年月の間、結束して支配しておりました。国外においては大きな名声を博しておりました。なぜなら、彼らは革命を避け、当時、われわれを圧迫しようとしている極めて強大な敵から身を守っただけでなく、彼らはまたピサやその他多くの都市を獲得し(50)、フィレンツェの領土と名声を大いに増大させました。このような理由で、こうした事柄を論じ、あるいは書き記した人びとの一致した意見によれば、この時期の政権ほどフィレンツェを良く支配し、あるいは栄誉に包まれていた政権はかつてフィレンツェには存在しなかったというのです。したがって、われわれは絶望すべきではないのです。当時存在していたものが、いつ何時戻って来るかもしれないのです。とくにわれわれは当時の政体にできるだけ近づこうと努めておりますし、現にその仕事は既に始まっているのですから。われわ

案内」301―302頁参照。

(49) stretto 文字通り、狭いという意味である。グイッチァルディーニは政権を定義するに当たって狭い政権 lo stato stretto と広い政権 lo stato largo に分ける。狭い政権とは一人あるいは少数者による政権を指し、広い政権とは多数の市民による政権を指している。従来、狭い政権をF・ギルバートなどは独裁政と訳して来たが、ここではテキスト通りの訳語をあてた。

(50) ピサの獲得は一四〇六年、アレッツォのそれは一三八四年、コルトナは一四一一年、リヴォルノは一四二一年である。武力を用いた場合もあるが、大部分は買収による。金で買ったのである。

れは誰も他の人びとより優れているなどと思い違いをしておりません。私は二つの極端のいずれかに陥るのを恐れています。すなわち、広く開かれた民主政と、われわれ共通の敵であるピエロの帰還です。この恐怖のために、われわれは結束を固めて互いに協力していかねばならないのです。

ベルナルド

私は、このような事柄について経験から論じようとは思わない者の一人です。ただし、経験が理性に伴われていると認めた場合はこの限りではありません。この場合、既に申し上げましたところに従えば、私には明らかのように思われます。なぜならば、あなた方の誰ひとりとして今のところあの第一の地位を要求しておりませんが、それにもかかわらず、いかにしたら己れの権力を日々増大させることができようかなどと常に思いを巡らしているような人間が四人以上もいるのですから(51)。このようなことやその他数多くの予想もつかぬ出来事のために、尽きることのない競争や野心が生じて、これが不和を生むのです。これはあなたが口にしたあの恐怖によって抑制されることは滅多にありません。というのも、人間というものは憎悪や怒り、貪欲さによって盲目になるからです。支配している者がすべて賢明であるとは限りません。逆に賢明な者は極めて少ないのです。そのため、あなた方のすべてがピエロの不倶戴天の敵であったとしても、あなた方のある者が己れの生命を助けるためだけでなく、それによって利益をも手にしようとしてピエロを呼び戻すよう説得されないようであれば、これは驚嘆すべきことです。このようなことが起こるのは物事とは本来そのようなものであるからかもしれませんし、あるいは怒りや野心に根差す堕落した判断からかもしれませんし、あるいは新たな陰謀の結果であるかもしれません。このようなわけで、そのような絆ではあなた方を結束させておくには不十分でありましょう。あなた方は、同じような立場にある人びとにほとんど常に生じることを経験

(51) 意味が良く分からない箇所である。二十人アッコピアトーリの中の、たとえばニッコロ・ヴァローリなどの具体的な有力人物を念頭においての発言であろうか。

(52) 一三七八年、チオンピの乱が起こっている。チオンピとは羊毛の毛梳工、下層の労働者である。この時のゴンファロニエーレはルイジ・グイッチァルディーニ。グイッチァルディーニの四代前の先祖である。

(53) 巻末の「登場人物案内」307頁参照。チオンピの乱後、実権を握るが、一三八二年処刑される。グイッチァルディーニ『フィレンツェ史』(太陽出版)三一頁参照。

なさるでしょう。メッセル・マーゾ、その他の人びとの時代の政権の例によって欺かれてはなりません。なぜなら、説明し得ないように思われるものが、それについてよく考えてみると、一つの特殊な理由によって生み出されたものであることが判明するものです。これに対して、反省を加えない者にはその結果が説明し得ないものに思われるのです。かくして、私はわれわれの最年長の市民たちが次のように語るのをしばしば耳にしてまいりました。すなわち、あの時期の政権をかつてないほど結束させていたことに対しては二つの条件が驚くべき形で結び付いていたというのです。第一の条件は次のようなものです。すなわち、わがフィレンツェはあのように大きな、しかもしばしば繰り返される革命に苦しんだことはそれ以前にはなかったし、有力市民たちがそれに先行する数年間におけるほど、反乱によって打ちのめされたことはかつてなかったということです。とくにチオンピの乱[52]がそうですし、次いでメッセル・ジョルジョ・スカーリ[53]の支配がそうです。これらは大衆の支持に支えられていたもので、最良の市民たちはほとんどすべてその前に屈服させられたのです。彼らはこれに絶望し疲弊致しました。息吐く暇もなかったほどです。したがって、このような災害に対する記憶が極めて鮮明であったがために、しばしの間は彼らを結束させるのに役立ったのです。さもなければ結束するようなことはなかったでありましょう。第二の条件は当時ほど、わがフィレンツェが長期にわたる、しかも危険な戦争に携わったことはかつてなかったということです。また、この時以上に強力な敵を相手にしたこともありませんでした。有徳公[54]との深刻な戦いは十二年間も続きました。次いでラディスラオ王との戦いが続きました[55]。これら二つの戦争の負担はわれわれに重くのしかかり、極めて危険でもあったので、市民たちはなおのこと互いの抗争を中断し、フィレンツェを救うために全力を挙げねばならなかったのです[56]。

(54) ミラノ公ジァン・ガレアッツォ・ヴィスコンティ。巻末の「登場人物案内」300頁参照。戦争は一三九〇年から一四〇二年まで続く。

(55) ナポリ王。巻末の「登場人物案内」320頁参照。戦争は二度にわたって行われる。一四〇九—一四一一年、一四一三—一四一四年。『フィレンツェ史』三三三頁参照。

(56) ベルナルドのこのような論証は過去の経験から一般的結論を引き出すことはできないということを言わんとしたもののようである。オッティマーティの政権が、このような歴史的経験を有するからといって最良のものであるとは必ずしも言えないというのである。

しかしながら、当時の年代記を仔細に読み、よく考えてみると、それが自由な政権でなかったことがお分かりになるでしょう。なぜなら、すべては少数の市民の掌中に握られ、事実上、大衆はそれに何の役割も果たしていなかったからです。また平穏でもありませんでした。しばしば騒擾や暴動が起こっていたのです。権力が安定するや否や、新しい分裂が始まります。派閥を生み、これが一四三三年と一四三四年の事件の原因となったのです。[57] これらすべての事柄についてよく考えてみますと、この政権は満足に値するほどのものではなかったし、永続的なものでもないと申しましたが、その理由はこれなのです。あなた方がこの政権に類似した政権を何とか創り出すことができたにせよ、同じことが言えます。新しい国家を建設しようとする人であれば、とくに自由の名において行う場合には、その目的をより良い、より永続的な政権の創出に置くべきです。なぜなら、己れ自身の生涯のわずかな歳月のみの時間単位を採るのは、公共の事柄においては理に適ったことではないからです。子々孫々にわたる都市の生涯を尺度とすべきなのです。われわれはこれが永遠に続くよう望まねばなりません。少なくともそのように願うべきなのです。したがって、あなた方がわがフィレンツェのような変わりやすい落ち着きのない都市にこの種の政権を樹立すればそれで事足りるとでもお考えならば、はっきり申しまして、あなた方には成功の見込みはありません。なぜなら、それを実現する根拠が欠けているからです。仮にあなた方が私に、当時それは可能であった、したがってわれわれもまたその幸福をわれわれの時代で再び享受すべきではないかと言われるのであれば、私は同意せざるを得ないでしょう。たしかにその通りなのです。しかし理性から議論すれば、賭け金は二十対一でそのようにはならないでしょう。経験から論じても同じことです。しかしながら、私が理解できないのは、あることが実際にはほとんど常に予想とは逆の形で生じるにもかかわらず、このように成るかもしれない

(57) これについてはグィッチァルディーニの『フィレンツェ史』三三―三四頁参照。

という望みに託して、それに根拠を置いていくやり方です。これがどうして思慮分別に富むことなのでしょうか。しかし、これは取り上げないことに致しましょう。なぜなら現在の政体は民主政であり、少数者の政体は目下のところ関係がありませんから。

ソデリーニ

結構です。二つの既存の政権、メディチ政権と民主政権について話し合いましょう。

ベルナルド

メディチ政権の性格を分類するのは簡単でしょう。というのも、ピエロ・グイッチァルディーニの言ったことは否定し得ないからです。すなわち、それは派閥によって、また暴力によって獲得された非合法な政権なのです。事実、ピエロはおそらく思いやりのために自らはっきりと口に出すのをためらったこと、すなわちそれが独裁政だということは私は認めねばなりません。フィレンツェは名目を保ってはいました。すなわち、自由であるという見せかけと外観を保っていました。しかし事実はメディチ家がフィレンツェを支配し、メディチ家がフィレンツェの主人でした。なぜならばメディチ家はその好む者に役職を分配し、役職を与えられた者はメディチ家の合図に従って行動したからです。メディチ家の独裁が他のそれと比べて極めて穏やかであったことは事実ですし、あなた方もこれを否定なさらないだろうと思います。なぜなら彼らは残忍でもないし、血を流すこともなかったからです。略奪することもありませんでした。彼らはフィレンツェをより強力にすることにことのほか熱心でした。彼らの善行は多く、悪行は少なかった。しかも、それもやむを得ざる場合のみに限られました。彼らは政府を支配下に置こうとしました。しかし、できるだけ市民的なやり方で人間性と節度を保っていました。これは主として、そのように振舞うのが彼らの性格に合っていたからだと私は思います。

彼らの育ちは良く、性格も極めて寛大であったことは否定し得ないからです。コジモとロレンツォ(58)は思慮分別にも富み、常に多くの賢明な市民や助言者に取り囲まれていたために、彼らはよく事情を知っていたのです。つまり、彼らの政権の性格とフィレンツェの状況からして異なった風に行動するのは許されないということ、ペルージァやボローニァに起こっているような流血や暴力(59)に訴えようとでもしようものなら、フィレンツェでの彼らの勢力は、それによって増大するどころか破壊されてしまうであろうということを、です。一般論として私の申し上げたいのは以上です。さて、あなた方のメディチ政権批判がどのようなものであるか、具体的にお聞かせ下さい。

カッポーニ

あなたはメディチ政権の良いところを難なく指摘致しましたが、その悪い点を詳しく挙げよ、となると、これはなかなか困難なのです。悪行がよく知られていないからではなく、それが善行を遙かに超えていて、私の記憶ではそれらをすべて思い起こすことができないほどなのです。しかしこの点、パゴラントーニオが私の省略した部分を補ってくれるでしょう。

私の思いますに、わがフィレンツェのような都市の政治においては考慮すべき主要な論点(60)は三つあります。すなわち、正義をいかに公平に行うか。俸給を伴わない顕職と、俸給を伴う官職をいかによく分配するか。それに対外問題、すなわちわが領土の防衛と拡大に関する問題をいかに処理するか、この三つです。

正義に関していえば、私はメディチ家が民事裁判の分野で影響力を行使するのに貪欲であったとして非難するつもりはありません。なぜならば、特殊な利害にやむを得ず強制された場合を除いて、彼らは然るべき配慮をもって処理したからです。しかし、時には友人たちを判事や司法官に推薦するこ

(58) コジモとロレンツォに対する、若き日のグイッチァルディーニの評価については『フィレンツェ史』一三〇—一四二頁参照。

(59) ペルージァは一四八八年、バリオーニ家の支配下に入る。ボローニァは一四四三年から一五〇六年にかけてベンティヴォーリオ家によって支配される。巻末の「登場人物案内」317頁ベンティヴォーリオ参照。

(60) 俸給を伴わない顕職(名誉職)は onori 俸給を伴う官職は utile と呼ばれた。巻末の「解説」三参照。

とによって、それに泥を塗ったことも否定し得ないことです。また、推薦しなかった場合については、しばしば彼らの代理人あるいはお気に入りによって彼らの知らぬ間に推薦されたこともあります。彼らの推薦は政府の暖かい支持を得ていたこともあって相当な重みを持っていたのです。推薦がメディチ家の同意なしになされたという事実そのものには関係ありません。推薦がメディチ家の威光に由来していることだけで十分なのです。したがって、このような推薦は独裁者の権威の生んだ欠点なのです。独裁者の欲求は大変尊重されます。したがって、彼らが沈黙していても、彼らの欲求が奈辺にあるかを人は推測しようと致します。彼らが満足させようと思っているのは、政府を支配している当の本人だけではありません。政権に関与している者、あるいは恩顧に浴していると思われている人びとすべてを満足させようとしているのです。ロレンツォが商業裁判所の判事候補者名簿作成(61)に深く関与していたことの結果がどのようなものであったか、想像がつきますか。これはおそらく、ロレンツォが友人の誰彼を助けたいと思った時に役に立っただけではありません。選挙袋(62)を彼の取り巻き連中の名で満たすことは次のことを確実にしたのです。すなわち、現政権からのその他の支援を受けることなく、メディチ派内部の人間の訴訟に特別待遇が与えられるということです。彼らが巻き込まれている事件の審理にあたって、取り巻き連中は感謝の意を表したからです。これはロレンツォを不快にしたはずはありません。なぜなら、他の誰の事件にもまして、ロレンツォの友人のそれがより良い取り扱いを受けるので、誰もがロレンツォの友人と見なされたいと望んだという事実を、ロレンツォは愛したに違いないからです。また、彼が常に手で操作した(63)書記官を商業裁判所に配置していたということ、また、すべての組合《アルティ》やその他の役所にも同様に配置していたということも、秘かに友人たちの事件に有利に働きかけることができるという同じ理由からである、と私は思っております。六人の判事

(61) negli squittini della mercatantia 商業裁判所の判事は六名から成る。商業上の問題に関して最高の権威を持つ。

(62) le borse 官職候補者名の入った袋。その中から抽選で選ばれる。

(63) 手で a mano 操作された候補者とは、袋に入れられる前にあらかじめメディチ家に有利になるように厳選された候補者をいう。

と上訴裁判所の判事は、過去において世界中いたるところで極めて高い名声を博しておりましたが、今ではそのような信用は失われてしまいました。このようになった理由をあなたはどのようにお考えですか。依怙贔屓《えこひいき》をしているという疑惑から生じたとしか考えられません。なぜなら今日、既にわが市民たちは商業裁判所については熱意を失っているからです。また、私はわが時代の人びとがその性格について当時以上に堕落しているとは思わないからです。

しかし、刑事裁判についてわれわれはどのように言えるでしょうか。ここでは疑いもなく依怙贔屓がふんだんに横行いたします。通常、ロレンツォはフィレンツェ市と農村部が静穏に過ぎ、何びとも圧迫されることのないよう、法が守られ生活が侵害されずに営まれるのを真実望んでいたことを私は否定するつもりはありません。しかし犯罪が行われると、彼は友人たちのために特別の措置を確保してやらねばなりませんでした。友人たちの事件が審理される時には、目を閉じているか、あるいは軽い罪で済むように配慮せざるを得ませんでした。しかし、このような友人は無数におりましたので、毎年、このようなやり方で解決される事件が生じたのです。メディチ家がフィレンツェ領内のいかに多くの頭領(64)や家門と友好関係を続けていたか、あなたは御存知でしょう。必要な場合、彼らを利用するためなのです。すなわち、市民を抑えておくための兵力として利用するためなのです。メディチ家は彼らすべてを考慮に入れねばならなかったのです。その親族、友人、配下を含めて、です。フィレンツェ市内においても同じことがいえます。こうした理由によって、忍傷沙汰やその他の暴力行為に対して、しばしば法が甘くなっただけではありません。フィレンツェの小悪党や外から来たこれら小独裁者たちが隣人や病院、共同体や教会の財産を盗み出すのを大目に見られたのです。あなた方はこれらすべてのことを御記憶のことでしょう。私がいちいちその名を申し上げるまでもありません。ま

(64) capi

た、こうした類の非道がどれほど多く毎年行われて来たか。しかも、それらは明るみに出ることはなかったのです。なぜなら、被害者は沈黙していたからです。このような勢力ある連中に対する訴訟は補償どころか、さらなる損害をもたらすのではなかろうかと恐れていたからです。被害者たちは、自分たちにとっては致命的な罪であったものが他の人間にはほんの軽い罪として扱われるのを見て、すなわち一方はフィレンツェの息子として扱われ、他方は継子として扱われるのを見て、どれほどの怒り、どれほどの絶望感に囚われたかをわれわれは信じないわけにはいかないでしょう。これらの連中が良心の呵責を和らげるために、もっとうまく言えば、良心を紛らわすために使った言葉は何と非人間的で独裁的であったろうか。これは既に一種の諺にもなっております。「国事では、敵を苛酷に扱い、味方には甘く[65]」というものです。あたかも正義の女神がこのような差別を許容し得るかのようです。あたかも、正義の女神が二つの異なった天秤を持った姿で描かれ得るかのようです。一つは敵の事件を測る天秤であり、もう一つは友人の事件を扱う天秤です。私はこの問題に深入りしたくありません。それ自体、悩ましい問題だからです。したがって、これについてはこれ以上、物を申し上げません。第二の論題に移りましょう。すなわち、俸給を伴わない顕職と俸給を伴う官職の分配の問題です。

このような分配がいかに重要であるかは申すまでもありません。これはいかなる都市においてもそうですが、とくにフィレンツェではそう言えます。共和国を維持するために市民たちはあれほどの重税を支払っているのですから。市民たちが共和国からの給与によって利益を得るのは正当なことなのです。われわれの生得の条件としてほとんど常に自由を享受して来た国家として、一君主の下にあってては通常どのようになっているかをわれわれは経験したことがありませんので、なおさらのことそう言えるのです。なぜなら、これらのものは、すなわちこれらの顕職や俸給を伴う官職はわれわれすべ

（65）negli stati si avevano a giudicare gli inimici con rigore e li amici con favore.

ての者に属するものですし、共同のものですから。メディチ家によってそれらがどのように分配されたかは周知のことです。彼らの主要な目的は、家柄の良さからいっても、あるいは能力からしても、その他の美点からしても、当然それらに値する者に決してそれらを与えないということでした。そうせずに、彼らは自分たちの友人、腹心と見なしている者の間で官職をたらい回しさせ、しばしば軽薄極まる欲望さえも満足させたのです。婦人やお気に入り、身分の低い召使いたちが彼らを支配していただけでなく、愛人ですら満足させたのです。これらは周知の事実です。一共和国にあっていっそう重要で、より我慢のならぬことは、市民を構成する大きな部分が法によってほとんど除外されたことです。すなわち、彼らが決して信頼しようとはしなかった家門です。それらの家門に属する息子たちや子孫は一四三四年以降、官職をまったく奪われて来たのです。汚辱にまみれた血統の所産のように、です。これは二重の不正を生みました。官職が当然与えられて然るべきである人びとからそれらが奪われただけでなく、それらの人びとに代わって官職が与えられてはならない人びとに与えられたので[66]す。多くの恥ずべき家柄を最高の顕職にまで昇進させ、数多くの平民や農民に資格を与えて役職に就かせたのです。プッチョが勝ち誇って次のように言っております。「平民にサン・マルティノの緋の衣裳を着せて貴族の地位を満たすよう努めよ[67]」。

この論題のもとに、税に対する彼らの不正も含めるべきです。なぜなら、官職を奪われた市民たちが、最も重い税査定を課せられて苦しんでいるからです。どれほど多くの貴族が、どれほど多くの財がコジモによって破壊されたか、誰でも知っております。後には税という手段によってです。税を法によって課そうという固定した体系が制定されるのをメディチ家は決して許しませんでしたが、その理由はこれなのです。なぜなら、彼らは常に誰であれ、そうと思う者をいつでも鞭打つことのできる

(66) マタイ伝十三章十二、ルカ伝十九章二十六。グイッチァルディーニが聖書に通じていたことが分かる。

(67) プッチョについては巻末の「登場人物案内」316頁参照。グイッチァルディーニは『フィレンツェ史』(太陽出版)の中でもこれと同じことを述べている。三五頁参照。マキァヴェリは「ニカンナのピンク色の衣は人を重要人物にする」Due canne di panno rosato facevano un uomo da bene という言葉をあげ、それをコジモの言葉としている。マキァヴェリ『フィレンツェ史』第七巻6(筑摩書房刊、マキァヴェッリ全集3、三三四頁)参照。

力を留保していたかったからです。仮にメディチ家がこの鞭を彼らの敵と信頼していない相手に対してのみ使う目的で手にしていようとしたのであれば、幾分か許され得る点もあったかもしれません。専ら自己防衛のためにのみそれを使うのですから。しかし彼らは、あらゆる人びとの間に恐怖を植え付けるためにそれを使ったのです。おとなしく、野心を持たない市民で、権力よりも商売の方により興味を持っている人びとを官職に対する欲望をもって動かすことができなかったので、彼らはこの税という別の道具を用いたのです。彼ら自身を人びとに崇敬させ、すべてのこと、すべての者の主人となり、たとえどんなに小さなことでも、彼らに服従するには、どのようにしたら良いかを人びとに強いて推察させようとするために、税という手段を用いたのです。これ以上、これについては申しません。これで私の提示した第三の論題に移りたいと思います。すなわち、わが領土の維持と拡張に関する政治の側面です。

メディチ家の最終的な目的は彼ら自身の特殊な利益の追求にあったと私は断言致します。彼らはすべての手段をこの目的に合わせておりました。戦争に乗り出すかあるいは止めるか、友情を結ぶかあるいは維持するかの決断は、フィレンツェの利益に従ってではなく、彼ら自身の個人的な権力に最も貢献するものと思われる点に従ってなされたのです。一方と他方が一致したならば、すなわち公共の善と彼ら自身の特殊な利益が一致した場合には、彼らは抜け目なく振舞ってその舵取りをし、すべての処理が彼らにかかっているといった風に持って行くだけでなく、すべての栄誉、すべての功績は彼らだけのものとし、かくして彼らが絶対的な主人であると誰もが認めるようにするのです。大変高くついたヴォルテルラとの危険な戦い(68)は、ロレンツォによって惹き起こされたのです。ロレンツォの個人的な憎悪のために、ヴォルテルラ人は反乱を起こさざるを得なかったからです。スフォルツァ家の

(68) グイッチァルディーニ『フィレンツェ史』六六頁参照。ヴォルテルラとの戦いは一四七二年のことである。

個人的な支持を保っておきたいという欲求と私的な関心のために、ロレンツォはシクストゥスとジローラモ伯とを遠ざけましたが、これは教皇とフェルランド王を極度に憤激させ、その結果、彼らはパッツィ家の陰謀によって政変を惹き起こそうと試みますが、ロレンツォを殺すことに失敗したため彼らは戦争に踏み切ることになります。この戦争のためにわれわれは途方もない失費を強いられ、農村部はひどい損害を受け、荒廃致しました。[69] 男爵戦争でわれわれは国王を助けるために巨額の金を使いました。これはまったく必要ないものでした。なぜなら、王の苦境はわれわれにとっては好都合であったはずですから。しかし、ロレンツォはフェルランド王と結んだ特別な関係のゆえをもってそれを要求致しました。[70] ピエロはこれとまったく同じ理由をもって、王との絆を弛めようとはしませんでした。オルシニ家と密接な関係にあったこともあげられます。ピエロは王との絆によって彼の政権をうまく繋ぎとめて来たと思っていたのです。このためピエロはフランス王と敵対するという愚を犯してしまい、フィレンツェをあのような危機に曝してしまったのです。[71] 私はこれを歎こうとは致しません。なぜなら、このことによってわれわれは自由を得たからです。しかしいずれにせよ、これはわれわれすべてを完全に破滅させるという、あまりにも大きな危険を孕んでいたのです。ヴェネツィアが強大になり過ぎるのを阻止するためにフェラーラを守ろうとしたことは賢明でした。[72] しかし、すべての功績と名声を独り占めしようと、ロレンツォはクレモナ会議に自ら出掛けて行こうと致しました。私はピエトラサンタへの遠征も非難致しません。ルッカの状況のためです。しかし、それがわが軍の与えた圧力のためにいよいよ降伏ということになりますと、ロレンツォは自ら出撃致します。他の人びとの奮闘によって得られた栄誉を、自分一人で享受するためなのです。[73] 彼は同じことをセレッザーナで行いました。[74] この際、これを獲得し、次いでこれを要塞化するために莫大な金が費やされました

（69）パッツィ陰謀事件（一四七八年）およびその後続いたナポリとの戦争の詳細についてはグイッチァルディーニ『フィレンツェ史』七一頁以下参照。またパッツィ家については巻末の「登場人物案内」313頁参照。

（70）男爵《バローニ》戦争についてはグイッチァルディーニ『フィレンツェ史』一一七頁以下参照。

（71）ここで言われているピエロとはロレンツォ・イル・マニーフィコの息子、すなわち一四九四年フィレンツェを追放されたピエロ・デ・メディチである。巻末の「登場人物案内」319頁参照。

（72）グイッチァルディーニ『フィレンツェ史』一〇五頁以下参照。

（73）グイッチァルデ

が、これは意味のないことでした。もっとも、このことを私は彼自身の個人的な利益のためではなく、むしろ判断力の欠如に帰しております。私の結論を簡単に申しますと次のようになります。すなわち、フィレンツェとフィレンツェ市民の一人ひとりは何度となく巨大な失費と危険に直面致しましたが、これは単にメディチ家の個人的な利益を満足させるためであったということです。戦争のたびに蒙った損害はすべての市民によって等しく耐え忍ばれましたが、その栄誉と功績はメディチ家によって独り占めされたのです。

これらすべての悪の根は一つなのです。なぜなら、狭い政権[75]の頭が誰であれ、その目的は唯一、彼自身の特殊な個人的な権力の維持にあって、そのために最善と思われることを行うのを常としているのです。その際、神や祖国や人間をないがしろにしてはばかることは一切ないのです。われわれの軍事力はメディチ家が左右しておりましたが、彼らが必要もなくわれわれに傭兵契約を結ばせたことが何度あったか分かるものではありません。能力が不十分であっても彼らの友人であり腹心であれば、その者どもを隊長として傭ったのです。これら過度の支出を支え、君主の宮廷や周辺に友人を配置しておくために、ロレンツォは公金に手をつけ、秘密の手段を弄して巨額の金を盗まなかったでしょうか。ロレンツォは商人としては事実上、破産していたからです。一四七八年から七九年の戦争の間[76]、兵の給与がロレンツォの銀行に支払われましたが、その際、銀行で何がなされたかをロレンツォが知らないとでも言うのでしょうか。彼が自分のために行ったことを友人たちも行いました。ロレンツォはこれを咎めませんでしたが、咎めることができなかったのです。かくして、多くの者が貧しい市民の血と骨から搾り出された公金を盗むことになります。実際、その公金には不運な若い女性の持参金からのものさえあったのです[77]。このような行為の後には必然的に猜疑心が生じます。このような状況

イーニ『フィレンツェ史』一一四頁以下参照。

(74) グイッチァルディーニ『フィレンツェ史』一二四頁以下参照。

(75) lo stato stretto

(76) ナポリ王フェルランドとの戦争である。ナポリ王フェルランド（フェルランテ）については巻末の「登場人物案内」316頁参照。

(77) ロレンツォが公金に手をつけた問題についてはグイッチァルディーニ『フィレンツェ史』一三六頁以下参照。

を知って喜ぶ者は本人自身堕落しているか、あるいは唾棄すべき卑劣漢であるか、あるいは特別に利害関係のある者か、そのいずれかであるのを知っているので、彼らはそれ以外のすべての人びとを疑ったのです。かくして、彼らはすべての者の手の内を見つめ、勢力あるように思われる者、あるいは能力あると思われる者のすべてを抑圧せざるを得なかったのです。パッツィ家が不当な法律によってボッロメイ家の相続財産を奪われ、[78]多くの面で打撃を与えられたために絶望の結果、陰謀に走らざるを得なくなり、その後に恐ろしいことが無数に続いた理由もここにあるのです。結合されればあまりにも勢力が強まるのではないかと思われる人びとの間での結婚契約が許されなかった理由も、ここにあるのです。多くの人びとが様々なやり方で妨害され制止されたのもまた、こうした理由によるのです。私自身の破産については申したくありません。なぜなら、それは重大な結果をもたらさなかったからです。常に私に思い出されるのは、ロレンツォが私を危険に曝して私に損害を与えたことよりも、彼の私に対する親切さの方なのです。援助を申し出るかのようにさえ思われました。しかし、その唯一の理由は人も知る通り、私の心を挫くことであり、おそらく私の例をもって他の人びとの心をも挫こうとしたことなのです。これ以外のことにも私は驚くつもりはありません。思い出を辿りますと、ロレンツォはごく親しい友人たちに対してさえ不信の目をもって見ておりました。様々なやり方で友人たちを出し抜き、常に一定の距離を保っておりました。これを示す良い証拠があります。ロレンツォは巧みなやり方で書記官を採用いたします。これは外交問題を扱う八人委員会の命令によります。わが大使のもとに彼らを常駐させるための方策なのです。しかし、大使たちはいかなる場合でも常にロレンツォの最も親しい友人であるという事実にもかかわらず、です。[79]

このような証拠から次のことが推量されます。すなわち、あなたの仰しゃった彼らの優しさという

(78) ボッロメイ家についてては巻末の「登場人物案内」317頁参照。なおこの問題についてはグイッチァルディーニ『フィレンツェ史』七三頁参照。

(79) ピエロ・カッポーニのこれらすべてのロレンツォ批判はグイッチァルディーニの『フィレンツェ史』における批判と重なるものである。

ものも、確かにボローニァやペルージァの暴君たちと比べれば優しいのですが、この優しさを振りまくのがメディチ家にとって有益ということになれば、そのようにするであろうということです。なぜなら、己れの最終的な目的として権力を挙げる者はそれに反対するあらゆる物事を敵と見なし、それを維持するためには必要な場合にはいつでも他の人びとの財産や名誉、生命を完全に破壊するのが常であるからです。一四三四年に生じたことほど、これを示すより良い例が他にあるでしょうか。この年、コジモは数多くの貴族や家門を追放し、破滅させましたが、かつてわがフィレンツェの経験したすべての不幸の中でも、これに匹敵するものは何もないといわれるのも当然のことなのです。パッツィ家によってロレンツォに対して企てられた不法行為は極めて深刻なものでした。おそらく、これは攻撃といった方がより正確でしょう。なぜなら、それを挑発した者が不当に扱われたなどと呼ぶことはできないからです。しかしながら、彼の復讐は文明の尺度を遥かに超えたものでした。多くの罪のない人びとが最初の爆発で首を吊されただけではありません。そのすぐ後には、レナート・パッツィ(80)に対しても同じことがなされます。レナートは常に武器を嫌って来た人物です。次に冷酷にも罪のない哀れな少年たちが長年、獄に繋がれます。少女たちは結婚を禁じられるなど、その他多くの苛酷なことが行われました。このようなことは陰謀家たちが罰せられるだけでなく、彼らの息子、兄弟、親族も罰せられるような国に典型的なことなのです。私は話をいつまでもこんな風に続けられますが、もう十分しゃべりましたし、パゴラントーニオに後を続けさせたいと思います。

ソデリーニ　ピエロは最も重要な問題をすべて提起致しました。また十分に語られたものと思っております。とくに、あの時期のすべての不正を語り尽くすことはできない相談です。不正は限りありませんし、時

(80) 巻末の「登場人物案内」314頁参照。

間はいくらあっても足りないからです。コジモとロレンツォの態度は他の暴君のそれに比べれば温和であったと、ベルナルドは申しました。これはその通りです。温和さが彼らの性格であったからなのか、あるいは彼らが賢明で、良い助言者を持っていたからなのかはともかく、その通りでした。しかしこのことが、まさに私がそのような政体をいっそう嫌悪する理由になるのです。なぜなら、あれほど多くの不正を温和で賢明な独裁者の下であれば大目に見なければならないとしても、軽率で悪意ある独裁者となれば、何をわれわれは彼から期待できるでしょうか。ピエロから何を期待できるでしょうか。あなたも御気付きのように、ピエロは生まれつき思慮分別というものを与えられておりません。しかしこれは別にしても、彼は彼の父や祖父の、また通常われわれフィレンツェ人のものである、あの良い性格や優しい血さえ受け継いでおりません。彼の母親は外国の女であったところからして[81]、彼のフィレンツェ人としての血が劣化し、かつ外国風の態度物腰をとるように退化してしまったとしても不思議ではないのです。彼は、われわれのやり方にしてはあまりにも不遜で傲岸に過ぎました。したがって、このピエロの息子たちから何を期待することができましょう。彼らは両親ともオルシニ家の出なのですから[82]。しかし私は何を言おうとしているのか。そうです。たとえピエロが彼の父のようであったとしても、事態は避けようもなく常に悪化して行ったことでしょう。なぜなら、絶えず制限的になっていくのが狭い政権の性格であるからです。すなわち、独裁者の権力は常に増大して行きます。したがって、彼の統治に由来するすべての不正も増大して行くのです。コジモの発展を考えてみて下さい。そして人生の終わりに至って彼がどれほど強大になっていたか、これを一四三四年の初頭と比べてよく考えて頂きたい。後にはロレンツォはコジモ以上に絶対的な権力を行使いたしましたが、晩年になるとすべての物事ががっちりと彼の支配下に置かれます[83]。そして日ごとに、父の死後早い時

(81) クラリーチェ・オルシニ。オルシニ家はローマの古くからの領主の家門である。巻末の「登場人物案内」301頁オルシニ家参照。

(82) ピエロの妻もオルシニ家の出である。アルフォンシーナ・オルシニである。巻頭のメディチ家系図参照。

(83) 一四九〇年以後、メディチ政権の基盤はロレンツォも含めた改革のための十七人委員会に置かれる。対話者のパゴラントーニオ・ソデリーニもピエロ・グイッチァルディーニもその一員である。

期にそうであったよりも、すべてが制限されていったのです。われわれは同じことがピエロにあっても生じるのを目にしたことでしょう。事実、われわれは既にそれを見ております。なぜなら、彼はすべてをセル・ピエロ・ダ・ビッビエーナ(84)の手に渡し、すべての仕事を自宅の書記局に移させたからです。ロレンツォの時代では通常、オット・ディ・プラティカが扱っていた仕事を、です。その理由は、ピエロ・カッポーニが言ったように、狭い政権の支配者たちがその友人たちに対してさえ不信の念を抱いているからです。友人たちは政権に参画するのを好んでおります。しかし、このようなことはまったく堕落しきった心の持ち主でない限り信じられないことですが、良き市民の心を欠いているとしても、あるいは、よろしいですか、祖国への愛の火花を事実上欠いているとしても、疑われているのをそれと気付けば心中大いに憤激せざるを得ないのです。しかも、政権の権威と影響力は秘書たちにあります。身分の低い品位のない連中で、たいていは領内の隷属民の出です。それにもかかわらず、その連中の言うことに従い、有力市民として敬意を表さねばなりません。生き延びねばならないからです。これには大いに憤激せざるを得なかったのです。本来ならば召使いであったはずの連中に支配されるということは、礼節ある人間にとっては不愉快でしたが、これとは別に有害であったのは、わがフィレンツェがわれわれにとって敵である人びと、あるいは少なくともわれわれを愛していない人びとに握られていることでした。われわれすべての者の秘密や私事、それにフィレンツェ市内の動向や経済などがこれらの人びとの手に握られ、われわれ以上にこれらの事情に通じていたのですから(85)。

　したがって、ベルナルドがこのような生活の仕方と民主政権とをどのように比較し得るのか、私には見当もつかないのです。民主政権の成果は独裁政のそれに比べて、あるいは良くないかもしれません。しかし一方は、生来自由を好むすべての人間の自然の欲求に基づいておりますが、他方はまさに

(84) 巻末の「登場人物案内」313頁参照。

(85) ここで指摘されているピエロ・デ・メディチの政権とパゴラントーニオとピエロとの不和に関する詳細はグイッチァルディーニ『フィレンツェ史』（太陽出版）一四三頁以下参照。

その正反対です。隷属の恐怖を誰もが抱いているのですから。したがって、民主政がたとえ不利な点を持っているとしても、われわれは人間性をより良く満足させるものを選び取るべきなのです。その反対物ではありません。通常、何びともこのような自然の本能を持っておりますので、この議論は等しく何びとにも当てはまるのです。しかしとくに、才能により恵まれている人びと、あるいは心のより高貴な人びとこそ、隷属を許すことのできない、また許すべきでないとする人びとなのです。それどころか、自由であるはずの己れの行為、己れ以外の何びとにも左右されない祖国の幸福のみに向けられた行為が、正当なものであれ、あるいは勝手気ままなものであれ、他人の恣意的な意志に規制されねばならなくなるのを知ると絶望するような人びとなのです。己れよりも比較にならないほど物を知らない人間に服従せねばならないだけでなく、己れの能力を隠しておかねばならないのを知れば、絶望せざるを得ないのです。独裁者というものは高潔なすべての精神、すべての卓越した力を嫌っているからです。とくに生まれついての能力の場合、これを嫌います。叩きのめすことがいっそう困難であるからです。しかし、独裁者は時に羨望の念から嫌うのです。彼のみが卓越したいと望むからです。また、しばしば恐怖の念からも嫌います。独裁者というものは一般に、常に恐怖に満たされているものです。私はいま言ったことを特定の人物に当てはめようとは思いません。しかし、あなた方は私が意味もなく語っているのではないことをよく御承知です。

したがって、都市が美徳《ヴィルトゥ》や卓越した性格や寛大な行為を生み出すような制度を樹立することが都市の正統な支配者たちの第一の目的であり、また市民生活について物を書いてきた哲学者やその他の人びとの主要な仕事であるとすれば、逆に寛大なあらゆる行為やあらゆるヴィルトゥを消滅させるためにできることは何でも行うような政権に対しては、われわれは断然、これを告発し嫌悪せねばならないのです。私は、人びとをして偉大な行為へと駆り立てる市民的なヴィルトゥについて話をしているのです。すなわち、これこそ共和国を利するものなのです。高貴な精神や名声を欲する者が卓越した行為を行い、栄光を手にし得る一切の手段から遮断されているのを見るのは、何と惨めなことでしょうか。それに値しないような人間にたびたび称讃の言葉を振りまかざるを得ず、相手の身振りでその言わんとするところを推し測らねばならないというのは、何という惨めなことでしょう。御承知の通り、ロレンツォはこのようにしてすべての人に圧力をかけたのです。ロレンツォがこのように振舞ったのは唯一、彼の方が私より強いと言わせる以外の何物でもないのです。したがって、繰り返しますが、合法的な政権であればヴィルトゥは尊重されますので、政権が合法的でない場合、この場合には、たとえそれが暴力的なものであれ、あるいは温和なものであれ、幾分でも独裁政の特質を持ったものであれば、他の型の政権を求めるべきです。たとえどれほど土地・財産を犠牲にしてでも、です。なぜなら、ヴィルトゥを破壊させるような政権、その下で生きる人びとがその高貴な心と寛大な性格によって偉業とまでは申しませんが、一定の栄光を達成するのを阻止するような政権以上に恥ずべき有害な政権はあり得ないからです。私はもう一つ気付いた点を付け加えたいと思います。これは私にとってはまったく真実であるように思われるのですが、おそらく誰もがこれに納得するわけではないかもしれません。すなわち、メディチ家はすべての狭い政権がそうであるように市民が武器を所持するのを禁じ、男らしさを失わせようとしてまいりました。このためにわれわれは大変柔弱になってしまいました。また、われわれは父祖の持っていたような勇猛さに欠けています。已れ自身の武器で戦争を行うのと傭兵軍によって行うのと、どれほどの違いがあるかを考えたことのある人なら、これがいかに共和国にとって有害であるかを判断できるのです。武装していない都市が平穏で、武装した都市はしばしば派閥闘争の餌食になるという理由をもって、このような武器携帯の禁止措置を称讃すべきでもありません。なぜなら、正しい道はこのような恐怖によって市民に武装を許す利益を失うのではなく、それらが都市の利益のために使用され、反乱や暴動に用いられないよう配慮を加えることなのです。これがいかに容易であるかを、われわれは古代の共和国から知ることができます。今日のスイス人にそのいくつかの痕跡が見られます。スイス人は今や、イタリアで身近な人びとになりつつあります。見た目には彼らは恐ろしい兵士のように思われますが、自国では極めて平和に、かつ自由に法の支配の下に生活しているのです。他の話題も残っているかと思いますが、私はもう十分お話し致しました。われわれが言い残したことは、ピエロ・グイッチァルディーニに付け加えて頂くのが良かろうかと思います。

グイッチァルディーニ

嬉しいことに君たちは十分にお話し致しました。私はそれ以上、お話しする気にはまったくなれません。ベルナルドが答えるにしても、君たちがベルナルドの答えに反論するにしても、それができないほど多くを話したのです。したがって、いずれの場合でも一都市の政権に属している主要な問題点を明らかにせねばならないと思います。これを私は望んでいたのです。われわれは今や、私の目的を達成しようとしております。したがって、何の意味もなく私が口を挟む時ではないのです。

ベルナルド

あなた方によるメディチ政権の欠陥についての批判は明断に体系化されており、記憶もしっかりしております。したがって、あなた方が一度ならずそれについて考えられたことは明らかです。私はあなた方の批判を否定しようとも思いません。また、必要以上に修正しようとも思っておりません。なぜなら、われわれは真理を見出すために論じ合っているのであって、議論のための議論をしているのではないからです。しかし私は確信しているのですが、あなた方のこの政権が、もっともあなた方はこの政権によって黄金時代がやって来るものと期待しているのでしょうが、メディチ政権と同じような欠陥を多く持ち、さらにそれ以外の欠陥をも持つようになるであろうことをあなた方に証明することに成功するはずです。これら両者を比較検討することによって、おそらくあなた方は頭で考えていたこととは事態が幾分か異なっていることがお分かりになるでしょう。パゴラントーニオは常に自由の名をもって、またいかに人間というものが自由というものを生まれつき希求するのだということを、とくにわがフィレンツェではそうであることを示すことによって、また逆に隷属というものがいかに嫌悪すべきものであるかを示すことによって、私の議論の進め方を遮断しようとします。このようにして、彼は次のように結論付けます。すなわち、自由な政体はより悪い状況をもたらすにもかかわらず、一人による政権よりも愛されねばならないというのです。とくに、知的な寛大な心を持った人びとによって愛されねばならないというのです。これらの人びとは栄光に憧れておりますが、一人の人間による支配の下にあって、能力を示し名声を獲得するあらゆる機会を奪われているというのです。事実、これらの人びとは猜疑の目で見られているために、その有能な資質を隠そうとせねばならないというのです。話を先に進める前に、これについてひとこと言っておく必要があろうかと思われます。この種の取り違えに惑わされようものなら、私の議論の基盤そのものが揺るがされることになるからです。

　私はしばしば次のような事実について深く考えてまいりました。自由というこの言葉は、しばしば現実に人間がそれに対する欲求を生来持っているからというより、己れの貪欲さと野心を隠そうとする人びとによって、口実として、偽装として利用されて来たという事実です。私の言っている自由とは個々の人間の本質に関する自由ではなく、一つの都市を統治する際に考えられる自由、すなわち一人の人間が自由であるか、あるいは隷属されているかといった自由のことです。私の思い違いでなければ、人間というものは他の人を支配したい、他の人より優越していたいという生得の欲求を持っているように思われるのです。通常、人間というものは自由を熱愛するからといって、己れが君主になり得る機会、あるいは他の人に優越し得る機会が生じた場合、その機会を自ら好んで放棄するようなことは致しません。そうするような人は稀有の存在です。事実として、このようなことは日常行われているのです。しかも、互いに関係のない人びとの間だけではなく、たとえば近隣諸国に対して支配権を手にしようと絶えず努力している君主や共和国の間だけではありません。同じ共同体の一部を構成している人びとの間でさえ起こっているのです。したがって、同じ共和国に生きている人びとの振舞いや、彼らの間で生まれる不和をよく考えてみれば、彼らの最終的な目的が自由というより、むしろ他の人に対する優越さにいっそう関係しているのが分かります。しかし、人間というものはしばしば名前に欺かされます。物事それ自体を認識できないのです。かくして、市民同士の紛争に際して自由という名が繰り返し引き合いに出されると、たいていの人はそれに惑わされてしまい、本来の目的が異なっていることを悟らないのです。

都市で有力な地位に就いている人びとは本来、自由をその目的として求めているのではなく、権力の増大と己れを可能な限り他の人に優越させ、際立たせようとしているのです。出来るだけ長い間、彼らはこの自由という心地良い名をもって己れの野心を隠そうと努めます。都市においては、抑圧されるのを恐れる人びとの方が抑圧するのを願う人びとより遙かに数が多いからです。平等の擁護者の役割を果たしているように思われる人びとの方が、公然と優越を求める人より、遙かに多くの支持者を得ることになります。しかしいったん成功したとなると、これはそのような人間の意図を暴くことになります。なぜならば、一般に彼らは権力を握るために大衆をこうした欺瞞によって利用していたからなのです。このような多くの例を、あなた方はフィレンツェおよび古代の歴史を読めば見出すことができます。他方、人びとは自由をその目的として欲求し、選び取ります。これは多数派の置かれた状況によるのです。彼らは抑圧されるのを恐れています。あるいは、共和国の名誉職や俸給を伴う役職に就く機会が少なくなるのを懼れています。したがって、彼らが専念せねばならない第一のことは平等なのです。これにより役職に就く機会をより確実に大きくしようとするためなのです。低い地位から高い地位に昇りたいと思う者はまず中間に至らねばなりません。それにもかかわらず、常に経験の示すところによれば、この同じ人びとがひとたび平等を獲得すると、そこに留まることなく、他の人以上の権力や高みを求めはじめるのです。あるいは、少なくともそのように望みはじめるのです。まず平等を手にすると、機会に応じて支配を求めはじめます。己れを国家の指導者とするか、あるいは他の者を支配者にさせようとするのです。この場合、その者につくことにより、平等から得るものより、いっそう得るところがあろうと望んでのことです。このようなことは、人間の目的というものが実際はどのようなものであるかを示しています。なぜなら、権力のある者はしばしば自由の名を利用して、他の者を欺きます。また自由を求めていた者は、より良い地位を望むことができると思えば、平等を得るや否や自由を放棄します。

歴史を見れば、究極の目的として祖国の自由に対する燃えるような欲求に突き動かされて、そのためには生命すら賭した人びとの多くの例があるではないかと、あなた方は指摘することができます。

が、たとえそうであっても、私があなた方にお願いしたいのは、思い違いをなさらないで頂きたいということです。そして、私が物事が実際はどうであったかをあなた方に納得して頂くよう試みたとしても、どうかこのことによって私に、独裁政の擁護者にして自由と共和国の敵であるなどといったレッテルを貼らないで頂きたい。とくに、われわれの議論が終わるまでには私が自由に敵対する者ではまったくないことが明白になるよう希望しているのですから。ただし、自由というものが良く秩序付けられていれば、の話です。祖国のために生命を賭した人びとはすべて、外敵に対してそうしたのか、あるいは国内の独裁を敷いている者に対してそうしたのか、そのいずれかです。外敵に対して生命を賭した人びとの例は、これはローマ人の間に多く見られますが、われわれの議論にとっては見当違いの例です。なぜなら、彼らは己れの生まれた祖国への愛によって、祖国が敵によって抑圧され略奪されるのを避けるために行動したからです。これには国家が一人の人間によって支配されているかどうか、あるいは少数者によってか、あるいは共和国であるかどうかといった問題は含まれておりません。このような人びとは自由への愛からというよりも、むしろ祖国への愛によって行動したのだと言えるからです。祖国というものは多くの祝福、多くの美しい情緒を抱擁しているもので、君主の下で生きている人びとでさえ祖国を愛し、そのためには命を捨てた者も多く見られるのです。

独裁に抗して行動した者には、独裁者を亡き者にしようという陰謀に成功した者もいるし、これを阻止された者もいます。阻止された者の動機についてははっきりした判断を下すことは困難です。なぜなら、彼らが成功していたならば、そのままそこに留まっていたかどうか、あるいはさらに進んで己れ自身の権力のために工作しようと努めたかどうかを、われわれは知ることができないからです。しかし、われわれは彼らについて、独裁者を倒すことに成功した者について言えるのとほとんど同じことが言えるのです。なぜならば、成功した者は多く、時の経過とともに彼ら自身、独裁を狙っていたことが明らかになるからです。したがって、われわれは成功しなかった者の意図もまたこれと同じであったと判断せねばならないのです。

自由の多くの希求者の意図は、このようなものであったのかもしれません。彼らは当然そうありたいと思っていたほど権力もなかったし栄誉も与えられておらず、上昇するための他の手段が見出せなかったのです。怒りの感情、あるいは暴君、またはそれに見合った復讐することのできない者から受けた何らかの侮辱が動機となったことも確かです。暴君によって抹殺されるのではないかという恐怖から、このようなやり方で彼に先んじて安全を図ろうとした者もおりました。生活に困った者にしばしばあるように、経済的に困窮した者が状況を立て直す手段として騒ぎを惹き起こした者もおりました。暴君によって追放された者の親族、あるいは友人がこの手段によって、彼の帰還を実現した者もありました。その他多くの理由があります。これらすべての理由から、次のことが推定されます。すなわち、暴君の敵の中には、純粋に祖国の自由への愛のために動かされた者は極めて少ないということです。これらの少数者は最上級の称讃に値します。極めて稀であるということからして、いっそう称讃に値するのです。しかし彼らの数は、私の申しますように極めて少ないので、このことからその他すべての人の普遍的な動機を措定することはできません。諺にもありますように、一羽の燕では夏にはなりませんから。自由へのこのような欲求を私が完全に根絶しようとしているように思われるかもしれませんが、さらに付け加えて申しますと、おそらくこの少数者の大多数は自由への愛に動かされているのではなく、このような手段によって名声や栄光を求めたのかもしれません。自由の擁護者となることがいかに栄光に満ちたものであるかを知っていたからです。したがって、彼らを動かしたのは公共善ではなく、個人的な利害なのです。それにもかかわらず、彼らは特別の称讃に値するのです。栄光を勝ち得ようと欲したのは称讃に値する行為によってであるからです。祖国に良かれと思ってのことで、既に見て来たような邪悪な手段を弄してのことではないからです。

したがって、私は結論として次のように申します。政治的自由への欲求はパゴラントーニオが申しますように、生得のものではありませんし、普遍的なものでもないということです。古代においてそうであったとすれば、より堕落しているわれわれ自身の時代ではいっそう、そう言えるのです。自由を説く者が自由な政権においてよりも狭い政権においての方が、より個人的な利益に預かることができると思えば、それに一目散に殺到しないような者はいない、と私が言うのはこのためなのです[86]。パゴラントーニオが触れたあの高潔な人たち、寛大な精神の持ち主たちが、このように振舞わないといえるでしょうか。私は大いに疑っております。なぜなら、彼らの自由の追求はほとんど常に先に挙げた理由のいずれか一つに動機付けられているからです。狭い政権においては能力を十分に発揮する機会に恵まれていないことに関する彼らの歎きについては、われわれの話の他のところで扱いましょう。なぜなら、今のところ、次のことを言えば十分ですから。すなわち、都市をいかに良く統治するかについて書いて来た人たちは、このような少数者の野心を無視して一人による政権を、それが良い場合には常にそれを推薦してまいりました。これは支配者の利益のために、あるいは栄光のために制定されたのではなく、臣下の利益のために制定されているからです。しかも、政府を組織する際の目的はすべての者が支配することではなく、能力の最もある者のみが支配することだからです。それゆえ、最良のものとして常に承認されて来た政体は一人による政体なのです。これが最も良い結果を生み出す政体であるからです。お好きなだけ議論して頂いて結構ですが、最後には思い違いしていない限り、

(86) 巻末付録『リコルディ』264頁C六六、B一〇六参照。

私の最初の前提に立ち帰らねばなりません。すなわち、その結果に従ってそれぞれの政体は判断されねばならないという前提に、です。したがって、われわれはどちらがより大きいかを測定しなければなりません。すなわち、メディチ政権から受け取った利益の方か、あるいは新しい民主政権が生み出すそれか、そのいずれが大きいかを計算せねばなりません。

ソデリーニ

平等を手に入れるために自由を求める者は、あなたが仰しゃったように、それを最終的な目的とすることは決してないでしょう。しかしながら、すべての都市においては平等を求める人びとの方が、求めない人びとより比較にならないほど数が多いということは否定し得ません。その理由は、大多数の者がその数の大きさからして当然そうあるべきにもかかわらず、政府に関与する割合がより少なく、また抑圧されるのではないかと恐れており、他方、少数者の方は政府に関与する割合がより大きく、人びとを抑圧することができるものと思い巡らすことができるからなのです。したがって、いつの時代でも自由な政権を好む人びとの数の方が実質的な多数派なのです。なぜなら、自由な政権は他の政権よりも平等を与えるからです。このことから次の結論が引き出されます。すなわち、自由を欠いた政権は当然ながら多数派の趣味や欲望に反するということです。そして、多数派が嫌悪しているものはまったく当然ながら拒否されねばなりません。とくに、一つの都市が持ち得る最も役に立つ種類の市民は中間の平凡な人びとなのですから。都市がその基礎とすべきはこのような人びとなのです。これらの人びとこそ、独裁化を望む人びとと無秩序なやり方で振舞うのを欲する大衆の双方に対立する人びとなのです。

ベルナルド

パゴラントーニオの心からこのような考え方を取り除くことは困難です。それにもかかわらず、あえて申しますが、このような平等はすべてのことにおいて了解されるわけではありません。たとえば、それぞれの人の財産は等しいとはいえません。それらは人間の勤勉さや幸運によって増加したり減少したり致しますから。したがって一定の限界があります。われわれの場合、二つの点が考えられます。第一の点は、すべての人は等しく法に支配されねばならないし、いかなる人も他の人によって抑圧されてはならないということです。このような平等と安全は自由な政権の下でも、またそれ以外の政権下でも、その政権が秩序正しいものであれば、同じように、あるいはおそらくより良く確保されます。したがって、このような場合であれば、自由を欲する必要はありません。第二に、すべての人が等しく支配に参画すべきであるという意味での平等が考えられます。これは非合理的な欲求です。なぜなら、支配する資格の最もある人びとのみが行政府と政庁において大きな役割を果たすべきであるからです。これは既に申しましたが、政治的権威と行政官は支配される者の利益のために制定されたのであって、支配する者を満足させるためではないという観点からして言えるのです[87]。したがって、このために自由を望む人びとに耳を貸すべきではありません。なぜなら、彼らの欲するものは合理的ではなく、役に立たないからです。都市のために法律を制定する者は、野心的な欲望を醸成してはなりません。逆に、できるだけのことをして、そのような欲望を断ち切り、根こそぎにすべきなのです。

ソデリーニ

目下、これ以上何も申し上げたくありません。おそらく、あなたがこれから仰しゃることをお聞きすれば、これまで以上に満足いたしましょう。ともあれ、何か思いつくことがあれば、この議論の後

(87) 巻末付録『リコルディ』264頁。

にお答えすることができましょう。

ベルナルド

それではピエロ・カッポーニが触れた論題に移りましょう。彼が提起して、しかも効果的に扱われた三つの論題のうち、私は第二の問題から始めたいと思います。すなわち、名誉職と、俸給を伴う官職の分配に関するものです。この問題は行政官の選出も含まれており、司法行政や対外問題の運営などもこれに左右されますので、この問題を初めに扱えば、他の二つの論題を扱うのもいっそう容易になるからです。行政官の選出に当たっては三つの過ち、あるいは過失が生じます。まず、このことについて考察されねばなりません。第一のものは個人的な不適格性、すなわち官職に任命された者がそれに値しない場合です。悪い人物であるか、あるいはそのような責務に不向きな人物であるか、そのいずれかの場合です。第二は家柄の問題です。すなわち、そのような名誉に対して貴族性という点で不十分な家柄の、いわゆる成り上がり者に官職が与えられる場合です。なぜなら、人の位階や身分ははっきりしたものであり、秩序正しい政権にあってはそれらは混同されてはならないからです。第三は、官職の循環を都市の一部にのみ限り、他の部分をほとんど常にあたかも法律によるかのごとく排除することです。これら三つの過誤のうち、最後のものは不公平であり、第二のものは不名誉であり、第一のものは公共の利益に害をなすものです。

あなた方は、というよりむしろこの新しい政権を樹立した人びとは、すべての官職保有者の選出を大会議《コンシーリオ・グランデ》の責任と致しました。それゆえ、多くの過ちがなされるのは避け得ないように私には思われるのです。なぜなら、大衆(88)は人間の資質を見分けることのできる良き審判ではないし、一人ひとりの軽重を入念に計ってみようという気もないのです。むしろ彼らは大雑把な評価を下し、世間に広まって

(88) 大衆についてのグイッチャルディーニの考え方は巻末付録『リコルディ』265頁以下C一二一、一四〇、B一五六、一一三参照。ただし、ここで言われている大衆とはコンシーリオ・グランデを構成することになる多数派を指す。貴族的な有力市民ではなく、中小の商店主や職人層を指す。コンシーリオ・グランデについては巻末の「解説」三を参照。

いる根拠のない一定の意見、より適切な表現を用いれば、一定の噂にいっそう影響されるのです。したがって、あなた方もお分かりになろうかと思いますが、統治能力のある、賢明な人を任命することはありません。それどころか、最高の官職に任命された者がしばしば己れ自身の家族すら治めることのできないような人びとでさえあるのです。しかも、最も成功した人気のある人物は穏やかな性格の人で、毒にも薬にもなりません。大衆がより大きな名声を与える人びとにはしばしば専門的な知識によってそれに値する人びとではなく、何事もせず、口を閉ざしている人びとなのです。ある者が一つのことをうまくこなすと、大衆はその者をまったく遠く隔たった他の仕事にも、必ずといって良いほど使います。その仕事とは一月が秋から、諺に言わせれば、桑の実からほど遠いのと同じです[89]。不器用な医者を真似して、胃に効く塗り薬を頭に使うようなことを致します。フィレンツェの成功は御存知の通り、商店や産業に基礎を置いておりますので、これらに勤勉であるという評判を得れば、大会議において少なからず助けになり、政治的な階段を登って政権に近づけるのです。したがって、あなた方はしばしばゴンファロニエーレや戦争の十人委員、その他の行政官など、政府の重みを支える官職がつまらない人間の手に移るのを見ることになりましょう。さらに、この政権は広く開かれているという評判と評価をもって始まりましたので、絶えずそれを広げようという競争が行われるでしょう。なぜなら、誰もが最高の名誉職を己れのものとして要求することができるからです。三十年間も別邸に住んでいて、フィレンツェで何が起こっているかについて何事も知らないような人間が、最高の官職を目指してまっしぐらに殺到することになりましょう。自分こそその地区での第一人者であると確信してのことです。かくして、官職欲が広く拡散し、一般的になってまいります。私の言っているのはウティーレ、すなわち俸給の伴う官職に対する欲求ではありません。このような官職欲であれば、

(89) quanto è el gennaio dalle more

これは許されましょう。私の申しておりますのはオノーレ、すなわち名誉職や統治への野心です。このため、これらの官職が無差別に与えられるようになるのは疑いありません。大衆には官職に適していない人びとが比較にならないほど数多くおります。したがって、少数者の精励あるいは野心をもってしても、この洪水に抵抗し得ないでしょう。あなた方の見るところ、ゴンファロニエーレや十人委員への支持を得ていると思われる人びとのうち、二十五人ほど任命することができさえすれば、私は力づけられることになりましょう。しかし、これらの人びとを五人の地方長官(90)や城砦長官(91)に任命するのは行き過ぎであるように思われます。また大衆が善良である、あるいは善良であると思われているにしても、邪悪な者がその地位に就くようなことはないなどと思ってはなりません。なぜなら、無知のために本来有能な人びとに与えられるべきものが無能な者に与えられるといったことがあるが、これと同じ無知のために、本来ならば善良な者に与えられねばならぬものがしばしば邪悪な者に与えられるからです。大衆というものは、既に申しましたように、大雑把に、しかも即座に評価を下します。彼らは物事を入念に区別したり、あるいは比較検討したり致しません。そのため彼らは、良く思われようとしている人びとに簡単に欺されてしまいます。人というのはおのおの、自分の仕事しか考えません。あれこれの人びとの生活などを知ろうと致しません。したがって、ある人が何を仕事としているか、その詳細を知らないのです。ある人の行動については知るところがないので、その行動に心が動かされることはありませんが、何気なく見ているうちにその人の曲がった首が目に入ると、むしろその方にいっそう心が動かされるものなのです。したがって、実際はそれに値しないような人を中傷し、実際は邪悪である人を逆に良く言うといったことは、いとも簡単に行われており、また信じられてもいるのです。

(90) cinque del contado　フィレンツェの支配下にある五つの領地にそれぞれ派遣された。任期は一年。一六世紀に至るまで権威を有していた。

(91) ufficiali della torre　各地の城塞の管理、建築に当たる。

物を考えないことから、物事について真剣に考えないことから健忘症が生まれます。なぜなら職務上、人に注目されるほどの失敗をする者がいても、それは直ぐに忘れ去られるからです。またあなた方は、コンシーリオ・グランデには同じ仲間にしか投票しないといった、多数の質の悪い連中がいることも否定し得ないでしょう。こうした理由からして、また日ごとに生まれて来るその他の理由からして、オノーリやウティーレが不適格さ、あるいは善良さのゆえにそれに値しない連中に行く限り、それらの官職はメディチ政権時代以上に、またおそらくこれに類似した政権以上に劣悪に配分されるであろうというのが私の意見です。その理由は、このような政権を運営する者は誰であれ、人間の性格や資質を入念に吟味しており、立派な人物を任命する必要が生じた場合には嫌でもそうせざるを得ないからなのです。また彼は大衆のように簡単には欺かれません。より良く判断し、より熱心にそれらについて考えているからです。これが彼の本業であることから、[92]詳細にわたって簿記をつけており、空虚な噂や評判などに左右されません。物事の深部を探っているのです。仮に欺かれることがあっても、なぜなら一人ひとりの人物の状況をすべて知ることは不可能ですから、欺かれることは当然あり得ますが、それでも再度、欺かれることはありません。あなた方は、たとえばロレンツォのような政権はしばしばこのような入念さを必要としていない、なぜなら能力を必要とする大使職やコメサーリオ、その他の職務は別として、誰が十人[93]であるか、誰がオット・ディ・プラティカに就いているか、シニョリーアにいるのは誰であるかといったことはまったく問題にはならない、所詮、彼らは主人の印影でしかないのだからと論じられるかもしれません。仮にそのようであるにしても、このような論じ方はあなた方に不利に働いていると真先きにお答え致します。なぜなら、この場合、そのような役人が不適格者であっても、いっこうに差し支えないからです。民主政権ではこのようなわけにはまい

(92) la sua bottega

(93) dieci di balia 戦争の十人。

りません。民主政権では、これらの行政官たちが全重量を双肩に担っておりますので、失敗は致命的になりましょう。

これはさておき、メディチ政権と似たような政権は多くの点で能力のある人びとや名声の高い人びとを引き留めておく必要があるとお答え致したい。なぜなら、一般にこのような人びとを敵とするよりも友人とする方が、このような政権にとって大切なことだったからです。彼らが良くない人物を利用せざるを得ないことも確かにありました。また、あまりにも親密な友人であるがために、そう安々とおろそかにできない人びともありました。しかし、そのような人びとはそれほど多くはおりません。したがって、信頼のおけない人物は除いて、メディチ家は能力のある人びとを大切にしようとしていたと言うことができましょう。このような人びとに彼らは、他の人にもまして オノーリだけでなく、ウティーレも与えました。パゴラントーニオは彼らが知的な人間、気骨ある人間を抑えつけておこうとしていたではないかと私に言いたいようですので、私は次の点は真実であると申し上げます。すなわち、国家を支配している者は用心深く振舞って、誰であれ彼に危険をもたらすほど強大になるのを阻止いたしますし、誰にもまして優れた、勇気ある人びとを恐れているという点です。なぜなら、彼らはより大きな仕事をする能力があるからです。しかし彼に思慮分別があれば、注意深く人物を見分けながら振舞い、賢明ではあるが勇敢でない者と、賢明で勇敢ではあるが落ち着いている者、知的で勇敢で、しかも落ち着きのない、野心に動かされている者とを区別して対応致します。第一の者に対しては、彼はおおっぴらに振舞います。第二の者に対しては礼を尽くしますが、少々注意深く振舞います。第三の者に対しては、より厳しく対応致します。(94) 第三の者に対しては、自由な政権でもこのように対応すべきでしょう。しかしその者から名誉を剥奪したり、職務を奪ったりするのではなく、状

(94) 巻末付録『リコルディ』266頁C九九、九八参照。

況全体を見て、とくに危機的な状況にあっては注意を怠りなく、彼を信頼してはなりません。また、問題を惹き起こすような仲間を彼に与えてはなりません。これらすべての措置は危険を小さなものにとどめておくはずです。ごく少数の者がこれによって傷つけられますが、すべての人を傷つけるものではありません。

これはまた民主政権《エル・ポポロ》についても当てはまります。なぜなら、大衆はしばしばそれほどの根拠もなく有能な人びとを疑っております。そして荒っぽいやり方で彼らを退かせ、彼らから身を守ります。事実、民主政権は正当な配慮もなく彼らを排除致します。そのやり方は絶望感を募らす底のものです。なぜなら、民主政権は奪う場合にも与える場合にも良き判断を欠いているからです。逆にそれは、終始用心しておかねばならぬ人びとを信頼しては大きな損害を蒙っております。なぜなら、民主政権は知識を欠き、識別能力を欠いているからです。大衆が共和国の重大な事柄や重要な問題にかくも無分別に振舞うのであれば、ウティーレやその他、小さな限られた権限のみを持つ官職を扱うに当たっては一体、どのように振舞うでしょうか。フィレンツェではピエロ・カッポーニの指摘しているように税負担が重いのですから、これらの官職は共有されるのがよろしいでしょう。既に共有されてもいるのですから。しかし、それらの官職に相応しい人びとと、相応しくない人びととの間に一定の区別がなされるべきでしょう。人びとをしてヴィルトゥある行為に導き、良き行いをするよう促すためだけでもそうすべきなのです。

私の結論は基本的には次のようなものです。すなわち、メディチ政権時代には官職はそれに値しない人びとに与えられておりましたが、それはいわば無知からというより、むしろ多くは悪意からでした。これに反し、民主政権は悪意からというより、無知からなのです。それにもかかわらず、大衆はメディチ家よりもいっそうしばしば過ちを冒します。これによって公共の利益はより大きく損われるのです。なぜなら、慎重に考えられた後に為されることは通常、分銅と尺度を持っております。しかし無知は盲目で、混乱しており、限界もなく規制もありません。(95)ここから次のような諺が生まれたのです。「そうせざるを得ないのであれば、無知な者を相手にするより悪人を相手にした方がよい」というものです。

ソデリーニ

この問題について一言、私に言わせて下さい。民主政権《ポポロ》での選出があなたが想定するほど悪いものであるのかどうか、私には分かりません。なぜなら、選出が多数決によって為されるであろうと規定されているからです。大多数の意見が一致せねばなりませんので、たいていの場合、ヴェネツィアの例からしても明らかなように、多数派の判断が良いものであると私は完全に楽観しているからです。また、最初になされるいくつかの選出に基づいて推測すべきではないように思われます。選出の初めの状況は、未だ極めて混乱しており、行き場のない欲望や疑惑が渦巻いているからです。これらは間もなく一掃される気分です。ひとたび浄化されれば、コンシーリオ・グランデでの選出は、とくに最も重要な官職の選出はまったく理に適ったものになるであろうと望んでおります。

ベルナルド

あなたの仰しゃることは、この多数決の制度が存続するものと仮定すれば、正しいのかもしれません。しかし、あなたはそれが永続すると保障できますか。選出の手続きが次第に合理的になり、いっそう研ぎ澄まされて行くにしても、開かれた政府を愛するすべての人びとは、この人びとが多数派を構成しているのですが、このような選出方法に反対するようになるのではないかと私としては考えて

(95) 巻末付録『リコルディ』266頁C一六八参照。

おります。彼らがたまたまシニョリーア[96]、あるいはコレッジョ[97]に多数選出されるようなことが起これば、彼らは中小の会議の場に多数決の制度を廃止する議案を提出し、直ちにこのことに成功するでしょう。このような手段で成功しない場合には、彼らは少なくともコンシーリオ・グランデでの官職候補者の選出や法案の通過を阻止しようと致します。最良の市民たちを多数派に屈服させるためにです。とくに、この手を使えば三分の二の同意が必要とされないからです。市民たちが勝つのを阻止するために、十分な圧力をかければ十分なのです。これについてあなた方が初めに考えておれば、救済策を取ることができたでしょうに。

ソデリーニ

これについて、またその他多くのことについて、われわれは当初知ることができませんでした。しかし、時とともにより良く整備されることになりましょう。政治の分野だけでなく、芸術、科学、その他すべての分野において、物事は初めから完全ではありません。次第に経験をもとにして日一日と作りあげられて行くのです。

ベルナルド

今のところ私はこの議論に入りたくありません。これを議論するもっと良い機会を持てるはずですから。話を元に戻しましょう。メディチ政権は民主政権に比べて、官職保有者の資格や価値について過つことは稀でした。この点はまったく明白であると思っております。この問題における大衆の過ちは無知から生じるものであり、したがって常に見境もつかず、過ちも多くなります。これに対しメディチ政権の過ちは試験的になされ、おそらくほとんど常に必要に迫られてのことで、したがって漠然としたものでなく、必要あるいは目的に応じたものなのです。

(96) シニョリーア(政庁) Signoria については巻末の「解説」三参照。
(97) コレッジョ collegio 巻末の「解説」三参照。

さて、貴族性と家柄に関するもう一つの問題に移りましょう。この問題で私の思い出しますのは、メディチ家は資格のない多くの人びとに官職を与えたことです。大衆も同じことを行うものと私は思います。おそらくその数はメディチ家の場合よりも遙かに多いはずです。御存知のように、コンシーリオ・グランデで多くの者が毎年票決に付されるべきこと、過半数を得た者は官職に就く資格が与えられることが既に布告されております。おそらく、これは非合理的なことではないでしょう。なぜなら、都市やその他この世のものに生じるのとまったく同じことが家柄や貴族にも生じるからです。それらは老いて衰え、様々な理由からして死滅して行くものなのです。その場所を満たすために当然、他のものが立ち上がり、再び始めるのです。現在、官職に就く資格を与えられている家柄の中には、メディチ家によって昇進させられたものもいくつかあります。しかも彼らの身分からすれば、度を越す高みにまで高められたのです。これは依怙贔屓のためです。すなわち、その者の能力を理由にしてではありませんでした。能力によって任命するのであれば、過ちではなかったでしょうから。しかし、同じことがコンシーリオ・グランデにおいてもいっそう頻繁に起こるであろうと私は思っております。なぜならば、メディチ家は、とくにロレンツォは市民たちに名誉を与え、身分に応じて異なった風に扱うことができるように、主要な官職や顕職を維持しようと努めたからです。メディチ家の名声はこれで高められました。これら高位の官職を与えられた者によってメディチ家が重んじられれば重んじられるほど、それだけ多くの利益を得るように思われたのです。しかし、民主政権はこれらの目的を認識せず、したがってそのような目的を持っておりませんので、一つの官職と他の官職、名誉職の一つの位階と他の位階とに存しているすべての区別を混同してしまうのです。一つの都市の政府がこのような区別をしないのが誤りであるとすれば、コンシーリオ・グランデはさらに過ちを犯すであろうと思います。しかし私は、この点、両者とも五分五分ということに致しましょう。

三つの論題の最後のものは、フィレンツェの一部をあたかも法によってのごとく排除する問題です。この問題については、ピエロ・カッポーニの申したことが正しいと率直に告白致します。メディチ家やその他の狭い政権はいずれも、敵対する家門を排除せざるを得ないのです。この場合、政治権力は相続によって手渡されていきますので、このような敵意や疑惑の記憶も、その相続者たちによって維持されます。これは確かに嫌悪すべきことです。弁明するつもりはありません。逆に私は、民主政権ではこのようなことは起こらないであろうと断言致します。一市民に対して、あるいはおそらく反乱を企んだことに対して、フィレンツェの一部に対して票決が為されることはあるかもしれません。しかし、その攻撃は相続によって手渡されることはありません。また長く続くことも稀なことです。ただし、正当な緊急の理由によって、そのための法が通った場合は別です。たとえば遠い昔、大衆が正義の条例をすべての大家門に対して通過させましたが[98]、この場合がそれです。

グイッチァルディーニ

私はこの第一の問題は十分に論ぜられたものと思います。あなたの結論によりますと、あの破廉恥な問題については、すなわち、成り上がり者に官職に就く資格を与え、低い生まれの者を貴族化することに関しては、両者の政権とも五分五分であるとのことですね。不公平に関しては、すなわちフィレンツェの一部を排除する点では、メディチ家は比較にならぬほど多くの過ちを犯したとのことです。損害については、すなわち、その資格もないし、良くもない人びとに官職を与えることによる損害については、民主政権の方がより多く過ちを犯すということです。しかし私が目下知りたいと思いますのは、これら二つの過失のうち、どちらがいっそう重大であるかということです。すなわち、それに

(98) 一二九三年の正義の法令 gli ordinamenti della giustizia を指す。これによって富裕な大家門は一切の政治的権利を奪われる。任期二カ月のゴンファロニエーレ制もこのとき制定される。

値しない者に与えることの方なのか、あるいはそれに値するにもかかわらずフィレンツェの一部を、その相続者も含めて排除することの方なのか、そのいずれが重大かということです。

ベルナルド

われわれが私的な利益のみを扱っているのであれば、私はメディチ家の方をいっそう非難したいと思います。なぜなら、奪うことは嫌悪すべきことですし、与えるのは親切な行為ですから。したがって、私はそれに値しない者に与える方を非難すべきではなく、それに値する者から奪う方をいっそう非難すべきだと思います。しかし、問題になっておりますのは公共の利益ですので、哲学者のような語り口で次のように申しましょう。哲学者はこのような議論では利益より正直さを重視するものだそうです。彼らがそのように言明するのを私は終始、耳にしてまいりました。したがって、メディチ家の方がより非難されるべきでしょう。なぜならば、正直さから逸脱する者の方が利益から外れる者より、より多く過ちを犯すものだからです。しかし、都市を統治する際の思慮分別に従えば、おそらく大衆の方が過ちを多く犯すことになりましょう。なぜならば、それに値しない者に行政の責任を持たせることは公共の不利益となるからです。これによって厄介な事態が生まれ、時には都市の破滅の原因ともなります。これに対し、それに値する者であっても、その者を排除することは、排除された者のみを傷つけるだけであって、共和国を傷つけるのではありません。ただしこの場合、政権がふさわしい者の手に置かれていなければなりません。公共の考慮が私的なそれの先に置かれねばならないことは周知のことです。

カッポーニ

しかし、それは公共の利益をも損ずるように思われます。なぜなら、排除された派閥には不満が残り、絶えず政変の陰謀を企むことになるからです。

ベルナルド

十分に資格のある市民たちもまた、自分たちがそれに値すると思っているものがそれに値しない者の手に渡って行くのを見れば幸福とはいえません。それで反乱と政変を欲するようになります。このようなことはメディチ政権のような政権よりも、大衆のそれの方がいっそう容易に起こり得るのです。したがって、他の誰にもまして能力ある人びとに不満を与えるのを避けねばなりません。

グイッチァルディーニ

ところで、税についてはいかようにお考えですか。

ベルナルド

まず最初に申し上げたいことは次のことです。すなわち、コジモ政権の最初の時期の状況を引き合いに出してこの税の問題を、あるいは何であれ他の悪い点を例証しないで頂きたいということです。われわれの議論は、私がこのたびの革命を指して、有益とは思わないと言ったことから始まりました。その際、私はロレンツォ政権の終わりの時期、次いでピエロの政権に触れました。しかしコジモ政権の開始期には触れませんでした。コジモ政権はその他すべての新しく樹立された政権同様、極めて苛酷で悪い前例に満ちておりました。なぜなら、狭い政権を樹立する者は政権を確実なものとし、安定させねばならないからです。そのため、暴力を用いて容赦なく一切の障害を根絶致します。このようなことは政権がひとたび軌道に乗り、安定した後になって、その政権を維持して行く際には用いる必要のなくなるものです。コジモは己れの敵と信頼の置けない者に対して、自らを守るために税を利用致しました。同じような政権の支配者が通常用いる短剣などは用いませんでした。[99] この点、コジモは

(99) グイッチァルディーニ『フィレンツェ史』三六頁参照。

幾分か許されて然るべきでしょう。

したがって、それに続く時代の税に関しては本日、何度も繰り返さねばならない同一の前提に立ち戻らねばなりません。その前提とは、すなわち狭い政権によって、悪意あるいは必要に応じて犯される過ちは、民主政権が無知によってしばしば犯す過ちとまったく同じであるという前提です。過ちが同じであれば、その与える損害も同じであるということになります。その過ちは上にあげた原因のいずれによるものであっても同じなのですが、とはいっても、無知によるものはより恐ろしいものといえましょう。既に申し上げましたように、無知は尺度も規則もありませんから。税に関する限り、政権に参画している市民たちは他の人びとと異なり、かなり配慮されました。一般の市民にとっては比較的、負担が重かったように思われます。時に人によっては、もっと特殊な理由によって厳しく扱われました。このことを私は認めます。しかし、言わせて頂ければ、大衆もまた同じようなことを行うようになりましょう。というのも、彼らはしばしば税査定官として税について他のことと同様、何事も分かっていない人間を選ぶであろうからです。税というものは不動産に課せられる場合を除いて、慎重さが大いに必要とされますし、フィレンツェのこと、その市民たちの状況についても良く知っている人物が必要なのです。そのような人物の場合ですら、多くの過ちを犯さないことは困難なのです。したがって、税の査定がこれらの物事について何事も知るところのない人びとの手にある時に、どれほどの過失がなされるかを考えて頂きたいのです。しかも、これらの人びとには配慮すべき親族がおり、友人たちがおります。同じく敵もおります。となれば、私的な情熱のゆえに少しばかり罪を犯すことは確実であり、さらに無知によって多くの罪を犯すことになります。課税の方法に関していえば、大衆の意志は通常、より悪く、より不公平です。なぜなら生来、彼らは自分たちより裕福な者に重い負担を課すのを好んでおりますから。また、裕福でない者の数は断然多いですので、彼らがこのようなことを行うのは困難ではないのです。通常、彼らの提案する方法は金持ちに必要以上に打撃を与えるものであり、彼らを破滅に追い込むものです。これはフィレンツェにとって有害です。なぜなら何びとといえども、その地位に従って、そのままの状況で保護されねばならないからです。金持ちは大切にされねばならないのです。破滅させてはならないのです。なぜならば、彼らは常に祖国に栄光をもたらし、貧者の助けとなり、緊急時には彼らは国家を支えるからです。ロレンツォとその他のメディチ家の人びとは大変な気の使いようで、終始、彼らの課税方法ができるだけ効果的であるとともに公平になるよう努めました。法に基づいた税法を通すことに関しては、ピエロ・カッポーニの言うことに同意致します。メディチ家はこれを好んでおりませんでした。私の思いますに、それは彼らが課税という棍棒を手にしていたかったからです。しかし、私は何度かこれが検討されたのを耳にしておりますので申し上げますが、私の思い違いでなければ、これは使い方の非常に難しい武器でした。その理由を説明しようと思えばできますが、それをすれば議論が長引くのではないでしょうか。したがって、これは必要ないでしょう。

カッポーニ

同じ問題に戻ってまいります。大衆の時代になって税が不公平に課せられるとしても、常に同一人物に対してではないのです。巡り合わせでそうなるのです。課税する仕事に当たる人の無知、あるいは情熱によるのです。したがって、時にある人に、時に他の人に下される査定額は、常に同じところに固定しているものより害のあるものではないし、不公平なものでもないのです。

ベルナルド

しかし、課税においてはひとたび課税記録表に誤って記入されると、その過ちは訂正されるどころか、さらに悪い方に進みがちです。これとは別の問題もあります。このコンシーリオ・グランデをもってしても、私は、一方の側が他方より酷い扱いを受けて叩きのめされるといったことがないかどうか、この点、確信が持てないのです。現在、メディチ家の友人と見なされているわれわれ他者は今や憎悪と羨望、猜疑の犠牲者となっておりますが、たとえばそのうちの誰かが不公平に重税を課せられたことはないと保証できる人がおるでしょうか。このようなことが為されるとすれば、これはまったく正義を欠いたものといえるでしょう。とくにメディチ政権で好遇されていたとしても、不公平なやり方で税負担の低い評価を与えられていたわけでもなく、何らかの問題で他の市民を圧迫したこともない人びとと、これとは異なった風に振舞っていた人びととを区別していないからです。後者はとくにその罪に対して何らか他の罰を下されることなく、税負担の面で少々苦しめられる程度であれば、これをとくに不当なことだとは思わないかもしれません。しかし、いかなる罪も犯したことのない市民を、たとえメディチ家の恩顧に浴していたとはいえ傷つけることは、極めて不当なことなのです[100]。むしろそうせずに、そのような人を保護すべきなのです。なぜなら、狭い政権にあって好遇されており、もしその気になって好き勝手に行動しようと思えば、いつでもそうできる自由があったにもかかわらず、立派に行動して来たのを見れば、法の支配の下にある自由な政権においても同様に行動するであろうことが十分、保障されるからです。制度のしっかりしている都市が独裁に屈するのを阻止するためには、できるだけのことをせねばならないことは当然です。しかし、仮に不運によって、あるいは星の配置によって、独裁者が登場するような場合には、この狭い政権において一定の地位を求め

(100) ベルナルド・デル・ネロは新政権から不当な、重い特別税を課せられることになる（序参照）。その額は四百ドゥカーティであった。ベルナルド・デル・ネロの裁判および処刑についてはグイッチァルディーニ『フィレンツェ史』二二〇―二二七頁参照。

ようとする人びとを悪い市民として烙印を押すようなことはすべきではない、と私は思います。もちろん、それらの人びとが従来の生活態度を変えたり、あるいは権威を濫用したりしない場合です。とくにそうせねばならないのは、一定の地位のある人びとなのです。なぜなら、彼らが暴君との関係を避ける危険を冒せば、直ちにこの政権の敵であると疑われるからです。それにもともと暴君が登場したのも、これらの人びとの力によるものではないのですから。これらの人びとが暴君との関係を避けた結果が唯一、名誉職を奪われるだけの損失であれば、政権に近づくことによってそれを得ようとする者は野心的であると称されることにもなりましょう。

しかし、狭い政権の首領がこれら有能な市民たちを友人と見なしていない場合には、これらの人びとがこのような都市で平穏に暮らして行くことはまず不可能でしょう。政治的なことに巻き込まれなくとも、あるいは暴君を傷つけなくても、自分の身を守ることはできません。なぜなら刻一刻、様々な無数の出来事が生じ、この結果は必然的に暴君の手に落ちるからです。暴君とあなたとの関係は疎遠であり、このような関係の中で生きるよりも、むしろ祖国を捨てた方が遙かに良いと思われるような扱いを受けるのです。したがって私は、このような狭い政権の中に留まって財産と地位を保持しようと努める人がいたとしても、彼を咎めるべきだとは思いません。それ以外の方策は不可能だからです。これとはまた別に、仮に彼が節度をもって生きて有力市民の一人として留まれば、祖国を傷つけることにならないばかりか、むしろ祖国に利益をもたらしているのです。なぜなら、支配者にある程度信頼されれば、助言と行為によって多くの良いことを支持し、悪いことをとどめさせる機会を得ることができるからです。暴君が堕落した人びとに完全に取り巻かれていることほど、都市にとって悪いことはあり得ないでしょう。[101] メッセル・マルシーリオが私に語ってくれたところに従えば、プラト

（101）巻末付録『リコルディ』267頁C二二〇、B一〇八参照。

ンは都市の制度が良く、統治も良ければ、善良な市民はできるだけ政治や公共の問題に関わり合うのを避けるべきだ、と言ったそうですが、その理由はおそらくここにあるのです。善良な市民たちが危険が存するのを見て取った時には、すなわち、ヤクザな人間どもが彼らに取って代わって権威を手にして、都市に害を与えるような危険が迫ったのを見て取った時には手を拱《こまね》いて、ただ黙って眺めているだけであれば重大な間違いを犯すことになりましょう。介入して自ら政権を担うよう、あらゆることをせねばならないのです。

したがって私であれ、あるいは私以外の人びとであれ、メディチ政権の恩恵を受けてはいたものの、控え目に手も汚さず生活して来た者が、この新しい政権で重税を課せられるようなことになれば、[102]あなた方のコンシーリオ・グランデはこの問題で二重の過ちを犯すことになりましょう。先に述べた無知による過ちと情熱と悪意に基づく過ちです。しかし私は、現にまだ目にしていない悪、とくに永続するような悪は信じたくありません。したがって、この最後のものに私は議論の基礎を置くつもりはありません。税の問題では無知のみが多くの悪を生む原因となることを示せば十分なのです。

グイッチァルディーニ

いずれにしましても為さねばならぬことがございます。御面倒でなければ、法律に基づいて課せられる税に関してどのようにお考えなのか、御教示願えればと思っております。時間を取ることについては御心配なさらないで下さい。このような議論で費やされる時間ほど、有意義なことはございませんから。

ベルナルド

私の考えておりますことを手短にお話し致しましょう。法律によって課税しようとすれば、税は土

(102)→87頁の注(100)参照。

地と財産からの収入に基づかねばならないか、あるいは商業と動産に基づかねばならないか、そのいずれかです。フィレンツェでは、不動産はわれわれの富の中でも最小の部分でしかありません。それからの収入ではわれわれの必要を満たすには不十分です。収入を商業と動産に置くことは次の点で不可能です。金銭が目に見えない様々な形で流通しているからです。また、次の点で困難でもあり、不当でもあります。困難なのは、すべての契約、商取引、交換を記録せねばならないからです。そうなると大変厄介なことになりましょう。商取引というものは、しばしば信用に基づいておりますので、一商人の実態を公表せねばならないとなると、これは不当なことになります。したがって、法の確固たる基盤が不動産からの収入以外にないとすれば、それを補うためには塩税の引き上げか、あるいは小麦粉や塩の価格を釣り上げねばならなくなるでしょう。しかしフィレンツェ以外の、イタリアのいかなる地域を見ても、フィレンツェの塩税は既に高く、これ以上新たに上げることは不当であり、零細な大衆[103]からの激しい抗議を招くことになりましょう。したがって塩税を上げるよう、積極的に提案し、その責任を引き受ける覚悟のある人物を見出すことは難しいのです。このような提案は憎悪を生み、おそらくいつの日か提案者の身に危険が振りかかるかもしれないのです。したがって、合理的な税体系を見出すことができれば大変有益なのです。なぜなら、それは人びとが税によって打撃を加えられることのないよう保証するものだからです。これはわがフィレンツェにとって最も重要なことの一つであるかもしれません。しかし税の問題は言うは易いが、実行するとなると大変です。したがって、そのような体系が先の様々な政権によって見出されなかったのであれば、コンシーリオ・グランデがそれを発見することはありそうもないように、私には思われるのです。

しかし、よろしかったら、ピエロ・カッポーニが分類した第一の論題、すなわち正義の遵守の問題

(103) popolo minuto

に移りましょう。これは、なかでも最も重要な問題なのです。なぜならば、自由と良き政体が樹立されたのは何よりも正義を維持するためであるからです。何びとといえども生命、財産の双方において抑圧されることのないよう保障されるためです。メッセル・マルシーリオから私は時に、いくつかのことを学びましたが、彼によれば、プラトンは共和国についての書物に、正義についてという表題を付けたということです[104]。その理由は、正義こそが求められて主要な目的であることを示したいと望んだからなのです。したがって、正義の問題で犯される過失はその他すべてのものにまして重大なのです。そのような過失は最も本質的な部分、いわば都市の魂を直撃するものだからです。

既に一度ならず申しましたように、人間というものは二つのやり方で過ちを犯します。すなわち、無知によるか、あるいは悪意によるか、そのいずれかからです。あなた方は無知に関する私の考え方を御存知です。これによってあなた方は、正義を行うに当たっての、無知によって生じる過ちは民主政権における方がいっそう頻繁に生ずるであろうと結論できるでしょう。悪意に関していえば、私はすべての人間は生来、善に傾いていると申しましょう。善悪双方から等しく利益を得ることができれば、人は当然ながら必ず善を取ります。仮にそうでない極端な事例が見られるとすれば、彼らは人間ではなく獣であるといって然るべきでしょう。なぜなら、彼らはすべての人間に生得のあの本能に欠けているからです。人間の性格は極めて脆く、ほんの些細な機会によって正しい狭い小道から逸らされてしまいます。また人間を迷わすもの、すなわち欲望や情熱も数多くあり、人間の弱い本性に対して強力な作用を及ぼすために、このようなものによって堕落しないような人は極めて少ないのです。これらに対しては人間は自ら対処する以外、救われる道はありません。したがって、国家の創立者たちは人間を本来の自然の本能にしっかりとどめておく方法について思いを巡らすことが必要であった

（104）藤沢令夫訳『国家』（プラトン全集11、岩波書店）参照。

のです。報賞と刑罰が創造されたのはこのためなのです。これらが存在しないところには、あるいはそれらが制度としてしっかり確立していないところでは、いかなる形式の市民生活も存在し得ないでしょう。この拍車と鐙《あぶみ》がなければ、人間の良い行動は期待し得ないのです。[105]

したがって、正義を行うに当たって意図的な過ちがどちらに多く見られるか、メディチ家の時代かあるいは大衆の時代かを判断するためには、それぞれの成果において、どちらの方に賞罰が大きな役割を果たしていたかを見なければなりません。私の思い違いでなければ、ここには少なからざる差異が存しております。なぜなら、良い行いをする役人は大衆から希望し得るものはまったくなく、これに対し悪い行いをする役人は大衆を恐れることはまったくありません。既に申しましたように、大衆は生来、識別することなく、物を考えず、記憶しようともしないからです。したがって、このような遊戯の後に最初の役職に就いて悪い行いをした役人が良い行いをした者と同様、次の役職に就くことがいとも容易にできるのです。とくに現在の多数決による票決が排除された場合にはそうなります。多数決による票決の廃止は間もなく行われるものと私は見ております。[106]それはともかく、いま申し上げたことに関してですが、仮に一役人が不正を犯した場合、不正を正すためにどこに頼ったら良いのでしょうか。必要な権限を持った人はいないのですから。他方、良き意図をもって行動する責任感のある人も多くいるでしょう。しかし有力な市民を相手にせざるを得なくなった場合、事を運ぶに慎重になるでしょう。なぜなら、自由な政権においては市民たちは互いに噛み合っており、不正からあなた方を守る首領がいないために、誰もが人を不快にした場合、しばしば自分自身の身に何が起こり得るか思い惑うことにもなるからです。

こうした問題はロレンツォの時代には絶えて起こりませんでした。ロレンツォは役人の行動を注意

(105) 巻末付録『リコルディ』268頁以下C一三四、一三五、Q_1・Q_2四、B三、四参照。

(106) グイッチァルディーニ『フィレンツェ史』二一五―二一八頁参照。

深く観察していたからです。ロレンツォを満足させることは褒賞となり、ロレンツォに気に入られなければ罰となったからです。なぜなら明らかに、一方によって昇進し、他方によって遠ざけられたからです。したがって、誰もが大いに気を使って己れの義務をおろそかにしないよう努めたのです。コンシーリオ・グランデも法も、このように大きな抑制力を与えることはできないでしょう。仮にあなた方が告発されたと致しましょう。その場合にはあなた方には手近に救済者がおります。ロレンツォはあなた方の頼みの綱であり、上訴院でした。判事がある者に不当な判決を下した場合には、しばしばロレンツォによって耳を引っ張られて正道に引き戻されました。その市民が誰であれ、一市民に不快を与えることより、ロレンツォを満足させないことの方がいっそう恐ろしいので処罰により熱心になります。処罰を行ったということで、あなた方に対して害を為そうという者が出て来ても、あなた方は自分たちを守ってくれる人がいるのを知っていたからです。したがって、判事がこのように激励されてもいず、このように制御されることもなければ、それだけ正義も行われていないことになります。これを誰が疑えるでしょうか。なぜなら親族、友人、贈物、その他の手段によって判事の判決が曲げられるからです。同じように私は、民事裁判を行う、これら外国人の判事たち(107)が友人の嘆願や賄賂によって動かされるのをいかにして防ぐことができるか見当もつきません。ロレンツォの時代のように、正義の秤《はかり》のバランスを保つための注意深い、特別の警告者がいる場合には、判事たちはこのようにはならないのです。その後、ピエロの時代になって、彼の要求に従って一定の不正がなされたことは事実です。たとえそうだとしても、そのようなことは極めて稀なことでした。これをあなた方も否定なさらないでしょう。ロレンツォの時代ではそのようなことはおそらくまったくありませんでした。またロレンツォの助言者、あるいは側近もあえて判事に対して一定の勧告をするような者はおり

（107）questi giudici forestieri　これら外国人判事についてはよく分からない。一五〇二年成立した、一般にルオタ（輪）と呼ばれている「正義の協議会」(Consiglio di Giustizia) を指しているようである。五人の外国人判事による民事裁判である。三年任期で、年俸五百ドゥカーティ。『フィレンツェ史』三二六―三二七頁参照。

ませんでした。有力市民ですら勧告を行わなかったものと私は思っております。たとえあったとしても、大きな意味はありませんでした。なぜなら、判事たち[108]は他の人びとの請願よりもロレンツォのメモ帳の方を重く見ていたからです。したがって、六人とその他の司法当局によって行われた民事上の裁判は、政権の側からして公明正大でした。商業裁判所のスクウィティニ[109]に対して取られた配慮は、このような目的を持つものではありませんでした。また、商業裁判所はこのような理由をもって名声を落とすこともありませんでした。なぜなら誰もが既に長い間、その判決がこの世の物事すべてがそうであるように欠陥があること、堕落していることを知っていたからです。メディチ家がそれ自身の利益のためにそこに配置していた助言者たちもまた、メディチ家の友人たちを満足させる以外の目的を持っていませんでした。彼らはおそらく、すべての者の動きや行動についての情報源でもあったはずです。市民たちの能力や情熱を知り、それによって利益を得たのです。なぜなら彼らはここに出店を出し、そこであらゆる事柄についての情報を押さえ、報告させていたからです。

これと同じ理屈が民事裁判と同様、刑事裁判にも当てはまります。したがって、私はフィレンツェにおいても他のところと同じく、刑事裁判においては政権の友人たちや配下に対して特別に手を加えねばならないことがしばしば起こったことを否定するつもりはありません。もっとも、大・小、程度の差はあれ、すべての犯罪は常に罰せられました。なぜなら正義を有効に維持して行くためには、すべての犯罪は罰するという前提のもとに、一リラに対して一二ソルディ程度の罰金を科して罰すれば十分なのです[110]。ただし、極悪非道なものは別です。破廉恥なもの、あるいは悪い前例となるような犯罪は必ず罰せられました。特別の配慮が為されねばならない場合には、混乱を惹き起こすことのないよう注意が払われました。罰の一部は常にロレンツォを傷つけたこと、ロレンツォの機嫌を損ねたこ

(108) 商業裁判所の六人の判事である。
(109) 商業裁判所判事候補者名簿作成。

(110) 巻末付録『リコルディ』269頁C四六、B三八参照。

とを知らせるためのものでした。要約致しますと、刑事裁判は実際そうであったよりも、より厳格に、より一般的に適用しようと思えばできたはずだったことは否定致しません。しかし同じような混乱、おそらくもっと大きな混乱が民主政権の下で行われるであろうことを私は断言致します。それらはほとんど常に無知、臆病さ、家族関係、依怙贔屓、贈物、それに賄賂によるものです。これらはよく人の犯しやすいものです。また、彼らを抑制しようとする者もおりませんし、その人をはばかって控えるにも当の本人がおりません。民主政権というものは何らかの衝動に駆られますと、厳格に行動するというより怒り猛って獣のように行動致します。彼らが判断を下すのは、このように彼らの血が沸き立った時なのです。とくに政権に対する陰謀を弾劾する際にはそうです。しかもその際、彼らは危険を冒してとくに能力ある、権威ある人物に対して不正を犯し異常な行為に出ます。これらの人びとは根拠のない疑惑のためにしばしば破滅させられるのです[111]。しかし通常は、彼らは安易で怠慢です。なぜなら、先に申し上げたような点からして、とくに責任をもって物事の世話をしようなどとする者はいないので、物事がどうなろうとそのまま放置して顧みないのです。官職に就いている者も間もなく職を離れねばならないので、職務に専念しようとするより、時を稼いで何とかやって行こうとするのです。

裁判はわが領地での方が、より秩序正しく整然と行われるであろうと私は確信しております。なぜなら、ここにはわれわれが今まで考察して来た理由が妥当しないからです。フィレンツェでは逆のことが危惧されます。とくに多くの姻籍関係に取り巻かれた身分の高い人びとにとって、そう言えます。ここでの混乱はいっそう問題となりましょう。なぜならフィレンツェ市は首都であり、大市民たちの今や手にした権力[112]は仲間同士の間に不協和の種を撒きますので、小市民たちは絶望し、その結果、共

(111) グイッチァルディーニはここでベルナルド・デル・ネロ自身の口からその破滅を語らせているようである。

(112) 二十人アッコピアトーリを指している。

和国は崩壊するからです。メディチ家の時代にはこのようなことが起こる心配はありませんでした。このような政権では同じような不都合が生じても、迅速にそれらを防ぐことができたからです。メディチ政権の時代において、裁判が整然と行われなかったことは事実です。政治体制がきちんとしていれば当然、裁判は適切に行われるはずです。それにもかかわらず、私はこのたびの民主政権がより良いものになるであろうと信じるだけの根拠を見出すことができません。様々な源泉からして、良いものが生じるとしても、その結果は同じものになるのが関の山でしょう。むしろその結果はより危険で、民主政権内部により大きな混乱を惹起することになりましょう。なぜなら、この政権は物事が一人の人間あるいは少数者に依存している場合と異なって、迅速・適格にそれらを治療することができないからです。

法に関する考察もこの論題の下でなされねばならないと思います。私の申しておりますのは、暴力沙汰や詐欺に対して適応されるような法ではありません。これらの法は刑事裁判の下で十分に扱われるものですから。私の申しますのは、改革のために、フィレンツェの栄光のために、過剰な支出を制限するために、それに良き習慣と市民的態度を導入するために制定されねばならぬ法のことなのです。ここで否定し得ないのは、狭い政権の方がより良い法を制定しており、しかもこれらの法は開かれた政権よりも狭い政権においての方がより良く、かつより容易に遵守されているということです。その理由は明らかです。なぜなら、政権を握っている者はこれらの法を制定するに当たってどのようなものにするか、あれこれ、特別な利害を考慮する必要はないからです。むしろ彼の利害は都市や市民の財産がよく整備され、富が保持されていることに尽きるからです。公けの事柄に注意が行き届き、しっかり統治されていれば、これは彼にとって名誉であり、これによって人びとの好意や名声が与えられるからです。したがってこれらの理由からして、彼は立派な法が制定され遵守されるのを欲するのです。これが彼の欲することであるのを前提として、われわれもそれを前提とせねばなりませんが、彼はそれをより良く行うことができるのです。彼は一般大衆以上に物を理解しているからです。彼がそれを良しとすれば、法が制定され、彼が望めば、その法は遵守されるのです。このようなことは開かれた政権においては起こり得ません。ここでは人びとの欲求は異なり、同じ意見に一致させることは容易ではありません。それに法を遵守させるに当たって、先に触れたような障害があります。すなわち考慮と怠慢です。

ルイジ・グイッチァルディーニがゴンファロニエーレ・ディ・ジュスティーツィアであった時、レッジェ・デリ・オルナメンティ・エ・スペーゼが通りましたが、ロレンツォがこの法を制定し遵守させることにいかほど熱心であったかを思い出して頂きたいものです[113]。このためこれらの法はよく理解され、明白なものでした。したがって、わがフィレンツェでかつてないほど良く守られた法となりました。このような法を維持して行くことが難しいことであるにもかかわらず、です。なぜなら、それらの法を守らせるに際しては弾劾されている人物を傷つけることになるからです。これに対し、無理に守らせようとしなければ、直接、人を傷つけることがないので気楽なものです。その結果生じる害悪については、はっきりと第三者に及ぶことはなく、後になって現われてくるので、誰も不平を唱えることはないからです。したがって開かれた政権にあっては、このような法が長期にわたって遵守されることは決してないであろうと、私は確信しております。なぜなら、刑罰よりもロレンツォへの尊敬とロレンツォの示した手本の方が影響力があったからです。ロレンツォは子供たちに決して洋紅色の衣服を着せようとしなかったことを私は覚えています。洋紅色の衣服を着るのはまったく合法的で、

(113) ルイジ・グイッチァルディーニはグイッチァルディーニの大伯父。巻末の「登場人物案内」304頁参照。この「装飾と出費の法」が通るのは一四七三年三月—四月である。メディチ家がフィレンツェに復帰後の一五一四年一月、更新されている。賭けごとや奢侈を禁じた法律である。

誰もがそれを着ていたにもかかわらず、です。その理由は単に、禁止されている深紅色の衣服を子供たちが着しているのではないかと人びとが思い違いするのを避けるためでした。さて、あなた方が他に論じたいと思う問題がありませんでしたら、残されているのは領土の防衛と拡大に関するものだけです。

カッポーニ

目下のところ他に何もございませんし、あなたのお話の邪魔をしたくないのです。

ソデリーニ

私も同様です。思い付いたことについては最後に申し上げることにして、どうかお話を続けて下さい。

ベルナルド

あなた方は、今までの私の話に納得されたでしょうか。そうであれば、これからお話しする最後の問題についても納得いただけるのではないかと確信しております。われわれは互いに心から了解し合えるでしょう。なぜならば、メディチ政権は領土の拡大や維持に、この民主政権以上に適しているのは疑い得ないように私には思われるからです。領土の維持および拡大は対外的な要素、すなわち他国の動向に左右されます。これらの国々の中には、絶えず領土を拡大し他国の領土を奪おうと考えているものもあります。また、このような領土拡大を望むことのできない国は、可能な限り現に所有している領土を維持しようと致します。前者の陰謀から身を守り、後者の警戒を克服するためには、信じられないほどの勤勉さと注意力が必要とされます。また、助言と兵力を用いてそれを為さねばならないのです。しかし、この助言と兵力の利用は二つともメディチ政権において遙かに活発、迅速に行われました。大衆の政権ではそのような具合にはまいりません。なぜならば、領土の維持および拡大といったこの種の事柄は定まった規則を持たず、定まった経過をとらないからです。むしろ、それらはこの世の出来事の経過に従って、日ごとに様々な変化に晒されております。為されねばならぬことの決定は、ほとんど常に憶測に基づかざるを得ません。最も重要な事柄がしばしば小さな事柄に依存しており、最も重大な結果がほとんど考慮に値しないような発端から生じるのです。[114] したがって、国家を支配している者は思慮分別に富み、些細な出来事にも用心に用心を重ねて監視しておかねばなりません。起こり得べきすべての突発事を考慮し、とくに重大事の突発を未然に防ぎ、可能な限り偶然と運命の力を排除せねばならないのです。

このようなことは権力が一人の人間にのみ、あるいは少数の人間にのみ存しているような政権に可能なのです。なぜなら彼らにはこのようなことを考える時間があり、勤勉さがあり、知性があるからです。その必要性を認めれば、彼らは状況に従って対抗措置を取ることができるからです。これらすべてのことは大衆の政権にとっては完全に無縁なことです。なぜなら、大衆の政権は物を考えないし、物に専念しないし、何事をも見ないし、理解しないからです。事態がいよいよ誰にでも明らかになる時点に至って初めて、それに気付くからです。次いで、事態を正すためには大きな危険を伴い、大きな苦難を経て、しかも耐え難き失費を伴って初めて為されねばなりません。初めに何らかの措置が取られていれば、安全に、費用もかからず、少しの労力で済んでいたのです。何が起こっているかを時宜に合わせて見て取ることのできる市民が一人や二人いたとしても、それだけでは十分ではありません。なぜならば、彼らが救済策を提案しても大衆は理性に盲目で大声をあげて反対するからです。その際提案された措置に反対するだけではありません。市民たちの行動を野心あるいはその他個人的な欲望のせいにするのです。他方、市民たちにも責任があります。危険の迫るのを認めても、機会を捉

(114) 巻末付録『リコルディ』270頁C八二、B二五参照。

えて勇気をもってその危険を指摘しようとはしないからです。自分たちが嘲弄され疑惑の目で見られているのを知っているのです。大衆は常に次のような意見を抱いております。すなわち、優れた人びとは自由な政権に満足していない、したがって、絶えず戦争や揉め事を望んで自由を圧殺する機会を狙っている、あるいは少なくとも平穏な時以上に、フィレンツェが彼らを官職に就かせざるを得なくなる機会を狙っている、とこのような意見を抱いております。(115) したがって、大衆はこのような人びとの権威に動かされません。なぜなら、彼らを信頼していないからです。大衆は彼らの議論に納得いたしません。議論を理解できないからです。このような誤った考えのために、多くの共和国が破滅してまいりました。非常に多くの共和国がその領土を拡大する絶好の機会を失ってまいりました。無数の共和国が莫大な失費と危険に巻き込まれて来たのです。

　わが父祖の時代に、フィリッポ・マリア・ヴィスコンティは、彼の父ジァン・ガレアッツォの死によってバラバラに四散してしまったかつてのヴィスコンティ領を回復したいと望みました。そのため彼はわが共和国を眠らせようと致します。極めて名誉ある平和を提案してまいります。それが永続するものなら、安定した平和であったはずです。ニッコロ・ダ・ウッザーノ(116)とその他少数の賢明な市民たちは、彼の欺瞞を見抜いておりました。すなわち、彼はわれわれとの平和や友情を望んでいないこと、そうではなくて、このようなやり方で邪魔者としてのわれわれを取り除いて、それによってロンバルディアでの彼の立場を安定させ、ジェノヴァを手に入れた後に、鋭意、われわれを圧倒すべく攻撃して来るであろうことを知っていたのです。彼らは、このような危険を諮問会議《プラティカ》や諸々の会議において明らかに致しますが、それにもかかわらず、平和という名は商人たちや大衆に心地良いものでしたので、これら賢明な人びとの忠告を拒否し、フィリッポによって示唆された提案を受け入れました。

(115) サヴォナローラの失脚以後、一四九八年から一五〇二年にかけてコンシーリオ・グランデでは、有力市民層と中産階層の対立が激化していくが、これを指しているものと思われる。この時期、フィレンツェは対内的にも対外的にも深刻な危機に直面している。チェーザレ・ボルジアの脅威が一方にあり、対内的には財政危機で有力市民の官職ボイコットが相次いだ。拙著『グイッチァルディーニの生涯と時代』(太陽出版)上巻、四八―四九頁、『フィレンツェ史』二六八頁以下参照。

(116) 巻末の「登場人物案内」301頁参照。

己れの敵の膨張を安全に、少々の支出をもって阻止し得たはずなのに、彼らは逆に非常に長い危険な戦争にのめり込まざるを得なかったのです。フィレンツェはこの戦争のために無限の財貨を失い、少なからず威厳も失われたのです。なぜなら、フィレンツェはヴェネツィアと屈辱的な同盟を結ばざるを得なかったからです。また、この危険から身を守るためにはこれとは別の危険をも生み出さざるを得なかったのです。その危険とはすなわち、ヴェネツィア人の力の増大です。これ以後、ヴェネツィア人はわが国に対する恐るべき脅威となっているのです(117)。

　フィリッポが死ぬと、ヴェネツィア人はミラノ公国を横領しようと思い立ちます。これは全イタリアに対する支配を実現するための捷径《しょうけい》以外の何物でもありません。この危険は当初、わが市民たちによって大して重要なものとは考えられませんでした。したがって、フィレンツェが大衆の政権《ゴヴェルノ・ディ・モルティ》下にあったとすれば、この危険に対しては何事もなされなかったであろうことは絶対に確実です。しかし、われわれはコジモの偉大さによって、フランチェスコ伯(118)に接近し、われわれが彼に与えた援助によって彼はミラノ公になることができたのです。このように成らなかったならば、今日、依然としてわれわれのものとして残っている領土はその後数年にして他の者が獲得していたことでしょう。領土が残されたのは神の恩寵とコジモの権威と分別のおかげなのです。このような例は近代史には無数にあります。古代史にもあると思いますが、ここで振り返ってみることは必要ないでしょう。

　私はこのような理由をあげて、狭い政権もまた、時に過ちを犯すことがあるのを否定しようとは思いません。しかしそれらの過失は些細なものであり、またいっそう稀なものでした。なぜなら、既に申しましたが、一人による政権、あるいは少数者による政権は多数者のそれに比べて、より注意深く、より用心深く、より事情に通じているからですが、これとは別に次のようなことが付け加わるからで

(117) ヴェネツィアがイタリア本土に領土を拡大していくのは、この際の同盟を契機としている。

(118) フランチェスコ・スフォルツァを指している。巻末の「登場人物案内」307頁参照。

す。すなわち、危険に備え、そもそもの発端でこれを阻止することは一般に一定の失費、煩わしさ、厄介さなしには為されないということです。これは大衆の嫌うものです。無為に過ごし、骨を折らない、金を使わない……このような甘美さを愛するがゆえに物事をその流れのままに放置致します。その結果は、一オンチァの負担を逃れても、いかんせん百リッブラの負担をせねばならなくなるのです。さらにもう一つのことが加わります。すなわち、開かれた政権は狭い政権に比べて他の権力者たちの秘密や欺瞞を理解する能力や手段を持っていないということです。というのも、それが狭い政権の場合のような勤勉さを用いないからだ、ということとは別に、いかなる報酬をも提供しようとしないばかりか、洩らしてしまえばすぐに公表されてしまうようなところで、一体、誰が隠された秘密を洩らしたいと望みますか。なぜなら、一人や二人の市民に秘密を洩らしても何の役にも立たないからです。諮問会議や様々な会議でそれを明かすことは、まるで布告するようなものです。したがって、報酬のために、あるいはその他の目的を持って、何事かを暴露しても良いと思っている私的な人びとたちだけがあえて洩らさないだけではありません。君主たちもまた大変控え目に語ることになります。なぜなら、彼らは秘密にしておきたいと思っている交渉を大衆によって支配されている都市と行う勇気を欠いているからです(119)。こうした秘密の問題は二重に打撃を与えます。なぜなら相手の秘密の計画を知らないので、それに対していかなる対抗策も取ることができないからです。相手方は君たちの計画を知っておりますので事前にそれは阻止されてしまいます。あなた方とあえて取り引きしようとする者が敵軍の中にいるでしょうか。あるいは、あなた方が手に入れたいと望んでいる国の中にいるでしょうか。たまたまそのような愚か者がいても、秘密にされていることは稀です。あらゆる決議は多くの者の手でなされねばならないからです。それにもかかわらず、あなた方はこのようなやり方で大事業

(119)ここは、ピエロ・デ・メディチの追放後のフィレンツェ民主政権とミラノ公ロドヴィーコ・イル・モロの関係を念頭に書かれている。『フィレンツェ史』二〇四―二〇五頁参照。

がなされるものだと思っているのです。

さらに多くの場合、迅速さが求められますが、このような政権ではこれは望むべくもありません。チャンスが到来しても、それが続くのは極めて短い時間であるため、諮問会議が開かれ、決定がなされ、実行されるに至るまでにチャンスは去ってしまうのです。次いでしばしば行われていることですが、一般に領土を獲得したり、危険を避けたりするためには、他の国と同盟せずには不可能です。同盟が成立するのは両者が共通の利害によって動かされる時のみです。賢明な君主たちは、この利害を日々の出来事をもって、かつ長期にわたって、すべての物事の状況を熟慮して測定致します。したがって、一定期間続いた同盟や連合は、個人的に必要な時になされたものより、いっそう実りあるものです。というのも相互信頼がより大きいということとは別に、問題がより良く議論され、より良く方向づけられ、準備されているため、即座に行動に移せるからです。これに反して、不意に、慌ただしく始めねばならない時には、必要なことを整然と整えておく暇がありません。このような長期にわたる同盟を大衆の政権と結ぶことは困難です。官職に就いている人びとが次々と変わるからです。したがって意見や目的が変化するために、君主はこのような類の政権と堅固な関係を樹立できるとは思えないのです。また、誰と交渉したらよいか、誰と同意に至らねばならないかも分からないので、このような政権に望みを託すことができないのです。彼はあなた方を信頼しておりません。したがってあなた方の時が至り、あなた方が必要に迫られても彼を頼ることはできません。彼があなた方に望みを託していないのと同様です。

ヴェネツィアの強大さとイタリアをあるいは苦しめたかもしれない多くの突発事から、イタリアを長期間守って来たのは、ナポリ王とミラノ公国、それに少数のフィレンツェ人の間に結ばれていた緊密な了解関係だったのです。[120] かくして、イタリアの不運、ロドヴィーコ公の野心、アルフォンソ王の誇り、それにおそらくピエロ・デ・メディチの思慮分別の欠如などによって、イタリアが破滅されるのを神が望んでいないとすれば、われわれは野蛮人の餌食にはならないでしょう。[121] しかし、これら三国のうちに仮に民主政権が含まれていたとすれば、このような連合は不可能であったでしょう。あるいはもっと早く連合は崩壊していたであろうというのが私の見解なのです。大衆は、後になって極めて重大な結果をもたらすような展開の発端や起源に気付かないことを私は論証しようとしていますが、これはひとたび発端を発見すれば、大衆はこれに極めて効果的に対応できるであろうと信じてのことと思わないで頂きたい。まったく逆なのです。必要な秘密保持や迅速さに欠けているということ以外に、次の問題が加わります。すなわち、すべての物事は多くの人びとによって決定されねばなりませんが、厄介なのはその際の不決断の問題です。しばしば同意に至りませんし、ある人の意見は他の人のそれと異なっているからです。このことはあなた方もお認めのことと思います。その結果、一つの決定に至りますのに必要以上に長い時間がかかります。あるいは決定が明白ではないのです。混乱しているのです。これは多数の人びとが集まるところだけではありません。たとえば、八人なり十人なり賢人を一緒にしてごらんなさい。それぞれが異なった意見を唱えますので、愚かに思われるほどです。[122] このようなことが日常、医者たちの間で行われているのをあなた方は御存知のはずです。たとえ優れた医者であっても、治療法について複数の医者に相談すれば医者の意見が食い違うのは明々白々で、しばしば論争によって患者を殺してしまいます。

　多くの人びとが協議せねばならない場合、腐敗の危険が存します。なぜなら、一人ひとりが公共の問題を自分自身の問題として考えておりませんので、君主たちの贈り物や約束によって腐敗させられ

(120) 一四五四年のロディの平和（ミラノ公、コジモ・デ・メディチ、ナポリ王、ヴェネツィア、教皇が参加）以来、ロレンツォの時代を通してイタリアは基本的にはこの了解関係にあった。

(121) 一四九四年のフランス王シャルルのイタリア侵入はその後のイタリアの災厄と破滅の発端となった、というのがグイッチァルディーニ晩年の『イタリア史』の基本思想であったが、シャルルをイタリアに導入したのは、イタリアの不運であり、ミラノ公ロドヴィーコの野心であり、アルフォンソ王の誇りであり、ピエロの思慮分別の欠如であったと言いたいのである。

(122) 巻末付録『リコ

るのはいとも簡単だからです。一度ならず、私はアレクサンドロス大王の父が武力を用いるとともに、自由なギリシャの共和国の指導者たちに賄賂を贈ることによって国家の基礎を築いていったということを耳にしてまいりました。このような危険は一人による政権には存しません。なぜなら、唯一の支配者として、彼は自ら買収されて己れ自身のものと見なしているものを譲り渡したり、混乱させたりすることはないからです。民主政権の決定が健全でないと私が申します理由はここに存するのです。これが最も明らかになるのは戦争を行う場合です。戦争を行うには慎重さが求められます。誤てば悔いのみが残り、それを正すことはまずできないからです。民主政権は傭兵隊長や兵を信用することができません[123]。一人の支配者の場合とは異なります。と申しますのも、傭兵と大衆との間にはほとんど生来の敵意が存しているからです。大衆は戦争の際、いたしかたなく傭兵を使います。平和が実現すれば、傭兵に報酬を支払うことなく、お払い箱に致します。できれば迫害致します。傭兵の方は一人の人間に仕えているのではないのを知っておりますから、できるだけ長く利益を引き出すために戦争を長引かせようと考えているか、あるいは裏切って敵の支配者に取り入ろうとするか、あるいは少なくとも大衆には冷ややかに仕えているか、そのいずれかなのです。大衆には愛情を抱かず、また彼らにいかなる期待も寄せておりませんので、仕えるのもいい加減なのです。したがって、父祖の時代には賢明な市民たちは必要やむを得ない場合を除いて戦争を行うことを常に反対していました。私はこのような反対を讃美致しますが、それだけでは済みません。なぜなら、戦争を行うことはしばしば必要なことだからです。戦争をうまく行う手段を有している者にとっては、チャンスさえあれば戦争をした方がずっと有益なのです。私がこのような反対を、それだけでは済まないと申した理由がお分かりでしょう。戦

ルディ』270頁C一一二参照。

(123) フィレンツェは後にピサ攻撃のために傭った有名な傭兵隊長パオロ・ヴィッテルリを無実の罪で処刑することになる。グイッチァルディーニ『フィレンツェ史』二七八―二八五頁参照。

争には用心せよ、という警告によって、いかに様々な形で政権が弱体化されて来たか、あなた方も御存知でしょう。戦争はしばしば有益なものですし、しばしば必要なことなのです。

要するに、初めの問題に戻って申しますと、多数者の政権は重要な問題で数多くの欠陥がございます。秘密保持、迅速さ、さらに悪いのは決断力といった点においてです。したがって、われわれはしばしば、ある共和国が他の国々が戦争を行っている際に、中立にとどまっているのを目にします。これはその共和国にとって多く致命的なものとなります。とくに、これからの時代においてそう言えます。これからの時代といいますのは、すなわち、フランス人がイタリアに侵入して来た結果、過去にそうであった以上に、物事を決定するのは最も力の強い、最も活力のある軍隊を持った者の手に委ねられることになるであろうからです(124)。あなた方自身の武力にせよ、他の援助によるにせよ、いずれにしてもあなた方ほど力の強くない二人の君主の間で戦争が行われている場合には、中立は良い政策でしょう。この場合、恐れねばならないのは二国のうちの勝者があなた方を圧迫し得るか、どうかという点だけです。彼らが戦争をしている間に、あなた方は、仮に戦争に参加していたならば当然耐えねばならぬ困難や失費を避けられるからだけではなく、他国が疲弊している間に、あなた方はある意味で、より強力になり、時には他国が弱体化することによって領土を拡大できるチャンスが与えられるからです。このようにして、ヴェネツィア人はしばしばその力を増していったのです。彼らは近隣諸国が戦うのを傍らで眺めているだけでした。ヴェネツィア人にとって中立は常に賢明な政策でした。というのも、彼らは極めて強大であったがゆえに、戦っている者の一方が勝利を得たとしても、彼らを危険に晒すようなことは決してあり得なかったからです。しかし勝者がどちら側であれ、あなた方より強大である場合には、中立は悪い政策です。なぜなら、あなた方はいずれが勝とうとも、その者

(124) 巻末付録『リコルディ』271頁C六四、A九四参照。

の言いなりにならざるを得ないからです。その者はあなた方を考慮する必要はないのです。これに対し、どちらかに荷担していたならば、少なくともあなた方は荷担していた者が勝っても、その者によって滅ぼされないであろうと希望することができるでしょうから。

民主政権は一人による政権に比べて中立の過ちを犯しやすいものです。ちなみに、もっと良い言い方をすれば、メディチ政権はそのような過ちは致しませんでした。その理由は明らかです。すなわち、一つは無為と現にある平和の甘美さのためです。これが人びとを盲目にして未来の危険について考えさせないのです。一つは金を使うのを市民が嫌っていることです。己れのポケットから金が奪われるのではないかという恐れのためです。一つは戦争を行っている者によって欺されやすいためです。なぜならば、少なくとも戦っている者の一人は、最も力ある者と思われてはいても、あなた方が他方に傾いて行くのではないかと恐れていれば、あなた方の中立を求めて何かと言い寄ってくるからです。あなた方の中立は彼に大いに利するものと思ってのことです。すなわち、私の望むのはあなた方の中立だけである、あなた方が中立であれば私は満足するし、私がこの戦いに勝ったとしてもあなた方は何も恐れることはない、といった具合です。しかし、このような中立の過失は不決断によることがより多いのです。なぜなら、諮問会議やその他の様々な会議で一致することがないからです。ある者は一方の側に傾き、ある者は他方の側に傾くからです。それは賄賂による場合もあり、強い情熱による場合もあります。あるいは意見が完全に分かれていて、決断し得ない場合もあります。同じ意見の人びとが大勢を決定するほど多くならないので、決断の下しようがないのです。中立よりいっそう悪いのは、中立の決断をせずに中立に留まることです。なぜならば、初めから中立を決定していて、それを保障しておれば、あるいは中立を提案して来た側と文書で了解に達していれば、過ちはそれほど深刻ではないからです。それは約束の一つの形式でしょうし、事実、ある状況においては最善の行為かもしれないのです。しかし、決断を下せないのは誰をも不愉快に致します。中立を求めた者さえも不快にさせます。なぜなら、彼を中途半端な状態に置き、満足さすことがないからです。あなた方は、彼と確信をもって交渉する機会を失ったことになります。かくして彼が勝者となれば、彼はあなた方を敵と見なします。あなた方は、彼があなた方から買い取ろうとしていた中立をただで彼に与えたことになります。むしろ投げ捨てたといった方がよろしいでしょう[125]。

グイッチァルディーニ

しかし、中立が有益である場合もあるでしょう。私はその例を挙げることができます。ただし、これはわれわれの議論には関係がないかもしれません。

ベルナルド

その問題にいま入るのはやめましょう。私の申し上げたことは真理ですが、あらゆる規則には例外があるものです。例外というものは、この世の物事においては、それらをよく識別し得る己れ自身の思慮分別によって学び取るものです。あるいは、書物を見ても学び取れます。この場合、様々な状況を考えている人なら、それらの状況を識別することができるはずです。中立というものは、私が取り上げたものとは別に、様々な特殊な理由からして時には良いものです。しかし、一般的には中立は良くないのです。この結論の理由をよく考える分別ある人であれば、例外をいかに認識するかを知り、そのような状況が生じた場合には正しい決定を下すことが容易でしょう。これらすべての理由からして、またその他の理由からして、それらを列挙していくには長時間かかりますので致しませんが、大衆の政権は領土を維持し、拡大していく能力の点でメディチ政権に比べて、遙かに劣ることになりま

(125) 巻末付録『リコルディ』272頁以下C六八、Q_2一八、B一五、一六参照。中立の問題は一五一二年フィレンツェ共和国の崩壊の原因となったことをふまえている。マキァヴェリの考え方も同一である。

しょう。この点、ローマ人の例を引いて私に反論しないで頂きたい。たしかにローマ人は自由で開かれた政権にもかかわらず、あのように広大な帝国を建設いたしました。私は古代の事柄については語る資格がほとんどありません。それらについて少々知っているにしても、それは人が私に語ってくれたものですし、あるいは世俗語に翻訳された、しかも私の思いますに極めて拙劣な訳でありますが、そのような半端な書物から得たものに過ぎません。それにもかかわらず、ローマ人の統治の仕方ではあのような強大さを維持して行くことができるとは、私には思えないのです。というのも、ローマ人の統治の仕方は紛争や騒擾を惹き起こさせるような構造になっているからです。したがって、信じ難いほど勇猛果敢で、かつ制度の整った軍隊の力《ヴィルトゥ》がなかったならば、ローマ人はあれほどの大きな発展を成し遂げることができなかったものと私は思っております。軍隊の効果は、王の時代にあっても、後の自由な政権になっても、同じように絶大なものでした。己れ自身の武器に頼る者は、とくにローマ人のそれのように秀れたもの、効力のあるものであれば、交渉や詐術に頼っている者にとって必要なあの絶えざる警戒や入念な監視を中止することもできるでしょう。また、当時のローマの支配者たちは外敵の危険を防ぐためであれ、あるいは領土を拡大するためであれ、大衆を説得して新しい戦争を始めさせるのに何の苦労も要しなかったのです。というのも、ローマ人は戦争なしでは生きて行けない質の武人であったからです。戦争は彼らの本業であり、それによって富や名誉・名声をかち得ていたのです。したがって、あなた方はローマ人の例に従うことはできないのです。あなた方の状況は、彼らのそれと種においても質においても異なっているからです。(126) パゴラントーニオが、われわれも同じように武装できるのではないか、と反論するならば、私はあとでそれにお答え致しましょう。それに私の思い違いでなければ、次のことをあなた方に納得して頂けるのではないかと思っております。

(126) 巻末付録『リコルディ』274頁C一一〇参照。ここは当然、マキァヴェリを念頭においての議論である。

すなわち、可能とされる多くの物事は正しい方法を用いさえすれば実現されます。しかし様々な理由からして、また様々な障害のために、正しい方法が用いられることはないということです。

これまでの私の議論の進み具合からして、あなた方は次のようにお考えかもしれません。すなわち、民主政権は必要な戦争を行おうとはしない、あるいは行っても遅きに失する。この点で民主政権の冒す危険は、同じく、不必要で危険な戦争を行わないという事実によって相殺されているのではないか、とお考えのことと思います。なぜなら、これが君主たちの滅びる原因の一つだからです。このようなことはしばしば生じます。何度となく君主たちは野心から軽率な戦争に乗り出し、これによって最後には滅んでいくのです。しかしここでもまた、民主政権はより多くの過ちを犯すものと私ははっきり申し上げます。というのも、彼らは物を考えず、理解力もなく、識別する力もないからです。彼らはしばしば、ある物事が簡単極まりないものと思い込みますが、後になってそれが困難極まりないことが判明したり致します。このようにして、彼らは取るに足らぬ理由から最も困難な戦争に楽観的に乗り出すのです。わが父祖の時代に、ニッコロ・ディ・ステルラ(127)は、フィリッポ公との最初の戦争を終わらせた平和条約に従って、一定数の兵を率いてルッカ領に入ります。いくつかの城砦を取った後、彼はわがフィレンツェに提案致します。われわれに彼を援助する意志があれば、短期間のうちにルッカをわれわれに与えようというものです。ニッコロ・ダ・ウッザーノとその他賢明な人びとは、この提案をきっぱりと拒否致します。わがフィレンツェはそれまでの戦争で完全に疲弊しており、加えてルッカのわれわれに対する憎悪からしても戦争は困難であり、またミラノ公もわれわれの勝利を許すことはなかろうと考えたからです。ミラノ公はわれわれの最大の敵であり、トスカーナを手に入れようと企んでいるのですから、われわれの企図を阻止するのは至極簡単であると考えたのです。それに

(127) フォルテブラッチョ、ニッコロ・ディ・ステルラ。巻末の「登場人物案内」316頁参照。

もかかわらず、大衆は欲望に押し流され、それについて十分に議論もなされないまま、民衆《ポポロ》と共同体《コムーネ》の会議で票決されることになりました。このことからどれほど多くの害悪が結果されたか、あなた方一人ひとりがよく御存知のことと思います。この他にも私は多くの例を挙げることができます。ルッカそのものの例はもちろん、その他多くございます。しかし省略致します。時間を無駄にしないためですが、それより思い違いでなければピサには多くの例があるからです。

　ピサの回復はまったく正当なもので、必要不可欠のものです。戦争は一見たやすいように思われます。ピサは孤立した都市で、貧しく人口も少ないからです。彼らに比べれば、われわれは豊かで、力があり、あらゆるものが揃っております。しかし、もう少し深くこの問題を考えてみますと、それが極めて困難であることが判明致します。ピサの地形は強力です。何本かの川の間にあり、沼沢地を抱えております。ここには一年のうち数カ月間、立ち入ることができません。またピサの防備も強力です。ピサ人は勇敢です。また周辺の農村部との密接な関係のため、人口数も決して少ないとはいえません。これらは明らかなことです。彼らはフィレンツェの支配下には絶対に戻らないと決意を固めております。現在のイタリアの状況からして、ピサ人は必ずや支援者を見出すはずです。われわれから金銭を奪い取ろうとしている者は誰であれ、それを容易にするためにこの切り傷を開いたままにしておこうとするでしょう。また、われわれを強制的に従わせようと競い合っている者たちも、同じようにするでしょう。われわれがそれぞれの相手方につくのを阻止するためです。ピサは一口の御馳走なのです。これを狙う強国に事欠くことはありません。われわれの強大さを恐れている隣人たちは、ピサを必ずや援助するでしょう。その援助は小さなものかもしれません。しかし援助はいつでもなされますので、大きなものとなりましょう。あなた方の兵力は強力な抵抗に遭いますと、常に小さなものとなります。今のところ、思い切って戦争を仕掛けても勝つことはできないでしょう。無限の金を費やし、嫌な気分が醸し出されるでしょう。あなた方は大きな困難に見舞われ、自由を失う危険に晒されるかもしれません。それにもかかわらず、誰もが戦争のことで熱くなっておりますので、私のような意見を持ち出す者がいれば大変な批判に晒されることになりましょう。[128]

グイッチァルディーニ　それではあなたは今のところピサをそのまま放置しておけと言われるのですか。

ベルナルド　そのまま放置しておくのは良いことではありません。そうなれば事態はますます固定化していくことになりますし、またわれわれの要求の正当性も失われていくからです。したがって私は中道をお勧め致します。すなわち、農村部を再征服するだけの準備をして戦いを始める。二、三カ所に兵を配置して、その他の箇所を破壊する。収穫期には常に農作物を荒らすのを忘れてはなりません。私の勧めますのはこのような戦いです。このようなやり方であなた方は金を無益に投げ捨てることなく、絶えず彼らを弱体化し消耗させることができるでしょう。とくに他の支配者たちはあなた方によって惹き起こされる危険が切迫したものではないのを見て、ピサ人を強力に援助してあなた方を悩ますこともないでしょう。また、何らかの手を打ってあなた方の戦いを他に逸らそうともしないでしょう。あなた方の資金は潤沢で、それを投資する術を知っている者は、その欲する物のすべてをフランス人から手にし得ることでしょう。肉体というものは消耗すると、ほとんど常に突如として崩壊するものですが、このような事実はさておき、そのうちピサ攻略の思わぬ好機が生じるかもしれないのです。しかし、このような方式は今のところ採用されそうもありません。数年経てば話は別です。[129]この間、あな

(128) ピサはシャルルの侵入の際、フィレンツェから独立。これに対しフィレンツェはその奪回を企てることになるが、この作戦は困難を極め、再征服に成功するのは一五〇九年になってのことである。

(129) ピサ攻略は正攻法で終始した。そのため落とすことができない。ここで説かれているような戦術が採られるのは、ずっと後になってからのことである。

た方は疲れ果て、ピサを獲得することに絶望的になりましょう。やり方が間違っていたからです。その時には私はもはや生きていないでしょうが、このようなことは大いにあり得るのです。その時になって、あなた方若い人たちは私の申し上げたことを思い出して、それが正しかったことを信じることになりましょう。すなわち、民主政権下では重要な戦争が拙劣なやり方で計画され、拙劣に遂行されるということを、です。これはいかなる時代でも重大極まることですが、現在荒れ狂っている嵐の中にあってはいっそう深刻なことなのです。このような災厄がアルプスを越えてイタリアに侵入して来た現在、私は、これがかつてない、最も大きな悲惨の始まりではないかと危惧しております。嵐の時代にあっては、いついかなる時代にもまして良い政権が必要なのです。

ソデリーニ

ナポリ王国の問題に対してはいかなる救済策ももはや間に合わないでしょう。しかし現在、教皇と皇帝、スペイン、ヴェネツィア人、それにミラノ公との間に同盟の動きがありますが[130]、これが結成されれば、フランス人がイタリアから駆逐される発端となりましょう。

ベルナルド

あなたの仰しゃる通り、ナポリ王国は滅びました。フランス人のイタリア侵入と、その第一の目的であるナポリ王国の獲得はフランス人にとって大成功でした。したがって、彼らを追い出すことが容易であるかどうか、私には見当がつきません。仮に追い出したとしても、それで芝居の幕が下りたかどうか怪しいものです。というのも、フランスの力は強大であり、また既にここでのやり方を学びはじめております。イタリアの甘美さを味わって、それに駆き立てられています。また、ここにやって来る理由やチャンスにも事欠きません[131]。今やイタリアの連合は粉砕され、それを一つに結び付けてい

(130) 一四九五年三月、対仏同盟（ヴェネツィア同盟）として成立する。フォルノーヴォの戦い以後、フランス王はフランスに帰る。『フィレンツェ史』一八九頁以下参照。

(131) アンジュー家のナポリ、シチリア両王国に対する相続権を指す。

た鎖の環も打ち砕かれているのですから。現在、交渉中の同盟が首尾よく結ばれても、目下の危険が去れば、それ以上長く続くことはないでしょう。そうなれば、すべてがかつてないほど混乱することになりましょう(132)。

たとえアラゴン家がナポリに帰還したとしても、王国は弱く、おそらくバラバラに分割されることになりましょう(133)。あなた方はピサを失い、しかも痛いことに強力な亡命者を抱えております(134)。教皇は野心的で、変化を求めております(135)。ヴェネツィア人の目的は当然、誰もが知っている通りです。ロドヴィーコ公は控え目に言っても、一般に思われているほど賢明ではありません。しかし、ミラノ公となり、アラゴン家とピエロ・デ・メディチを破滅させた後に、フランス王シャルルをフランスに連れ戻すことに成功すれば、依然として虚栄心に富み、かつ傲岸のまま変わることはないでしょう。私は、彼がピサの状況について考え巡らしているのを確信しております。そして、ヴェネツィアがそれに心を動かされているのではないかと案じております(136)。そのような機会を捉えるのは彼らの習性ですから。したがって、イタリアに火を点ずるのはピサかもしれません。ピサではないにしても、その他、火種に事欠くことはないでしょう。野心的で怒りに燃え、あるいは恐れを抱いている者、しかも自らを満足させることができず、あるいは他の手段では己れ自身を守ることのできない者は誰でも、フランス人を呼び寄せようとするでしょう。このたび、ミラノ公が成功すればするほど、他の者はそのことに思いを致すでしょう。フランス人を追い出すために、あなた方も御存知の通り、彼らはいまドイツ人やスペイン人のことを語りはじめています。私は、フランス人がイタリアに留まるか、あるいはイタリアに戻って来るかについてはっきり保証できませんが、それだけではなく、私の懸念しているのは他の国々がイタリアに侵入して来る道が開かれているということなのです。そうなれば、われわ

(132) 事実、フォルノーヴォの戦い以後、ヴェネツィア同盟は解体する。

(133) 一五〇二年、ナポリはフランスとスペインに分割されるが、一五〇四年、最終的にスペイン領となる。グイッチァルディーニ『フィレンツェ史』(太陽出版)三七八頁以下参照。

(134) ピエロ・デ・メディチを指すが、ピエロはフランス軍とともにあり、一五〇三年ガリリアーノの戦いの際、溺死する。

(135) アレクサンデル六世を指す。

(136) フィレンツェに対抗しピサ援助をヴェネツィアに示唆したのはミラノ公ロドヴィーコ・イル・モロである。

れは最終的に破滅することになりましょう。なぜなら、彼らは合意のもとでイタリアを食い尽くすでしょうし、また合意が破れれば、イタリアを切り裂くことになるからです。[137] たまたま野蛮国の一つが他の国を追い出すことにでもなれば、イタリアはその者の完全な隷属下に置かれることになりましょう。[138] これらの事柄は多少とも神の御手に委ねられております。しかし、奇妙な時代が目前に迫っているのを否定することはできません。まさに最良の医者が必要な時に、最悪の医者を持つことになりましょう。この、領地をいかに維持するかの問題がいかに重要であるかを、私は申し上げる必要はないでしょう。あなた方みなさんが先刻、御承知なのですから。

ソデリーニ

私はそれが最も重要な問題であることを否定致しません。しかし自然の秩序に従えば、われわれがまず考えて、為さねばならないことは自由になることです。あるいは、フィレンツェが良く統治されることです。他国を支配することは、その後で考えられるのです。したがって、ピエロ・カッポーニによって論ぜられた三つの論題のうちで、われわれ自身の存在に関する最初の二つが、わが領土に関するものより、遙かに重要なのです。そして民主政権が最初の二つにおいて、少なくとも正義に関する問題でメディチ政権に優越していたとすれば、たとえ第三の問題でそれほど効果的でなくとも、メディチ政権より悪いものとは言えないでしょう。

ベルナルド

パゴラントーニオ、あなたは思い違いをしておりますよ。本来、分けることのできないものを分けようとしているのですから。ある都市がその自由と小さな領土に満足しており、他国もそれに構わず、そっとしておいてくれるならば、あなたの言っていることはまったく正しいでしょう。しかし、これ

（137）フランスに対抗して、マクシミーリアーン皇帝、アラゴン王フェルディナンドのイタリア干渉が始まろうとしている。

（138）一四九九年、ルイのミラノ支配とともにイタリア半島はフランスとスペインのパワー・ゲームの舞台となる。年表参照。『対話』が完成した後の一五二六年、クレメンス七世はカール五世に対抗してフランソア一世と同盟（コニァック同盟）、カールと戦うが、敗北。サッコ・ディ・ローマ（ローマ劫略）の苦杯をなめる。この時の教皇代理がグイッチァルディーニであった。カールのイタリア支配が決定的となる。ここではこうしたグイッチァルディーニの苦渋が滲

はわれわれには当てはまりませんし、許されもしません。なぜなら、フィレンツェは他国を圧迫できるほど強大でなければならないか、あるいは他国に圧迫されねばならないか、そのいずれかであるからです。領土を失えば、また自由をも失い、都市そのものさえ失うことになりましょう。フィレンツェは攻撃され、あなた方にはそれを防衛する手段がありません。公平であること、官職の分配がうまく行っていること、よく遵守されている良き法律を持っていること、このようなことはあなた方を守ってくれないでしょう。このようなわけで、私はあなたと正反対の意見を持っております。私は最後の問題がより重要であると考えております。なぜなら、その他の問題はこの問題に左右されるからです。領土が失われれば、最初の二つの問題は崩壊致します。都市は征服され、横領されます。再び立ち上がることができるという希望はありません。このようなことは、他の問題が混乱していても起こりません。なぜならこの場合、都市は苦しみますが、死ぬことはありません。生命がある限り、いつの日か再びやって行くことができるという希望があります。重大な局面にあって、共和国の支配者たちが常に考えねばならないのはこのことなのです。すなわち、あらゆる苦難に耐えて、国家が死滅するのを阻止することなのです。これについて真剣に思い巡らせば、あなた方やその他あなた方と同様知的な人びとは今後、私と異なった風には語ることはないでしょう。

ソデリーニ

今のところ、私はあなたのお話を妨げたくありません。われわれの議論の終わりに、私の考えていることを申し上げましょう。

ベルナルド

それでは、ピエロ・カッポーニの順序に従って話を続けましょう。カッポーニの言ったことは事実

み出ているかのようである。

です。すなわち、軍事行動や対外問題を決定するに際して、メディチ家はフィレンツェの強大さというより、彼ら自身の個人的な利益を狙っていたという事実です。しかし、私は彼が暗黙のうちに認めていたことに賛同致します。メディチ家の利益とフィレンツェの強大さとを分けることはほとんどできなかったということ、事実上、不可能であったということです。なぜなら、メディチ家は彼らに偉大さを与えるような主権[139]を持ってもいなかったし、フィレンツェから独立した形の政権を持っていたわけでもなかったからです。彼らが持っていたものはすべて、フィレンツェ共和国の権力と名声に依存していたのです。メディチ家の繁栄と成長は、フィレンツェの繁栄と成長に存していたのです。なぜならフィレンツェが大きくなり、より強大になればなるほど、メディチ家もまたより強大になって行ったのです。ロレンツォが戦争で何らかの誤りを犯したとしても、もっともヴォルテルラ以後は多分、誤りを犯してはおりません。しかし、これについてここではいま論ずる必要はないでしょう。いずれにせよ、過ちを犯したにせよ、それは悪い助言によるものでした。このようなことは、すべての賢明な人びとに時折り生じることとです。フィレンツェの苦難あるいは窮境がロレンツォの利益に役立ったがゆえの過ちではありませんでした。公共の利益によってではなく、メディチ家自身の利益に、より大きく動かされておりましたが、この二つのことは実際上は同じことだったのです。[140]公共の利益を確保しなければ、彼ら自身の利益も手にすることは困難だったからです。この点、保護者と目されることによって彼らが独占し享受しようとした地位についても、まったく同じことが言えました。なぜなら、すべての人びとが平和や祖国の名声や安全、その領土の拡大などによって、市民たちにもたらされた利益を楽しんだからです。

われわれに残されているのはカッポーニの挙げた最後のいくつかの問題です。すなわち、兵や友人

(139) la signoria

(140) 巻末付録『リコルディ』274頁C一四二参照。

たちに対する過剰な支出、ロレンツォが己れ自身のために、また友人の利益のために公金から金を引き出した問題です。これは事実です。私は弁解するつもりはありません。せいぜい言えることは次のことです。ロレンツォは金銭に極度に困窮していて、その状況たるや、ロレンツォが破産すれば必然的に公共の利益に甚大なる損害を与えるほどのもので、このためすべての有力市民によって公金を使うよう助言されたのです。しかし、公金を私することは悪いことでしょう。経験の示すところによれば、当時のロレンツォの過度の出費、あるいはロレンツォが自分自身の必要と友人のために私した額は、悪い政府が財務官の不注意や一定の悪意のために二、三年のうちに浪費した額に比べて少額でした。悪い助言による決定、無能な十人の選出、長期にわたる遅延、あるいは不決断、時に合わせて承認されない課税、現在これはコンシーリオ・グランデによって承認されねばならなくなっておりますので極めてしばしばこうなるのですが、これらのことすべてが原因となって、あなた方はかつてロレンツォの時代全体でなされた以上の無駄使いを一年間で行うことになりそうです。かくして、悪い政府によって使われる一ドゥカートは、他の理由で使われる一ドゥカート同様、公けに損害を与えることになりましょう。あなた方は、税収入がいかに乱雑に運用されるようになるか、いかに多くの不注意や盗みがなされるようになるかを知ることになりましょう。なぜなら秩序を欠き、不動の主人を欠いた政権からは、これ以外、何も期待され得ないからです(141)。

最後に、ピエロ・カッポーニは疑心暗鬼とそれが生み出す結果について、すなわち優れた人たちの台頭を制限し、ふさわしい者同士の婚姻を阻止し、人びとの行動、とくに才知のある人びととの行動に常に目を光らせ、親しい友人や側近たちに対してさえ不信の念を抱いていたことなどについて不満を表明致しました。そうでしたね。これらのことはすべて仰しゃる通りでした。また独裁というものに

(141) 一五〇一年前後のフィレンツェでの財政危機が念頭にあろう。

らです。われわれの時代ですので、ボローニァやペルージァで何が行われているかを御存知でしょう。このような場合、私は故国に留まらず、他の選択肢を選ぶような人びとを称讃致します[142]。独裁がより温和である場合、取られる手段はより技巧的です。ピエロが非難した手を用いるのです。ロレンツォはそのように振舞いました。血を流さず、人を追放することもなく、疑うことによってわが身を守ることができたのです。ロレンツォが婚姻関係を破棄させた、あのやり方を褒めません。また前に出ようとする者、とくに最も能力ある人びとを抑えつけたやり方にも感心致しません。しかし、既に申し上げた悪と比べれば、結局のところ小さな悪であったと私は申しましょう。なぜなら、それは極めて少数の人びとにのみ影響を与えたからです。しかも、これら少数の人びとに対してさえ、穏やかな形でなされたのです。

付きものなのです。しかし非人間的な独裁にあっては、取られる手段は残忍です。剣で処理されるか

私はここでパッツィ陰謀事件についてお話ししたくありません。なぜなら、パッツィ家はローマであまりにも公然とメディチ家と競い合おうと致しましたし、フィレンツェでは傲岸に振舞っておりました。このためロレンツォは彼らの地位を低めようと考えざるを得なかったのです。その際、彼は血を流すのを避け、あのような方法を選んだのです。このために彼は称讃に値します。なぜなら、彼はパッツィ家を怒らせ、わが身を守ることができなかったからです。言わせて頂ければ、あなた方のコンシーリオ・グランデにおいてもまた不満分子や政変や騒擾を求める人びとが出てまいります。これに対して身を守るためには、ロレンツォの取ったあの配慮と技巧をもってした方が遙かに良いでしょう。大衆のいつも行いがちなやり方ではいけません。すなわち、小さなまったく目に見えない出来事に注意しない、あるいは

（142）巻末付録『リコルディ』275頁C一〇一、B八二参照。

注意しても、それに対して何の手も打たない、このようであってはならないのです。そのため陰謀を企む者は勇気を得て、日ごとに放埒になり、その結果、彼らは陰謀を成功させるか、あるいは事態が最も危険な地点に至った時に対策が取られる。その際には流血と激情が必ず伴うものですが、そのいずれかの形を取るでしょう。ちょっとした注意さえあれば、それで十分であったはずのところ、斧や石塊が使われねばならないのです。それに苦しんだ人びとには無限の危害を与え、フィレンツェと市民各人に、ロレンツォの措置が惹き起こしたのとは比較にならぬほど大きな苦難をもたらすのです。

その気になれば私はその他多くのことを申し上げることもできますし、あなた方お二人、ピエロとパゴラントーニオがとくに注目した多くの点についてももっと詳しくお答えすることもできますが、今は差し控えておきましょう。まったく必要がないからです。本質的な点については触れました。したがって、このように際限もなく続けて行く気はありません。もう十分です。なぜなら、この民主政権がフィレンツェをして、メディチ家を追放した人びとに恩義を感じさせるようなものになるか、どうかが分からないからです。私は、メディチ政権には良くない、また多くの不愉快な点があったことを認めます。人びとが容易に許すことのできない点も多くありました。しかし、この民主政権にもまた同じような点があります。おそらくメディチ政権よりもっと多くさえあります。しかも、より深刻なものです。われわれは満足し得ないものから逃れるために一つの政権から離脱するのですが、新しい政権になっても必ずやそれとは別の好ましくないものに出くわすものなのです。満足いかない点がどちらに、どの程度あるかを考えて、より良いものにせねばならないはずなのです。革命の目的は人びとの名、顔ぶれから逃れることではありません。(143) あるいは胃の痛みから頭の痛みに変えることではありません。このような痛みから逃れ、あなた方を苦しめている悪から解放されることですが、同じ

(143) 巻末付録『リコルディ』276頁C五〇、B五四参照。

ように悪いもの、あるいはおそらくもっと悪いものに遭遇するようであってはならないのです。

ソデリーニ

あなたの議論は素晴らしいものと私は思います。しかし誤りがあるのではないかと思うのです。これら二つの政権を検討するために、あなたは一方でロレンツォの統治のやり方を取り上げました。これはそのような政権から期待されるものとしては最良の、最も賢明な、最も好ましいものでした。他方、あなたは民主政権についてはその初めの段階を取り上げているのです。これは未だ乱雑で、混乱と無秩序の状態にあります。あり得る限り最悪の状態なのです。メディチ政権はピエロの態度から見て取れましたように、日ごとに悪化しておりました。彼は刻一刻、より圧政的になっておりました。彼の取り巻き連中はますます傲岸に放埒になっておりました。[144] したがって、数年もしないうちにピエロの政権はロレンツォの時代のものとは完全に異なったものになっていたことでしょう。これに対し、この新しい政権は日一日とより秩序正しいものになって行くでしょう。人びとは自由を求め、フィレンツェが平和に静かに統治されるのを望んでいるからです。したがって現在、激情のうちにあって犯されている誤失も、一部はやむを得ず、一部は猜疑と無知によるものですが、数年間経験を積めば、それと認識され、やがて修正され矯正されていくでしょう。現在あるような政権が続いていけば、予想される欠陥の生じる余地はなくなるはずです。いずれにせよ、メディチ政権の恩恵は続かなかったことでしょう。日一日と悪くなっていたのですから。

ベルナルド

状況がパゴラントーニオの言う通りでしたら、私が長い時間かけて証明しようと苦労して来たことを、彼は数言にして破壊してしまったことでしょう。しかし私にはそのように思えません。私はピエ

(144) グイッチァルディーニ『フィレンツェ史』一四四―一四七頁、一五九―一六一頁参照。

ロの下にあった事態がパゴラントーニオの信じているほど日ごとに悪化して行ったとも思いませんし、また民主政権が数年後に改善されて行くであろうとも思いません。

申し上げましたように、メディチ政権は独裁政でした。メディチ家はすべての点で主人でした。すべてのことが彼らの意志に従って為されたからです。しかし、絶対君主[145]のようなものには至っておりません。なぜなら、自由で市民的な手続きを伴っていたからです。依然として共和国の名のもとに、行政官を通して統治されていたからです。行政官は命ぜられた通りのことを行っておりました。それにもかかわらず、その行いと外見を見れば自由な政権のようでした。一般市民を官職の配分によって満足させようという努力がなされたのです。それとともに有力市民には主要な要職、顕職を与えただけでなく、最も重要な仕事の運営を任せることによって満足させねばなりませんでした[146]。かくして、公的・私的な諮問会議《コンスルテ》が開かれ、あらゆる問題について議論されました。メディチ家は武力の点でも支持者の点でもしっかり根付いておりました。したがって、フィレンツェの絶対的な支配権を握ろうと思えば、さしたる困難もなしにそうできたはずです。しかしそうなった場合、メディチ家はすべての人びとを、友人も敵も絶望に追いやっていたことでしょう。さらに、わが領民たちさえも不快に思ったことでしょう。彼らは、フィレンツェ政庁の権威とその自由なやり方を承認していたからです。したがって、メディチ家の何びとであれ、お墨付きの大馬鹿者でもない限り、そのようなことを行おうと思う者はいなかったのです。すべての人びとを確実に疎外させるような手段に訴えなくとも、彼らは権威を維持することができたからです。仮にそのようなことをしていたならば、彼らはちょっとした不穏な事態が起こっても、フィレンツェを去るか、あるいは全面的に武器や武力に依存するか、そのいずれかを選ぶ覚悟をしておかねばならなかったでしょう。愛と力を混ぜ合わせることによって

(145) uno principe assoluto

(146) ピエロ・グイッチァルディーニはミラノに大使として派遣されている。

権力の座に留まることができるのに、あえてその支配の基礎を暴力に置くことは、そうせざるを得ない場合を除いて、独裁者のよくすることではありません。さらに、わがフィレンツェから、その市民的な生活と自由のイメージを奪い、フィレンツェを君主国の形態に転換させる者は、フィレンツェからその生命と魂を奪い、それを弱体化し、完全に粉砕する者であると言わねばならないのです。フィレンツェが弱体化し、活力を失っていけばいくほど、その主人である者もまた弱体化し、活力を失っていくのです。したがって、メディチ家が絶対君主政を採用していたとすれば、彼らはその力と名声を減少させていたことでしょう。決して増加させることはなかったはずです。メディチ家の何びとといえども、大馬鹿者でない限り、そのような犯罪を思い付いた者がいなかったことは疑い得ません。われわれは誰も、ピエロのすぐにカッとなる性格を知っております。しかし、このような気違いじみたことを企てようなどというほど、無分別ではなかったことを、あなた方も認めざるを得ないでしょう。

このことから何が結論されるでしょうか。私の結論は次のようなものです。すなわち、問題を有力市民と協議し、それを実現するために行政官を利用する、このようなメディチ家の慣行は少なからず、あるいは彼らが望んだかもしれない法外なことを抑制する馬銜《はみ》としての役割を果たしたということです。これはメディチ家が断固、行おうとしていることを阻止させるほど十分ではなかったとはいえ、彼らを抑制させ、彼らをより良き正道に就かせることには役立ったのです。メディチ家はこのようなやり方に従っておりました。彼らが尊重していた賢明な市民たちや友人たちの助言から逸脱することは許されないように、彼らには思われたのです。フィレンツェを満足させるような、少なくともその政権を満足させるようなやり方で物事を行うのが正しいのだ、という考え方に従っていたのです。したがって、完全な馬鹿者が出て来るまではロレンツォ時代の生活様式から遠く逸脱してしまうような危険はなかったものと、私は思っております。とくに、対内的な問題の処理に当たってはいっそうそのような危険はありませんでした。君主たちとの戦いや友情に関する問題は別でした。ロレンツォはこの問題を己れ自身の専断的な決断に委ねるべきだと考えていました。それを正当なこととしていたのです。これについて入念に考えていきますと、ロレンツォがこのように対外問題の処理を一手に握ったことの意味は何よりもロレンツォの次のような意志でした。すなわち、フィレンツェの名声はすべてロレンツォ一人に負っているのだということを、フィレンツェ市民に、もっと率直に認めさせたいという意志です。裁判や法を混乱させたり、あるいは通常以上に財布に圧迫を加えたり、あるいはその他、良き平和な生活に関する事柄に対する締め付けといったものではないのです。むしろ、実際上はロレンツォが自らのうちに集中させた権威が対外問題の処理に幸いしたのです。有力市民たちの拙いやり方を大目に見る必要はありませんでした。これはコジモや彼の父ピエロもできなかったことなのです。なぜなら、ロレンツォほど権力の基盤がしっかりしていなかったので、彼らは大きな名声を博している少数の権威ある有力市民から絶えず強要されていたからです。

一四三四年以来、とくにコジモが年をとり、老衰したのち、ロレンツォが権力を掌握しはじめた時まで、フィレンツェがどのように統治されていたか、あなた方は見当がつきますか。この時より以後、すべての人びとが以前にもましてどれほど安全に思い、圧迫されることが少なくなったと感じていたか御存知ではないでしょうか。ピエロは、その性格と行動にもかかわらず、正義を乱したり、市民の平和や安寧を引っくり返そうなどとは致しませんでした。また、フィレンツェの生活様式を破壊するのではないか、と恐れねばならないほど、生まれつき野獣的な性格でもなかったと私は思っておりますす。父の在世中、彼に悪い評判を与えたのは、若者特有の怒りっぽさ以外の何物でもありませんでした。彼と同じ年頃の若者には、このようなことはいつでも見られます。しかもピエロ以上の放恣な形で見出されます。年齢をもっと重ねれば、やがて成熟し大人になり、分別も出てくるであろうという希望を排除するようなものではありませんでした。父の死後の行動、すなわち、政務に関しての行動を注意深く考えてみようとする者なら、われわれフィレンツェの慣習に反した残忍さとか、血醒さといった、いかなる痕跡も見出せないでしょう。これを最もよく示しているのはロレンツォとジョヴァンニ・ディ・ピエールフランチェスコの事件、コジモ・ルッチェライとおそらくベルナルドの事件で(147)す。彼らはメディチ政権とピエロに対して陰謀を企んでおりましたが、寛大に処理されました。この際、政権内の、私ども有力市民たちの助言が重きをなしたことを私は告白いたします。なぜなら、ピエロは当時、数人の取り巻きによって悪い道に引き込まれていたからです。しかしピエロが生まれつき血に飢えた、冷酷無情な男であったならば、われわれの説得を聞き入れなかったでしょう。このことを否定なされるのでしたら、あなた方は次の点で私に同意せねばなりません。すなわち、既に申し上げました通り、メディチ政権の体制は腐敗した行為を容易に抑制し得るようなものであったということです。したがって、繰り返し申しますが、ピエロがパゴラントーニオの言うように、われわれをあのような究極的な災厄へと導こうとしていたなどとは私は思わないのです。パゴラントーニオが反論して、その政権が続いていたならば、いつの日かメディチ家の誰かが、たとえピエロではないにしても、ピエロがやらかすのではないかとわれわれが懼れていた当のことを無遠慮にも行うことになるであろう、と言うのであれば、これに対する私の返答は次のようなものです。メディチ政権はこのようなことを様々に防止することができますが、これら対抗策とは別に、私の語っておりますのは、現在の状況と今後数十年間のわれわれの状況であるということです。事実、無限の先について語るつも

(147) これらの事件についてはグイッチァルディーニ『フィレンツェ史』一五三―一五四頁参照。またルッチェライについては巻末の「登場人物案内」322頁参照。

りはありません。なぜなら一政権の永続性、一家門の永続性を望むことができないからです。さらに民主政権にも同じような危険が存しています。なぜなら物事が混乱し、全面的に放埒な状態に至ると、それは同じような究極的な災厄を味わうことになりましょう。あなた方はこれを私以上によく御存知でしょうし、また数多くの実例の示すところのものです。仮にこのようなことが実際に起こりそうもないとしても、これについては目下お話しするつもりはありませんが、私はパゴラントーニオの言うように、あなた方の政権が容易に現在の状況を改善して行くことができ、日ごとに自らを研ぎ上げ、ついには合理的で称讃に値する政体に達することができるなどとはまったく認めることができません。反対に、私は逆のことが生じるのではないかと危惧致します。なぜなら、この新しい政権の基本的な問題はその開放性《ラルゲッツァ》と万人の欲望、すなわちフィレンツェの俸給の伴う通常の官職《ウティーレ》や役職だけでなく、最高の地位や最も重要な顕職《オノーリ》に就きたいという万人の欲望より発しているからです。なぜなら、新政権は中間の政体《ゴヴェルノ・ディ・メッツォ》の後に成立したのではなく、(148)狭い政権が暴力的に破壊された後に誕生したために、このような一般的な考え、意見がそれに押印されたからです。このために誰もが遠慮することなく旧政権に反対しているのです。事態の調停者が開放された政権を支持する一般大衆である以上、権力基盤の拡大につながる以外のいかなるものも期待し得ないし、考えることもできないと、私は思います。この方向に進む措置を口にする者はより熱心に受け入れられ、より理解されるのです。逆のことを提案する者は排除されます。私は今のところ、多数決による票決以外、この政権を押さえる馬銜はないものと思っております。この政権が生き延びるとすれば、多数決こそ多くのとんでもないことを抑制し得るでしょう。しかし多数決が拘束を生み出すものであることが分かれば、直ちにそれに誰もが反対することになりましょう。彼らは多数決を排除しようとするでしょう。そして、すべては必

(148) 中間の政体とはオッティマーティ、すなわち有力市民たちによる共和政を指す。

然的により広い基盤に支えられ、広く開放されたものになって行くでしょう。なぜなら、誰も彼もが政治的地位を望むからです。誰もが諮問会議や重要な事柄を扱う数百人から成るコンシーリオ・グランデに召集されたいという野心に満たされることになりましょう。

これらの事柄を制定した人びとの目的は良いものでした。しかし、必要なすべてのことに特別の注意をあまり払っておりませんでした。このことに私は驚いておりません。なぜなら、フィレンツェが自由であった頃のことを目にした者は誰一人として生きておりませんし、自由な政権の気分を操った者もいないからです。それらを書物から学んだ者は、それを経験から知った者のように、その詳細をすべて観察しているわけではありませんし、味わっているわけでもありません。なぜなら経験というものは、学問や生来の思慮分別のみでは達することのできない多くの領域に浸透するものですから。(149)

さて、本題に戻って考えてみますに、理性によって民主政権を再び取り上げ、適切に再編成していくことが実際にできるとは私には思えません。ただし、次の場合は別でしょう。すなわち、ある都市が悪い政権によって悲惨な状況に立ち至った場合です。小さな苦難であれば不十分です。この場合、民主政権は実現されないでしょう。大きな苦難を望めばあまりにも大き過ぎて、またあまりにも危険過ぎて、民主政権の復興などあり得ないでしょう。なぜなら、災厄というものは簡単に制御し得ないものであり、一般に物事というものはうまく行かないもので、最初に痛みを体験しないでは善を引き出せないようになっているからです。(150)

しかし、さらにこれを越えて考えて頂きたい。この政権はしっかりした舵手を欠いております。したがって、日ごとに増大するその拡大性の問題が存しているだけではなく、われわれの間で不一致や分裂が生じた場合、このような不一致や分裂はこの型の政体では避け得ないことですが、フィレンツ

(149) 巻末付録『リコルディ』276頁C一〇、B七一参照。

(150) 巻末付録『リコルディ』277頁C一四六参照。

ェはどこに流されて行くのでしょうか。誰がフィレンツェを癒すのでしょうか。誰がフィレンツェを改革するのでしょうか。人びとの非合理的な欲望を誰が抑えるのでしょうか。暴力や恐怖が用いられるのでしょうか。コンシーリオ・グランデがそれを行うのをわれわれは待たねばならないのでしょうか。これらの難病を治癒するためには、もっと賢明で、熟練した医者が必要となるでしょう。行政官がそれを行うのでしょうか。しかし官職に就いているのは、二カ月、三カ月、あるいは四カ月ほどですので、[151]彼らは治癒するというより、病いを悪化させてしまうのではないでしょうか。他の人びと以上に派閥抗争に没頭している有力市民たちが、それを行うのでしょうか。純粋な心を持った者は他の人びとから尊敬されることなく、権限もまったくないのです。

また、わがフィレンツェが既に年老いていることを考えて頂きたい。その発展からしても、この世の事柄の性格からしても、また過去の例からしても、フィレンツェは今や成長しているというより、むしろ衰えているのです。フィレンツェは新しく生まれた都市ではありません。あるいは若い都市ではありません。そのような都市であれば形成するのもやさしく、創立するのもやさしいのです。何の困難もなく、与えられる慣習を受け入れることができるのです。都市が老いてくると、それらを改革するのは困難となります。また、いったん改革されても、すぐにその良い意図を失い、常に元の悪い慣習に戻ってしまいます。その理由をいくつか挙げることができるでしょうが、あなた方はそれ以外にも多くの古代の共和国の例を引き合いに出すことができるでしょう。その誕生に当たって、あるいは少なくともその初期に、不幸にも良い形の政権を採用することができなかった場合には、後になってそれを望む人びとの努力は無駄になりました。事実、良い統治に慣れ切っていた人びとですら、ひとたびその生活様式を失い、一定の災難や混乱に苦しむと、彼ら本来の良き状態に完全に戻ることは

(151) ゴンファロニエーレ、プリオーレ(シニョリーアを構成する八名)は任期二カ月、コレッジは三カ月、戦争の十人は六カ月というように、すべてが極めて短期である。

できないのです。これが人間の事柄の自然の流れなのです。あなた方、その他の人びとがいつも仰しゃっておられますように、運命の流れもそうなのです。運命は、人間の理性や思慮分別よりもしばしば強い力を発揮するのです。[152] したがって、パゴラントーニオよ、メディチ政権がそうあった以上に悪くなっていったであろうなどとは私は思わないのです。また、民主政権は現在そうであるもの以上により良く改善されることもないでしょう。

グイッチァルディーニ

それであなたはピエロの帰還を望んでいるのですか。

ベルナルド

ざっくばらんに、感情を混じえずにお話し致しましょう。私は、ピエロが追放されなかったならば良かったと思っております。なぜなら、この革命によって何か得るものがあったとは思えないからです。しかし彼が追放されたいま、私は彼が帰還するのを望んでおりません。私はいかなる革命もフィレンツェを利することはなかったと思っておりますが、今回、事態は進行して大変に悪化しつつあるからです。あなた方の分裂によって一派閥がピエロを召還する可能性があります。さもなくば、ピエロの帰還する方法は、武力によってか、あるいは外国の兵を利用するかです。実際に成功するためには、おそらく両者が同時に行われることでしょう。これは大いにありそうなことです。外国軍の力によって帰還がなされるような場合、フィレンツェには大きな恥辱、大きな損失が待ち受けているでしょう。領土の一部が失われる危険もあります。あなた方の分裂によってなされる場合には、帰還が実現するまでフィレンツェは分裂によって大きな苦痛を味わわねばならないでしょう。ともあれ、彼の帰還は帰還が実現されるそのやり方は必然的に損害と恥辱を与えるものですが、それとは別に、彼の帰還は

(152) 巻末付録『リコルディ』277頁C三〇参照。

悪い結果しかもたらさないでしょう。これは確かです。彼を害したすべての人びと、あるいはその一部に対する復讐欲があります。再び追放されることのないよう万全を尽くそうという決意があります。また彼の困窮があります。彼は略奪されており、富や財産は崩壊しております。国外に長くいればいるほど、このような状態はますます酷くなります。このようなことすべてのために、ピエロは多くの家門を追放し、破滅させねばならないでしょう。そして数知れぬほどの打撃を与え、その政権を本来のものとはまったく異なった方向で樹立することになりましょう。

ピエロが帰還した場合、政権を以前のものに回復すると考えてはなりません。彼は政権を彼に、より依存したものに変えるでしょう。彼は兵や武力にいっそう依存することになりましょう。彼はフィレンツェを支えて来た伝統的なやり方を破壊するでしょう。友人たちの支持も彼をフィレンツェに留めて置くほど十分でなく、また敵の憎悪も彼を国外に追放しておくほど十分でないことを知って、彼は友人の愛情を利用しようとはしないでしょう。また、敵の憎悪を恐れることもありますまい。それを粉砕するでしょうから。独裁政下にあっては独裁者に疑いの種を与えることほど、その都市に害をなすものがないとすれば、市民の敵意を確信してその者が帰還した場合、どのようなことが生じるかを考えて頂きたい。疑惑のため彼は心底から堕落せざるを得ないのです。彼は自らの目で市民の敵意を実際に経験して来たわけで、そのことからしても、復讐欲に駆られております。このような状況に誰もが陥らないよう神に祈りたいものです。したがって、私はピエロの帰還を喜ばないのです。それどころか大いに不愉快になりましょう。私はあなた方だけではなく、その他すべての人びとにできるだけ強く訴えたいと思います。このような政変の経験を避けるために、できることは何でもして頂きたいということです。その方法はあなた方が一致団結しているということです。(153) 一致団結はあなた方

(153) 二十人アッコピアトーリは不和軋轢によって崩壊する。グイッチァルディーニ『フィレンツェ史』一八七―一八九頁参照。

自身が現状を受け入れる用意がなく、あなた方の現在の名声と力に満足しないようであれば不可能です。都市の繁栄と災難の最も決定的な要因は、最終的に共和国の有力市民ということになりますが、彼らの間に不和が生じますのは次のようにしてなのです。有力市民たちが一定の目的を実現しようと決意致します。それに失敗しますとなおのこと、それを実現しようとしてすべてを引っくり返そうと努めます。これは都市の静けさではなく、彼ら自身の野心や欲望をより重く考えてのことです。このような時、不和や分裂が始まり、次いで煽動の陰謀がなされます。これはしばしば彼らを破滅させ、常に都市に苦痛を与えます。市民間の不和によって惹起されるゴタゴタは新しい独裁を生み出すか、あるいはかつての独裁者の帰還か、そのいずれかをもたらすでしょう。あるいは市民や大衆の間に、精神的な腐敗、放縦さを醸成し、これは都市を動乱の渦中に落とし入れることになります。

アテネ公(154)の支配のもととなったのはこれですし、コジモの帰還と権勢の原因となったのもこれです。チオンピの乱の原因もこれです。したがって、あなた方、ならびにその他の有力市民たちも、この民主政権下で、あなた方の望む役割、あなた方の身分や価値にふさわしいと思っておられる役割を演ずることができなくとも、できるだけ現状に適応し、時を稼いでいた方が、より小さな悪であると考えて頂きたいのです。フィレンツェのためだけでなく、あなた方御自身のためでもあります。あなた方は熱くなって事を起こし、革命騒ぎなどを惹き起こしてはならないのです。フィレンツェを助けるようにして下さい。その方があなた方にとって遥かに名誉なことですし、利益にもなるのです。機会が生じれば、この政権の混乱を市民的な手段によって巧みに正し、ヤスリにかけていくよう努めるべきなのです。あなた方が現在の自由を愛していること、平穏に生活したいと望んでいること、現政権の平等を受け入れていること、諮問会議でも意見の代弁者のごとき役割を果たしていないこと——

(154) 巻末の「登場人物案内」299頁参照。

あなた方がこのような態度を示していさえすれば、政権はあなた方の掌中に入って来るでしょう。これは極めて簡単です。あなた方の考え方を自由に口にしてはいけないと言っているのではありません。自分の考え方にいつまでも固執してはいけないと言っているのです。他の人びとをあなた方の助言に従わせようとしてはならないのです。なぜなら、これはあなた方有力市民が疑惑の目で見られ、大衆に憎悪される原因の一つであるからです。しかし私は何をしているのでしょう。あなた方に忠告するなどとは。あなた方の方が私などより、遙かに有能だというのに。私をここまで引っ張って来たのは傲慢さではありません。愛なのです。したがって、私を赦して頂きたい。さて、そろそろ夕食の時間です。よろしかったら、今夜はこれくらいにして、議論を終わりに致しましょう。なお、言うべきことがおありでしたら、明日の朝でも続けることができましょう。いずれにしましても、今夜はお泊まり願います。

カッポーニ

よく仰しゃって下さいました。今夜はこれぐらいにして、また明日ということで夕食を頂きましょう。

ソデリーニ

まいりましょう。

第2巻

対話者

ベルナルド・デル・ネロ
ピエロ・カッポーニ
パゴラントーニオ・ソデリーニ
ピエロ・グイッチァルディーニ

ベルナルド

夜は長く、年寄りは通常、睡眠が短いものです。それで昨日の議論を何時間もかけて心の中で反芻いたしました。考えれば考えるほど、私があなた方に申し上げたことはいよいよ真実であるように思われてまいります。しかし、思い違いも大いにあり得ますので、あなた方の御意見を伺えれば嬉しいと思います。もっとも、あなた方が私の意見に同意しないとしても、あなた方と議論するためではありません。そのような論争は退屈になるでしょうから。昨日、論ぜられたことと、今日、あなた方が付け加えることの双方とも、その主題は論争の余地なく明々白々であるということをお考え下さい。いずれにせよ、ここで昼食をお取り下さい。そうすれば時間はたっぷりあるというものです。私に対して遠慮は無用に願います。私も遠慮は致しません。私はあなた方の言うことに進んで耳を傾けますが、何か関連のあることが心に浮かんだ場合には質問もしたいと思っております。

カッポーニ

われわれの方でお話ししなくとも、あなたはわれわれの意見を御存知のはずです。なぜなら、メディチ政権の下でフィレンツェがより良くなると思っていたのでしたら、パゴラントーニオはロレンツォの死に際して、ピエロ・デ・メディチにもっと穏やかなものにするよう要請しなかったでしょうし[155]、また私の方も彼を追放しようとあれほど一生懸命に力を尽くさなかったでしょうから。われわれ誰にとっても嫌悪すべきことがありました。しかし、それらは生か死かの問題ではありませんでした。ま

(155) これについてはグイッチァルディーニ『フィレンツェ史』(太陽出版) 一四四―一四六頁、一七五―一七九頁参照。

た、唯一このことのためにわれわれが大きな危険を冒さねばならぬほどのものでもありませんでした。単純に、個人的な利害のためにのみ行動するのは愚かなことでしょう。革命を考えても、成功させるのは極めて困難であるからです。たとえ成功したとしても、その結果は一人の革命家の利害にのみ限られません。なぜなら、一人だけでは革命を起こすことはできません。他の人びとと手を組まざるを得ない以上、しばしば愚かな者や邪悪な者と行を共にせざるを得ません。いかに行動すべきか、いかに黙していねばならぬかを知らない連中です。頼りになれる男を見出しても、陰謀というものがいかに危険であるかを知らねばなりません。陰謀というものは、その他の行動において普通求められているものとは、まったく逆のものが要求されているのです。

物事を確実に行う術を知っている者は、称讃をかち得ます。これは確かです。しかし陰謀においては、確実さを第一に考えるのは最悪のことなのです。なぜなら、陰謀を安全確実なものとするためには時間を要します。多くの人びとを加入させねばなりません。しかし、これは混乱の原因となります。陰謀が発覚されやすくなる理由はここにあります。確実に企てるのではなく、危険を冒した方がより確実であるという陰謀の性格を考えて下さい。おそらくこれは、このような事柄を司っている運命の女神が、女神の力から一気に解放されたいと望む者に対して立腹しているからかもしれません。[156] したがって、簡単だからという理由をもって陰謀を企てようなどとしてはいけません。ましてや個人的な利害のためにそうしてはなりません。なぜなら、個人的な利益のために、革命の指導者となる者はひとたび革命に成功しても、そこに自ら望んでいたものを何一つ見出せないというのが実状なのです。それから何の利益も得ることができないばかりか、不断の苦しみと困難のうちに余生を送ることになります。打倒した政権が再び返り咲くのではないかと恐れねばならないからです。革命のために支払

(156) 巻末付録『リコルディ』278頁以下C一九、B一五八、C二〇、B五五参照。

う代償の方が、革命によって得られるいかなる利益よりも何千倍も多いのです。(157)

　したがって、ピエロを追放するに当たって、私の動機となったのは唯一、私の考えたフィレンツェの利益です。絶えざる隷属の状態に置かれているのではなく、自由になればフィレンツェはより多くの利益と栄誉を享受することになろうと思ったのです。なぜなら、フィレンツェは常に自由になることを求めて来たからです。いろいろなことがありましたが、私のこの気持ちは変わっておりません。この新しい政権は私が期待し、あるいは望んでいた以上に開かれたものです。(158) また、この民主政権に混乱が存していることにも同意致します。あるいは、われわれがメディチ政権の持っていたすべての害悪からも解放され得ないのではないかということにも、少なくとも同意致します。それにもかかわらず、私の希望は時とともに、機会に恵まれ、多くの物事が修正され、これらの混乱も許されるべき程度にまで収まって行くのではないかという点に存しております。したがって、この政権の欠陥を秤《はかり》にかければ、この新しい政権こそ、われわれのいっそう愛さねばならぬものということになります。さらに、パゴラントーニオの言うように、何よりも自由が問題なのです。(159) したがって、この種の政権の欠陥についてはそれほど重大なものとは思わず、大目に見ることができるのです。都市が建設され、生き延びるのは住民の利益のためであって、それ以外の理由によるものではありません。住民の利益とは、主として公共の善を維持することにあります。したがってこれが特殊な一人の人間、あるいは個人に限定されるとすれば、その他すべての人びとの犠牲を伴わざるを得ません。そこでお尋ね致しますが、都市の一部がまったく不当に、何の理由もなく、公共の利益のすべて、あるいは一部から排除され、そのあげく他の部分以上に大きな不利益、負担を背負わされるほど、都市そのものにとって有害、かつ相反するものが何かあるでしょうか。

(157) 巻末付録『リコルディ』279頁C五一、B五三参照。

(158) se bene lo stato nuovo é venuto più largo che io non avevo creduto o desiderato. ピエロ・カッポーニの立場は少数の有力市民、すなわちottimatiによるフィレンツェの統治（一三八三―一四三三）を回復させようとするものであった。新政権はカッポーニにとって予想以上に開放的largoに過ぎたのである。

(159) しかしパゴラントーニオ・ソデリーニとピエロ・カッポーニは新政権下で対立していく。巻末の『登場人物案内』309頁参照。

一都市を結び付けている最大の絆は、お互いの慈愛の心(160)です。これは他のいかなるものに比べても有益で必要なものなのです。これが欠如しておりますと、市民生活のそもそもの基礎が欠けることになります。しかし都市の一部が不当に他の一部によって圧迫されているのを目にしますと、必然的に憎悪と予測のつかない悪感情が生まれます。ロレンツォとメディチ家はフィレンツェの一部を高め、他を卑しめましたが、これは避け難いことであったと私は認めます。なぜなら、すべての狭い政権はそうせざるを得ないからです。疑惑を避け、手下を集めねばならないからです。しかし、それはフィレンツェに対して為された物事のうち、最悪の措置の一つだったのです。なぜならば、それは本来、普遍的であらねばならぬ善を私的なものに変えてしまい、本来、愛が存在せねばならぬところに憎悪を招いたからです。指導者が悪い行為をせざるを得ない場合でも、必然性《ネチエシタ》の議論も十分な弁解にはなりません。実際、その反対が事実なのです。民主政権はこのような欠陥を持つことはありません。いかなる人もこれ、これ、こうした人の息子であり、こうした人の孫であるからといって疎外されたり、あるいは攻撃されたりすることはありません。

良い政権からもたらされる主要な果実の一つは、己れ自身の身体および財産に対する安全です。さらに、それらを好むがままに処理し得る力です。望んでいる人との結婚を阻止されるような政権、税が恣意的に課せられ、これによって打撃を与えられるような政権、民事裁判で依怙《えこ》贔屓《ひいき》によって正義が失われるのを恐れねばならないような政権、俗諺に言うように、不当に弾劾され、追放され、あるいは鞭打たれるのを恐れて、教会で唾を吐くのもあえてし得ないような政権、そのような政権の下にあって、これを持つのはいかにして可能となりましょうか。このようなことが実際に起こらなくとも、それを起こさせることのできる、ある者の権力の下に生きているのは惨めなことです。また、他人の

(160) la benevolenza de' cittadini l'uno con l'altro.

善意に依存せねばならぬ者は完全に安全だとは思えないのです。なぜなら、真の安全は一人の市民が他の市民によって害せられない、あるいは他人を害し得ないような状態を享受することに存するからです。[161]

このようなことは自由な政権では起こり得ません。なぜなら、何びともあなたを強要いたしませんし、何びともあなたを罰することはありません。おそらく、われわれは当然罰せられねばならない人が刑事罰を免れているのをしばしば目にすることはありましょう。しかし、無実の者が罰せられるのを目にすることは滅多にないでしょう。民事裁判では、あの評判の悪い依怙贔屓による誤審がしばしばなされることはないでしょう。人に命令したり、人に恐れられたりする大物がいないからです。また、犯罪者が救済されるのは現在より、以前の方が遙かに多かったことも疑いありません。なぜならもはや以前のように、領内を手下で一杯にしておきたいと願っている人によって犯罪者が保護されることがないからです。それに、特定の市民たちの友情も十分ではないでしょう。一度、効力があっても、二度目には効かないからです。司法官の配慮、あるいは冷淡さのために、フィレンツェに犯罪が増加するにしても、人びとは犯罪を憎んでおりますので、厳しい裁判手続きが考案されねばならなくなるでしょう。

私はこれらすべてをいちいち丹念に論じようとは思いませんし、一つの政権の状況と他のそれとを比較検討するつもりもありません。しかし、あなたの議論の主たる基礎は、領土を維持し拡大する問題に関する限り、メディチ政権時代の方が物事がうまく処理されたということであったように思われます。民主政権ではメディチ時代に比べて、物事は決してうまく処理されないということであったように思われます。現在為されているより、おそらく彼らの方が物事を注意深くよく見ていたという点

(161) 巻末付録『リコルディ』280頁以下C二七、Q2一九、B三三参照。

には、私は同意したいと思います。しかし、私はまた次のように信じてもおります。すなわち、メディチ家は彼らの個人的な安全と彼ら自身の特殊な状況を考慮せねばならないために、フィレンツェの善のみを考えている者にとっては正しくない、多くの決定を下さねばならなかったということです。なぜならば、戦争を始めるべきかどうか、友好関係を結ぶべきかどうか、を決定するに当たって、彼らはまず、彼ら自身の利益を先行させました。このため、フィレンツェの福祉にとっては適切でない、巨額の失費や数多くの企みに巻き込まれたのです。フィレンツェの偉大さはメディチ家のそれに発していたとはいえ、メディチ家の子分や党派人が頼りにしている一定の約束事や秘密の了解があって、フィレンツェはこれらを考慮に入れねばならず、かくしてそれがさらにフィレンツェに損害を与えたのです。フィレンツェのヴィルトゥ(162)は、それが自由な政権であれば、より結合している点に、その利益追求においてより大胆で、より拘束されない点に存しているのです。また、メディチ政権における戦争と平和に関するあらゆる活動、あらゆる決定を必然的に遅らせ、複雑にしていたあの弱点や疑惑に悩まされることもないでしょう。

皆さん御存知の通り、三四年以来、メディチ家はわが領土をほとんど拡張しておりません。誰もが認めているように、コジモは賢人中の賢人であり、ロレンツォも賢人の誉れ高かった人であるにもかかわらず、です。また、フィレンツェの名声や権力もピサを獲得して以来、著しく増大しており、以前にもまして拡大が理屈からしてもいっそう容易に思われていたにもかかわらず、です。これは唯一、次のように説明し得ます。すなわち、メディチ家以前には、フィレンツェの一切の武勇《ヴィルトゥ》、対外問題の処理に当たってのフィレンツェの一切の活力《ネルヴォ》(163)は専らその偉大さのために用いられ、その他の目的には用いられなかったからなのです。己れ自身のために行動しているのだと信じていた市民たちは、金

(162) virtú ルネサンス期フィレンツェ市民の好んで使った言葉。力、武勇、勇気、美徳、長所、等々、本来、男性の備えていると思われる諸々の特性を指しており、運命の女神fortuna の対概念をなす。

(163) nervo

やそのほか為し得るすべてのことを行って、祖国を力強く助けようと協力し合ったのです。このようにして彼らは領土を拡大し、危機の時期、重大な危険に晒されている時期に、その自由と名誉を守ることができたのです。これに対し、後になると領土を拡大することはほとんどなくなり、つまらない戦争のたびに名声と地位を失って来たのです。したがって、幸運に恵まれ、民主政権が混乱に陥ることなく、ある程度まで実現されれば、勤勉さと慎重さに欠けるところがあっても、その分、これら別の錘《おもり》によって均り合いが保たれ、少なくともわが父祖たちがわれわれに残してくれたものを保持することができるでしょう。これがわれわれのできるすべてではあるとしても、残された領土を維持し、自由を享受することは、なかなかのことであると言えるでしょう。これによってフィレンツェはより多くの名誉を与えられ、市民たちはこれに満足し楽しむことになりましょう。私にはこの民主政権が大混乱に陥るなどとは、とうてい信じられないのです。混乱の極み、自らを守ることができず、日ごとに生じてくる欠陥に対して適切な治療法を見出すことができないなどと、信じることはできません。なぜなら、誰もが公共の善を愛しているからです。ひとたびこの自由を味わったならば、それはいっそう愛せられ、日ごとに大切なものと見なされて行くことになりましょう。パゴラントーニオが示唆したように、われわれが武装すれば、これをメディチ家は受け入れることはありませんでしたが、わが父祖たちはかつて武装しておりました。いずれにせよ、われわれが武装すれば、われわれはより強力になりましょう(164)。しかし、あなたはどのようにお考えですか。

ベルナルド

あなた方御自身の武器で武装することは有益なだけではありません。あなた方御自身を維持していく手段であるだけではありません。強大な力を実現する道でもあります。これは明白です。証明する

(164) マキァヴェリの市民軍 milizia 構想を指しているであろう。これについては巻末の「解説」二参照。また、マキァヴェリによる市民軍《ミリーツィア》創設の経緯についてはグイッチァルディーニ『フィレンツェ史』四〇八—四一一頁参照。市民軍に関するグイッチァルディーニの意見については次の注(165)を参照。

必要はありません。これは古代の共和国の多くの例からしましても、またあなた方御自身の例からしましても、よく示されております。われわれが武装している限り、派閥抗争や無数の動乱に満たされていたにもかかわらず、常に隣人に対して武力を行使して、われわれの所有している領土の基盤を固め、当時の状況を安全に大きな名声をもって生き延びて来たのです。武器があなた方に与える力とヴィルトゥは、それがうまく整っていれば、この開かれた政権のもたらす、私の恐れている混乱を埋め合わせるだけでなく、それらの混乱を大いに陵駕するものとなりましょう。諮問会議の警戒や絶えざる監視に頼る必要はないからです。

しかし、われわれがそれをできるかどうか、それを為すべきかどうか、私がこれについてどう考えているかについてお尋ねならば、われわれの能力については問題はありません。なぜなら、わが父祖たちが行い、また多くの都市や国々が今日もなお行っていることをわれわれができないわけはありませんから。しかし、私が恐れているのは次の点です。すなわち、困難なこと、障害となること、これらは無数にあります。したがって、武装する、しないは別として、仮に武装したとしても、それから利益を得るほどの高い完成度を達成できないのではないかということなのです。[165] われわれフィレンツェはどなたも御存知の通り、かつては武装しており、フィレンツェ市民と領民の武器で戦争を行い、多くの勝利と輝かしい成功を収めて来ました。したがって武装解除をするのではなく、全力を尽くして武器の習練に献身すべく促されねばならなかったのです。それにもかかわらず、フィレンツェは市民による武装を解除し、傭兵軍を傭って戦争を行うようになります。これはメディチ家が権力を掌握するずっと以前のことです。したがって、この点で誤ってもメディチ家は非難されることはありません。[166] このような変化の原因となったのは、貴族による大衆の圧迫であったかもしれません。市民軍で

(165) グイッチァルディーニは父のピエロ同様、市民軍編成については消極的であった。また一五二五年、ロマーニァでの徴兵のため、マキァヴェリはクレメンスによってロマーニァ総督グイッチァルディーニのもとに派遣されるが（六月—七月）、グイッチァルディーニの反対のため、マキァヴェリの構想は挫折する。本書成立の背景には一カ月余にわたるマキァヴェリとの交遊が存するのである。これについては巻末「解説」二参照。

(166) 一二九三年に成立した正義の法令は大貴族の一切の政治権力を奪い、平民を虐待した場合には重い罰を科すことを法的に認めている。市民軍で大きな

貴族は大きな地位と威信を誇っていたからです。あるいはおそらく、当時、権力を握っていた人びとが自然の流れとして、その権力をより良く維持し得るために、フィレンツェの武装解除を思い付いたのかもしれません。あるいはその他、人びとが商業と組合に専ら献身しはじめたからかもしれません。生命を危険に晒すことなく利益を手にし得る方を選択しはじめたからなのです。私は他にありそうな理由を考え付きません。しかし、理由が何であれ、これは最も有害な決定であり、わがフィレンツェを、かつて為された他のいかなる決定にもまして弱体化させたものでした。それ以来、長きにわたり人びとは武器とは正反対の生活と慣習に慣れきってしまったのです。したがって、今になって一人の若者が戦争に出ようとしても、ほとんど嘲笑の対象にしかならない有様なのです。したがって現在、フィレンツェとその支配下の都市を市民軍に変換するに当たっての第一の困難は、大衆全体にそれが良いものであることを納得させることにあります。大衆を抜きにしては市民軍は考えられないからです。なぜなら、市民軍のような、これほど新しい制度は、少数の者にとっては不可能なものに、多くの人びとにとっては危険なものに、またほとんどすべての人びとにとっては滑稽なものに思われるからです。政治的事柄を扱うわれわれのやり方と、これほど相反したことはないのです。これによって損害を招くのではなく、成果を引き出すためには、何はともあれフィレンツェ市そのものを武装させることがなおさら必要となりましょう。あなた方御自身、武装しないままでいる限り、私は領民に武装させることはお勧めできません。それはあまりにも危険となりましょう。おそらく初めのうちは、良き統制とあなた方の支配の、昔からの名声のおかげで、彼らは服従しているでしょうが、時が経つとともに、必ずや彼らは己れ自身の力とあなた方の弱さに気付き、あなた方が他を攻撃させるために与えた武器をもって、あなた方を攻撃することになりましょう。[167]これは確かなことです。したがって、

力を持っていたのはこれら大貴族なのである。

(167) マキァヴェリの創設した市民軍はフィレンツェ市民は除外され、領内《コンターディニ》から徴集された兵から成っていた。グイッチァルディーニ『フィレンツェ史』四一〇頁参照。

大衆を引き入れるのは困難でしょう。常に彼らを説得せねばなりません。しかも、大衆というものは理性を理解し得ませんし、遠くから物事を識別し得ないからです。

そのあとにも困難は続きます。むしろ困難はより大きくなって行きます。ひとたび市民軍が編成されれば、その組織を十分に整えておかねばなりません。戦闘中、問題を起こすようなことがないように兵士を服従に慣れさせておかねばなりませんし、戦闘に奮い立たせ、それを展開させるために彼らを常に訓練して、できることは何でもしておかねばならないからです。このためには熱意をもって、その仕事を教え込ませる上官が必要となります。[168] さもなければ、市民軍は絵に描いた餅にすぎません。しっかりした土台もなく、鍵もありません。いかなる部分も用いるに適しておりません。実際、一定の完成度に達していない限り、重大な局面でそれを戦闘に投入することは、有害であって一利なしです。[169] 私には現在、このようなことがたやすく成功し得るとは思えません。現在のような政権では毎日、人びとが入れ替わり、一つの事柄に責任ある人びとが数多くの問題を考慮に入れねばならないからです。とくに目下、われわれの扱っているような問題は多くの人びとに憎まれ、他の人びとには非難される、称讃する者はわずかで、しかもその果実は一日にしては成らず、長い年月をかけて初めて明らかになるような問題であるからなおさら成功しそうもないのです。したがって一度だけ、良く編成され、良く訓練されただけでは十分ではないのです。その良い始まりが持続されねばならないのです。事実、その潜在的な価値がそれほど素早く目にし得ないので、時とともにそれは人びとの心の中で支持を得ていくのではなく、支持を失っていくことになりましょう。なぜなら、無知なる者は物事を一日一日を単位として考える傾向があり、したがって絶えず変わるからなのです。不運にも初めに何か不幸なことに遭えば、無知なる者の間にそれに対する支持を維持していくことは不可能なので

(168) マキァヴェリの市民軍において、これを率い訓練を行ったのはドン・ミケレットであったが、当時、彼は残忍なスペイン人として有力市民の憎悪を買っていた。

(169) マキァヴェリの創設した市民軍はピサ攻囲戦で一定の役割を果たしたが、一五一二年七月二十八日、プラートト防衛に当たってはスペイン軍が到達するとともに雲散霧消する。これはフィレンツェ共和国の恥辱であった。これについては拙著『グイッチァルディーニの生涯と時代』(太陽出版)上巻一六〇—一六二頁参照。

す。したがってそれ自体、考え得る限り最も有益なものであったとしても、それが実行されるためには長期間にわたる勤勉さと優れた運用が要求されるのであれば、その目的を成功させることは極めて困難になるのではないかと危惧されるのです。物事それ自体の性格によってではありません。人間の怠惰と無能力によるのです。ローマ人の例を私に引き合いに出さないで下さい[170]。たしかにローマでは、民主的な騒々しい政体の下にあっても、軍事的な紀律は極度に隆盛を誇っておりました。なぜなら、ローマの軍隊は王の下でつくられ、発展させられました。したがって、ローマが自由になっても軍事力を維持することは困難でもなければ、新しいことでもなかったのです。これは既にローマを何百年間にもわたって養って来ていたのです。軍隊というものはローマにとって自明のことであったと言えます。なぜなら、当時、イタリアのすべての国々は武装していたからです。

また、私はこのような理由をもって、市民軍の試みに反対しようとしているのではありません。なぜなら、兵士の不服従のために暴動が起こらないよう十分に手を尽くしていさえすれば、その他の点でたとえうまく行かなくとも、失われるものは何もないからです。おそらく、フィレンツェの運命の女神《フォルチュナ》がこの仕事を予想以上に簡単なものにしてくれるかもしれないのです。もっとも、運命の女神を既にわれわれが磨り減らしてしまっているのであれば別ですが。この場合でも、既に申し上げましたように、市民軍が反乱を惹き起こさないよう、万全の措置が取られていることが前提となります。市民軍を導入するに際して、とくにフィレンツェに導入するに際して、入念に注意して正しい時を選べば、これは困難ではないでしょう。市民軍がしっかり制定されないようであれば、このような制度から生じ得るあらゆる害悪を実際に証明するようなことになりましょう。それから生じる利点がどのようなものであれ、それを享受する希望は失われるのです。しかし、よろしかったら先に申し上

(170) マキァヴェリを指していよう。巻末付録『リコルディ』281頁C一一〇参照。

げました点に戻りましょう。少し前に申し上げましたように、ここに私がおりますのはあなた方のお話を拝聴致したいということでして、反論するためではないからです。

ソデリーニ

ここで何かを新しく付け加えようとするのではありませんが、昨日、ピエロ・カッポーニと私が申し上げましたことを、また今朝彼が申しましたことを補強致したいと思います。事実、彼が申しましたように、われわれが幸運に恵まれ混乱に陥ることがなければ、わが政権を維持していくだけの秩序は十分生まれるでしょう。他の問題、つまり国内問題ですが、これも私の意見ではより良いものになって行くでしょう。したがって、あらゆる階層のすべての人びとは比べようもなく、満足することになりましょう。傑出した才能の持ち主であれば、真の名誉や栄光の楽しみに人並み以上に敏感な人びとですが、彼らはより大きな自由と機会を得て、彼らの真価を発揮し、それを役立たせることになりましょう。私はこのことを重視致します。彼らの野心を満足させるためではなく、あるいは唆すためでもなく、フィレンツェの利益のためにです。なぜなら、古代史であれ、近代史であれ、すべての歴史の流れを入念に調べてみれば、重要なのは常に少数の人間のヴィルトゥであることが分かるからです。少数の人びとのみが、あのように高められた行為を行うことができるからです。彼らは自然によって人並み以上に優れた知性と判断力を与えられている人びとなのです。[171] これらの人びとは、支配力を狙ったり独裁的な権威を求めたりするのが許されないような、あるいは必要とされないような政権において初めて栄光と真の名誉を達成しようと専念するのです。これは全体として祖国フィレンツェを高貴にし、それに利益を与えるために、また他の市民たちに役立つような高邁にして称讃に値する行為を行うことにあります。そのためには労苦を厭いません。危険をも顧みません。

(171) 巻末付録『リコルディ』281頁C九七、B三〇参照。

ギリシャやローマの歴史、またわれわれ自身の年代記を丹念に読んでいきますと、次のことが明らかになります。すなわち、整然と秩序付けられた政権であれば、それらのいずれにおいても、[172]都市の権威はこのような、いつの時代でも少数の人びとの双肩にかかっているということです。偉大な、栄光ある仕事が始められ、実現されたのは、他ならぬこれら少数の人びとによるものでした。これらの人びとに勇気を与え、その能力を善のために用いるよう助言させることは、確かに公共の利益になります。彼らをしてその真価を隠させ、あるいはそれらを悪用させることは大きな損害を招くことになります。われわれに幸運の女神がつき、人材にも恵まれているのであれば、すべては次の点にかかっております。この新しい政権が騒ぎに巻き込まれないよう抑制して事に当たるべきだという点です。私はそうなるよう心から願っております。主として神の援助によって、またフィレンツェのすべての能力ある、思慮分別に富んだ多くの人びとに助けられて、正しい道に導かれるよう望んでおります。このようなことが生じるとすれば、われわれはかつてフィレンツェで知られることのなかったような政権を享受することになりましょう。

前に言おうとしていたことを、もっとよく説明させて下さい。ある都市が良くなるということは、市民が圧迫されることなく正しく統治されて、何びとも己れ自身のものを安全に享受し得るかどうか、これだけを考えればよい、というものでもありません。都市に威厳と光輝さを与えるような政体を持っているかどうかも考慮せねばならない、と私は信じております。と申しますのも、利益《ウティーレ》についてのみ、すなわち、己れ自身のものを安全に享受することができればそれで良しとすることは、むしろ個人的な問題で、公共の利益に合ったものではありません。この際、われわれは名誉や偉大さ、壮大さを考慮に入れねばなりません。有益さではなく、精神の寛大さ、大きさにもっと配慮すべきなのです。

(172) ogni vivere ordinato

なぜならば、都市が建設されたのは主としてそこに避難した人びとを保護し、日常生活の便宜さを与えるためでした。それにもかかわらず、統治者たちは彼らを偉大にし、名を上げさせることにも責任があるのです。かくして、その住民たちが他の国民の間で寛大で、知的で、かつヴィルトゥに富み、思慮分別があるという評判と名声を獲得させることができるのです。安全と便宜さは個としての私的な市民を利するだけのものです。それは低次の、卑しむべきものです。したがって、貴族はこのようであってはなりません。多くの人びとから成る共同体の中の貴族は、全体をともに考慮に入れねばならないからです。したがって、一個人にとって称讃されるのは倹約と中道ですが、公共の問題では寛大さ、壮大さ、栄光が考えられねばならないと著作家たちが言っているのは、このためなのです(173)。

あなたの仰しゃることによりますと、良き政体について論究している人びとは都市に政治的な自由を与えるのを目的とはしていない、どちらが最良の結果を生み出すかに関心を抱いていたということになります。したがって、一人の人間による政体が、その人物が良い場合には、その他すべての政体より好ましいということになります。私は、初めから創建された、あるいは初めから正しく制定された都市であれば、これは真実であるかもしれないと思っております。なぜなら政権が良いものであれば、それがどのような型の政体であれ、それだけ多くの安全さ、便宜さ、名誉を生み出すからです。しかし、一つの都市が既に自由を味わい、それを公言しているとなると、自由であることがその自然の状態であると言えます。したがって、そのような都市が、自由意志からではなく、あるいは選択によるのでもなく、一人の人間の支配下に入り、そのような状態を続けて行くとなると、その名声に傷がつき、他の国々の人びとの目に汚辱と映らざるを得ないのです。なぜなら、当然、人は次のように考えざるを得ないからです。すなわち、これらの市民たちは大した人間ではないと思うか、あるいは

(173) マキァヴェリを念頭に置いていよう。マキァヴェリ『政略論』(永井三明訳、第二巻第二章、世界の名著、中央公論社、三五八—三六六頁)参照。

ろくでなしが多くいるに違いあるまい、祖国がその望みに反して、頸木の下に繋がれるのを許し、あるいは助長させているのだから、と思うからです。都市の尊厳はその自由に存するのです。なぜなら、都市はその市民たちが暖かく愛している政体にあって維持され、嫌っている政体の下で生きるのを強制される時には亡びるからです。

わがフィレンツェの恥辱を考えてみて下さい。われわれは常に、自由であると称し、イタリアのすべての都市に対して、自由であると公言してまいりました。この自由を維持するために、わが父、祖父、その他の先祖たちは大金を費やし多くの危険に耐えてまいりました。恥辱と私は申します。フィレンツェが私的な一市民の恣意的な力の前に屈し、しかもそれ自身の意志によってではなく、一部はその男の財力によって窒息させられ、一部はその取り巻き連中や手下によって脅かされて、そのようになったことを知れば、恥辱と言わざるを得ないのです。イタリア全土に対して、世界全体に対して、わがフィレンツェのような、かくも高貴で、かくも名誉ある、かくも寛大な都市が、かつてはその繊細な知性によってどこにでも知られていたフィレンツェがその意志に反して隷属させられたことを公然と明らかにしたことは、何と恥辱にまみれたことでしょうか。しかも武力によってではなく、厳しい護衛兵によってでもなく、二十五人のヤクザ者(174)に隷属させられているというのは、何という恥辱、何という意気地なしの境遇でしょう。シエーナはその一切の愚かさにもかかわらず、これほど安っぽく隷属の地位に貶められるようなことはありませんでした。略奪、放火、剣による災害もあり得るでしょう。しかしこれとは別に、ある都市がこれに匹敵するような災厄に襲われたことがかつてあるでしょうか。名誉を失い、名声を失い、栄光を失うのです。その尊厳と光輝さが恥知らずにも安っぽく奪われるのを黙って見ているのです。それを得るために、どれほどの財宝、どれほどの人命を失った

(174) venticinque staffieri 二十五人が具体的に何を指すか不明である。

かを考えてみて下さい。

あなたは、フィレンツェにとってどちらが良かったか、すなわちメディチ政権か、あるいはこの自由な政権かを証明しようとして、どちらがより良い結果を生み出したかを論じ、それによってどちらがより良いものであったかを決定致しましたが、私は、フィレンツェの尊厳と名誉に関するこのような論議をも考慮に入れるべきであったと考えております。一つの政権と他の政権の結果が、極端に不釣り合いな場合には、あなたの基準に従って判断すべきであることを私は認めております。しかし他の問題において、その結果がそれほど異なっていない場合には、私の議論が重きをなすように思われるのです。その場合には私は常に、フィレンツェにとって自由な政権の方が遙かに良いものであると申したいと思います。フィレンツェでは自由な政権が愛され、狭い政権は憎悪されているのですから。ピエロ・グイッチァルディーニはこれまで質問をしてきただけです。ここで彼の意見を伺ったらいかがでしょう。そう願えれば、私にとってばかりでなく、皆さんにも大きな喜びとなりましょうから。

グイッチァルディーニ

冒頭に挙げたすべての問題を論じ終わった時であれば、皆さんに満足して頂くために、思い付いたことを喜んでお話し致しましょう。しかし、今は時間を不必要に無駄に費やす代わりに、われわれの辿って来た道をこのまま続けた方が良いのではないかと思います。と申しますのも、二つの政権の、それぞれ良いところ、悪いところがすべて、少なくとも最も重要な点が言い尽くされたように思われるからです。私の理解している限り、ベルナルドはメディチ政権には数多くの欠陥があったことを認めております。また、この新しい政権にも数多くの欠陥が存するであろうと考えておられます。皆さんはベルナルドの言うことを多く否定なさらないでしょう。したがって、われわれが議論しているのは、これら二つの政権のうち、どちらがより良いものであるかではなく、どちらがより悪いものであるか、ということではないでしょうか。かくして冒頭で言われましたように、このフィレンツェにとって、どちらがより良い政権であるかを見出せばそれで良いのです。それはこれであると宣言した後は、ベルナルドが語る番なのです。意見を求められ、それに同意したのはベルナルドなのですから。あらゆる点においてそうするのを彼に同意して頂ければ、われわれは大変実り豊かな議論を終えることになりましょう。なぜなら、われわれはあれ、これの政権が悪いことを知るだけでなく、どちらが良いものになるかを知るからです。ベルナルド、われわれは誰もが、あなたがこの問題に取り組むのをお待ちしているのです。

ソデリーニ

その通りです。

カッポーニ

お願い致します。

ベルナルド

議論を始めることに同意しました時に、私は恥というものを捨ててしまいました。今では弁明の余地もありません。本当のことを申しますと、責任を負うには私の肩には重すぎるのですが、あなた方が私のところに長居できますのは私にとって大きな喜びになりますので、その分、責任の重さはいくぶん軽くなるというものです。

冒頭に申しましたように、哲学者たちは自然の理性に導かれて次のように論じております。一人による政権はそれが良い場合には、その他すべての政体の中で最良のものであるというのです。また、彼らは統治能力に最も恵まれた人物がその他の者を抑えて選ばれる時、それを良いものと言うのです。このようなことが生じるのは、現代では望んでも望み得ないものなのです。なぜなら、通常、現代の君主や権力者[175]が台頭するのは混乱に乗じてか、武器を使ってか、あるいは派閥に支持されてか、そのいずれかによりますが、これらの方法は最良の人物、あるいは最も価値のある人物を選ぶというより、むしろ幸運、あるいは最も良い手段に恵まれた人物を選び取って来たのです。間違いによって、あるいは暴力によって、あるいは腐敗手段によって選び取られた政権は、称讃される政権のうちには数えられません。必然的に独裁性に傾いているからです。最初の人物が良くないのであれば、良い後継者が出るという保証はありません[176]。なぜなら、相続は選挙によってではなく、家族のつながりによって行われるからです。今日、建設される都市において、また長い間、君主の支配下にあり、それ以外の何の記憶もない都市あるいは国において、どちらの政権を私が選び取るかを議論しようとは思いません。これはわれわれの議論にとって必要ないからです。しかしながら、わがフィレンツェのように自由に対する生来の嗜好を持ち、平等を愛する都市にあっては、可能性として言えるのですが、一人による政権の方がその他の政権に比べて好ましいかもしれません。小さな悪としてです。しかし、政体一般の性格を論じているのであれば、私は一人による政体を選び取る仲間に入ることは決してありません。なぜなら生来、自由への嗜好を持ち、平等を愛するよう条件付けられているような都市では、一人による政体は、愛にではなく暴力に基づかない限り、決して生き延びていくことはできないからです。暴力に汚された都市は、すべて実質的な事柄において、多くの悪を伴わざるを得ないからです。われわれがある政体を求める場合、その政体は全体として良いものでなければなりません。あるいは、少なくとも最も重要な事柄で良いものでなければなりません。必然的に悪くならざるを得ない政体で

(175) é principati e le grandezze moderne

(176) 巻末付録『リコルディ』282頁B一三二参照。

あってはならないのです。それが道理というものです。都市は多くの住民の集合体から成り立っております。その目的は、安全以外に人間生活においてできるだけの幸福《フェリチタ》を享受できるようにすることです。これはこのような住民の欲求に反感を示すような政体では不可能となります。事実、このような状態では彼らは当然ながら大きな不満を抱き、不幸と感じるからです。

一人の政体に続いて、少数者の政体は、それが最良の人間から構成されているのであれば、第二位に位置付けられます。「オッティマーティ」[177]、すなわち最良の人びとという名称はこれに由来致します。しかし私の考えでは、どこにおいてもこの種の政体が良いものとは言えません。とくにフィレンツェではそう言えます。なぜなら、家柄を選ぶことはできませんし、どの家柄を取ってみましても差別できるほど、傑出してはおりませんので、暴力に訴えざるを得ないからです。平等はわれわれにとって生得のものです。また多くの頭領を認めるのも、われわれにはまったく異質なことです。無数の理由からして彼らの間に競争や不和が生じるでしょうし、その結果、彼らは混乱のうちに、急速に、独裁あるいは大衆の放埒さ、そのいずれかに瓦解していくのです。これを阻止するのは不可能なのです。したがって私は、オッティマーティによるこの政体はわがフィレンツェで持ち得る最悪の政体であると思っております[178]。一人の政体よりも悪くさえあるのです。というのも、それは暴力から生じるすべての悪を共有しているとともに、市民間の争いや派閥抗争から生じるすべての悪が付け加わるからです。一人の政体であれば、必要に迫られない限り、生来、それ以上の害を加えようとはしません。これに反し、オッティマーティの中には必要を越えて多くの悪事を為す者が必ず出て来るのです。人間が自らの意志によって、とくに貪欲さのために行うすべての悪行です。

われわれに残されている課題は民主政について考えることです。民主政はわれわれにとって固有の

(177) ottimati

(178) 巻末付録『リコルディ』282頁C二一二参照。

ものであり、自然なものです。それゆえ、うまく行くよう制定することができそうです。過去、フィレンツェが経験したすべての独裁や狭い政体にもかかわらず、われわれの古代からの自由の基盤は決して浸蝕されることがなかったからです。逆に、自由の基盤は、あたかもフィレンツェが常に自由であったかのように維持されて来たのです。その基盤とは市民の平等です。これが自由を受け入れるために最も適した固有の基盤なのです。しかし民主政をいかに建設し、いかに制定せねばならないかを発見するのは、おそらく難しいことではないでしょう。なぜなら、古代の卓越した人びとの書物は諸々の範例に満たされています。それらには多くの共和国の制度や法律についての情報が含まれております。それらすべての情報からわれわれはその最良のものを模倣できるし、あるいはそれぞれの情報から最も注目すべき卓越した部分を採用することもできるからです。[179] たしかに、生まれたばかりの都市に新しい形式を与えねばならないのであれば、あるいはある都市にかつての秩序をすべて受け入れさせようと言うのであれば、あるいは対話者が政治的事柄に通じており、物を知っていることのみを誇示したいというのであれば、いま触れたような書物は良き政体の問題に対する解決を見出すために頼るべきものでしょう。それらから逸脱する者は、あまりにも自らを高く買いかぶり過ぎている者でしょう。

しかし私は、このような形で作業を進めることがわれわれにとって正しいとは、実は思っておりません。なぜなら、われわれはとくに目的もなく、人に感銘を与えるためにのみ論じているのではないからです。われわれの議論が依然として、何らかの形で有益であるよう、われわれは希望しているからです。またわれわれは、与えられる秩序を受け入れる用意のある都市を整備することについて語っているのでもありません。そうではなくて、説得によって[180]都市は、その都市にとって良いものに導か

(179) マキァヴェリを指していよう。『政略論』(永井三明訳、第一巻はしがき、世界の名著、マキァヴェリ、中央公論社、一六五—一六七頁)参照。

(180) con le persuasioni

れねばならないのです。このため、われわれは想像上の政体を求めるべきではないのです。実際にあるというより、おそらくプラトンの共和国のように、書物の中にのみ現われてくるような想像上の政体を求めるべきではないのです。そうせずに、ある都市と市民の性格、質、状況、傾向、一言でいえば気質《ウモーリ》を考えた後に、説得によって導入され得るような政権、しかもひとたび導入されればわれわれ自身の好みに従って、許容され維持されていくような政権を求めねばならないのです。このような政権については希望なきにあらず、大いに期待できるのです。医者は病人に対して、これという薬をすべて投与することができる点で、われわれ以上に自由ですが、それにもかかわらず、良薬とされるもののすべてを投与することなく、病人がそれ自身の体質、その他の要素に従って受け入れることのできるような薬のみを与えております。実は、われわれはこのような医者の例に倣っているのです。

民主政というものには多くの良き制度があります。またおそらく、これらの制度は必要なものでもありましょう。しかし、その多くはフィレンツェにそれらを受け入れさせようとしても説得し得ないでしょうし、あるいは説得できても存続し得ないものなのです。良いものと分かっていても、それらはすべて実現し得ないのです。そうであれば、こうした理由のために、手にし得ないような政権を追い求めて有効に使うべき時間を空費してはならないのです。あるいは、望ましきものを多く持っているような政権を導入しようと、身を磨り減らしてはならないのです。われわれはすべてを手にすることができないからです。要するに、手に入れやすいものを考え、それに集中せねばならないのです。為し得るすべての善を考えるのではなく、為され得ると思われるものを考えるべきなのです[181]。

私はあなた方の政権の危惧すべき欠陥を長々と論じてまいりました。これはあなた方の政権を悪く言ったり、憎悪したりするためではありません。どれほどフィレンツェが自由を愛していても、自由

(181) 巻末付録『リコルディ』282頁C一二六参照。

な政権を導入しただけでは十分でないことを示すためなのです。なぜなら、この政権もまた多くの過ちや混乱を内に秘めているからなのです。それは自由の果実を味わうことができるように制定されねばならないのです。さもなければ、それは名だけ良いもの、名だけ楽しいものに過ぎません。そして実際は、しばしば独裁政に似ております。なぜなら民主政権が人に介入し、支配し、与えるべき人びとから奪い、奪うべき人びとに与えるならば、また、安全を享受すべき人を謂われなく虐待し迫害すれば、また、疑惑に押し流され正義の枠を跳び越えるようなことになれば、また、大衆が物事を行う正道から外れ、すべてのこうしたこと、その他多くのことを行い、あまりに放恣に流れれば、それは自らをもはや祖国の防衛者と呼べないし、呼ぶべきでもないのです[182]。祖国の敵、破壊者となるのです。もはや自由の主体、自由の基盤でもありません。暴君なのです。自由とは正義と平等を意味しておりますので、その名と名称は甘美な響きを持っております。したがって、それだけ容易に人は欺されることになるのです。

したがって、政権は民主的であるだけでなく、秩序正しく制定されるよう手を尽くさねばなりません。危惧いたしております欠陥について私が論じましたのも、ひとえにそれらの修正を考える機会を与えるためだったのです。欠陥とは主として次の点に存しているのです。すなわち、重要な事柄が、何を為すべきかを決定することのできない人びとと、あるいはそれらを処理する能力のない人びとの手に委ねられる点に存しているのです。このため、フィレンツェの政治は拙劣な助言のもとに、拙劣に行われることになるのです。その結果、領土の防衛や拡大に関する事柄はうまく行かないのです。とくに、それらの仕事に責任を持つ人間もいないし、それらを導くしっかりした舵取りもいないからです。正義の問題もうまく行きません。その任に当たる者が一つには能力が欠如しているためでもあり、

(182) 巻末付録『リコルディ』283頁C一八八、B一七五参照。

一つには保護してくれるしっかりした首領がいないために、裁判に当たってお互いの利害を考慮に入れてしまうからです。それに、己れ自身の家族や友人たちの情熱や感情が幅をきかすのです。なぜなら、権威も尊敬もまったく存しないからです。大衆の判決は重きをなさないのです。無差別で思慮がなく、記憶に残すこともないからです。

これらが主要な欠陥です。これらの欠陥を治癒する者がいれば、その者は起こり得る混乱の、最大にして最も重要な部分を治癒したことになるのです。しかし、正しい薬を見出すことは困難です。なぜなら、その薬は胃を治療することによって頭を傷つけるようなことがあってはならないからです。すなわち、その手当ては民主政の本質である自由を変えてはならないのです。重要事項の決定権を能力のない者の手から奪い取ることによって、特定の個人にそのようなあまりにも大きな権限を与えてはならないのです。それはある種の独裁政に陥る、あるいはそれに近づく道ですから。このような目的を達成した者は、必要とされることの大半を成し遂げたことになりましょう。これを行うに当たって完全な中道を取ることができず、両極端のいずれかに少しばかり傾くとしても、物事を少しばかり不完全な状態にしておくのも小さな誤りといえるでしょう。あまりにも完全なものにしようとするのは、独裁政に後戻りする危険を犯すことになるからです。

民主政権の主要な基盤にして、その魂はあなた方が創設されたコンシーリオ・グランデです。すなわち、われわれの法律に従ってフィレンツェの官職に就く資格のある、また官職に就くことのできる年齢に達した、少なくとも二十四歳になっていなければなりませんが(183)、これらすべての人びとから構成される普遍的な会議です。この会議《コンシーリオ》はすべての官職、俸給を伴う官職と俸給を伴わない名誉職の分配者なのです。もちろん、少数の官職は後に触れられる通り例外とされ、その選出の権限は当然なが

(183) 一四九四年十二月二十二日から二十三日にかけて布告された法によって、コンシーリオ・グランデが成立するが、これに参加できる年齢は二十九歳以上の有資格者とされた。しかし二十四名の市民に関しては二十四歳でありながら有資格者として認められている。その後、九七年一月十八日改正され、二十四歳以上のすべての有資格者が認められ、定数千名が満たされる。定数が満たされねばならなかったのは税を納めていない者の出席を禁止したからである。『フィレンツェ史』(太陽出版)二一〇頁参照。コンシーリオ・グランデの有資格者については巻末「解説」三参照。

ら他の会議に与えられています。さらに、いかなる種類のものであれ、すべての法律は最終的にこのコンシーリオ・グランデでの承認を経ねばなりません。したがって、コンシーリオ・グランデは事実上、フィレンツェにおいては君主の地位と権限[184]を帯びたものなのです。しかも場合によっては、すべての事柄の決議を行うことができるはずです。しかし御承知の通り、コンシーリオにはすべての人が出席せねばなりません。またすべての事柄を決議するということになれば、常にコンシーリオを召集しておかねばなりませんので、これは困難でしょう。また、これとは別に、重大な問題はここでは議論され得ないでしょう。秘密が保たれませんし、迅速になされることもないからです。十分に検討され尽くすこともありませんし、重大性も認識されないからです。古代ローマやギリシャの共和国の例からして、皆さんも御存知のように、この種の会議に、古代人はこれを集会「contio」と呼んでいましたが、この種の会議に重大な問題を持ち出した時には多くの騒動を惹き起こし、しばしば国家の重大な破滅の原因となったのです。

病人の健康は経験のない医者の手に任すべきではありません。またいかなる種類の審議、あるいは決議も大衆の手に委ねてはなりません。なぜなら、大衆はその能力がないからです。しかし、このことによって、これを自由を不安定なものにするような人びとの手に委ねてもなりません。したがって、われわれの目的にとっては、コンシーリオ・グランデが、これは大衆以外の何物でもないのですが、次のような条件を持てばそれで十分です。官職保有の資格あるすべての者をフィレンツェ市の一員とし、これと同じやり方でコンシーリオ・グランデに参加させるのです[185]。なぜならば、そのようになれば平等は確保されるからです。これが自由を維持する第一の基盤となります。これが名誉職やすべての官職、あるいはそのほとんどを分配すべきなのです。そうすることによって、特定の私人やあるい

(184) el luogo e la autorità del principe

(185) 事実、官職保有の資格ある者はすべてコンシーリオ・グランデの成員とされる。巻末「解説」三参照。

は派閥から名誉職やその他の官職を与える手段を奪うことができます。かくして何びとといえども、これを利用して自らの勢力を大きくする手段とすることはできません。また何びとといえども、特定の私人の信奉者となる理由を失うのです。その人物からいかなる名誉《オノーリ》も利益《ウティーレ》も受け取ることはできないからです。このコンシーリオの承認なしにはいかなる法律も成立し得ませんし、古い法の改正もなされません。私は決議とは申しません。承認と申します。なぜなら、新しい法の制定や古い法の改正は、より限定された会議によって決定されねばなりません。協議のため、あるいは討議のために大衆に提案されてはなりません。なぜなら、しばしば申しましたように大衆は無能だからです。しかし、このようないかなる事柄も大衆の承認なしに行ってはなりません。これは当然のことです。なぜなら、これは多くの個人的な貪欲を抑制するだけではありません。自由な都市に新しい形の政権が導入されるのは唯一、法によるか、あるいは武力によるか、そのいずれかですが、これによって法を手段としての政変への道が閉ざされますし、武力による政変に対しても備えがなされるからです。

自由と民主政権の基盤であるといわれているコンシーリオ・グランデを設立した後、考慮されねばならぬことが三つあります。正義の実施、自由の擁護、それに重要な対外的・対内的問題をいかに扱うかの問題です。もっとも、自由の擁護の問題はほとんど正義の実施の問題に含まれるといえるかもしれません。国家に対して陰謀を企んだ者を鎮圧する素早い、迅速な方法が必要であるという点においてです。

フィレンツェが今後、広く開かれた政権を続けて行くことができるとすれば、それはおそらく次の点で不公平でしょう。すなわち、人間の能力や資質の差別がなされないという点においてです。それでも多くの人びとを満足させ、少なくとも野心を排除することになりましょう。すべての人びとが平等にフィレンツェの政治に関与することになります。定期的に、誰にも平等に循環される名誉職やその他の官職、責任ある役職に就くことができます。しかし、すべての人が統治することに適しているわけではないので、これは不可能になります[186]。逆に、多くの人びとは統治を必要としているのです。したがって、重要な決議は限定された少数の人びとに委ねることを考えねばならないのです。一方において官職をしばしば循環させることは、自由にとって必要かつ重要なことです。他方、短期間、責任を与えられた者は職務に怠慢で勤勉ではありません。このようなことは本来あってはならないはずです。このための勤勉さと不断の注意を要する重要な問題が、なぜなら都市の政治に関する問題はすべて重要ですので、これらの重大な問題が手抜きや怠慢によって放置されます。そして、これは破滅に繋がることになります。したがって、重大な決議については少数者に委ねるべき理由がここに存するのです。この点、ヴェネツィア人は終身のドージェを選出することによって、おそらく他のいかなる共和国よりも、これにうまく対応したように私には思われます。ドージェは法によってヴェネツィア人の自由を脅かすのを阻止されております。しかし終身職であり、それ以外の責務を負わされていないところからして、物事に専念することができ、現在何が行われているかについて情報を得ています。自由にとって危険になりますので、決定する権限はありませんが、しかし彼は頭領なのです。政務についての報告を受け、絶えず示唆を与え、指導致します。

こうしたことを念頭に置いて、私は終身ゴンファロニエーレ[187]を採りたいと思います。これからの議論の中でお話し致しますが、われわれの自由を奪い、われわれにとって当然重荷となるような過大な権限を身に着けるのを阻止するために、その権限を制限した形での終身ゴンファロニエーレです。これはこれから触れます規制と相俟って、他の行政官がたびたび変わっていくことによって生じる混乱

(186) 巻末付録『リコルディ』283頁C一〇九、B一四三参照。

(187) uno gonfaloniere a vita 終身ゴンファロニエーレ制は一五〇二年、制定される。当時、フィレンツェは内・外ともに危機に直面していた。終身ゴンファロニエーレに選出されたのは対話者パゴラントーニオの弟ピエロ・ソデリーニである。マキァヴェリは彼の片腕として活躍する。

を十分に避けることができるでしょう。他の行政官は現在行われているように、今後も官職を交代し続けてまいります。申し上げましたように、これが自由の基礎なのですから。シニョリーアや十人、八人[188]、その他の重要な行政職に終身、あるいは長期の権限を与えるようなことにでもなれば、独裁政への道を拓くことになりましょう。あるいは、少なくとも彼らは強大になり、コンシーリオ・グランデがたとえ廃止されなくとも、自由な政権にとって受け入れ難いものとなりましょう。これは当然なことです。ゴンファロニエーレが終身とされず、現在のまま、それがたびたび交代されていくならば、重要な事柄は秩序なく処理され、混沌たる状況になります。なにしろゴンファロニエーレとシニョリーアの成員は職務にあることわずか二カ月、八人は四カ月、十人は六カ月なのですから。このような状況では職にある者は誰でも、その任期についてのみ考えることになるからです。事実、終わりが近づいて来るにつれ、彼は職務についてはまったく考えなくなりますし、任務に就いた当初は数日間をあたかも新しい鳥のごとく過ごすのです。したがって、われわれには主人、あるいは保護者が必要なのです。彼は支配者である必要はありません。主人があたかも己れ自身の事柄にひたすら専念するように、フィレンツェの事柄に献身するような者であれば良いのです。終身であれば当然、そのようになるでしょう。あるいはもっと良い表現を用いれば、ゴンファロニエーレとはおそらく愛すべき忠実な農地管理人といったものであるべきでしょう。ローマ人やスパルタ人はこれについて考えておりました。しかし私の意見では、彼らの措置はヴェネツィア人のそれのようには成功致しませんでした。スパルタ人は世襲相続による終身の王を制度化致しました。二人の王を任命したのです。ローマ人はコンスル（執政官）を選びました。コンスルは二名から成り、任期は一年でした。しかし、これは任期があまりにも短いために、私が述べたような効果を上げ得ませんでした。

（188）巻末の「解説」三参照。

グイッチァルディーニ

私もまたスパルタ人とローマ人について考えております。そして、彼らの方式の方がヴェネツィア人のそれよりもよく考え抜かれていたのではないかと思っております。世襲相続制はわれわれにとって不適切なものですから、これは別とします。またスパルタ人もその共和国が最初から自由であったならば、これを導入することはなかったでしょう。いずれにせよ、私はこの終身の権力が、あるいは通常以上に任期の長いこの権力が、これら二つの共和国においてのように、一人以上の人間によって占められることは大切なことであると申し上げたいのです。なぜならば、一人であれば自由に対して陰謀を企むことがいっそう容易になるからです。二人であれば互いに一方が他方を監視し、他方が一方に対して防御するからです。さらに、そのような権力が一人の手に握られようが、二人の手に握られようが、大変危険になりますので、ローマ人の例に倣って、あなたの仰しゃるゴンファロニエーレの任期が一年以上の長期にわたらない方がおそらくよろしいのではないでしょうか。一年というのはかなりの長さですが、危険になるほどのものではありません。一年以上は続かないのですから、この権力が二人によってではなく、一人によって占められたとしても、それだけ満足できるというものです。しかも、よく見られますように、不適当な人物がたまたま選ばれても、少なくとも時が経てば終わりがまいります。これに対し終身であれば、彼が死ぬまで不適当な頭を頂いておかねばならず、そうなればこれは重大なことになりましょう。また付け加えておかねばなりませんが、わが有力市民たちはこの高位のゴンファロニエーレ・ディ・ジュスティーツィアというおいしい食べ物に満足してまいりました。それがいま終身職となりますと、彼らに食べさせるものが何もなくなります。彼らを満足させる、その他の注目すべきいかなる地位も残されておりません。これに対し、ゴンファロニエーレ職が任期一年の役職であれば、依然として一定の市民の間に循環して行くでしょう。ヴェネツィア人はこれを終身職としていますが、ヴェネツィア人とわれわれの間には大きな違いがございます。彼らの政府は純粋に民主政ではありません。むしろ貴族とオッティマーティから成り立っております。また、その地理的条件も独裁政を望むドージェ、その他の者の野心からヴェネツィアを保護しております。なぜなら、フィレンツェのように、そこに馬を乗り入れることもできませんし、外国人で一杯になるということもありませんから。

ベルナルド

仰しゃられたことは重要な問題です。これからしっかり検討せねばなりません。おそらく時間をとることになりましょうが、私の意見を申し上げましょう。終身ゴンファロニエーレのモデルを私はヴェネツィア人から学びましたので、まず彼らの政体がその他の自由な政体、とくにわれわれの政体と十分に対応するものであるかどうかを見てみましょう。そうすれば、そのような模範から利益を引き出すことができるからです。次いでこの点で、その形式がローマ人やスパルタ人のそれよりも良いものであるかどうかを見るのです。

ヴェネツィアの政体は、非武装の都市(189)としては自由な、いかなる共和国と比べても劣らないほど素晴らしいもののように私には思われます。経験のみがこのことを示しているのではありません。ヴェネツィアが既に何百年間も一丸となって繁栄して来たという事実は、どなたも御存知の通りです。この事実の示しているのは他ならぬ、そのような繁栄が幸運、あるいは機会によるものではないということです。その他多くの要素もこれを証明しております。これはお話を進めるうちに、よりはっきりしてまいりましょう。ヴェネツィアの政体はわれわれの用いようとしている名称とは異なっておりま

(189) per una città disarmata

す。なぜなら、それは貴族の政体と呼ばれており、(190) われわれのそれは民主政(191)と呼ばれることになるからです。それにもかかわらず、これをもってして異なった型の政体であるとは言えないのです。ヴェネツィアの政体は官職に就く資格のある者なら誰でも、それに参加し得るような政体なのです。オッティマーティの支配下でしばしば生じるように財産、あるいは家柄によって差別されるようなことはまったくありません。すべての者がすべてのことに平等に認められるのです。そしてそのような人びとは無数にいるのです。おそらく、われわれにおけるよりも多いでしょう。下層民は参加し得ませんが、これはフィレンツェにおいても同様です。なぜなら、無数の労働者、新参者その他同様の者は、わがコンシーリオには入れないからです。(192) ヴェネツィアでは官職に就く資格のない者がその資格を手にするのは、われわれにおけるよりも困難なことは確かです。しかし、これは政体の型が異なっているからではありません。同じ型の政体であっても、異なった制度を持っているからなのです。同一の政体を持ちながら、制度は必ずしも同一でないということは矛盾しません。完全に首尾一貫しているのです。これはそれらの無数の特殊な事例から見て取ることができます。政体の名声を維持して行く際の彼らの能力とか、市民に呼びかける際の壮重さといったことからです。彼らは自らを縉紳《しんしん》と呼んでおりますが、私的な市民以上の何者でもありません。しかし、その呼び掛けを耳にする者はびっくりして、市民よりも大きな人物のように思うのです。したがって、われわれもわが市民を縉紳《しんしん》と呼び、この称号を官職に就く資格のある者に用いれば、あなた方はヴェネツィアの政体がわれわれのそれと同様、民主的なものであり、われわれの政体もヴェネツィアのそれと同様、貴族の政体であることに気付くことでしょう。パゴラントーニオは二度にわたってヴェネツィアに大使として派遣されました。彼もまた同じことを言うのではないかと私は思います。

(190) governo gentiluomini

(191) di popolo

(192) 巻末の「解説」三参照。

ソデリーニ

まったくその通りです。ヴェネツィアにはわれわれ以上に富裕な市民がおります。しかし貧乏人も多くおります。金持ちだからといって、とくに政治に参加できるわけでもありません。貧乏人でも参加できるのです。また、ヴェネツィア人の富は政体が異なるがゆえに生み出されるのではありません。むしろその領土の大きな力に由来するのです。ヴェネツィアという都市の大きさと、それが提供する機会に由来するのです。

ベルナルド

ヴェネツィアが統合されているのは、その立地条件の結果であるというのも、ありふれたもう一つの誤解です。私は、ヴェネツィアの立地条件が戦争および外国の君主からそれを守るに当たって大変役に立っていることは認めます。しかし、ヴェネツィアが現在の位置に定められたのは野蛮人の侵入から逃れようとした人びとによってなのです(193)。このことはヴェネツィアが市民の反乱を抑え込んでおくことに対して、少しも、あるいは何の貢献もしなかったものと私は思っております。なぜなら、ヴェネツィア人の歴史を読めば、共和国の初期、未だ政体がしっかり確立されていなかった時代には彼らは多くの対立抗争を経験し、しばしば武器に訴えておりました。しかも立地条件は現在とまったく同一なのです。後の時代になっても、ヴェネツィアは独裁を求めるドージェやその他の者に事欠いておりませんでした。しかし彼らは即刻、抑圧されたのです。この政体の良き制度のためです。

自由な都市を一市民が隷属させることは困難です。事実、市民自身の絶大な支持でもない限り、ほとんど不可能なのです。ヴェネツィアではこのようなことはなかなか起こりそうもありません。政治が一般にそれに参加している人びとに好まれているからです。法も活力があり、独裁の道を進もうと

(193) 伝承によればアッチラの侵入によるとされるが、事実はランゴバルト族の侵入によるものである。

する人を十分阻止できるようになっております。彼らが協調しておりますのは、このような理由からなのです。馬をそこに乗り入れることができないからではありません。革命にあっては歩兵も馬と同様、役に立ちます。歩兵はヴェネツィアにおいても他の場所と同様、使うことができます。他よりもずっと容易かもしれないのです。なぜなら、夜であれ昼であれ、兵を内に入れるために、少なくとも市門の鍵を必要としないからです。

かくして、わが民主政権はヴェネツィアのそれと同じ種類に属しております。われわれは内陸部にあってヴェネツィア人以上に外敵の脅威に曝されておりますが、市民間の争乱が起こることなく平穏に生活し得るような民主政を樹立する望みがないわけではありません。しかし、話を元に戻します。私は終身、あるいは長期任期のゴンファロニエーレを採りたいと思います。二人あるいは二人以上のそれは必要ありません。というのも、多くの人びとに長期の任期を与えることは独裁への道を拓くことにつながるからです。われわれは将来、ゴンファロニエーレを恐れねばならなくなるような体制の政権を創ってはなりません。ゴンファロニエーレが一人であれば、それだけ自由にその任務を遂行できるのです。その任務のために彼は選ばれるのです。これに対し二人であれば、互いに競争し、争うことになりましょう。その勤勉さによってフィレンツェに利益を与えるというより、その不和によってフィレンツェに大いに害をなすことになります。しかも、彼らが独裁について思い巡らすような機会でもあれば、二人の場合、おそらく一人の場合以上に悪いことになるでしょう。手を組めば彼らはより強力になり、手下も増えるからです。

ローマにおいて法律制定のために任命された十人は、十人であるにもかかわらず、手を組んで自由を滅ぼそうと致しました。(194) 共和国が健全である限り、ディクタトール(195)ですらそのようなことを考えた

(194) Decemviri legibus scribundis 法改革十人委員。紀元前四五一—四五〇年に任命される。四四九年打倒された後、旧体制が復活、十二銅版表が公布される。

(195) 緊急時に任期六カ月で任命される。全権を与えられている。

ことはありませんでした。わが父祖の時代、戦争の八人(196)はその官職を維持するために協力して教会との戦争を続けました。私はローマ人やスパルタ人の例によっても納得致しません。なぜなら、私が理解している限り、彼らが二人を選ぶことになったのは独裁への猜疑のためではなく、一部は必要《ネチェシタ》のため、一部は功利《ウティリタ》のためであったからです。必要とは、すなわち次のような理由からです。彼らの法によれば、王とコンスルはその他の高官や会議の同意なしに多くの事柄を自らの意志で決定できる専断的な権限を持っておりました。これがおそらく彼らをしてそのような権限を一人にではなく二人に委ねる方を選ばせた理由ではなかろうかと思われるからです。しかし、われわれのゴンファロニエーレはヴェネツィア人のドージェのようにそのような専断的な権限を持っておりません。彼はシニョリーアの座長、あるいはプリオーレ(197)以上のものではありません。一人では何事も為し得ないのです。したがって、彼にもう一人の同僚を与える必要はないのです。いま持っているスタッフだけで良いのです。功利《ウティリタ》とは私の思いますに、次のような理由からです。すなわち、これらの都市の決まりに従えば、王は遠征を行い、軍を指揮せねばなりませんでした。国内の政治を放棄することはできませんので、二つの頭を持っていれば一人は戦争に出向き、一人は国内に留まることができようと彼らは考えたのです。かくして、遠征がさして重要でない場合、あるいは戦争が一つである場合には、一人が国内に留まり、一人が出掛けて行ったのです。戦争が数多くある場合には、両者はそれぞれ異なった遠征に出掛けます。したがって、二人という数はこの場合、互いに阻止し合ったり、あるいは抑止し合ったりはしておりません。彼らが離れておれば常に有益でしたが、一緒になると、都市の内であれ外であれ、彼らの間に生ずる意見の不一致のため破壊的でした。これは時には彼らの遠征を失敗させ、しばしば絶好の機会を逸せしめたのです。われわれの場合、二人を必要としておりません。なぜなら、われわ

(196) Otto di Balìa 一三七五年任命されたオット・ディ・バリーア。八人の聖人と綽名された。教皇グレゴリウス十一世との平和を主張するゲルフ党の絶えざる攻撃にもかかわらず、大衆の支持を得て、一三七八年のチオンピの乱までフィレンツェを支配する。

(197) シニョリーア（政庁）を構成する任期二カ月の八名の行政官。巻末の「解説」三参照。

れのゴンファロニエーレは政庁舎に住まねばならないからです[198]。政庁舎には一人で十分です。それにわがゴンファロニエーレには限定された権力しか与えられていないということも、その理由となります。二人ということになりますと、両者は悪を行うことになりましょう。

われわれは今や、もっと重大な事柄を考えていかねばなりません。すなわち、ゴンファロニエーレの任期を終身にした方がよいか、あるいは一年とした方がよいか、の問題です。終身とするには様々の困難が伴います。これはピエロ・グイッチァルディーニによって触れられました三つの理由のためです。有力市民の多くを満足させねばならぬという必要性が第一、第二は任期が限定されれば、ゴンファロニエーレがたとえそうしたいと望んでも、自由を破壊する手段が彼から奪われるということ、第三は無能な者が選任された場合でも、フィレンツェをそれほど長期にわたって窒息させることはなかろうという点です。しかし、このような事実にもかかわらず、私は任期、終身を採りたいと思います。なぜならば、任期が限定されていれば、とくに一年も超えないということにでもなれば、望まれたほどの成果を上げることができないでしょう。なぜなら任期があまりにも短いために、目的が達成される前に過ぎ去ってしまうからです。あなた方はリヴィウス[199]をお読みになられたことでしょう。そこには、これらローマのコンスルや元老院議員たちが一年しか続かないコンスル職の任期の短かさのために、いかに多くの良い機会を失ったかを歎いているのが書かれております。あなた方もお分かりのことでしょう。六カ月、あるいは八カ月も経てば、ゴンファロニエーレは任期の終わりのことを考えはじめます。怠慢になり、進んで物事を後任の手に委ねることになりましょう。気を抜かず、精力的に政務に当たっても、他の人びとから当然の評価を受けることはないでしょう。これらの人びとは、物事が為されることに対し単に同意せざるを得ない人びとであるからです。任期を限定せねばならぬ

(198) ゴンファロニエーレはプリオーレとともに任期中、政庁舎に居住する。この習慣は一五〇二年の終身ゴンファロニエーレ制の制定とともに終わる。

(199) ローマの歴史家。巻末の「登場人物案内」321頁参照。

場合でも、三年以下にはしたくありません。それよりもやはり終身ということにしたいと思います。終身ということになれば、ゴンファロニエーレはますます経験を重ねてフィレンツェにとって大いに役立つことになりましょう。思慮分別に富み、自由を愛する人だということが知られれば、彼は一種の威厳さを身に帯び、予言者のような地位を得ることになりましょう。(これは大きなことで、これによって彼は最も大きな果実を手にし得るでしょう)。これに加えて、それが終身職となれば、ゴンファロニエーレはそれに全身全霊を傾けることになりましょう。われわれはそこを考えねばなりません。権力を不法に永続させようなどと考える理由もなくなります。再び一私人の生活に戻らねばならぬと恐れを抱く理由もありません。私がもっと重要視するのは、こうなれば彼はさらに勇敢になって、政府を転覆しようと欲する者、あるいは人びとに対して過大に権力を揮おうとする者、市民の協調と平和を乱そうとする者に対して、断固たる措置を講ずるようになろうということです。任期の終わりが来るのを知っていれば、何びとといえどもこのような措置を取る者はおりません。いたとしても、ごくわずかな人びとです。任期が終われば、彼らは裁判にかけられたり、あるいは傷つけた人びとの狂気に晒されたりするのです。ゴンファロニエーレから得られる最も重要な有益さの一つは、ここにあるのです。したがって、私はこれを失いたくないのです。同じ理由からして、私は再選の希望を与えて任期を限定するのも好みません。なぜなら、再選の希望のために彼は一般受けのする意見の方に影響され、物の本質を見落とし、事実上、そのような重要な地位にある者に相応しくない野心のために生きるようになるのではないかと危惧されるからです。ゴンファロニエーレは重々しく、すべての情熱や特殊な関心から解放されていなければならないのです。

また私は、終身職ということでピエロが懼れている危険にも動じません。私は法の有効性を重視致します。また、ゴンファロニエーレの権限が限定されており、常に他と共有されている事実をも重視しております。事実、ピエロの言う危険が憂慮すべきものであるとしても、それ以上に私は任期一年あるいは三年の方を懼れています。なぜなら、権力の座に就いていたいという欲望のために非合法的な措置に走る恐れがあるからです。終身ゴンファロニエーレであれば、胃が空っぽでない限り、そのようなことは考えもつかないでしょう。なぜなら、私の意見では人の祖国でこれほど素晴らしい、これほど確かな価値のある地位はあり得ないからです。独裁政や君主政よりも遙かに好ましい地位であると私は思っております。また私は、このようなゴンファロニエーレを選出する有効な方法を確立すれば、フィレンツェで最も有能な、とは申しませんが、少なくとも二、三の最も有能な人びとの中の一人を選ぶことができるのではないかと思っております。それで十分なのです。なぜなら、彼は自ら決定を下したり、あるいは統治したりする必要はないからです。フィレンツェは最も賢明な市民たちの助言によって統治されるからです。したがって、ゴンファロニエーレの任期が長くとも、これが原因となってわれわれが破滅することはありません。たまたま不適格な人物が選出されることがあっても、彼を排除する様々な方法がございます。これは後に論じますが、スキャンダルの原因となったり反乱や暴動への扉を開いたりすることなく取られる方法です。

有力市民からおいしい食べ物を奪うことは大きな問題であるとは私は思いません。とくに、ゴンファロニエーレの選出だけでなく、その他の官職の選出方法も有効に確立されていれば、大きな問題にはなりません。なぜなら、ひとたび任期二カ月制が廃止されれば、それに就任しないことによって社会的地位が傷つくとか、低下するとかいったことはもはやなくなります。主要な名誉職に就くことによってではなく、それらの職務を立派に果たし、善良で有能な市民として行動することによって名声を博した人びとを顕彰すべき方法や官職は他にもあります。大使やコメサーリオ、戦争の十人、その他重要な事柄を扱う官職に就いた人びと、また演壇や諮問会議で力量を発揮する者は己れ自身と一族に名誉をもたらすであろうし、ゴンファロニエーレであった以上に大きな信用と名声をかち取ることができるのです。ヴェネツィアの例を見て頂きたい。終身のドージェが選ばれても、そこの市民たちは栄誉を与えられ尊敬されているのです。したがって実際上、私はこの問題によってゴンファロニエーレ職を終身とする意見を変えるつもりはありません。むしろ、このような高い地位を制定することがフィレンツェにとって、どれほど価値のあるものであるかをますます確信しております。人びとはこの地位に就くためには、その能力を傾け、目ざましい行動に訴えねばなりません。労苦に耐え、必要とあらば祖国のために生命さえ捧げねばなりません。このような人びとにとって、ゴンファロニエーレ職ほど相応しい報酬はありません。また、これはフィレンツェに特殊な利益を与えます。すなわち、心の広い、高邁な人びとの心に火を点じ、稀有の際立った行為をもって栄光をかち取るよう奮い立たせることです。立派な市民においては、自然の善意や祖国への愛がこの際、重大な役割を演じているとはいえ、このように高い地位に達したいという欲求は彼らをいっそう奮起させるのです。

自由な都市は、市民のこのような名誉や栄光への欲求を抑えるべきではありません。なぜなら、このような食欲、これは野心といってもよろしいでしょうが、大きな高められた行為について市民たちに思い巡らせ、かつ遂行させるに当たって役に立つからです[200]。市民たちが権勢に対する欲望、言い換えれば、権力欲に燃え立たされるのは好ましくありません。なぜなら、権力を己れの偶像とする者はいかなる手段を用いてもそれを手に入れ、保持しようとするからです。かくして、われわれは権力をその目的とする支配者やその他の者どもが抑制をまったく欠くなか、権力欲にのみ駆られて他の人び

(200) 巻末付録『リコルディ』284頁以下C三二、Q1・Q2二、B一参照。

との生命を奪い、財産を破壊するのを目にしているのです。ゴンファロニエーレ職が終身であるため、ごく少数の者しかそれに就任し得ないからといって、それを期待し、それを手に入れようという望みで胸を膨らますような者がいなくなるであろうなどとは言わないで頂きたい。また、長期のゆえに有益であるとしても、それに任命される者がごく少数者に限定されてしまうので、その方の不利益の方がより大きい、なぜなら終身でなければより多くの市民がそれに就任できるが、これによって最も有能な市民がそれに就きたいと望むのを阻害するほど多くはないから、などとも仰しゃらないで頂きたい。なぜなら、これに対する私の返答はパゴラントーニオのそれと同じなのですから。すなわち、都市がたとえ自由であるとしても、その都市の制度が秩序正しければ、その都市は少数者の助言と能力によってのみ維持される、ということです。これは事実なのです。十年なり、十五年なりの一定期間を取り上げて下さい。この期間を通してせいぜい三人か四人の市民によって会議が運営され、その能力が発揮させられるのですし、重要な行為もこれらの人びとによって為されているのがお分かりでしょう。また、ギリシャ人やローマ人、その他の国民にあっても事態は異なるものではなかったのもお分かりでしょう。なぜなら宝石は稀なものですが、非凡な人間も宝石以上に稀な存在だからです。非凡な人間の存するところ、起動力を与えるのはこれら非凡な人びとなのです。これは避け得ぬことなのです。したがって、私は凡庸な多くの人びとを高揚させようなどとは思っておりません。そうではなく、できるだけ多くのこうした稀有の人びとの精神に火を点じたいと思います。これらの人びとの双肩に共和国は支えられているからです。他の人びとにとっては、フィレンツェの通常の名誉職で十分です。しかし、非凡な人びとには特別の地位の希望を与えるべきなのです。この地位を彼らは派閥や腐敗手段、あるいは暴力によってではなく、際立った行動によってかち取ろうとするでしょう。彼らは、己れの能力や生命をすべて祖国の利益のために消耗するのです。祖国は一般の人びとからというより、むしろ彼らから、より多くの利益を受け取りますので、一般の人びとではなく彼らをいっそう奮起させて、そのように持って行くべきなのです。

終身ゴンファロニエーレ、すなわち国家元首を制定した後、政権の他の成員を制定せねばなりません。ゴンファロニエーレがあまりにも大きな権限を持たないよう、特別の注意を払って政権の成員を配置せねばならないのです。したがって、この問題が望むような形で導入できるのであれば、私はヴェネツィア人の例に従って、シニョリーアが政庁舎に住みつくのを廃止させたいと思います。わがフィレンツェの制度に従えば、シニョリーアがあの六つの豆《ファーベ》の持っている最高の権限、(201) これは事実上、望むところのものはいかなるものでもできる、という権限ですが、このような権限を持つことがないようにするにせよ、それにもかかわらずこの政権の重心が主に彼らにあるように望んでおります。それが相応しいのです。なぜなら、彼らはゴンファロニエーレとともに国家元首であるからです。なぜ、彼らが政庁舎内に住むのを阻止したいか、その理由は次の点にあります。このシニョリーアという官職は非常に高い、華やかさと光輝に包まれており、誰からも尊敬されているからです。誰もがそれを視野に入れており、わが制度もそれが現実に誰にでも回るよう保証せねばならないほどなのです。なぜなら、フィレンツェでは少なくとも一度はシニョリーアの成員になったことのない者は、ほとんど一人前の人間とはいえないからです。任期が二カ月以上にならないよう制定されているのはこのためなのです。これは他のいかなる官職よりも短いものです。また、これが無数の禁止事項(202)に取り巻かれているのも、以上のような理由からなのです。シニョリーアに就いて後、三年間は再任されることはありません。彼の親族がシニョリーアの成員であった場合は一年間、コレッジの成員であった場合に

(201) ゴンファロニエーレとプリオーレの九個の豆のうち六個。三分の二票で絶対的な権限が与えられる。

(202) divieto 十六人ゴンファロニエーリ・ディ・コンパニーア sedici gonfalonieri di compagnia と十二人の良き人びと dodici buoui uomini はコレッジ (collegi) を構成するが、それはシニョリーアとともに三大顕職であったが、これらの顕職にもゴンファロニエーレと同じような禁止事項がある。これらの職に就けば本人はもとより一族にも一定期間、同職およびその他の職に就くのを禁止される。巻末「解説」三参照。

は六カ月間の禁止、事実上、他の役職に同時に就くことはできません。これらすべては誰もがシニョリーアに参加できるように考案されたのです。したがって、終身ゴンファロニエーレの権力が必要以上に大きなものになるというようなことが起こり得るのです。ゴンファロニエーレになるのは、才能のある人間です。その職務のおかげで名声に包まれます。また最高の、少なくとも相当大きな権限を持つ行政府の長官でもあります。これに対しシニョリーアの成員の多くは、頭脳の弱い、能力を欠いた人びとです。このような状況の中で、ゴンファロニエーレは己れの欲するものを常に手に入れるようになるからです。これは滅多に起こることではありませんが、仮にあるシニョリーアとうまく行かないことがあっても、このシニョリーアは他のものにとって代わられます。したがって、彼はほとんど常に己れの欲するがままに物事を処理できるのです(203)。このようなことは、シニョリーアにおいて彼が常にフィレンツェで最も有力で賢明な人びと数人によって両脇を固められていたならば、起こりようがありません。というのも、頭のある、評判の良い人びとが彼と重要な事柄を扱えば、これは終身ゴンファロニエーレの最大の馬銜《はみ》となるからです。これを実現するためには、シニョリーアの選出を絶対多数による票決とせねばならないでしょう。同時に、多くの禁止事項を廃棄せねばなりません。シニョリーアがあれほど多くの栄誉とあれほどの威信に囲まれて政庁舎に住んでいる限り、これを実現することは困難でしょう。私はそう思います。というのも、シニョリーアが今のような社会的地位を享受している限り、この官職を少数の人びとに限定してしまうような法を通すことは極めて難しいからです。したがって、シニョリーアの光輝を少しばかり鈍化させ、人びとの目をそれから逸らさせるために、できればシニョリーアを政庁舎と過度の装飾から切り離した方が良いと思うのです。そのように説得できれば、の話ですが。

(203) 一五〇二年以後のピエロ・ソデリーニを念頭に置いていよう。

しかし、人びとはこの習慣に慣れ切っております。したがって、あなた方は彼らにそうするよう説得することができないのではないかと思います。良い機会に恵まれて何とかできたとしても、この記憶は昇進できなかった人びとの心に長く残り、それを妨害し、元に戻そうとするでしょう。それで私はもう一つの解決法を提案しましょう。すなわち、今まで通り、シニョリーアが政庁舎に住むことを許しましょう。現在、享受している飾りと豪華さを含めて、です。またミノーリ[204]の人びとからも、このおいしい食べ物を奪うことは致しません。その代わり、シニョリーアが今日享受している最高の権限を制限しようと思います。その権限を縮小して、シニョリーアも、またシニョリーアを通してゴンファロニエーレも、人びとを恐れさすことができないようにするのです。さもなければ、ゴンファロニエーレが権力を濫用する危険が常に存することになりましょう。私は、次のような権限や特権をシニョリーアは持っても良いと思います。共和国の元首として、すべての会議に出席すること、すなわちコンシーリオ・グランデと中間の会議、すなわちメディチ家時代の七十人会議[205]に相当する会議、あなた方が創設した八十人会議[206]への出席です。条例や法律を制定するに際して一定の権限を持つこと、これについては別のところで申し上げましょう。次いで、コレッジにおいて元首として行動すること。その扱う問題は次のような事柄です。すなわち、民事を扱う上訴裁判所としての機能、ただし現在それが有している無制限の権力は与えられません。これは数限りない不公平の原因となるからです。したがって、権力が限定されねばなりません。また、上訴裁判所では各共同体間の争いや貧者と無能者との争いも扱われます。さらに、真実と衡平さは認められているが、証拠不十分、あるいは硬直さゆえに通常の裁判所では確定され得ない事件もここで扱われます。

刑事事件には何の権限も持たない方がよろしいでしょう。また、いま申し上げた民事事件に関する

(204) minori 十四の小ギルト（組合）。フィレンツェにはこの他に七つの大ギルドがあった。

(205) 一四八〇年ロレンツォ・イル・マニーフィコによって制定された。

(206) コンシーリオ・グランデと同じく、一四九四年十二月二十三日制定。その権限は唯一、大使を選出することである。

もの以外、判事に対して直接、間接を問わず命令を下すことも許されません。いかなる種類のものであれ、安全通行証[207]を出すことも禁ずべきです。官吏を選ぶこと、どれほど短期間でも大使あるいはコメサーリオを派遣すること、兵あるいは重騎兵を指揮すること、いかなる種類のものであれ国事に干渉し、それに巻き込まれること、こうしたことをすべて禁止すべきであると思います。これらすべてに関して、極めて明白にして首尾一貫した法律を私は通したいと思います。この法律は起こり得べきすべての突発事をカバーし、結合させるものであり、それらがすべて遵守されねばならぬようなやり方でチェックし罰を科すものです。これらすべてを整備すれば、この仕事は大変簡単ですが、終身ゴンファロニエーレの権力から生じる恐れのある多くの危険の基盤を除去したことになるでしょう。シニョリーアの権限がひとたび縮小されれば、市民たちはおそらくそれが政庁舎から出ることにいっそう容易に同意するかもしれません。シニョリーアがそれほど高く評価されなくなるからです。かくして二度に分ければ、一度では大変難しかったであろう事柄を実現し得るのです。このやり方は共和国の賢明な統治者が事を成就させるためにしばしば利用するものです[208]。もっとも、これはむしろ方法の違いで、結果の違いではないので大問題ではありませんが。

この政権の権威は、ローマ人が元老院と呼び、ヴェネツィア人がプレガーティと呼んだ会議《コンシーリオ》に置かれねばなりません。あなた方はこれに相当するものとして八十人会をつくりました。ここで生ずる最初の問題は、この会議の任期を終身にするか、あるいは限定すべきかという問題です。ローマ、カルタゴ、その他多くの共和国が終身と致しました。ヴェネツィア人はこれを一年としております。しかし、この役職の回されるやり方を見れば、その成員はほとんど同一であることが分かります。資格の十分ある市民が除外されることはまずありません。ただし、その人物に重大な告発がなされている場

(207) sicurtà おそらく salviconductus et seu securitates を指すものであろう。安全通行証。

(208) 巻末付録『リコルディ』285頁C一九七参照。

合は別です。われわれも、これと同じようなことが期待できるのであれば、任期を終身にしようが限定しようが、いずれにしても問題はないでしょう。しかし、人びとにそれを尊重させ、良い行いをさせるための刺激としたいのであれば、任期一年にした方があるいは良いかもしれません。ヴェネツィア人は、とくに有力な理由がなければ決して人を変えることはありません。予定通り投票を行います。これはプレガーティの成員だけではありません。すべての行政職においてもそうです。プレガーティの数は多いが、その成員は俸給が与えられませんし、統治に携わりません。行政職《マジストラート》ではなく会議体《コンシーリオ》なのです。賢人会《サーヴィ・グランディ》[209]の役職は少数の人びとの間でたらい回しにされ、常に変わりません。重要な外地での役職、すなわちパドヴァやヴェローナ等々の長官《レットーリ》[210]の選出は整然と規則正しく行われますので、選出される以前に某々がどこの長官になるか推測できるほどなのです。

　しかし、ヴェネツィア人のこのような手法や制度、これがヴェネツィア人の政体をあれほど永続的なものにつくり上げて来たものですが、このような手法や制度を、さらにヴェネツィア人の冷静極まる頭脳のあり方、これらをわがフィレンツェに求めても、当分の間、期待できそうもありません。このような会議を任期六カ月にしようが、あるいは一年にしようが、当然そこに含まれるべきすべての人びとは、しばしば除外されることになりましょう。したがって、私は断然、この会議を終身のものとしたいと思います。しかし、あなた方が計画したものより、もっと成員の数が多いものになります。なぜなら、わがフィレンツェのような大きな都市では、この会議を終身とするとなると八十人では少数だからです。私は百五十人から構成されるようにしたいのです。百五十人という数は、資格のあるすべての人びとが入ることができないほど限定されたものではありません。また、無知蒙昧な劣悪な者ども[211]が入って来るほど大きな数でもありません。欠員がしばしば出ますので、多くの人びとにそれ

(209) savi grandi 六人から成る。

(210) rettori 地方行政長官（governatori）

(211) la ignoranza e la mala qualità degli uomini.

に入る希望を与えることにもなります。シニョリーアは元首としてこの会議に関与すべきです。この会議は次のような権限を持ちます。これは国家の重要な事柄をすべて審議致します。すなわち、平和、同盟、連盟、戦争といった問題です。また、日常的な政策決定も致さねばなりません。傭兵契約を行わねばなりません。また、傭兵契約が他の行政機関でなされる場合には、これを承認せねばなりません。新しい法律や条例を承認して、それをコンシーリオ・グランデに送ります。大使やコメサーリオを選出致します。これが事実上、国家の統治に当たって為されねばならぬすべての重要な決定を扱わねばならないのです。

しかし、この会議を常に召集しておくことはできません。また、事態は不断の注意と監視を必要としております。一定の決定が下される前に、迅速、秘密裏に議論されねばならぬ事柄が多くあります。したがって、より専門的な行政機関が必要となります。戦争に当たってはこの機関は軍事的な事柄を処理致します。平和時には君主や大使たちとの交渉に当たります。領土の防衛と拡大に関するすべての事柄に責任を持つのです。時にこの機関は議論し決定した問題を中間のコンシーリオにかけ、最終的な結論を得ねばなりません。時には、百五十人会によって為された決定を、その目的に沿って実現すべく一定の役割を果たさねばなりません。このような十人委員会《ロ・ウフィッツオ・デ・ディエチ》(212)が常に任命されていなければなりません。これはその他の委員会とともに百五十人会において選出されるのです。その成員は常に百五十人会の成員でなければなりません。彼らは特別の権力、すなわちバリーアを持ってはなりません。また通常の資金の割り当てがない場合、また百五十人会の委託なしに、金を使う権限もありません。平和条約や同盟を結んだり、戦争を行ったり、あるいはそのような決定をしたり、このようなことを彼らは彼らだけで行うことはできません。傭兵契約を行うことも許されません。傭兵契約を結ぶこと

(212) lo ufficio de' dieci

は百五十人会の承認が必要となります。彼らの任期は六カ月ですが、更新はされません。しかし、他の役職には六カ月たてば就くことができます。禁止期間は六カ月を越えることがあってはなりません。ゴンファロニエーレは必要と認めた場合、彼らの会議に出席せねばなりません。なぜなら彼は国家の元首ですし、国家の重要事は元首の知らないまま議論されてはならないのです。

　この行政機関が助言を必要とするような場合、この種のことは中間の会議においても生じますが、あるいはまた、問題がそこで論ぜられるべきではないと考えられた場合には、十人あるいは十五人の諮問会議《プラティカ》が召集されます。その成員はフィレンツェで最も賢明にして有能であるとされている人びとから選ばれます。私は、このプラティカが十人委員会それ自身によって選ばれるべきではないと思います。十人委員会がその友人や親族、あるいはその他の個人的な利害関係のある人びとを選ぶような過ちを犯してはならないからです。しかし十人が選出されるや否や、諮問会議《プラティカ》も選出されねばなりません。それを選出するのは任を解かれた十人と新任の十人、シニョリーアとコレッジ、それに百五十人会の成員です。諮問会議の任期は新任の十人のそれと一致します。時の経過とともに、死亡あるいは不在という形でそれに空席ができた場合、あるいは十人に空席ができた場合、同一のやり方で後任が選出されねばなりません。このプラティカはヴェネツィア人の言う、十人会とそれに付随しているもの《コンシーリオ・デ・ディエチ・コン・ラ・アッジュンタ》を模倣したものです。(213) この政権の中枢となるべきものです。なぜなら、十二人、十五人、あるいは二十人の最も賢明で有能な市民が常に十人あるいはプラティカのいずれかに属しているからです。彼らは、限定されたこの会議に常に関与しているだけではありません。思慮に富み、かつ大きな権威のために彼らは中間の会議の成員でもあって、一般に物事を正しい方向へと舵取りしているのです。事実、ひとたびこの会議の設立と選出がうまく行われれば、国家の事柄が悪く行くはずがありません。また、

(213) consiglio de' dieci con la aggiunta

ゴンファロニエーレも度を越した権限を自らの手に簒奪するようなこともできないでしょう。というのも、彼は重要事項を有力市民とともに扱わねばならないので、彼らを出し抜いたり、あるいは当然そうして良い場合を除いて、秘密の、あるいは脅迫的なやり方で行動することはできないからです。

この百五十人会議をいかにうまく設立させるか、またこれによって期待される結果がどのようなものであるかを詳しく論じることができて、私は満足しております。なぜなら、この会議はフィレンツェの繁栄のために三つの良い成果を生み出すからです。第一は、重要な審議を行うのはそれらを理解している人びとであって、大衆の恣意的な意志によって決定されないということです。民主政権から生じる第一の危険は、この大衆の恣意的な意志にあるからです。第二は、既に申しましたように、終身ゴンファロニエーレがあるいは手にし得るかもしれない過度の権限に対して、これが抑止できるという点です。したがってお分かりのように、この中間の会議は、私はこれを元老院と名付けたいのですが、独裁政と大衆の放縦さの間にある緩和力なのです。第三は、これが最も能力のある、最も資格のある市民たちを満足させる手段を与えるという点です。なぜなら、政権をそのような人びとの手に限定していくことは物事が能力のある人びとによって支配される保証を与えるだけでなく、それらの市民たちを満足させるからです。これらの市民たちを疎外させるのは悪い結果をもたらすことになるからです(214)。

都市とは、多くの手足から成る身体なのです。自由な都市の基盤は平等にあるとはいえ、しかし市民たちが、それぞれの異なった才能、能力、資質に従って、異なった社会的地位を享受するのを阻止すべきではありません。さもなければ、才気ある、価値ある市民が何の価値もない、取るに足らぬ人間の上に何らかの形で格付けされないようであれば、この種の政権に不満を抱き、変化を求める理由

(214) ソデリーニ政権末期の有力市民とソデリーニとの対立を念頭に置いていよう。グイッチァルディーニの岳父アラマンノ・サルヴィアーティはソデリーニ最大の政敵であった。これについてはグイッチァルディーニ『フィレンツェ史』三九四頁以下、および拙著『グイッチァルディーニの生涯と時代』上巻一一九頁以下参照。なお巻末付録『リコルディ』286頁以下C五二、五三、B一二六、一二七参照。

が生まれます。このことから市民間の不和と革命が生まれるのです。私は昨日、善良な市民は支配するのを好まないと申しました。また、都市の繁栄を保証するのは安全だけで十分だとも申しました。しかし、プラトンがこのような基本について語るのは遙かに易しいのです。難しいのは共和国でそれを実現することなのです。しかも、プラトンの語ったようなことは現在の人間の好みでもありません。なぜなら、今日の人間はすべて生まれつき、尊敬され、栄誉を与えられることを欲しているからなのです。少し前に申しましたように、市民たちが本能的な野心の火花を持ち、彼らを栄誉に値する思想や行為に奮起させるといった方が、野心がまったく死んでしまっているより、むしろ都市にとっては、おそらく有益なのではないでしょうか。

　われわれは目下、これを論じる必要はありません。しかし現代の人間は、それによって称讃されるべきか、非難されるべきかはともかく、このような欲望を抱いております。またこのような欲望は深く人の心に根付いてしまっておりますので、それを消し去ることができません。したがって、完全な政体ではなく、可能な政体をいかにして樹立するかを議論するに当たっては、すべての階層の市民が満足するようにもって行くよう努めねばなりません。ただし、そうすることによって自由を損じないことが前提となります。われわれが論じてまいりましたこの階層が、自由を損なうものでないことは確かです。なぜなら、彼らは終身の元老院議員で、数も多く、その権限も限定されて支配者になるのを阻止されておりますが、それでも彼らの社会的地位は野心によって爛《ただ》れた胃袋を持っていない市民には十分であるはずだからです。というのも、並みの能力であれば、元老院議員で満足すべきであり、際立った能力があれば一歩一歩、最高の栄職へと歩を進めるでしょうから。十人の成員となり、プラティカの一員となります。次いで空席となれば、ゴンファロニエーレ職に資格ある者の中に入ることもできます。このような地位はメディチ政権下においてよりも、自由な政権においての方がいっそう手に入れやすく、いっそう栄誉に輝くものです。なぜなら、フィレンツェにおいては、いかなる者といえども、コジモの血筋に繋がっていない限り、十分な根拠をもって元首になり得る望みがないから[215]です。また、この地位を求める者は自由と民主政権を愛していなければならないからです。その者が元首になり得るのは唯一、民主政権によって、その公権によってだからです。このような様々の顕職をかち取るのはヴィルトゥによってであり、依怙贔屓によってではありません。しかも、それらの顕職に就いた人びとは自らの意志に従ってそれらを行使するのであって、他人の合図によってではありません。これらはメディチ家のそれに比べて、何と美しく、何と名誉あるものと言えましょう。集会や諮問会議の演壇で名誉ある演説を行い、日ごとに己れの才能と英知を発揮し得る機会を持つのは何という満足感を与えるものでしょうか。古代ローマ人やその他の良き共和国の市民たちにとっては、これらの地位だけでもう十分でした。彼らにとっては、コンスル職や大使、軍団長などを歴任した後に元老院に入り、諮問会議で信頼され、物を知らない人びとから尊敬されること、このことこそが彼らの労力の相応しい成果のように思われたのです。このような地位を意味のないものと見なすような市民の態度は不健全であり、有害な影響を与えるものとして、その者は祖国から隔離され、追放されねばなりませんでした。これに対しバランスのとれた人物にとっては、賢明であればあるほど、これらの地位が真の名誉と栄光を含んでいることを認識するようになるのです。なぜなら、彼にとってはそれらの地位が、独裁者になるとか、あるいは君主になるとか、そのいずれよりもはるかに名誉のある満足すべきものであったからです。

私は、百五十人会や十人、プラティカの選出の基礎が行政区[216]によらないよう望みます。フィレンツ

(215) 巻末付録『リコルディ』287頁B一五五参照。

(216) フィレンツェは一三四三年以来、四つの行政区に分かれる。三大官職(シニョリーア、コレッジ)やプラティカなどはこれら四つの行政区とギルドを基礎として選出されて来た。たとえばシニョリーアはそれぞれの行政区から二名ずつ計八名、ただし八名のうち二人は小ギルドから選ばれるといった具合である。行政区を無視した選出方法をとったのは一四九〇年、十七人会が初めてである。

ェ市全体から選出すべきなのです。なぜならこのような事柄では、行政区による配分は合理性がまったくないからです。問題になっているのは各行政区が平等に代表されているかどうかではなく、最も有能な人びとが選ばれるかどうかなのです。同じ理由からして、小組合《アルテ・ミノーレ》に当然の割合を与えるのが必要だとは思いません。私は能力に従って、あらゆるギルドから人を選出すべきであると考えます。あらゆる官職に対して、あるいは、すべてではないにしても少なくとも最も重要な官職に対してギルド間の差別を撤廃した方がよろしいでしょう。

　したがって、今までのところこの元老院《セナート》は次のような権限を持つことになっております。重要事項について協議すること、とくに重要なのは、コンシーリオ・グランデにかけられる前に法律を承認すること、次いで、大使、コメサーリオ、十人を選ぶこと、その他これからお話しする若干の選挙を行うことなどです。法律については別のところでお話し致します。思い違いでなければ、現在の体制は役立たずの、自由にまったく反したものといえます。このことは簡単に証明できます。しかし、他の二つの問題については百五十人会とシニョリーア以外のものが諮問会議とその協議に関与すべきではないと思っております。重大な事柄はすべての人びとに洩らすべきではないからです。私がシニョリーアを入れるのはそれが有能であるからではありません。シニョリーアを廃止し得ないのであれば、それは名誉ある地位をとどめておかねばならないからです。数が少ないので大した害を為しません。大使やコメサーリオ、十人、その他の選出には百五十人会とシニョリーア、コレッジの他に、次のものも参加せねばならないと思っております。すなわち、カピターニ・ディ・パルテ(217)、コンセルヴァドーリ・デルレ・レッジ(218)、オット・ディ・バリーア、それに商業裁判所の六人、モンテ、プピッリ、トルレのそれぞれの役人(219)、それに百名から成るもう一つの行政機関などです。百名から成る行政機

(217) capitani di parte ゲルフ党の隊長。巻末「解説」三参照。

(218) conservadori delle leggi 法の管理人。

(219) ufficiali di monte, de' pupilli, della torre モンテ局、塔の役人については巻末の「解説」三参照。プピッリについては未詳。

関はいわば百人会議《コンシーリオ・ディ・チェント》とでもいうべきものであって、[220] 毎年、コンシーリオ・グランデによって選出されます。これは大使、コメサーリオなどの選出のために付け加えられるもので、それ以外の何の任務も有しておりません。この百人会を私はとくに好んでおります。なぜなら、これは紛争を惹き起こすこともなく、より多くの人びとの食欲を満たし、より高い地位へと昇っていく梯子として役立つからです。

　この百人会議《コンシーリオ・ディ・チェント》を追加してまで制定するよう私を動かしている理由は二つあります。第一は、次のことを望ましいものとは思っていないからです。すなわち、誰であれ、いったん元老院に選ばれてしまうと、もう自分の問題は片付いてしまったと思い、元老院外の、他のいかなるものからも独立していて、公けの評価など考慮する必要はまったくないものと考えるものです。あたかも、これ以上、人びとの判断などに支配される必要はなくなったかのように、です。したがって、元老院で行われる十人、その他の選出において、元老院議員そのものによってのみならず、その他一般の多くの市民たちによっても日ごとに評価されるということにでもなれば、その者は常に注意していなければならず、他の市民の善意と評価をしっかり維持していくようなやり方で行動せねばならなくなりましょう。第二の理由は次のようなものです。すなわち、元老院は常に同一で変わりません。そのため一部が常に徒党を組んで票を支配し、その他の者を排除するようになるのを私は望まないからです。あるいは逆に、すべての元老院議員は十人、あるいはその他最高の地位に就くのを望んでいます。そのため多数派が協定を結んで、政権がより広く開放されるよう画策するようになります。たとえば、ある者が十人の一員であった場合、多数派は数年間、彼の再任を拒否し、他の者を入れさせるといった事例です。これは遙かに深刻なトラブルの原因となりましょう。追加される百人会議はこうした二つの欠点に対

(220) consiglio di cento

する優れた治療法となりましょう。なぜなら、これは多くの人びとが関与することによって派閥争いを粉砕するからです。しかも、これらの人びとは年々入れ代わる人びとなのです。他方、これら百人会議の成員は彼ら自身が選ばれることはありませんので、政権を開放しようという野心に動かされることなく、豆《ファーヴェ》を投ずるに当たっては最も適格であると判断した人を選ぶからです。元老院の一部がこの人物に悪意を持っていても、彼らは常に均り合いを回復させることができるのです。

さて、これから、元老院での協議がどのようなやり方で為されるかを論ぜねばなりません。なぜなら、その成果が大であるか小であるかは、ひとえにこれに依っているからです。われわれは、元老院が重大な事柄に関して助言し協議するものという前提に立ってまいりました。したがって、重要事項が元老院に提示されるのは承認を得るためにあらかじめ手を加えられ消化されたものであってはなりません。元のままでなければならないのです。それで初めて元老院は助言し協議することができるからです。したがって、会議を召集する行政機関は単純に問題を提示して意見を求めるのです。このあと、わがフィレンツェの古い習慣に従えば、人びとは自分の属する行政区に分かれます。すなわち、各々の行政区がそれぞれ個別的に行政区相互の意見を聞かずに、彼らだけで協議いたします。次いで、各々の行政区はすべての人びとの前でそこで表明された意見の報告を致します。時には会議を召集した行政機関は、この口頭の報告で満足いたします。時には、このような意見を票決に付し多くの豆《ファーヴェ》を得たものを受け入れようとします。このような方法は極めて素っ気ない、あっさりしたもので、このような方法を考え出した人びとは会議が数千年もかかりそうなのを見て会議を急がせ、早く帰宅したいと思っている人びとか、さもなければ協議するのではなく、単に承認するためにのみ会議に臨んでいる人びとなのでしょう。

正しい方法は問題の説明がなされた後、最も権威のある人びとが意見を開陳することです。しかも、すべての人びとの前で行うのです。なぜなら、これは時に起こることですが、会議全体を通して良い意見を持っているのはせいぜい一人か二人ですから。その場合には、彼らがすべての人を前にしてその意見を述べた方がよいのです。単に一つの行政区の人びとを相手に述べるのではありません。ある人物が一つの意見を述べ、他の者がそれと反対の意見を持っている場合には、その者は起立して反対意見を述べることができます。こうしたことは、せいぜい一人かあるいは二人程度の人びとによって行われます。同一人物が一度以上発言したいと思えば、それは言い回しを分かりやすくするためであれ、あるいは自分の意見を弁護したり、変えたりするためであれ、とにかく許されます。当初は演壇に自由自在に登ったりすることに不慣れな人びとがおります。また、傲慢に思われないために周囲を気にして慎重に登壇することもありましょう。したがって、ゴンファロニエーレは、あれこれの人びとに起立を促したり、一般にすべての人びとに自分の意見を申し出るよう慫慂《しょうよう》せねばならないでしょう。このようなやり方で物事を語り議論するのに彼らを慣らすよう、大いに気を使わねばなりません。次いで人びとが十分話し終わり、その他の者も何も発言することがなければ、ゴンファロニエーレはいくつかの意見を提案し、多数によって承認されたものを受け入れるのです。あるいは、明確な決定がなされず、人びとが決定し得ない場合には、彼はそれを他日に延期し、倦むことなくそれらの事柄について吟味し熟慮を重ねねばなりません。成熟するためには時が必要なのです。

意見は口頭によって決定されるか、あるいは豆《ファーヴェ》による票決に付されるか、いずれかでなければなりません。古代の人びとは前者を好みました。近代の共和国は豆《ファーヴェ》か、あるいは秘密投票を用いて来ました。これらの方法のいずれも異なった利点があるといえます。しかし、すべてを延々と議論するのを避けて、私は豆による票決を取りたいと思います。しかしいずれの方法を取ろうと、いったん選んだ方法に徹底しなさい。票決を提案するゴンファロニエーレ、あるいは行政官に任せて、時に口頭による方法に従ったり、時に、豆を用いたりしてはなりません。なぜなら、それらにはしばしば重大な違いがあるからです。ゴンファロニエーレであれ、そのほか誰であれ、間接的に已れの欲するようなやり方で決定を下そうとして、時に口頭で時に豆によって、という風に票決の仕方を変えることができるのを私は望みません。したがって、どの方法が決定されようと、常にあらゆる場合に同一の方法に従わねばなりません。このような会議の進め方、協議の仕方によれば、物事はより良く吟味され認識されるようになりましょう。その結果はより良いものになります。人びとは他の人びととしばしば比較されることによって試されることになります。そして能力を持った人びとは、物事を議論したり討論したりすることによって、人に知られる手段を手にするのです。元老院や反対尋問法廷における討論や議論をあえて行えるのは唯一、権威のある、物を良く認識し得る人びとだからです。これこそ、人を訓練する正しい道なのです。話していようが、人の話に耳を傾けていようが、彼らは一度の会議で多くを学ぶのです。今のようでは二十回会議に出ても、これほど学び取ることはできないでしょう。能力のある人びとはこのような手段によってたやすく名声を得ることができるのです。彼らは直ちに人に知られるからです。また、これは二カ月のゴンファロニエーレに就任すること以上に、彼らを重要人物たらしめ、栄誉に輝かす梯子となりましょう。なぜなら、このような闘技場で立派な働きをする人びとの、フィレンツェにおける名声はその他いかなる名誉職、あるいは顕職の与え得る以上の社会的地位を彼らにもたらすからです。才知ある人びとは、夜は精神を研ぎ澄まし、いかにしたら昼の会議で頭角を現わせるかを考えて過ごすのです。優れた人間であれば、フィレンツェにとって名誉あること、有益なことを始めるべく競い合うことになりましょう。したがって、名声をかち取る者はそれに値する者です。今日までしばしばそうでありましたように、いかにして名声をかち取るかを知らないので、単に沈黙していることによってそれを手に入れるような人びとによってでは、もはやありません。事実、人間の価値と真価を知らしめるのにこれほど良い篩《ふるい》はあり得ないのです。しかも公共のために大いに役に立つのです。

領内では多くの事件が起こりますが、これはフィレンツェで詳細に検討される必要があります。たとえば、あなた方の支配している都市での市民間の闘争や不和、共同体の境界やその管理権をめぐる争いや、被支配民からの要求やその大使の派遣といった事柄です。これらの問題はメディチ家の時代にはオット・ディ・プラティカで処理されましたが、現在ではシニョリーアが扱うようになりつつあります。私は、シニョリーアのみでこのような重要な問題を処理するのは賢明ではないと思っております。理由は既に申し上げました。シニョリーアを構成している人びとはあまりにも能力に乏しく、ゴンファロニエーレの思い通りに動く人びとだからです。シニョリーアの名声は維持されねばなりません。それは重要なすべての事柄に関与しているからです。しかし、その大きな権力を和らげるために有能な人びととともにそれを管理せねばなりません。したがって、私は領土問題を扱う専門的な行政機関を設置すべきであると思っております。その成員はおそらく百五十人会議の中から選ばれ、十人のようなやり方で選出されます。私は、これがシニョリーアと一緒に仕事をすれば良いと思っております。シニョリーアの名声も維持されますし、さらにこれは元老院の他の成員をも満足させるのに役立ちます。なぜなら、十人と異なって、この行政機関に有力市民を選ぶことは必要ないからです。逆に、これは最高の地位に到る梯子を与えるのです。この機関のみで決定し得ない問題は元老院に回されます。また、助言が必要な場合には元老院とも協議できますし、十人とも、またそれが最善と考えられた場合にはそのプラティカとも協議することができます。このようなやり方をすれば、国家や領土の問題に関するすべての重大な決定は完全に処理することができるのです。

次いで議論されねばならないのは法律《レッジェ》をいかに制定するかという問題です。われわれの言葉でいえば規定《プロヴィジオーニ》ということになります。(221) なぜなら、自由な政権にとってわれわれが今日依然として用いている古くからの方法ほど、有害で災厄に満ちたものはあり得ないからです。これらの方法は、私の思いますに、狭い政権の指導者たちによって考案されたからです。いつの日か法によって権力を奪われるのではないかという恐れを抱いた彼らは、法律が公開の会議に上程されるまでに多くの精妙な篩にかけられねばならないような規定を設け、それらが通過するのを常に阻止するよう陰謀によって時を稼いでいたからです。このようにして、フィレンツェで彼らの意志に反して新しい法が通るのを不可能にしたのです。今や、同じことが起ころうとしています。とくに終身ゴンファロニエーレが己れの権限を制限したり、あるいは己れの好まぬ物事を行うような法律を阻止できるとなれば、そのようになります。(222) 自由という点に関していえば、これは大きな欠陥です。なぜなら、一人なり二人なりの人間が有益な法律、あるいは大多数の市民を喜ばすような法律を阻止できるような権力を持っているのですから。

したがって、私は次のことを提案致します。シニョリーア、コレッジ、コンセルヴァドーリによる篩をすべて廃止して、法の立案はまず元老院でなされるように規定致します。法案はシニョリーア全体によってだけではなく、シニョリーアの成員一人ひとりによっても、コレッジの一員によってさえも提案されるように致します。元老院では法の承認のみが問題となるのではありません。基本的な議

(221) provisioni

(222) ここはピエロ・ソデリーニを念頭に置いているであろう。

論がなされねばなりません。他の問題の審議決定に当たって、既に私の示唆したようなやり方で討議され審議されねばならないのです。われわれが言うように、法を頭巾の中に隠す機会を除去するために、私は少なくとも前日にそれを公表させるよう強く求めたい、少なくとも一日前にコレッジに知らされるようにしたいのです。様々な理由からして、コレッジも関与するのを私は望みます。それらの理由の中でも、とくに、よく人に知られていない若者や一般の人びとに名を上げる道を拓くことがあります。新しい法律を提案したり、立ち上がってそれを論駁したり、あるいは議論したりすることによって名を上げることができるのです。このフィレンツェでの生活のあり方では、今日までは父祖あるいは一族の名声を生まれながらにして持っている者でない限り、その者が名を上げることは難しいことでした。したがって、時にはその者の才能が決して世に現われることがなく、また時には長期間にわたって隠されたまま放置されることになります。本来、そうあってはならないはずなのです。なぜなら、こうしたことはフィレンツェにとって大きな損害となって来たからです。ともに利用し得る道具から、利用を引き出すチャンスを逸して来たからであり、また人間の真価を知らないためにしばしば場違いの人びとを採用し、後になってそれが分かるといった有様であったからです。これらはすべてフィレンツェにとって大きな損失でありました。しかし、このような試練を経て正しい人物が世に出ることが容易になりましょう。法律は最終的に、現在のようにコンシーリオ・グランデで同意を得るべきです。すなわち承認されるべきであって、議論されてはなりません。(223)

グイッチァルディーニ

これらの元老院議員は俸給を与えられるべきでしょうか。

(223) セナート、すなわち元老院は有力市民による積極的な協議機関、審議機関とし、コンシーリオ・グランデは単なる承認機関にとどめるべきだというグイッチァルディーニ(ベルナルド・デル・ネロの口を通して)の意見は極めて特徴的である。

(224) lo ufficio degli otto con la balia オット・ディ・グァルディア (otto di guardia) のことである。一三七八年に制定されたが、

ベルナルド

いいえ、決してそうあってはなりません。そうなれば大きな羨望の的となり、誰も彼もが元老院議員になるべく躍起となるでしょうから。任期終身の元老院議員になるという名誉と名声は、決してつまらない報酬ではありません。その他にも多くの利益をもたらし、多くのやり方でその人の状況を利することになりましょう。したがって、それだけで十分なはずなのです。日常的な審議と立法上の手続きについては、以上です。

次は正義の運用の問題です。すなわち刑事事件に関するものです。民事事件については共和国全体を通して整然としているからです。私は特別の権限を持った八人委員会(224)を変えるつもりはありません。この恐怖がなかったならば、犯罪があまりにも増加するからです。私は、これがコンシーリオ・グランデで選出されるよう望みます。元老院が大きな権限を持ち過ぎてはならないからです。しかし、過半数をもって選ばれねばなりません。その成員は選り抜きの人でなければならないからです。事実、この役所の重要性からしてそうでなければなりません。また現在、この修道士が提案しているようですが、私もそれを付け加えたいと思います。すなわち、国事犯に関して、特定の市民に対して下されるすべての判決には、他のものとは異なって上訴権が認められるべきであるということです(225)。ただし、修道士の言うように、コンシーリオ・グランデに対してではなく、元老院に対してです。その際、判決を下した判事も元老院に出席して、その判決を弁護しなければなりません。すべての主張がなされ、発言したい者、また被告人が望めば被告人も含めて、すべての者が発言し終わった後に評決がなされねばなりません。被告人の無罪を宣告するためには、三分の二の絶対多数の豆は必要ありません。彼を無罪にしようと、新たに有罪にしようと、既に下されている判決を確認しようと、いずれにして

一四七八年の改革で、すべての犯罪を起訴する権限が与えられる。

(225) 一四九五年三月十九日、サヴォナローラは上訴権を成立させている。しかし彼はベルナルド・デル・ネロ、他四名が上訴権を行使しようとした時、それを許していない。対話者のピエロ・グイッチァルディーニ、すなわちグイッチァルディーニの父ピエロはこれに最後まで抵抗している。『フィレンツェ史』（太陽出版）二二〇―二二九頁参照。なお、マキァヴェリもこれについてサヴォナローラを批判している。マキァヴェリ『政略論』（永井三明訳、第一巻第四十五章、世界の名著、中央公論社、三〇〇頁以下）参照。

も判決を下すには単純過半数の豆で十分でしょう。実際は、ある判決が撤回されることは極めて稀であろうと私は思います。というのも、判事は誰であれ、自然に相互の思いやりからしても有罪判決を下すよりも常に罪を許そうとしがちだからです。しかしながら、上訴権は有益でしょう。なぜなら、大衆の噂はこれといった理由もなく誰かに取りつくものですし、根拠のない疑惑が生じることもあります。国事の問題は極めて敏感なものですから、性急な確信を生むことにもなりましょう。これに対しては上訴権がまことに有効な治療薬となるでしょう。

より必要で重大なことは、無罪判決にいかに対応するかということです。ただ今、私が挙げました理由からして、またこれについては昨日、十分にお話ししましたが、無罪判決の方が遙かに多いのです。八人《オット》に無罪判決を下したい者が三人さえいれば、他の者たちも無罪を言い渡さねばならなくなりましょう。あるいは、軽い判決に同意することになりましょう。このようにして犯罪は増加し、人びとはいっそう大胆になります。これはフィレンツェにとって重大な打撃となりましょう。また、フィレンツェでの民主政権下においては、八人《オット》であれ、それと類似の役所であれ、一目置かれている人物に対して必要とされる厳格な態度をもって臨むのを期待することはできないでしょう。なぜならば、あなた方が愛している人びと、あるいはいつの日か受け取っただけのものを、あなたにであれ、あなたの一族にであれ、お返しするのではないかと思われる人びとを相手にするのは大変難しいことだからです。したがって、このような状況においては終身ゴンファロニエーレを利用せねばなりません。彼は右顧左眄《うこさべん》する必要はありません。なぜなら終身であるからです。さもなければ、他の解決法を採らねばならないのです。

われわれはゴンファロニエーレに、刑事事件を扱うあらゆる司法機関に関与し、提案する権限を与えることができます[226]。判事たちが熱意なく携わっていると思われる事件にそれらの権限を用いれば、判事たちを動かし刺激して、適切な裁判を行わせることができることは確かです。それにもかかわらず、これを行うだけでは不十分でしょう。なぜなら、ゴンファロニエーレが国家の元首として奮起して精力的な役割を果たすことが必要であると考えるからです。国家と自由が脅かされようとしている時に、あるいは無罪の結果、一般的な暴動が起こりそうなすべての事件において、ゴンファロニエーレは他の誰にもまして、より良く処理することができるからです。私は、いつもこのような責任をゴンファロニエーレが担う必要はないと思っております。なぜなら、その責任は極めて重く、それに引きずり倒されてしまうか、あるいはもっと重大なことを行うことができなくなるか、そのいずれかであるからです。あるいは裁判のことにあまりにも熱心になると憎悪されもし、敵を多くつくることにもなるからです。フィレンツェにとって広く嫌われているこのような元首を持つことは良くないことになります。日ごとにわれわれは彼と様々なことで接触せねばならず、またわれわれの幸福が多く彼によって左右されるのですから。裁判に熱中し過ぎれば、彼はまた恐ろしい人物になるのです。

少数者による司法機関が厳格さの点で期待し得ないのであれば、しかもゴンファロニエーレもそのような重い責任を常時担うべきでないのであれば、少数者ではうまく機能し得ない場合に、それをうまく機能させるために、われわれは数を多くし、多くの人びとで構成されたコンシーリオといったもので対応すべきでしょう。私の考えによれば、ある司法機関がある刑事事件である者を無罪放免にした場合には、一定の検察官や原告、あるいは告発者がおれば、それに反対して元老院に訴えることができます。有罪判決に対する上訴について、既に私の述べたのとまったく同じやり方で訴えることができます。元老院がこれを一定の期間内に処理できなかった場合には、この事件は他の機関からの要

(226) 一五〇二年八月二十六日の法令でも実際にこれが認められている。

求、あるいは決定なしに自動的に四十人法廷[227]に回されるべきなのです。これら四十人はくじによってシニョリーア、コレッジ、元老院、それに元老院に付属した、選出のために選ばれた百人会議《コンシーリオ・ディ・チェント》からそれぞれ選ばれます。これら四十人は適切なやり方で尋問し審理し、起訴する権限を持たねばなりません。事実上、司法機関の有しているのと同一の権限です。また彼らは、事件を一定期間内に解決せねばなりません。この際、豆《ファーヴェ》で票決されますが、過半数で承認されねばなりません。いかなる人といえども不愉快な物事を提案することに責任を負いたくありませんので、成員の一人ひとりが氏名を秘して判定を書き下した方がよろしいでしょう。それぞれの判定を記した紙片はすべて数え上げられ、票決に付されねばなりません。半数以上の豆《ファーヴェ》を得た判定の中でも、一番多くの豆を得たものが判決となります。これに関する法は、弾劾し、尋問し、弁護し、提案し、無罪放免し、有罪判決を下す方法を特別の配慮をもっていちいち明記しておかねばなりません。また関与すべき人数についても明記せねばなりません。すなわちシニョリーアから何名、コレッジから何名といった具合にです。また人びとがそう望むのであれば、すべての刑事事件がこの法廷にかけられ得るのか、それとも重大な事件のみに限られるのか、この点についても明記されねばなりません。しかし、このような裁判の仕方は疑いもなく恐怖心をもたらし、犯罪者に対して大きな抑制力となるとともに、とくに民主政権とフィレンツェの自由に大きな保護を与えることになろう、と一般に言えるでしょう。この問題はこれで十分でしょう。

　次いでわれわれの問題にすべきは税の問題です。また、金にまつわるその他の事柄です。これは極めて重要な問題です。第一に、これはすべての人に関係しているからです。他方、金の割り当てがタイミングよくなされないと、金をドブに棄てるようなものだからです。一グロッソ[228]で済んだことが、

(227) quaranta これも一五〇二年、実際に判定された法廷である。Quarantia

(228) 銀貨。はした金。

後になれば一ドゥカートかけても実現しないものなのです。いろいろ考えた末、私はこの問題は基本的には元老院で扱われねばならないと思っております。なぜなら、大衆は何が為されねばならないかを必ずしも認識しておりません。これに対し元老院は問題に通じており、またあらゆる市民から構成されております。すなわち、土地所有者、商人、金持ち、貧乏人といったあらゆる種類の人びとです。したがって、元老院は不公平な措置を取ったり、あるいは正当な、かつ適切な考慮を欠いた行動に走る恐れはありませんから。しかし私は、課税のための法律がひとたび元老院を通った後、コンシーリオ・グランデに回されるのを望んでいないというのではありません。コンシーリオ・グランデでは、その法が通るためには単純過半数の豆を集めれば良いと思っております。[229]

支出は現在のように、シニョリーアとコレッジの割り当て額に従ってなされるべきでしょう。また、ゴンファロニエーレもとくにこれに責任を負うべきでしょう。ただし、該当の役人が彼の承認がなければ支出し得ないといった形でではありません。無駄使いする者を抑えるだけで十分です。[230] 国家は金なしには統治されません。また倹約するのも多くの場合、有害です。これは事実です。それにもかかわらず、通常の収入では不十分であり、市民たちはそれぞれの財布から差し出さねばならないのですから、フィレンツェの過度の支出は口には出せないほどの損害を与え、大きな不満や軋轢の元ともなります。したがって、できるだけ支出を抑えるよう注意していた方が良いのです。この問題の詳細に立ち入る必要はありません。話が長引くからです。一般的な概略だけをお話しすれば十分でしょう。細かいことは実務に携わっている人の方が良く分析もし、吟味もできます。しかし、あなた方はどのようにお考えか、何か付け加えることや削除すべきことがあれば仰しゃって下さい。

(229) 一四九九年から一五〇一年にかけてのフィレンツェの財政危機を念頭に置いている。この時期、金銭法案が通らないで財政破綻の心配があった。これをふまえて課税案を通すのには三分の二の豆を必要としないというのである。

(230) freno a chi andassi con la mano troppo larga.

カッポーニ

私は黙って拝聴しておりました。しかも真剣にです。あなたはすべてのことを実によく考えていらしたように私には思われます。あなたが賢明なお方であることは先刻承知致しておりました。しかし、あなたは御自身の生涯でこのフィレンツェが自由であった頃のことを実際に見ておられません。それどころか独裁的な政権の下で生育し、その下で生きて来られました。それなのに、あなたは自由な政権についてこれほどまで深く考えられ、計画されておられる。私にはそれが奇跡であるかのように思われてなりません。

ソデリーニ

その通りです。あなたが最初に仰しゃったことは、私には今ではますます真実のように思われてまいります。わがフィレンツェの市民たちがヴェネツィア人のそれと異なった名称を持っていなかったならば、あなたの仰しゃる政権はヴェネツィアのそれとまったく同一のように思われます。実質的には何の相異もないからです。したがって、誰もが認めるように、また理性によって証明され、経験によっても明らかなように、彼らの政権が秀れたものであれば、あなたの言うわれわれの政権も同じように良いものであるはずです。神の恩寵によって、それが現実のものとなり、子供たちに残してやれればと願うばかりです。というのも、これはわれわれが子供たちのために残してやれるものの中でも最も偉大な、最も美しく、最も確かな名誉ある宝物だからです。

グイッチァルディーニ

あなたの今日のお話で私を最も吃驚させたのは、何よりもまず、ギリシャ、ローマの歴史についてあなたの披歴した知識です。私は今まで、あなたにはそのような知識が欠けているものと思っており込んでいました。

ました。実際、昨日はあなたはそれについては一言も触れられなかったので、改めてそのように思い

ベルナルド

皆さん御存知のように、私には学問がありません。しかし、手に入れることのできる翻訳はすべて読んでおります。私が今日触れましたことのいくつかは、それらの翻訳書から学び取ったものです。しかし、それほど多くはありません。また、それらについて納得のいくほど窮めてもおりませんし、翻訳書がラテン語原典の趣きを真に捉えているとも思っておりませんので、常に私はそれらの知識についてては皆目分かっていないという態度を取ってまいりました。それらの事柄にはまったく無知であると人から思われ、書物の助けなく物を語ることによっていっそう名を上げることができるであろうと思ったのです。私の少しばかり読んだ物から利益を引き出そうとして、物知りと思われたり、あるいは実際はそうではないのに、それらについてよく知っていると思われたりすれば、名を上げるどころではありません。

しかし、主題に戻りましょう。私はまだ、ゴンファロニエーレの選出方法についてお話をしておりません。これに関してはヴェネツィア人の例に従おうとは私は思いません。彼らは、パゴラントーニオもその他の皆さんも当然御承知の通り、大衆（私が大衆と言うのは彼らのコンシーリオ・グランデのことです）の判断をまったく信頼しておりませんし、また同時に少数者の情念を懼れてもまいりました。彼らがドージェの選出を少数の選挙人の手に限定したのも、これがその理由であると私は思っております。これらの選挙人は一部はくじによって、一部は多くの篩《ふるい》によって選ばれます。(231) 最終的に選挙人が誰になるかを不明確にし、かくして腐敗と堕落を避けるためなのです。他方、総勢四十一人

(231) tanti vagli 様々な選出の方法を指す。

の、これら選挙人は当然の理由からして十分に資格のある人びとです。したがって、ヴェネツィア人はこれらの人びとがいかにドージェを選ぶべきかを知っているものとして信頼しており、腐敗もしていないことから必ずや良い選挙を行うものと確信しているのです。

このように物事を行う彼らの根拠は良いものと私は思っております。しかし、これが正しい解決法であるようには思われないのです。これら四十一人の選出は偶然に支配されているということを前提とすれば、こうした方法では無知な人間が選ばれることがあります。彼らはそれを避けたいはずでした。コンシーリオ・グランデからドージェの選出を奪った理由は唯一、ここにあります。しかし、選挙が元老院の有力市民たちの手に移ったならば、誰がおそらく選挙人になるか推察するのは可能となりましょうし、これは彼らが恐れている腐敗と野心を結果いたします。このようなことはよく起こり得るものなのです。たとえこのような結果に至らないとしても、彼らが己れ自身のため、あるいは友人のために互いに交渉し、取り引きするのを阻止する者が、誰かおるでしょうか。その時が至れば、彼らは彼らの言い方によれば秘密会議に閉じ込もり、そこで結論に達するまで数日間過ごさねばならないからです。数が少ないということは何でもできるということを意味せねばなりません。事実、真実を喜んで口にしたいと思っているヴェネツィア人と話してごらんなさい。ひとたび秘密会議に閉じ込もってしまえば、彼らは互いに際限もない交渉を始めると言うでしょう。この直接の証拠をあなた方は手にしたいと思いますか。あなた方みなさんも御存知のジョヴァンニ・ランフレディーニ(232)は、ヴェネツィアで多くの親密な、影響力のある友人を持っておりました。このことは御承知のことと思います。四十一人が選ばれるや否や、彼はロレンツォに次のように報告しております。「これこれこういう人物がドージェに選ばれるでしょう。なぜなら彼らは他の誰にもまして四十一人の選挙人の中に

(232) メディチ銀行のヴェネツィア支店長、一四七八年大使。巻末の「登場人物案内」320頁参照。

多くの友人や有力者を有しているからです」。このようにこれら常連の貴族たちを知人としている者であれば、ジョヴァンニと同じことができるのです。

これからして明らかなように、全体として選挙は人間の価値に従ってなされるのではないのです。最も価値のある人が選ばれるのであれば、四十一人が選出される前にドージェについて彼らが同じく正確な判断を下すことが可能となりましょう。なぜなら、人間の価値は常に同一であるからです。しかし、彼らが四十一人に選出された後に、その判断がいっそう確かになるという事実は、時に情熱の方が公平さより重きをなすということのはっきりした証拠です。ドージェに選出されるのは常に有力市民の一人であろうと私は思っております。つまり、四人か六人の最も価値ある人びとの中の一人といった方がよいでしょう。なぜなら、これほど重大な問題でヴェネツィア人がそれ以上に突飛な選び方をするといったことはありそうもないからです。それにもかかわらず、これら四人あるいは六人の人びとの一人が票をかち取るのは、より価値があるからではなく、彼らを選ぶ少数者の好みによるのです。誰が最も価値ある人間であるかを発見するためには、なぜならそのような高い地位に選ばれる人物は当然そのような人物でなければなりませんので、もっと多くの人びとの判断の方がより公正で腐敗したものではないでしょう。そして少数者のそれよりも誤りが少ないでしょう。

したがって、私がこの極めて重要な問題についてどのように考えているかをお聞き下さい。自由な共和国においては、野心のために[233]権力を求める者にとって、なかんずく、二つの方法が拓かれているものと私は思っております。一つは、大衆の保護を買って出て、大衆に取り入る方法で、大衆はこぞってそのような人を讃美いたします。なぜなら、都市の幸福を図ろうという彼のジェスチュア、とくに大衆の必要を満たそうとする彼のジェスチュアが、大衆の信頼をかち得るからです。このような目

(233) con mezzi di ambizione.

的を持っている者は、彼の約束が正当なものであるか、そうでないか、役に立つものであるか、害をなすものであるかどうかについては考えません。大衆にとって心地よいものであるかどうかが問題なのです。このような道を辿る者は、時には大変良いことを行って来ました。また時には、最大の害を与えてもおります。このような道を辿る者は、時には大変良いことを行って来ました。また時には、最大の害を与えてもおります。大衆の心に誤った告発、危険な意見を植え付けた後、分裂と大きなスキャンダルを惹き起こしてもおります。歴史はこのような例で満ち溢れております。独裁政はしばしばこのような端緒から生じます。なぜなら、ひとたび大衆の信頼をかち得ますと、彼らは様々な技巧と策略を用いて大衆を誘導し、本来示したものとは反対の目的へと向かわせるからです。このような手段を用いて名声を手にした者はいかなる者であれ、ひとたびそれを手に入れ、大衆の心をつかむと、それを良い目的のために向けようとは致しませんでした。ただしペリクレス[234]については、最初は野心に動かされていたが、権力を握るとその権威を祖国の利益と偉大さのために利用したと言われています。実際は、このような人びとはほとんど常に悪い結果をもたらしたのです。しかし、これについては目下、詳しく論ずる必要はないでしょう。次のことを指摘しておけば十分でしょう。すなわち、間接的な手段によって権力を得ようと望んでいる者にとっては、これは不当に大衆に取り入って行く道であるため、これによって価値のない多くの人間がしばしば高い地位に就くことがあり得るということです。

他の方法はこれとは正反対のもので、元老院の道を採ることです。元老院の尊厳と利益の擁護者としての名声を得ることです。なぜなら、元老院と大衆は同じ共和国のメンバーであり、同じ目標を追求すべきではありますが、両者の間には競争と意見の相異がしばしば生じます。このことから、元老院がそれ自身の恣意的な決定によって物事を処理した方が良いと考えるようになります。他方、大衆にとっては元老院に支配されるのは正しいこととは思われません。この闘争は時には名誉ある原則か

(234) アテナイの民衆政治家。巻末の「登場人物案内」316頁参照。

ら生まれますが、次いで次第に異なった経過を辿ります。なぜなら、人間の性格が貪欲なためです。己れの地位を維持し、抑圧されるのを避けるための行動がひとたびその目的を達すると、今度はそこにとどまらず、不正にもそれを増大させようと努めます。その結果、逆に他の人を抑圧し、社会における彼らの地位を奪い取るのです。

大衆が元老院より強い力を持っているような共和国では大衆の道を取る連中の方が多く、彼らの用いる手段もより不正なものとなります。これは一般に不正というものは力のある者の方から生じるからなのです。力のある者が大衆であれば、元老院を擁護する者は権力を得るためにそうするのではなく、己れの地位と己れの愛している立場を擁護するためなのです。逆に元老院の方が強力である場合には、元老院の方が不正と危険な思想の源となります。また、元老院に取り入ろうとする人びとも多くなります。いずれにせよ、このような企てをする者は都市にとって正しいこと、利益になることを考えるのではなく、己れの愛着する人びと、あるいは己れが喜ばそうとする人びとを満足させようと致します。事実、不和が存在しない時には元老院にせよ、大衆にせよ、彼の野心に応えるためにしばしば新しい法を提案したり、新しい企画を提案したりして、不和をつくり出そうと致します。したがって、この野心による権力への道ができ得る限り阻止される、あるいは少なくとも閉ざされるために、あらゆることを行って共和国を調節せねばならないのです。これは極めて重要なことですので、どれほどこれに注意しても注意し過ぎるということはないのです。

コンシーリオ・グランデにおいては元老院は少数派となります。したがって、終身ゴンファロニエーレがこのコンシーリオ・グランデにおいて選出されることになれば、元老院議員であるなしにかかわらず、この地位を求めて既に述べた大衆操作の技法に安易に走るような市民が出て来ることになりましょう。そして、大衆にとって好ましい物事を始めることになりましょう。逆に終身ゴンファロニエーレが元老院で選ばれることになれば、この地位を熱望する者は元老院に献身し、その欲望をフィレンツェの利益に先行させ、人びとの必要を無視することになりましょう。これはフィレンツェの利益に反することです。なぜなら、政権を握る者は共和国のすべての成員をその位階に従って平等に大切にし、すべての人びととの必要を適切に考慮していかなければならないからです。したがって、ゴンファロニエーレを任命するためには元老院と、選挙において元老院とともに参加することのできるすべての人びとを召集すべきである、と私は考えております。くじによって選ばれた人びとに指名される四十人か、あるいは五十人に対して票決を行い、最も多くの豆《ファーヴェ》を得た三人、過半数を獲得したかどうかに関わりなく、この三人を選び翌日、コンシーリオ・グランデで票決にかけます。ここで一番多くの票を得た者、しかもこの際は投票総数の半分以上を得た者がゴンファロニエーレに任命されることになります。過半数を得た者がいない場合には、元老院は他の三人を選ばねばなりません。次いでコンシーリオ・グランデに送られ、同じようなやり方で票決されます。ここで過半数を取り、最も多くの票を得た者が選ばれます。三人のうち誰も勝ちを制しなかった場合には、六人全員がコンシーリオ・グランデに戻され、票決されねばなりません。これは同日でも翌日でも構いません。ここで最も多くの豆《ファーヴェ》を得た者が、ゴンファロニエーレになります。(235) たとえ過半数の豆を取れなくともよろしいのです。

この方法はヴェネツィアの方法における混乱をすべて取り除くはずであると私は思っております。選挙に関与する人びとが多いために、依怙贔屓、あるいは腐敗の危険はありません。元老院議員、およびそれに付属した選挙人はフィレンツェで最も有能な人びとであり、コンシーリオ・グランデに比

(235) 一五〇二年、ピエロ・ソデリーニが終身ゴンファロニエーレに選出された経緯が念頭にあろう。グイッチァルディーニ『フィレンツェ史』三六八頁以下参照。

して、より見識に富む人びとです。したがって、コンシーリオ・グランデが、既に篩《ふるい》にかけられ、三人に絞られた候補者について票決せねばならない時に、過ちを犯す機会はまったく少ないのです。なぜなら、私の思いますに、それは必ずしも三人の中の最も良い者を選ぶわけではないにしても、フィレンツェにおける三人の最も能力のある人びとのうちの一人が選ばれることに変わりはないからです。また私は、最初の三人の候補者のうちの一人がコンシーリオ・グランデにおいて選ばれないというようなことは、実際には決して起こらないであろうと信じてもいます。このような方法は、ローマ人が王を選んだやり方とある程度、相応しております。王はまず元老院で選ばれ、次いで大衆によって選ばれねばなりませんでした。この方法は私の恐れている欠点を免れております。なぜなら、ゴンファロニエーレは大衆と元老院の好意をともに得なければ選ばれることはありません。したがって、誰であれ、野心のために、大衆に対してであれ、元老院に対してであれ、煽動的かつ理不尽な手段を用いる理由はありません。逆にこの方法は、有力市民一人ひとりが良く生き、良き振舞いをするよう促します。フィレンツェ全体での名声と好意を得て、価値ある人間、祖国を愛する者と思われるためにです。

このような入念さは不必要に思われるかもしれません。なぜなら、私の恐れている野心家の道が閉ざされているからです。この政権はそのように組織されているのです。それにもかかわらず、私は安全さを期すためには、念には念を入れるべきだと言いたいのです。また大衆というものは、一定の状況や偽りの噂によって時に誤った考えを抱き、到底それに値しないような人物を誤って高く評価することがあります。(このようなことがたまたまゴンファロニエーレを選出せねばならない時に生じれば、大衆は突飛なことをしでかすものです)。したがって、このような方法を採れば起こり得べきすべての過ちからわれわれはより多く保護されることになる、と私は思っております。この問題は極めて重要なものです。したがって、このような入念さが必要となるのは、たとえ百年に一度であるとしても、これは非常に有益なものなのです。

私は、元老院議員に空席が生じた場合、これを選出するに当たっても同じような手続きに従いたいと思っております。しかも同一の理由からです。すなわち、このような手続きに従えば、まっすぐな道をとらない限り、いかなる人も権力を獲得する望みがなくなるからです。と申しますのも、私の思い違いでなければ、このような法律が成立すれば、私的な分野でも、公的な役所や元老院においても、良き行為への大きな刺激剤となることは確かであるからです。ゴンファロニエーレと次いで十人、それに諮問会議《プラティカ》が加われば、これら多くの人びとが互いに競い合って、良き行いをし祖国の役に立つようになるのを私は望んでいるのです。これから最高の果実が実るはずです。

共和国にあって人びとを良き行為へと駆り立てたいのであれば、このような刺激剤が必要なのです。昨日、申しましたように、悪行から何ら得るものがなければ、人間というものは生まれつき良き振舞いをするものなのです。このような本能を欠き、悪行によって目的を達しようとする者は人間というより、獣と呼ばれて然るべきです。それにもかかわらず、人間は弱く、このような本能を堕落させ、あるいは誤らせる機会が多くあり、したがって無知なる者は様々な理由からして、たやすく有徳の道から逸れてしまいます。したがって、古代の共和国を建設した賢人たちは、このような自然の本能を強化することが必要であるとして、賞罰を確立したのです。[236] それらは都市の基盤であると彼らは宣言しましたが、これは賢明なことでした。報賞とは市民が良き行為をするたびに報酬を支払われるものと考えるべきではありません。国家と市民とのこのような金銭目当ての関係は適切なものではありま

(236) 巻末付録『リコルディ』287頁C一三四、一三五、Q_1・Q_2四、B三、四参照。

せん。いかなる共和国といえども、報酬を支払うだけの十分な財源がありません。報賞とはこのようなものではなく、その本質は良き行いをした市民が名誉や尊厳において人びとに認められ、抜きん出ることができるように、政体を整えることにあります。報賞とは高貴な魂に火を点じるようなものであって、金やその他の報酬を意味するものではありません。このような報賞のやり方はまた、それとともに罰を伴います。なぜなら、共和国の功労者に名誉を与えれば、他の者はそれから除外され、地位が低められるからです。したがって、歴《れっき》とした人間はこうした名誉の失墜を恐れ、それを避けるために、これとは反対の結果を生み出すような生活を始めます。このような罰が邪悪な人間に対して有効に働くとは思っておりません。なぜなら、この世には名誉と恥辱の意味を理解しない、生まれつき邪悪な人間がいるからです。これに対し、善良な人間にとっては報賞は有効に作用するのです。邪悪な人間に対しては刑事罰が必要です。ここフィレンツェでは、少なくとも最も重大な犯罪に対しては十分な法的措置が取られているように私には思われます。また、日ごとに良くなっていくように思われます。事実、あなた方が始められた政権には最も良い、最も賢明な行政官たちがおりますので、絶えず調整を行い、互いに競い合って良い法律を創り出し、こうした邪悪な人間の問題に対して、日一日とより良く対処することができるからです。

　ピエロ・グイッチァルディーニが指摘しているように、ゴンファロニエーレが無能な場合もあります。その場合、ゴンファロニエーレの死を待っている間、フィレンツェは大いに苦悩することになりましょう。その際、われわれは暴動や陰謀への道を閉ざすために、この問題を法の枠内で解決する方策を考えねばなりません。しかし私は、このようなことが起こり得るとは思っておりません。と申しますのも、先に示唆したような方法でゴンファロニエーレを選べば、フィレンツェにおいて最も高く評価されている人びとの中の一人を選出し得ないなどということはほとんど不可能だからです。たとえゴンファロニエーレがわれわれの期待に応えることができなくとも、フィレンツェを破滅させるほどに能力に乏しく、われわれとの評価が懸け離れていることはあり得ないでしょう。とくに市民が競ってその価値を示すように政権がつくられているのであれば、有能という装いの下に無力さを隠し通すことは難しいからです。それにもかかわらず、そのようなことが起こったとすれば、あるいは彼を不適格者にするような何事かが生じた場合には、シニョリーアの成員の一人ひとりが元老院とともにその選出に関与した人びとを召集し、(237)退位を要求する権限を持つようにすればよいと思っております。退位のための票決は一日間延期し、票決に必要な人数の四分の三を得て初めて成立することになります。

ゴンファロニエーレが国家に対する陰謀を企んだとか、あるいはその他の刑事上の犯罪を犯したとかの理由で、処罰せねばならない、あるいは退位させねばならないといった事例が生じた場合には、いま私が述べた方法以外に、状況に応じて一般の市民を罰するのと同一の司法機関、すなわち八人《オット》やコンセルヴァドーリが彼を罰する権限を持てばよろしいでしょう。しかし、上訴には元老院そのものが、プラティカとともに当たるべきでしょう。三分の二の豆《ファーヴェ》によって罪が確信されれば、判決が発効することになります。国家反逆罪で退位させられる場合、上訴が審議されている期間、ゴンファロニエーレは職務を停止されるべきでしょう。彼は政庁舎を去る必要はありません。しかし、いかなる権限をも行使することは許されません。なぜなら犯罪が事実であった場合、彼が職務を継続するのを許すことは危険極まるからです。国家に関する犯罪以外の罪で告発されている場合には、彼の権限は判決が確定されるまで制限する必要はないでしょう。判決が確定すれば、いかなる場合でも刑は執行

(237) consiglio il cento 百人会議を指す。元老院付属の官職者選出機関である。

されねばなりません。たとえ死刑であるとしても、です。

これが私の考えている自由で、民主的な政体です。これについては、ピエロが追放されて以来、余暇を得た私がしばしば思いを凝らしてまいりました。この政体を好ましいものとして受け入れようとしている者は、細かな点でさらにより良いものに改善し得ることを私は認めております。しかし時とチャンスに恵まれれば、このような政体が導入され得るものと私は大いに期待しております。仮に導入されましても、それは不断に改良され、これを除きあれを加えるといった形でやっと所期の目的を実現することになりましょう。なぜならば、物事というものは計画している時よりも現実に処理している時にいっそう良く理解されるようになるからです。計画は良くできているように見えても、必ずしも正確に計画通りにはいかないものだからです。私の思いますに、この政体は大衆の好みと目的にぴったりと合っておりますので、このような政体が受け入れられないとすれば、事態がいつの日か我慢し得るようなやり方で改善され得る望みはまったくなくなるでしょう。このような政体は一般によく、自由な共和国で必要とされる主要な特徴を具えております。これはヴェネツィア人の政体と極めてよく似ており、私の思い違いでなければ、現代においてばかりでなく、おそらく古代においてもかつて、一都市によって享受されたものの中で、最善にして最良の政体であると思います。その理由は、この政体がすべての異なった政体、すなわち一人による政体、少数者による政体、多数者による政体からの借り物であり、それらすべてによって鋭くされているからです。それぞれの政体の、最も良い特徴をすべて集め、悪い点をすべて排除しているのです。

ドージェ、プレガーティ、選び抜かれた行政官たちが、一君主、あるいは寡頭政が行っているのと同じ管理、同じ監視に当たり、すべての仕事は専門家の手に委ねられます。他方、彼らは独裁者になり得ないようなやり方で拘束されます。コンシーリオ・グランデは民主政にとって基本的な良き前提、すなわち自由の維持、法の権威、それに個々人すべての安全を計ります。しかしドージェ、プレガーティ、それにプレガーティによって選出された行政官たちによってバランスがとられます。したがって、重要な決定は大衆の恣意的な意志に左右されませんし、物事が大衆の有害な放縦さの中に溶解してしまう危険もありません。したがって、このような政体が樹立されて以来、これが同じ形式で何百年間も騒擾や市民的な動乱を経験することなく存続して来たのがお分かりでしょう。これは他の都市のように、反目や争いがなかったからではありません。正当な理由が表面に現われれば、いつでも反目や争いは目にすることができたからです。あるいは、野心的で抑制のきかない人物がいなかったからでもありません。可能ならば彼らはいつでも問題を惹き起こそうとしたのです。理由は、このような人物がいたにもかかわらず、政体の諸制度が彼らを阻止していたからです。ギリシャ人の共和国がいかに統治されたかを見て頂きたい。とくに、あれほどの成功を収めたローマ共和国を見て頂きたい。それは騒擾に泡立ち、暴動や無数の混乱に満たされておりました。このような生き方をしていれば、ローマ人はその共和国を何千回となく崩壊させていたことでしょう。これを救ったのはローマ人の所有している軍隊でした。ローマ人は軍隊を精力的に利用することによって犯したすべての過ちに耐え抜いて来たのです。

あなた方の政体は彼らのそれに類似したものとなりましょう。彼らの政体は最高のものです。少なくとも、あなた方のそれも良いものとなりましょう。疑いもなく、わがフィレンツェが未だ見たこともないような共和国となりましょう。なぜなら、われわれは過去、メディチ家の時代がそうであったように一人の人間の支配下にあったか、これは独裁的な政権でありましたがあるいは少数の人びとがフィレンツェの権力を掌握していたか、そのいずれかであったからです。この少数者の政権は、メッセル・ジョルジョ・スカーリの失脚から一四三四年まで続きました(238)。それ以前にも多くの機会にこのようなことが続きました。当時は少数者が一般市民を抑圧しておりました。数えきれないほどの侮辱と傲岸さで人びとを支配していたのです。また彼ら自身、派閥争いも激しく、互いに追放し合ったり、首を刎ね合ったり、滅ぼし合ったりしておりました。かくして、憐れなわがフィレンツェはわれわれの敵に害せられる以上に、少数者によって害せられて来たのです。あるいは、わがフィレンツェは大衆の専横的、かつ放埒な権力の下にありました。チオンピの乱の時がそれです。メッセル・ジョルジョ・スカーリは大衆を武器として権力を掌握しました。大衆の支配はそれ以前にもありました(239)。当時、わがフィレンツェはそのような打撃や破壊を蒙り、大いに苦しみましたので、外国人の手に落ちなかったのは、まるで奇跡のようです。何度落ちても不思議ではなかったのです。あるいは、大衆は好むがままに行動し得るので愚かな繁栄を誇っていたともいえます。権力は少数者が握り、公職追放、アムムニティ(240)の時代には物事はもつれにもつれて混乱を極め、カオスの時代(241)にあってさえこれほど酷いものであったとは思えません。どれほど多くの派閥抗争にわれわれは苦しんだか、その結果、どれほどの悲惨な出来事が生じたかがお分かりでしょう。数多くの市民が追放され、どれほど多くの高貴な名門が破滅させられたか、どれほど多くの邸宅が焼かれ、どれほど多くの財宝が略奪され、破壊させられたか、どれほど多くの卓越した市民が首を刎ねられ、殺されたことか、いかに数多くの記憶に残る革命が繰り返されたことか、フィレンツェが破滅しなかった理由が分からないほどに、です。したがって、運命の女神によってであれ、神の恩寵によってであれ、われわれが私の論じてきたような政体、あるいはそれに類似した政体を発見することができなければ、過去と同じ災厄を恐れねばなら

(238) すなわち一三八二年一月からコジモ・デ・メディチのフィレンツェ帰還の一四三四年九月まで、である。ジョルジョ・スカーリについては巻末「登場人物案内」307頁参照。およびグイッチァルディーニ『フィレンツェ史』三一―三二頁参照。

(239) 一二六〇年代、一二九〇年代、一三四〇年代を指す。

(240) a tempo degli ammuniti 公職追放の時代とは一三四六年以降を指す。ゲルフ党(教皇派)がその政敵をギベリン党(皇帝派)として、公職から追放し、公権を剥奪した騒動である。

(241) ヘシオドス『神統記』一一六「先ずはじめにカオスが生れた。」

ないでしょう。しかし、そのような政体に何とか向かうことができれば、われわれはあらゆる祝福を望み得ますし、真の自由を享受し得るでしょう。わがフィレンツェはこの真の自由なるものを、今日に至るまで目にしたこともなければ、経験したこともありません。この点、われわれは自らを欺いてはならないのです。

ソデリーニ

あなたの仰しゃったことはまったく正しいと思います。神の祝福が与えられるのを願うばかりです。しかし実際にあなたはどのようにお考えなのか。あなたはそのような祝福をわれわれが達成し得るものと楽観しておられますか。これについて、あなたは昨日議論なさいました。しかしどちらかというと批判的で、建設的ではありませんでした。したがって、もう一度お話し頂ければと思っております。

ベルナルド

パゴラントーニオよ、私は予言者ではありません。またあなたの方が私などよりずっと現状について正しい判断が下せるはずです。しかし、終身ゴンファロニエーレと終身元老院制度の構想がこの早い時期に提案されていたならば、現実問題としてすべての人から嘲笑されたであろうことを十分、私は承知しております。なぜならあの時期、すべての人びとはより平等な政体か、あるいはより広く解放された政体か、そのいずれかを提案していたからです。したがって、彼らは政体を制限しようなどと論ずる人には完全に反対したはずです。彼らは疑いを抱くようになったはずです。すなわち、それらの制度は狭い政体、あるいは独裁政を導入する目的で提案されたものと疑うのです。事実は、これらすべての制度は民主政体を確立し、それをより長く永続させ、自由を維持するのを狙っているにもかかわらず、です。フィレンツェは自由な政権には慣れておりません。自由を見たこともありません。

したがって、こうした初期の段階の混乱した状況は、人のよく理解できるものではありません。メディチ政権から、つい最近生まれたばかりですので大衆は極めて猜疑心が強く、すべてのものに対して攻撃を企てるのです。

良き政府が導入されるのは一般に力によるか、あるいは説得によるか、そのいずれかによるのです。たまたま君主たる者がその君主政を否認し、共和政を樹立したいというようなことがあれば、この場合、これは力によります。というのも、指揮し、命令を下すのは当の本人だからです。このような場合、良き政府を導入するのは極めて簡単です。一つには、既に申しましたように、すべては彼に左右されるからです。一つには、自由について考えたこともない、独裁政の下で生きて来た大衆が突然、自由な共和政(242)に導き入れられる、しかも平穏に武器も使うことなく導き入れられる、このようなことが生じた場合、彼らはあたかも天国に導かれたかのように考え、すべてを儲け物として受け入れるからです。もちろん、それが導入されたのは、あらかじめ命令され、その規模も限定されているという事実は残ります。いずれにしても、このようなことは現在のわれわれには起こり得ようもありません。なぜなら、大衆は依然として無制限の参画を求めており、この政権は既に彼らのものであり、蜂起によってメディチ家を追放し、それによって獲得した政権であると信じているからです。これに加えて、自らの意志で自らの君主政を破棄するといったような君主が仮にいるとすれば、その者はどれほどの信頼をかち得ることになりましょう。何としても彼は祖国への愛によってのみ、ひたすらこのような行為に出たからです。したがって、彼の指令はかつて有していた指揮権のために受け入れられることになりましょう。また、進んで服従されることにもなりましょう。彼の得た、こうした権威や信頼のためです。

(242) al vivere libero

真の名誉、真の栄光がこのようなことに存するものと一般に認識されれば、このようなことを行う君主が多く出現することになりましょう。後世に名を残すには、このような目覚ましい行為によるのが、より名誉あるやり方でしょう。これによって、彼の善良さと祖国に対する尽きせぬ愛情が示されるからです。己れ自身の権力や一族、子孫のそれよりも、祖国の繁栄をはっきりと先行させているからです。このような行為は、いかなるものも運命の女神に帰すことはできません。すべてが彼自身のヴィルトゥに負っているのです。また、その果実は少数の人びとのみを短期間、利するだけではありません。時代を超えて無数の人びとに利益を与えるのです。

しかし、人間の味覚(243)は堕落してしまいました。真の名誉が権力以外のものに存するなどとは信じられなくなりました。したがって、このような人びとを今日見出すことはできません。スッラ(244)は独裁執政官の地位を放棄した後、次のように弁解いたしました。すなわち、権力を放棄する気になれないのは共和国の忘恩である、君主政を放棄した者に対して時折り見られる共和国による不当な仕打ちのためである、と言うのです。このような弁解を同じように行う者がいたとしても、彼らはその弁解ではどうやら不十分であることを感じているのです。なぜならば、祖国愛は義務であると考え、そのような行為によって得られる栄光と永遠の記憶に思いを馳せる者なら誰でも、それらの行為そのものに高い価値を認め、祖国が忘恩であるか、ないかなどはどうでもよいことになります。忘恩やその他いかなるものであれ、そのような行為を彼から奪い取ることはあり得ないのです。ありそうもないことですが、仮に、進んで良い行いをした者に対する忘恩が実際にあり得るとしても、私的に、公けの事柄から離れて生活すれば害せられることはないでしょう。とくにアウグストゥス(245)やその他の人びとのように、君主政を領《し》いている期間に血を流すことなく、あるいは残忍さによって敵をつくるようなこと

(243) Ma gli uomini hanno el gusto corrotto.

(244) スッラの独裁は紀元前八一年から七九年にかけて行われた。巻末の「登場人物案内」309頁参照。

(245) アウグストゥスは紀元前三一年アクチウムの海戦でアントニウスを破った後、紀元後一四年に至るまで実質的にローマを支配した。巻末の「登場人物案内」299頁参照。

もなければ、そう言えます。アウグストゥスやその他多くの人びとはしばしば、共和国の回復について口にしましたが、実際にそうする意図はまったくなかったのです。

元のテーマに戻りましょう。愛国的な一市民が同じように力を用いて政体を導入することもありましょう。これはリクルゴス(246)があの神聖な法をスパルタに制定したとき、行ったことです。事態が混乱しており、それらを同意と公けの取り極めによって改善しようという勇気に完全に欠けているのを見て、愛国的な一市民が他の市民を無視しても力によって権力を掌握するのです。その目的は良き政体の樹立にあります。このような人びとがいれば当然、称讃し、栄誉を与え、このような恩恵に対して感謝の念を示すべきです。一都市に対して為され得る最大の恩恵といえるからです。しかし、このような方法を用いるべきだと思ってはなりません。というのも、この方法はあまりにも危険だからです。この方法は良き行為を口実として独裁政を樹立する機会を野心家に与えるからです。また、大いにあり得ることですが、このような企てに乗り出した当初は良き意図をもって当たるのですが、権力の味を知ると心を変え、独裁に向かうようになります。この危険は次のことを考えればいっそう危険となります。このように力を用いて樹立された政権は、それが樹立された同じ日に、その力を放棄することはできません。と申しますのも、この政権が安定するまでは、あるいは当初、この政権を嫌悪していた人びとによって、これが良いものであると承認されるまでは、彼らはこれを崩壊させようとするからです。したがって、この政権がしっかり根を下ろすまで、力を用い続けねばならないからです。力が使われるのが長引けば長引くほど、それだけ力を用い続けようという欲望が大きくなる危険があるからです。あなた方も御存知の格言にもあります。「遅延は悪を生む」からです(247)。

したがって、われわれは説得によらねばなりません。これには目下、耳を貸す人はいないでしょう。

(246) リクルゴスについては巻末の「登場人物案内」321頁参照。

(247) lo indugio piglia vizio. グイッチァルディーニは格言や諺に強い関心を抱いている。巻末付録『リコルディ』287頁C一二参照。

しかし私は確信しております。物事が動いていけば、間もなく多くの人びとは多くの混乱、無秩序の存していることに気付くことになりましょう。彼らの心は一方ではこの事態を何とかしたいという欲求と他方、権力があまりにも局限されるようになるのではないかという恐れとに分裂することになります。ここで私の見るところ、運命の女神が必ずや一定の役割を果たすことになりましょう。人びとの目を開かせる無秩序、混乱は場合によっては破滅的なものであって、いかなる措置も間に合わないということもあり得ます。とくに、先にお話し致しましたが、イタリアの争乱が国家の支配者たちにとっていつも以上に暴力的になり、危険なものになっているからです。また次のようなこともあります。すなわち、これらの混乱、無秩序はひどいものではありますが、フィレンツェに害を与えても完全にこれを崩壊させてしまうといった状況ではありません。その場合、問題となりますのは、必要な改革を導入した者が良き仕事を行えるかどうかという問題です。と申しますのも、有力市民たちが狭い政権の樹立を望んでいるのではないかという恐怖が常に大きな障害となるからです。このような状況にあって、終身あるいは長期のゴンファロニエーレがいかなるものにもましてより良い解決策として登場することもあります。これは、終身元老院ほど彼らに影を投げかけないであろうからです。また元老院のみでは、フィレンツェの秩序がよく保たれることはないからです。

実際、ゴンファロニエーレの選出がなされた後、何が起こるかは選ばれた人物の質によります。野心家であるとか、あるいは猜疑心が強いといった場合、彼は権力をこれ以上制限しようとはしないでしょう。なぜなら、野心のために彼は必ずや無知な人間や弱い人間を相手にし、賢明で高く評価されている人びとを蔑《ないが》しろにしようと致します。無知な人間や弱い人間であれば、己れの好むがままに扱うことができると思っているからです。猜疑心のために彼は空しい恐怖に満たされます。賢明で高い評価を与えられている人びとの名声が高まれば、彼らは他の政治機構を望み、彼を滅ぼそうとするのではないかといった恐怖です。(248) 彼の態度がこのようであれば、能力ある市民たちは満足いかず、積極的に邪魔立てをし、革命を考えるようになります。かくして、とどのつまりは彼は独裁に訴えるか、あるいは破滅させられるか、そのいずれかにならざるを得ません。そして彼の破滅は必然的に自由そのものが破壊される危険を伴うのです。

しかし、フィレンツェに幸運が訪れ、選出の結果、良き政体を樹立する栄光をこよなく愛する賢明な人物が選ばれたものとしましょう。この場合、彼は次のことを認識するはずです。すなわち、これらの法律はたとえ彼の権威を少しばかり制限するとはいえ、彼の職務をより長く、より堅固なものにさせるであろうということを、です。これは実は、かつて、あのスパルタ王が執政官《エフォール》を任命することに同意した時、(249) これを批判した母親に対して答えた文言なのです。そうなれば、ゴンファロニエーレは彼のみに責任のある他の仕事を行うのが極めて容易になるからです。というのも、彼は信頼されるからです。己れの利益に動かされたものでないことを誰もが認めるからです。拘束される身ではないのに自らを拘束し、これによって己れの権威が増大するというより、むしろ減少するような物事を提案しようとしたからなのです。また終身職であるため、一回で為し遂げられなかったもの、一つの機会で為され得なかったことも、何度目かには成功し得るのです。このことは、ゴンファロニエーレを終身にするか、あるいは一定期間に限定するか、そのいずれが良いかについての議論が生じた場合、あなた方に思い起こしてもらいたい論議の一つなのです。仮に一定期間に限定された場合、ゴンファロニエーレがそれとは別の法律を導入しようとすれば、彼は信頼されることはないでしょう。終身であれば、こういうことは起こり得ません。なぜなら、この際、任期が終わった時の己れ自身の利益を

(248) ピエロ・ソデリーニが念頭にあろう。巻末の「登場人物案内」310頁参照。

(249) 伝承によればエフォールは五人より成る。年々、任命される。王は彼らに法の遵守を誓い、彼らは王を支持する。テオポンプス王の時か。

追求しようとしていると一般に恐れられるからです。

結論を申しましょう。私は大いに決め兼ねております。なぜなら、この混乱した政権が改革されるかどうかは多く運命の力にかかっているかのように思われるからです。多くの人が信じておりますように、この世の事柄には運命の力が大いに影響力を発揮するものなのです。あるいは、すべてを思慮分別とヴィルトゥに帰すことによって運命の女神を除外しようとする人びとでさえ、少なくとも次のことは否定し得ないのです。すなわち、物事がタイミングよく生じ、その目的に導かれるよう、仲間と機会を見出す、このようなことに運命の女神は影響するということです(250)。したがって、私は今後どうなるかが分からないでいるのです。とにかく、フィレンツェを改革するにしても、その際、犯される過ちから生じる何らかの出来事によって最初に危険に晒されない限り、改革の希望がないのは不幸なことです。善を楽しむにはその前に悪に耐えねばならないのが、この世の不幸な定めなのです(251)。昨日、申しましたようにフィレンツェが若い都市であれば、もう少し自信が持てるだろうと思っております。若い都市は悪い政体の下で老いた都市よりも新しい法を採用しやすいものです。加うるに、その運命の女神が若々しく、未だそのエネルギーを使い切っていない場合には、すべての物事はうまく幸せに働くのです。しかし、その運命の女神が背を向けはじめると、今度は逆に再び立ち上がり、回復して行くことが不可能に思われるのです。それは都市の規模の大きさから生じて来る悪習に起因するのかもしれません、あるいはおそらくこの世の物事に自然な生の循環によるものなのかもしれません。これによって都市や帝国の生、人間の肉体は終わるのです。老年に至って、これらは青年時代に享受していた勇気と活力あるヴィルトゥを奪われるのです(252)。

よろしいですか。この政権の、出発に当たっての混乱を改善することができなければ、必然的にフ

(250) 巻末付録『リコルディ』288頁以下C三〇、三一、B五二参照。

(251) 巻末付録『リコルディ』289頁C一四六参照。

(252) 巻末付録『リコルディ』289頁以下C一三九、一八九、A一五六参照。

ィレンツェは破滅を迎えます。この場合、フィレンツェはその領土を失い、従属国になります。あるいは独裁政になります。これはすべての放縦な民主政権のありふれた運命なのです。この独裁政がメディチ家のそれに似ていれば、先に指摘されたような、悪い特質を持つことになりましょう。異なっていれば、たとえそれがいかようなものであっても、必ずや過去のそれとはまったく異なった異様なものとなりましょう。理由は明らかです。なぜなら、メディチ政権は自由《リベルタ》な政権の後に生まれたものではなかったからです。メディチ政権が引き継いだのは、権力が少数者の手にあった政権[253]でした。したがって、一般の人びとはそれに関与しておりませんでしたので、何か重大なものを失ったという感覚がありません。したがって、一つの政体から他の政体へ権力が移っても、それを容易に受け入れることができたのです。それどころか、逆に、この時代の状況は小ギルドの人びとがこのような政変や権力闘争から常に利益を得ることができるようなものだったのです。というのも、領袖たちが滅ぼされ、底辺にいた人びとが引き上げられ、絶えずその地位を高められ、改善されていたからです。また、政権の指導者たちには彼らを大切にしない、いかなる理由もなかったからです。彼らを友人たちと見なしていたからです。これはあらゆる政変について言えましたが、とくに一四三四年のそれはそうでありました。なぜなら、メディチ家は他にも基盤を増大させていたが、その中には下層民の好意を得[254]ていたことがあるからです。しかし今や、人びとが自由の甘美さを味わい、何びともそれに参加し得ると思っている政権の甘さを味わった以上、権力が少数者にのみ限定された政権に復帰することは一般大衆の嫌悪を喚び起こさずには不可能なのです[255]。独裁者は誰であれ、不信に満たされて生きねばならず、その権力の基礎を暴力に置かざるを得なくなるでしょう。暴力と猜疑心によって支配されている国家がどのようなものであるかは、私が皆さんに語る必要はないでしょう。皆さん良く御承知のこ

(253) 一四三三年以前のオッティマーティによる政権。

(254) el favore degli uomini bassi

(255) 巻末付録『リコルディ』290頁C三八、B一五四参照。

とですから。

このことからもう一つの推論が引き出されます。これは私には関係ありません。私はそれほど長くは生きられませんから。これはあなた方に関係しているのです。あなた方はまだお若く、世の中の物事が完全に駄目になってしまわない限り、必ずやフィレンツェで大きな名声を博することになるからです。昨日、申しましたように、あなた方の為さねばならないことは、他のすべての目的を忘れることです。この政権の下でこそ生きねばならないという事実を受け入れ、喜んでこれを受け入れているかのように振舞うのです。そしてあらゆる機会を捉えて、この政権を改革して行くよう可能な、あらゆる手段を講ずるのです。しかし、この欲求にあまりにも強く囚われてはなりません。その時期が来るのを待たずに、改革しようなどとしてはなりません。と申しますのも、同じ仕事でも誤った時に為されればそれを実現するのは、たとえ不可能ではないにしても極めて困難だからです。しかし、時と機会が正しければ極めて容易になるものなのです。誤った時にそれらを試みる者は成功しないだけでなく、それを試みることによって正しい時に為されれば容易に実現できたであろう、その仕事をまるっきり駄目にしてしまう危険があるのです[256]。辛抱強い人が賢明であるとされるのは、こうした理由からなのです。改革のための良い時期が到来した時には、よろしいですか、当初狙っていた目標を完全に達成し得なかったとしても、物事がどうやら我慢できる状況であり、フィレンツェが生き残っていれば、それで満足すべきなのです。その他については、物事を受け入れ、変化を求めるより、できるだけ時勢に従っていった方が良いのです[257]。そのようにしていれば、あなた方にはこれ以上悪いことは起こりません。しかし、そろそろあなた方に席を譲る頃合でしょう。他に何も申し上げることはございませんし、初めに思っていた以上に、長々とお話ししてしまいました。

(256) 巻末付録『リコルディ』292頁C七八、B一一七参照。

(257) 巻末付録『リコルディ』292頁C一六九参照。

グイッチァルディーニ　しかし、もう二点だけお話し下さい。一点は、終身ゴンファロニエーレに任命される年齢は何歳にすべきだと思いますか。二点目は、コンシーリオ・グランデで任命される官職はすべて過半数によるべきだとお考えですか。

ベルナルド　ヴェネツィア人がドージェに対して年齢制限を設けたとは思いません。メッセル・アンドレア・ダンドロ(258)という人がおりました。わがペトラルカの大変親しかった人ですが、彼がドージェに選ばれたのは三十歳ぐらい、あるいはもう少し上だったかもしれません。教皇も大変若くして選ばれておりました。先のボニファキウス(259)が選ばれたのは二十八歳の時でした。長い間、ローマ人は執政官職に対して同じようにしておりました。次いで規定が出来て、四十二歳にならなければ、何びとも執政官になれなくなりました。ローマにはスキピオ(260)やその他の人びとのように極めて有能な若い人びとが多くおりました。彼らが年齢のために役職から除外されていたならば、共和国はこれによって大いに損害を蒙っていたことでしょう。若い人たちがあのように目覚ましい行為を為し遂げたのは、共和国の利益のためだったからです。これと同じことが、あらゆる都市、あらゆる時代にも当てはまります。それにもかかわらず、このような終身の最高の官職には成熟した年齢の者が就くのが良いのではないかと私は思います。と申しますのも、長期間、若者が役職に就いておりますと、通常は温和で危険も少なく権威を享受していたにしても、他の若者たちの心を掻き乱すことが大いにあり得るからです。最近、ヴェネツィアにフランチェスコ・フォスカリ(261)の例がありました。彼はおそらくヴェネツィアの生んだ、いかなるドージェにもまして優れた、かつ賢明なドージェで、彼の下でヴェネツィアは多くを得

(258)　一三四三年ドージェに選ばれる。巻末の「登場人物案内」312頁参照。

(259)　ボニファキウス九世（在位一三八九―一四〇四）。

(260)　巻末の「登場人物案内」307頁参照。

(261)　一四二四年ドージェに選ばれる。巻末の「登場人物案内」316頁参照。

ましたが、それにもかかわらず、生き延びて三十年以上もの間、その職に留まっていたために貴族たちを焦立たせ、その結果、彼らは耄碌《もうろく》したとして彼を退位させました。耄碌としか、他に言いようがなかったからです。

ゴンファロニエーレと元老院議員について申し上げたこととは別に、私は、主要な官職はたとえばオット・ディ・バリーアや元老院の諮問会議、ピサ、アレッツォ、ピストイア、ヴォルテッラ、コルトナなどのカピターノ職[262]などは、いかなることをしても過半数によって選出されるべきだと思います。その理由はそれらが重要なものだからですが、またそれらが名誉の梯子段となれば良いと思っているからです。なぜなら、自由な政権では名誉を尊重することに人びとを慣れさせ、多くの有能な人びとを楽しませねばならないのですが、その意味で、できるだけ多くの尊敬される地位を設けて一つひとつ昇進の梯子としていくことは、大いに役に立つからなのです。このような理由からして、ヴェネツィア人は既に大きな官職を経た者を小さな官職に就けさせませんでした。これは賢明なことでした。また、城砦カピターノをもう少し重要なものにしたらどうかと思っております。この規定を人びとが好まなかったとしても、少なくともその候補者は票決で一定の過半数をかち取ってから、くじ引きに付されるようにしたいと思います。要するに私の目的は、最も重要な官職を過半数票によって選出させることです。あまり重要でない他の官職については、半数と一つの豆を集めた者すべての氏名をくじ袋に入れて、くじ引きを行わせます[263]。しかしながら、私は官職によって豆の数を多くしたり少なくしたりしますが、これは私の信念によります。今まで通り過半数によって、あるいは限定された数の豆によって選出される官職に対しては、ぜひとも次のことを付け加えたいと思います。すなわち、一定の人数が票決に付されて来たのですから、最も多くの豆を得た者がたとえ絶対多数を取らなくと

(262) 巻末の「解説」三参照。

(263) 一四九七年五月十二日の法律でこれが実際に行われている。その時のゴンファロニエーレは他ならぬベルナルド・デル・ネロである。

も選ばれるべきだということです。これは、選挙が本来そうであったよりも一段と開放するような法案を通すために、コンシーリオ・グランデが過半数を与えようとしないのを阻止するはずです。(264)

グイッチァルディーニ

私も一言申し上げます。あなたはローマ人の軍隊を称讃致しました。これは当然ながら、どなたも称讃致します。また、あなたは国内問題についてのローマ人のやり方を批判致しました。これもまた多くの人びとが批判するところです。しかし、私はそれとは反対のことを論じている少数の人びとについて聞き及んでおります。(265)彼らが主張している理由は次のようなものです。すなわち、ローマ軍が秀れていたという前提、これについては何びとも否定しないし、また否定し得ないことですが、この前提を受け入れればローマが良い法律を持っていたということも認めねばならない、さもなければ良き軍事的紀律を彼らが持つことは不可能であったというのです。これはまた、ローマが軍隊のみでなく、他のあらゆる物事においても卓越性の無数の例を誇示していたという事実によっても示されているというのです。このようなことは、教育が良くなかったならば、起こり得なかったでしょう。また法が良く整えられ、よく守られていないようなところでは、教育も良くないのです。したがって、良き法が存するところでは、政治制度は悪くなり得ない、と言うのです。このことからして、元老院議員と平民、執政官と護民官との闘争が、実際以上に深刻であったかのように思われておりますが、実際は、それが生み出した混乱は基本的な事柄で共和国を不安定にさせることはなかったと結論付けられるのです。

したがって、元老院は数が少なく平民の数は巨大であったがゆえに、ローマ人は次のいずれかの道を決断せざるを得ませんでした。すなわち、一つは、戦争に当たって平民を使わないという道です。

(264) このような問題が当時、政治問題化していた。グイッチァルディーニ『フィレンツェ史』二一五—二一八頁参照。

(265) マキァヴェリが念頭にあろう。マキァヴェリ『政略論』(永井三明訳、第一巻第四章、世界の名著、中央公論社)一八一頁以下参照。

この場合、あの大帝国建設のチャンスはローマ人から奪われていたでしょう。もう一つの道は、平民を御していこうと欲するのであれば、寛大に彼らの感情の爆発を許すことにありました。平民たちは単に有力者の圧迫からわが身を守り、一般の自由を維持しようとしていたのです。王の廃位からグラックス兄弟[266]の時代までのローマ史を読めば、大きな騒ぎはありましたが、傷つけられた市民はあまりおりませんし、仲間内で戦ったこともございません。平民を反乱に走らせずに戦争に使う方法が見出されていれば、遙かに良かったであろうことを否定する人はおりません。しかし人間の事柄には、何らかの害の伴わない、完全に良いものを手にし得るのは不可能ですので、害に比べて圧倒的に良いものを含んでいるものすべてを、われわれは良いものと呼ばねばならないのです。ローマの統治はこのようなものでした。害悪や混乱が生じたのは、いかなるものも本来、完全に純粋ではないという事実からでして、その制度の何らかの欠陥からではありませんでした。護民官職[267]はローマの統治を批判する人びとによってとくに批判されていますが、既に申しましたように、貴族による圧迫から平民を守るという目的もさることながら、一般の自由の番人でありました。新しい法を平民に提案し、干渉権を発動する権限を持ち、さらに告発の権限を持っていたからです。この告発権は自由な都市では極めて有益なものでした。なぜなら、それは有害な市民を叩き、自由の侵害を企み法を犯して生きる人びとをすべて大きな恐怖に曝したからです。犯罪を明るみに出す者もいず、それを追求する者もなく、ただ座して犯罪が罰せられるのを待てば、しばしば手遅れとなり、犯罪は常になおざりにされます。おそらく、これが君たちの計画した政権の一つの欠陥でしょう。なぜなら、この政権をつくるに当たって君たちは、人びとにこのようにするよう鼓舞し、あるいは強制するいかなる方策も思い付かなかったからです。[268] 加うるに、護民官職、あるいはそのような官職はおそらく元老院を統制するに当たっ

(266) 巻末の「登場人物案内」305頁参照。王の追放は紀元前五〇九年、グラックス兄弟の活躍は紀元前一三三―一二一年である。

(267) 護民官職は紀元前四四九年まで十名で構成されていた。

(268) ピエロ・グイッチァルディーニはピエロ追放に積極的役割を果たさなかったし、新政権樹立にも積極的に関与しなかった。政治的にはビジ（bigi）であった。態度を明らかにしないのである。拙著『グイッチァルディーニの生涯と時代』（太陽出版）上巻四三頁参照。

て役立つかもしれません。元老院は権力を不当に我が物とし、絶えずそれを増大しようという欲求を抱くものだからです。とくに、あなたが申しましたように元老院と大衆の間には一定の意見の違いがあり、両者のうちどちらが他方を圧迫する手段を多く持っているにせよ、それを抑制する何らかの手段を見出すことが不可欠となるからです。私がこのようなことを申し上げたいと思いましたのは、ひとえに君たちがもっとこの政権について話し合い、誰の意見が最善のものかを知る機会を提供いたしたいと望んだからなのです。

ベルナルド

私はあなたの御謙遜についてはとやかく申しません。外交辞令で時間を浪費したくないからです。したがって、単刀直入に問題に入ります。まず私は、ローマ人の軍事制度がその偉大さの基盤であって、極めて良く創られたものであるという点で、あなたとまた他のすべての人びとと完全に同意するものであることを申し上げたい。また私は、彼らの内政上の処理の仕方が極めて乱雑で、騒然としていたこと、したがって軍事的な活力と勇敢さがなかったならば彼らの共和国は必ずや崩壊していたものと思っております。私の意見では、これは共和国の制度が悪かったという事実に由来しております。それに、あなたがそれを弁明するために用いた議論そのものが、私の申すことの真実さを実証するものだというのが私の意見です。すなわち、他ならぬローマのこれら悪い特徴をそれがより大きな善を求めたことの必然的な結果だとする、あなたの議論です。

われわれの論じたローマ人の派閥抗争は、主として一つの原因から生じました。すなわち、ローマ市がそれぞれ独立した階級に分裂したことです。その一部が貴族で、他が平民です。政権の組織は貴族のみが官職や栄誉を独占し、平民は法律によってそれから除外される、といった具合に作られていました。したがって、市の一部が主人で、他は奴隷であるといっても過言ではありません。しかし、これのみではあれほどの争いを惹き起こすには不十分であったはずです。なぜなら、平民は数において疑いもなく多数を占めていましたが、彼らの中で統治し、それらの栄誉を享受したいと熱望する者の数は、ずっと少なかったからです。少数派であったため、貴族と対立するまでには至らなかったのです。しかし、下層民を蜂起させるに至った、もう一つの刺激は、貴族がその権威を行使するに際して手心を加えなかったということです。それどころか彼らは逆に平民を虐待し、法的問題に関して彼らを締め付けはじめたのです。たとえば、借金の返済などについてです。この場合、貴族は平民からその財産を奪うことに満足せず、強制的にその人格を債権者の手に委ねたのです。このような苛酷な態度は指導的な平民たちに、下層民を彼らの考え方に近づけさす機会を与えました。この機会を利用して、平民の指導者は派閥を組織し、次のような目的を実現しようと致しました。すなわち、借金に関する新しい法律と平民に官職に就く資格を与える新しい法律を制定するというものです。この、平民に官職に就く資格を与える法が提案されたのは主として、平民が統治に参画しない限り、下層民を虐待[269]から守ることができないという理由からでした。人間の心というものは絶えず個人的な快適さを増大させよう、当初の欲求のみを達せればそれで良いというものではないので、時とともに平民はいま申し上げたような要求の他に、最初は公用であった土地を分割せよ、という要求を付け加えました。しかし、これは一番最後の要求でした。なぜなら、人びとを隷属の身に追いやった借金の問題の方が、他人所有の土地を分割しようという欲望よりも、より切迫したものであったからです。そして、これは物事の自然の道理に従ったものでした。まず自分自身の土地を保持することを考え、次いで他人の土地を占有しようとするからです。

（269）ingiuria

これらの法律はローマが共和政[270]になった時に新しく制定されたのではありません。それらはローマとともに生まれました。そして王の時代を通して存していました。なぜなら、貴族はそもそもの初めから平民と区別されていたからです。元老院は王とともに共和国の統治に当たっていました。王は重要な問題については元老院に相談していたからです。その後、タルクイニウス・スペルブス[271]の時代が来ます。彼は、前任者たちにもまして王国を独裁政にしようと努めた人です。当時、このような分裂が混乱を惹き起こさなかったことには多くの理由があります。まず、他の誰よりも権威を有していた王は、いかなる形であっても平民が虐待されるのを許さなかったからです。むしろ、王は彼らを満足させておこうと努めました。事実、王たちのある者は平民を扱う、そのやり方において野心満々でした。しかし、少なくとも彼らは虐待を阻止しました。平民が不運にも災難に苦しんでいるのを見れば、彼らを助けるためにできるだけのことをしたものです。

歴史を見ると、セルヴィウス[272]は貧者の借金を支払ってやった、とあります。また有力者によって横領された公用地を分配いたしました。税に関しても、以前は貧者と富者に平等に課せられていましたが、セルヴィウスはその者の資産に応じて配分されねばならないと命じており、その他多くの公平な法律も制定しています。王たちは実際に、平民を虐待から守り、慣習として困窮している者を救っていたので、平民たちは統治に関与する理由がまったくありませんでした。統治に関与することは、より高貴な人びとをのみ、動かす刺激だったのです。王が追放されて、執政権を持った護民官として貴族なり、あるいは平民なりを選ぶことができるようになっても、平民は自ら常に貴族を選んでおりました。これほど長い期間、この職に就いていたこれらの護民官たちが、ついに借金と土地と執政官職についての新しい法律を公布した時に、仮にそれぞれの法律を別個に票決に付していたならば、平民

(270) al tempo della libertá

(271) Targuinius Superbus 伝承によればローマ最後の王とされる。「登場人物案内」312頁参照。

(272) Servius Tullius 伝承によれば最後から二番目のローマ王。「登場人物案内」309頁参照。

たちは最初の二つの法律を通し、最後のものを否決していたでしょう。この法律がコンスルの一人は常に平民の一員でなければならないと規定していなかったならば、彼らはその後、これらの名誉職をかち取ろうとする気にはなれなかったでしょう。

したがって、王たちの時代においては、これらの官職から除外されていたことで平民たちは抗議したことはありませんでした。というのも、彼らは虐待から保護されていたからです。最終的に決定を下すのは王であったがゆえに、統治に関与することは後に自由の時代になってのようにそれほど多くの権威を与えるものではなかったし、それほど価値のあることとは思われなかったからなのです。さらに、王はしばしば平民を元老院に送り込んでいたこともあって、平民の中でも最も有能な者は貴族になり得るという望みがありました。このようにして平民大衆は満足しておりました。何びとによっても迫害されることもなかったし、時には王に助けられたからです。他方、指導的な平民たちは元老院に認められる希望を持てたのです。このような議論は王たちの追放以後はもはや通用しなくなります。王の力と権威が貴族にそのまま移譲されたために、彼らの権威が大幅に拡大したからです。かくして、平民は彼らの虐待と不遜さにひとり晒されることになるわけです。彼らを守る者はもはやおりません。あるいは法の苛酷さから逃れる術もないのです。指導的な平民は官職に就けなかっただけではありません。この政体の下では、いつか官職に就けるという希望まで失われたのです。というのも、貴族たちは彼らが官職に就くのを阻止致しましたし、平民にそのような栄誉を与えるくらいなら、むしろ外国人に与えた方が良いとさえ思っていたからです。貴族の位階にある者が同国の無知と思われる人びとに対して嫌悪と侮蔑を感じるのは、ごく自然のことであるからです[273]。

王が追放された時、このような変化が生じるとは認識されておりませんでした。なぜなら、人間と

(273) グイッチァルディーニも当然そうである。コンシーリオ・グランデを構成する中小店主や職人層をグイッチァルディーニは multitudini と呼び、無知なる者として軽視した。

いうものは何かある物事に悩まされている時には一般にそれから解放されることにのみ専念するため、その解放とともにもたらされる害悪には思い至らないものだからです。また気付いていたとしても、彼らはそれを軽く見ます。なぜなら、それに対処するために時間をとりたいと思うからです。また、自由が新たに獲得される時にしばしば生じることですが、人びとはこの新しい政治形態に慣れていないので、自由な政体のそもそもの本質をよく理解し得ないので、共和的政体を初めから効率よく実現するその術が分からないのです。確かに、古代史を読めば、ある都市がたった一度の法令によって完全に整備されるものとは思えないでしょう。そのようなことは滅多にありません。初めは不完全な点がいくつかあるものなのです。時とともにまず一つの不備が、次いで別の不備が発見され、修正されていくものなのです。したがって、人間の実践的な知恵だけでは共和国の実現を成功させるに決して十分ではないと言えるのです。運命《フォルトゥナ》の女神もまた微笑んでくれなければならないのです。不備な点が暴かれるには日々の経験が必要で、時とともに発見され、そのようなやり方でそのような状況において矯正されるのですが、これは運命の女神がそうさせるのです。このようなことは、あなた方の政権が実現され得るのではないかという希望を私に与えます。もっとも、何度も申しましたように、フィレンツェが若かったなら、もっと希望が持てることと思います。若ければより柔軟であり、その運命《フォルトゥナ》の女神も演じ終わっていないからです。

しかし話を元に戻しましょう。ローマで騒擾を惹き起こしたものは何であったのでしょう。その原因となったのは、ローマの大部分の人びとが悪い状態に置かれていたという事実です。しかも、ローマは全面的に軍に依存しておりましたので、彼らがいなかったなら戦争を行うことができなかったのです。われわれは次のような問題の大きさを否定するわけにいきません。すなわち、すべての人を必要としていると言われている政体であるが、実際にはすべての人が十分な根拠をもってこれを嫌っている、そのような政体を制定するという問題です。正しい方法は次のようなものであったでしょう。すなわち、ローマを一体化して、統治に参画する貴族の数と平民の数の差異を一掃する、これを保証することであったでしょう。このような方法で彼らが統合されていたならば、それ以上の虐待の理由もなかったし、統治に参画するために人びとを反乱に促す必要もなかったでしょう。これが真実であることは、執政官職、その他の官職が平民に解放され、債権者が以前ほど苛酷でなくなると、ローマはその後グラックスの時代に至るまで数百年間、平穏であったという事実に示されています。グラックス時代になると暴動が起こりますが、これは異なった原因から生じたものです。平民の護民官職は初めは極めて混乱した官職でしたが、やがてかなり静かになりました。なぜなら、一つにはひとたび統治の資格が認められると平民の指導者たちは騒乱を惹き起こす理由もなくなったし、理由を持っていたにせよ必要に迫られていない他の人びとの支持を得ることができなかったからです。ピエロ・グイッチァルディーニの挙げた理由は、ローマの統治がなぜあのように為されたか、その理由を説明するにあたって、いかなる理由にもまして良いものです。なぜなら、彼らが平民を使って戦いをしようと欲すれば、平民を幸福にしておかねばなりませんでした。あるいは平民を不幸にしておきたいと欲すれば、市民軍を持とうとする方向を放棄する必要があったでしょう。しかし、貴族は名誉職を自分たちの手に握っておこうとして、そうするのを欲しなかったのです。他方、彼らは平民を虐待から守るための方策について考えなかったし、方策を見出す術をも知らなかったのです。あるいは平民の有力者を時折り元老院に迎え入れることについても考えなかったし、そのやり方も知ることがなかったのです。そのために分裂が始まりました。冒頭に申しましたように、これらの分裂は極めて深刻でしたので、軍事組織があれほど有効でなかったなら、ローマは疑いもなくこの騒然たる分裂によって崩壊していたことでしょう。

あなた方も御存知のように、敵が国土に入り、ほとんど市門に迫った時でも、平民は武器を手にすることをしばしば拒みました。執政官と元老院を悩ますためにたびたび、軍は戦うのを拒み、時には逃走致します。御存知の通り、平民はモンテ・サケルに脱出致しました。[274] 次いでヤニクルムに引き籠《こも》りました。カピトルの丘が奴隷に占領され、近郊の敵たちが彼らの救援のためにやって来るという恐れがあった時に、平民は武器を取るのを望まず、ローマを重大な危機に曝しました。これと同じ争いのために、彼らは長期にわたって高い行政官[275]が不在のままで過ごしました。元老院を召集させることも困難でした。彼らは急拠、上訴権のない十人委員[276]を任命致しました。彼らは独裁を頷きましたが、平民が武装していたという事実によって救われなかったならば、独裁はさらに長期にわたって続き、ローマをいっそう苦しめたことでしょう。

その他、われわれは、想像を絶して、危険で有害な多くの事件を列挙することができます。しかし、彼らの武勇の評判は大変なものでしたので、近隣諸国はしばしば彼らが混乱に陥っているのを見ても、あえて攻撃に出ようなどとは思わなかったのです。攻撃された時には、立ち上がるのに緩慢であったにしても、彼らは猛烈に勇敢に行動しましたので、分裂によって失ったすべてのものをたちまちにして償うことができたのです。彼らが仮に傭兵隊を使って戦っていたとしたら、国内的にあのような状況であったのですから、必ずや数年も経ずして破滅していたことでしょう。これは疑いの余地がありません。武装していない都市が傭兵隊をもって戦おうとなれば、その結果は当然、機敏さ、一心不乱の注意力、あらゆるものに対する細心の警戒、労苦、術策などが必要となりますが、このようなこと

(274) 紀元前五〇九年。

(275) 高官とは、すなわち magistrati curuli edili（按察官）pretori（法務官）consoli（執政官）を指す。

(276) 法改革のための十人、前四五一―四四九年。

はローマ人の対内生活を見ればやって行けないからです。それでも彼らは深刻極まる様々の危険に直面していたのです。しかし彼らの救いは、貴族が絶えず後退して行ったという事実にあります。貴族たちは嫌々ながら後退しておりましたし、可能な限り戦いましたが、最終的には譲歩せねばならなかったのです。なぜならば、数の点で遙かに少なかったために対抗できなかったからです。数が同じであったならば、彼らは統治を共有しようなどとは決して望まなかったはずです。それにもかかわらず、彼らは武器を取って護民官を殺害すべきかどうかについては躊躇いたしました。老人の慎重さが常に若者を抑えていたのです。それは私の思いますに、リヴィウスが叙述しているような理由、すなわち護民官は神聖なもので法によって受け入れられていた、といった理由からではありません。(277) 市民間の流血が始まれば、いかなる場合でも常に、すべての者が完全に破滅してしまうものと信じていたからなのです。

彼らは最終的にローマの破滅を避けるために平民に譲歩し、彼らを統治に参画させねばなりませんでした。しかし多くの暴動や危険を経た後、初めてそのようになったのです。しかし誤った時に為されましたので、護民官をそのままにしておきました。私の考えでは、この護民官は善よりも悪を働きました。なぜなら、彼らが個人的に、また共同で帯びている、大衆の前に法を提案することのできる権限は有害なものでした。大衆は十分に有能ではないという事実からして、そう言えるのです。一般に法案がより成熟した場所で消化される前に、それに重大な決定を下すような都市は滅びています。同じことが公けの集会に関する彼らの権限についても言えます。私は、大衆をこのような集会から絶対に排除したいと思っております。行政官、あるいはその命令によって召集された集会であれば別です。この場合は、既に元老院によって決定された事柄について大衆を説得するための集会なのですか

(277) リヴィウス第二巻三十三章、第三巻五十五章。

ら。リヴィウスやその他の著作家を読めば、護民官の召集した集会や大衆の前で彼らの決定した法によって、どれほどローマが混乱させられたかが分かります。グラックス兄弟の最後の数年間を見て下さい。マリウス[278]の支配、スㇽラの独裁、ポンペイウス[279]の過度の権力集中、それぞれの期間を見れば分かります。これらすべての害悪は、この護民官職の道具立てによって導入されたのです。執政官《コンスル》も会議を召集し、法律を提案する同じ権限を持っていました。しかし、彼らはそれらの権限を行使することは滅多にありませんでした。なぜなら、元老院の成員として、彼らがそのようなことをするのは相応しいことのようには思われなかったからです。この点、護民官は別で、そのために給与を与えられているからです。また、執政官がその権限を行使しても、平民は彼らを護民官のようには信頼しませんでした。護民官は平民のための役人であり、平民の利益を追求することができたからです。

　護民官はそれぞれ、行政官や元老院、平民によるすべての決定に対する拒否権を持っておりました[280]。これはおそらく初めは、平民の自由を守るために必要なものでした。しかし、平民が統治に参画した後にはまったく意味のない、害をなすものとなったのです。何と申したらよろしいでしょうか。つまり名声もなく、頭もなく、あるいは経験もない、つまらない小男[281]が、元老院が忠告し、全市が欲していることをたった一人で引っくり返してしまうことができたのですから。したがって、この後、拒否権が行使されたことがあるとすれば、次のいずれかの問題に限られておりました。すなわち、自分たちの利益のために、護民官の拒否権を買収した私的な個人の要求に応じてなされるか、あるいは護民官自らが主張する場合には、誤った意見、あるいは噂ばなしに踊らされてそうするかのいずれかでした。彼らの告訴権は有益でしたが、これについてはこれからお話しするつもりです。しかし、この有益さも私の触れました害悪に比べれば物の数ではありません。後になって平民は統治への参画をかち

（278）紀元前一〇五年から八六年まで。「登場人物案内」317頁参照。

（279）紀元前六七年から六〇年まで。「登場人物案内」317頁参照。

（280）la autorità di intercedere

（281）uno ometto sanza riputazione, sanza cervello, sanza esperienza.

取りますが、これが王が追放されたとき初めから平民に認められていたとすれば、これらの害悪は何一つとして生じなかったでしょう。なぜなら当時、彼らは護民官を設けようなどとは考えてもいなかったからです。

ピエロは、軍事的な体制が良く出来ていたという事実は制度が良かったことの証しだ、と論じました。これに私はお答えしましょう。私の思い違いでなければ、私の議論は明白そのものですので、結果が歴然としている時には証しなど求める必要はありません。しかし、この問題を先に進めましょう。軍隊は王たちによって創られました。事実、ローマ市と同じ時期に生まれたものということができます。仮にあの騒乱に満ちた時代、しばしばローマを滅ぼし兼ねない時代でしたが、その時代に軍隊を創設せねばならなかったとすれば、決して創られなかったはずです。ローマは市内に訓練された市民軍を置く習慣でした。兵は戦うこと以外の仕事を持っておりません。したがって、軍隊を維持するのは他の場合と異なって困難ではありませんでした。ローマ市ほど大きな憎悪と羨望に取り囲まれて誕生した新しい都市はかつてありませんでしたので、いっそう、そう言えるのです。憎悪と羨望はとどまるところを知らず、増大して行きます。武装して極度に敵意を抱いている隣人に取り囲まれていたこともあって、軍隊を弛緩させるような機会などありようがなかったのです。私はまた、ローマの政治をそのすべての制度において批判しておりません。むしろ私はその軍隊を称讃致しますが、これとは別に彼らの慣習をも讃美致します。見事な神聖な慣習です。すなわち、真の栄光への渇望、燃えるような祖国愛、その他多くの美徳です。これらの美徳はローマにおいて、他のいかなる都市にもまして、無数に見出されます。先に触れましたように、二つの党派間の争いのため統治が悪く行っていたからといって暴動は起こりませんでした。なぜなら、暴動はローマ市の享受してまいりましたすべての祝福を破壊してしまうほど極端ではなかったからです。また、当時の政治生活は後の時代のように、堕落していませんでした。とくにローマは貧しく、敵に囲まれていたからです。ローマが快楽や享楽に屈するのを防いだのは、これらの敵の存在でした。事実、私は次のよう思っております。あのように優れた美徳や慣習を生み出し、ローマを長期にわたって悪徳による堕落から守って来たのは、その良き制度というより、ローマ人の性格とこれら古代の厳しさであったのです。とくにこの厳しさは他のどこよりも、イタリアのこの地方でよく知られていたのです。この後の時代になってローマはさらに良き制度を楽しみ、統一と調和のうちに生きました。しかし、人びとは次第に悪くなって行きます。彼らの優れた美徳は異常なほどの悪徳に変わります。これは都市の紛争から生じたのではありません。富から、帝国の大きさから、その安全さから生じたのです。これらの説明でははっきりしないかもしれません。その場合には次のように言うべきなのでしょう。このような変化や劣化の原因となるのは、永久に続くことのない、この世の物事の自然の循環なのだ、と。

告発についてですが、これが良く規定されていれば、疑いもなく共和国に役に立ちます。しかし、私はそれをコンシーリオ・グランデで行うのはお勧めできません。私は大衆の判断を信頼できないからです。また、大衆に重大な事柄について決断を下させることにも賛成し兼ねます。刑事事件においては市民は司法官によって審理されるか、あるいは既に触れられたその他のコンシーリオの一つによって審理されるか、そのいずれかによるべきでしょう。この場合、その者がその判決について元老院に上訴することができるようにすべきです。われわれのタンブラッツィオーネの慣習、すなわち紙に書かれた匿名の告発状を箱（タンブリ）[282]、あるいはその他の場所に投函する慣習は、簡単に告発がなされるので起訴が容易になります。その場合、証拠を集め犯罪を明るみに出す刺激がありませんが、そ

（282）tamburi

れを審理に当たる者がある程度、これを行うことになります。われわれの政権が私の示唆しましたように、制定され守られますならば、おそらくこの点はとくに重要ではないでしょう。この政権が愛され、評判が良くなれば、また人びとがその知性と自由への愛を示すことによって進歩しているのが分かれば、おそらく自然そのものが取り計って自由を脅かす危険な市民に対して、官吏であれ民間の人であれ、進んで状況証拠を提示するよう力を貸してくれるでしょう。さもなければ、それに関する穏やかで適切な法律を考え出したらよろしいでしょう。このことは他の問題を論じている時にも私は申しました。なぜなら一見、素晴らしく良いものに思われる多くの物事が計画され、示唆されていますが、それらを実践に移すとなると、夢にも思わなかったような欠陥を持っていることが分かるものだからです。したがって、私の目的が良いものであっても、私の提案した方策についてあるいは間違っているかもしれないと思っております。これらは経験と機会によって学んだ教訓を基として修正されねばなりません。同じ理由からして、この政権は提案されているほど多くの善を生み出さないかもしれません。また、計画されたほどの保護や調和を見出さないかもしれません。なぜなら、とくにこの世の物事には当然ながら常に均衡力が働いているからです。しかしながら、概して私はこの政権がフィレンツェの持つことのできるすべての政権のうちで最善のものになり得るものと確信しています。仮に結果が完全に良くないとしても、少なくとも主要な結果はそれだけで十分ですが、次のようなことになりましょう。すなわち、穏やかで物静かな性質の人びとが満足するような結果です。賢明な人びとにとっては、おおよそが自分たちの欲しているようになれば十分なのです。すべてを完全にするのは不可能だからです。

カッポーニ

素晴らしい結論ですね。しかも真実です。あなたの議論全体がそうでした。そのような方法を採用すれば疑いもなく結果は希望通り、極めて役に立つものとなりましょう。しかし、私の知りたいのは次の問題に関するあなたの御意見です。すなわち、あなたの仰しゃったように、現在、イタリアに巨大な嵐が吹き荒れようとしております。それを考慮に入れて、われわれはピサ奪回の努力に加えて、ひとたびピサを回復したならば、もちろん機会が到来しての話ですが、われわれの領土をアルプスの彼方の国々によって、金によってにしろ、あるいは他の手段によってにせよ、拡大する機会を捉えるべきでしょうか。あるいは、それを断念すべきなのでしょうか。このような得体の知れない時代にあって、新しい気紛れな運命がわれわれに襲いかかるのを避けるためにです。

ベルナルド

ある共和国にとってその自由に満足して生きた方がよいのか、もっとも領土を要求することなく自由を享受できるとしての話ですが、しかし今日のドイツの多くの都市[283]がそうしております。あるいは、大帝国を建設すべきと考えた方がよいのか、とあなたがお尋ねなら、私の答えがどのようなものになるか私は存じております。しかし、あなたの質問はこれと異なっております。なぜなら、われわれは他国の領土を支配する者の仲間に入っているからです。われわれは権力を得て以来[284]、この道を突き進んで来ており、もはやこれから撤退することはできないのです。したがって、はっきりした機会が到来した場合には、すなわち戦争に巻き込まれたり、面倒なことに陥ったりしないで手に入れる機会が生じた場合には、通常ではその機会を捉えることに対し批判することはできません。イタリアが間もなくイタリア人の手に留まることができるという確信を持てれば、心配することは何もないと言

(283) molte terre nella Magna

(284) poi che abbiamo avuto forze

えます。なぜなら、ルッカ、あるいはシエーナを取ることは今や、ピサやアレッツォを取ることが父祖の時代にそうであったように[285]称讃に値することになります。イタリア人の国家のみがイタリアに残る限り、あなた方が獲得したものを保持することができるかどうかを危惧する必要はありません。また、羨望を引き起こしたとしても、大きな損害を受けることはありません。なぜなら、同等者から自らの身を守ることはたやすいからです。われわれよりも格別強い者はおりませんので、他からのある程度の援助を得れば、相手と対決できるのです。援助を与えてくれる者には事欠きません。イタリア人が相手となるからです。

　これらアルプスの彼方の大国[286]がイタリアを心配するためにやって来たとしても、あなた方程度の大きさの国であれば、これを維持するのは遙かに容易であると私は思っております。もっと強大な国となると困難になります。これは事実です。なぜなら、あなた方は大国ではありませんので彼らの方で、あなた方を恐れる必要はありません。したがって、よく自らを守ることができるのです。彼らはあなた方から金を絞り取ることで満足するはずです。大国であったなら、そうはいかないでしょう。これら超大国[287]は他の大国の力を殺《そ》ぐ必要があります。大国であればイタリアでの彼らの行動を阻止する可能性があるので、これを除去するためです。したがって、これら超大国はそれらを完全に滅ぼそうと致します。あるいは抑止しようと致します。かくしてこれらの国々は、彼らが単に金を絞り取ろうとしている国々に比べて遙かに苦しむことになります。したがって、アルプスの彼方の国々がイタリアに腰を下ろすようなことになれば、私はこれを予想しておりますが、その際、領土拡大を進めて良いものであるかどうか分かり兼ねます。このような強大な国[288]から身を守るためには、多くを取ることはできないでしょう。とくに要衝の地を取るわけにはいきません。取っても、それを保持することは困

(285) フィレンツェがピサを取ったのは一四〇六年、アレッツォを取ったのは一三八四年である。

(286) 神聖ローマ帝国、フランス王国、スペインを指す。

(287) le grandezze piu eminenti

(288) da potenze si grosse

難だからです。なぜなら、フィレンツェは領土拡大には不都合な場所に位置しているからです。

あなた方はローマ教会を近い隣人として持っています。教会はあなた方と比べて遙かに強大です。また、決して死ぬことのない尊敬と権威を享受しています。時にその権利の一つが古びて忘れ去られているように思われることがあっても、時が変わりますと再びその権利が躍り出てまいります。[289] しかも、以前より生き生きとし、いっそう強力になっているのです。他方、トスカーナには、いかに小さな都市をとってみても、かつては独立を謳歌しほとんど今日に至るまで自由を希求している者ばかりです。アレッツォとピサを除いて、プラートやサン・ジミニアーノでさえ、この自由の理念を嫌っておりません。アレッツォとピサは双方とも主権の記憶を保持しようという、何らかの理由を持っているように思われます。アレッツォはその古い歴史のゆえに、またピサは最近の隆盛のゆえに、です。自由の理念が根付いているところでは、暴力以外で支配することは不可能です。そして暴動が起こるたびに無数の障害が生まれます。したがって、わが父祖たちは現在の領土を創り出し保持するのに最大限、苦労してきました。また、われわれにとっては自由の理念は最大の障害なのです。なぜなら、われわれの隣人が、他の誰か、それが共和国であれ、君主国であれ、ともかくその者に仕えざるを得ず、その者の支配に慣れ切った人びとであったとすれば、彼らはあれほど決然としてわれわれの臣下になることに抵抗することはなかったでしょう。共和国であれ、君主国であれ、あるいはその他の誰であれ、われわれがその者からその領土を奪い取ったとしても、彼らは教会のように容易にそれを回復することはできなかったでしょう。少なくとも、彼らの権利は時とともに古びて行き、完全に無価値となってしまうからです。

ヴェネツィア人はこのような障害を抱えておりませんでした。なぜなら、彼らのイタリア本土にお

(289) 巻末付録『リコルディ』293頁C二九、B一三一参照。

ける国家は自由を根絶する必要などなかったからです。また、教会を隣人として持ってもいませんでした。したがって、あなた方がトスカーナで獲得した小さな領土は、ロンバルディアでのヴェネツィア人の広大な領土に比べて遙かに驚嘆すべきものなのです。これやあれやの理由によって、仮にアルプスの彼方の国々がイタリアに居座るようなことになれば、私はそうなるものと思っておりますが、[290]その場合には私はあなた方に、ひとたびピサを奪回したならば、[291]現にあなた方が持っているものを保持していくようお勧め致します。しかし獲得は極めて甘美なものであり、この世は偶然に満ちており、いかに賢明な者でさえ、特殊な出来事の結果を判断するとなるとほとんど常に過ちを犯します。ある物事が必然的にこのようになる、と人はしばしば考えますが、実際はまったく逆のことが生じるものなのです。したがって、彼らが恐れている害悪が切迫しておらず、あるいは確実でない場合には、また害悪に比して善を手に入れる見込みが少なくない場合には、それを見過ごす者はそれを失うことになります。その結果は、恐れていたものが実際にはそうしばしば起こるものではないことを知ることになります。一定の善を手に入れるチャンスが、無数の恐怖のために失われたのです。[292]この理由からしまして、現在のイタリアの危機が続いて行くとしても、私はあえて特殊な事例においてのみ明確な規則を定めたいと思います。すなわち、あらかじめしっかりと準備されていない、また後になってあなた方を危険と困難に陥れるような、領土獲得の冒険を行ってはならないということです。その他の場合は、時と機会に応じて行動すれば良いのです。

ソデリーニ

われわれは現在、考えねばならぬ問題を二つ抱えております。二つの致命的な傷に苦しんでいるからです。ピサの喪失と、亡命したメディチ家の問題です。メディチ家はフィレンツェ市とフィレンツ

(290) 一四九四年シャルルのイタリア侵入の時、グイッチァルディーニは十一歳、一四九八年のルイ一二世のイタリア侵入の時は十五歳、一五一五年フランソア一世の時は三十二歳になっている。既にスペイン大使という要職を経験している。一五二五年、パヴィーアの戦いでフランソア一世がカール五世の捕虜となった時は、四十二歳。クレメンス七世のためロマーニァ総督の地位にある。その後、カールに対抗してコニァック同盟を結成、カールとの戦いに入るが敗北。ローマの劫略（一五二七年五月）を招いている。

(291) ピサが降伏するのは一五〇九年五月である。

ェ領内に友人を持っております。また、メディチ家には大きな名声があります。したがって、われわれは彼らに対して何らかの手を打たねばならないのです。ピサについては既にあなたの御意見を伺いましたので、メディチ家の問題にどのように対処したら良いかについて二、三、お教え願えればと存じます。

（292）巻末付録『リコルディ』294頁C二三、B九六参照。

ベルナルド

これらの傷は二つとも深刻です。しかし、メディチ家のそれの方がいっそう悪質のものといえましょう。多くの物事が偶然生じて、ピサ問題を予期せぬほど素早く終わらせるようなことがあり得ます[293]が、メディチ家の脅威が長年続くのを阻止するようなことはほとんど起こらないからです。また、メディチ家という病いは内部のもので、われわれの致命的な臓器に影響を与えます。ピサに関しては既に申し上げましたが、付け加えて申しますと、この病いは癒し難いものです。強烈な薬が必要となります。簡単に申せば、残酷さが必要となります。おそらく君主であれば、あるいは一人による政体であれば、残酷さをいつでも用いることができますが、民主政権となると、そうするには極めて多くの反対に遇うことになりましょう。ピサ人はわれわれの根深い敵です。暴力を用いない限り、彼らを征服する望みはありません。したがって、戦いで捕虜にしたピサ人はすべて殺さねばならないでしょう。敵の人数を減らし、生きている者を怯えさせるためにです。彼らが同じことをあなた方にして来ても、損害は少ないでしょう。代わりの兵を金で手に入れることができるからです。あるいは、少なくとも獄に入れて、ピサを回復するまでは外に出られる見込みがないように扱うべきです。なぜなら、イタリアにおける戦いの普通のやり方、すなわち身代金や捕虜の交換といったやり方に従って戦闘を始めれば、これは戦争を養うことになります。戦争は予期していた以上に、遙かに長く続くことになりま

（293）ピサの降伏については拙著『グイッチアルディーニの生涯と時代』（太陽出版）上巻八八—九〇頁参照。

す。これに対して、捕虜はすべて殺すか、あるいは獄に入れるか、あるいは事態の進展に従って最善と思われること、ある者は殺し、ある者は獄に入れて決して釈放しないといった風に処理すれば、彼らは臆病風に吹かれ、その結果、この戦争は格段に容易になるでしょう。

ピサ人がジェノヴァ人の手でメロリアで最終的に敗退したことは[294]、ピサ人にとって最悪のことでした。その後、ピサ人は二度と活力を回復することができませんでした。その理由は、ジェノヴァ人が決してその捕虜を釈放しなかったからです。ピサ人の捕虜は極めて多数に上りました。その結果、ピサは獄中で死んだ捕虜たちから二度と再び利益を得ることができなかっただけでなく、またその子孫をも失いました。彼らがピサにいれば、子供たちは生まれていたはずですから。このようなことを行えば、確かに、残酷であると噂され、良心の欠如についても云々されますが、たとえそうであるとしても、私はそれを認めるつもりです。残酷であり、良心が欠如していることを認めるのです。しかし、今日この時代にあって領地と国家を保持しようとする者は、できれば慈悲心と親切さを示すべきですが、他に選択の余地がなければ、残酷さと非良心に訴えねばならないと、依然として私は申し上げたいのです[295]。このような理由からして、あなたの曾祖父のジーノ[296]は最後の『リコルディ』の中で、戦争十人委員会の一員として任命すべき人びとは祖国を己れの魂よりも愛している人びとであると[297]、書き記したのです。なぜならば今日、政権と国家を維持せんとする者は、キリスト教的な法の命令に従ってそれらを支配することは不可能になっているからです。

領土を拡大したいという欲望からいかにしてわれわれは、良心に従って戦争を行うことができるでしょうか。戦いとなれば数多くの人殺しが行われ、数多くの略奪がなされ、数多くの婦人が犯され、数多くの家や教会が焼かれ、その他無数の悪行がなされるのですから。それにもかかわらず、元老院

(294) 一二八四年のことである。

(295) 巻末付録『リコルディ』295頁C七三参照。

(296) ジーノ・ディ・ネリ・カッポーニ。「登場人物案内」302頁参照。

(297) persone che amassino piu la patria che la anima.

においてある者が立ち上がり、このような理由によって、しかもこのような理由のみで、完全に実行可能にして有益な事業に乗り出すことに反対したとすれば、彼はすべての人びとによって排斥されるはずです。この問題をさらに進めてみましょう。良心に従って、あなた方はいかにして戦争を引き受けることができるのでしょうか。既に所有している土地を守るための戦争であっても、です。実際、いかなる者もあなた方に戦いを挑んで来ないとしても、またいかなる者もあなた方に戦いを要求しないとしても、いかにしてあなた方はあなた方の領土を保持できるのでしょうか。良く考えてみて下さい。あなた方の領土には本来、あなた方のものではない領土も含まれているのです。あなた方はそれらをすべて、あるいは少なくともその大部分を武力によって、あるいは買収によって占有してきたのですから。しかも、その権利を有していない者から買収しているのです。これと同じことが他のすべての人びとにも当てはまるのです。なぜなら、入念に考えてみますと、すべての国家は暴力的なのです。共和国を除いて合法的ないかなる権力も存在しません。共和国でもそれ自身の市内では合法的であっても、市壁を越えたところでは同じく非合法的になります。大きな権限を有していて、他の者に対して正義を取り仕切っている皇帝の権力ですら、そうなのです。また、私は僧侶をこの規則から除外するつもりはありません。なぜなら、彼らの暴力は二重に非合法的なのです。われわれを支配するために、彼らは精神的な武器と世俗的な武器の双方を用いているからです[298]。

あなた方は、厳密に良心に従って支配しようとする者がどのような羽目に陥るか御存知です。したがって、私がピサ人を殺せとか、獄に入れておけとか言う時は、おそらくキリスト教徒として語っているのではないのです。私は国家の理性と慣習[299]に従って語ったのです。また、そのような残酷さを拒否するにもかかわらず、ピサを取るために、可能なあらゆることをしなさいと勧める者も、とくにキ

(298) 巻末付録『リコルディ』296頁C四八、B九五参照。
(299) la ragione e uso degli stati 国家理性についてのこの発言は注目すべきであろう。

リスト教徒とは言えません。なぜなら、良心に従えば、本来あなた方のものではないものを占有することは、事実上、無数の悪の原因になるからです。このことを認めない者は神の前で言い訳できません。なぜなら、修道士がよく申しますように、それは、とてつもない無知を示すものだからです。これを認める者は誰であれ、一つの事例で良心の声に耳を傾け、他の事例でこれを無視することが理に適っているとは言えないからです。私がこのようなことを申しましたのは、このように極めて大きな困難さに対して有罪の判決を下すためではありません。なぜなら、神の意志に従って生きようとする者はいかなる者であれ、この世の生活から遠ざかっていなければならないのです。[300] 神を怒らせずして、この世で生きるのは困難なのです。私は神を怒らせました。物事を事実あるがままの姿で語るためです。議論がたまたまこのような形になりましたが、これはわれわれの間だけのことにしておきましょう。他の人びとところのような話をしてはなりません。また、人びとがおるところでも話してはなりません。

しかし、取り残してある話題に戻りましょう。メディチ家の問題です。たとえ当分の間でも、メディチ家から完全に身を守る特効薬は少ないし、また不十分です。それらの特効薬がどのようなものであるかを知るために、まずわれわれはその危険がどこから来るかを考えねばなりません。メディチ家は過去六十年にわたって、主人としてフィレンツェを支配して来ました。そして、彼らの権威と名声は単にイタリア全体にとどまりません。アルプスの彼方にまで、その名が轟いております。このことから、いくつかの重大な結果が導かれます。第一に、メディチ家はフィレンツェ市内とフィレンツェ領内に多くの友人を持っております。なぜならこの六十年間、[301] 彼らは様々なやり方で多くの人びとと取り引きをし、優遇してまいりました。これらの人びとは、メディチ家がフィレンツェに帰還するの

(300) これはマックス・ウェーバーの精神でもある。拙著『第一次世界大戦とドイツ精神』(太陽出版)所収「マックス・ウェーバーと第一次世界大戦」一七五―一九九頁参照。

(301) すなわち一四三四年からピエロ・デ・メディチの追放された一四九四年までの六十年間である。

に好都合な状況が到来したと考えれば、いつでも喜び勇んでそれらの状況を巧みに利用するはずです。これは警戒すべきです。これとまったく同じ立場にありますのが、メディチ家の追放の結果、名誉職《オノーレ》であれ、俸給を伴う官職《ウティーレ》であれ、それらから除外され、うまく行かなくなってしまったすべての人びとです。これらの人びとの方がいっそう敏感になっているのかもしれません。

第二は、この家門が長いあいだ享受して来た大きな名声のために、メディチ家はフィレンツェ市内や領内に、実際そうであるよりもずっと多くの友人や支持者を持っているのではないかと君主たち一般に広く信じられているという事実です。したがって、わがフィレンツェを引っくり返し、われわれに戦いを挑もうとしている者はすべてメディチ家を道具として、彼らの言い方をすれば、囮《おとり》として利用しようとするでしょう。彼らはメディチ家を復帰させたい、といった風を装います。メディチ家によってフィレンツェに不和を醸し出し、領内に反乱や暴動を惹き起こさせようと望んでのことです。実際にこのようなことをしでかそうとする者が出て来るでしょう。このような機会を利用してフィレンツェを解体しようという目論見に駆られてのことです。あるいは、その他の方法でわれわれから利益を搾り取ろうというつもりなのです。通常であれば、われわれを傷つけることができそうにもありませんので、われわれと戦おうなどとは夢にも思っていなかった者が、この開いた傷口を見て、メディチ家に唆かされたにせよ、あるいは彼ら自身の意志で、戦いに打って出ようかなどと考えるのです。

第三に、これはかなり重要な点ですが、一般に都市では、すべての者が自由を愛し、暴君の敵であらねばなりませんが、それにもかかわらず、どの都市にも暴君の友人がいるものなのです。彼らは暴君の手下や取り巻きではありません。友人なのです。その多くの者は若者です。彼らは拘束されることなく生きたいと思い、法の平等の下で生きる羽目になるのを嫌っております。ローマではタルクィニウスの追放後、多くの若者たちが自由に対して陰謀を企みました。その中にはブルートゥスの息子たちもいました。ブルートゥスは王を追放した本人です。また、犯罪者も多く同じような気持ちを持っております。なぜなら、彼らはしばしば暴君の権力を利用して、法の支配から己れを守ることができるからです。武器で生計を立てる者も同じ立場です。なぜなら彼は内々、暴君に加担しており、しばしば何らかの報酬、あるいは愛顧を受け取っているからです。下層民もまた暴君を好む者です。なぜなら、頭の良い暴君であれば、穀物の供給に常に気を遣い、しばしば祝祭や馬上槍試合や公けのゲームで彼らを楽しませるからです。彼らは暴君の邸宅や宮廷の豪華さを好みます。これらは下層民に訴えるものなのです。これらすべてのうちで最も重要なことは、彼が現政権に不満を抱いているすべての者の支持を得ることです。その者が野心のためであれ、虐待されているからであれ、それは問いません。要するに不満を抱いている者です。これによって彼らは決定的な友人となるのです。現政権が自由な政権であれば、他に頼るところがないので彼らは心を暴君に向けるのです。成り上がり者を暴君にするのは困難です。成り上がり者は名声もありませんし、古くからの基盤もありません。また、人は上に立つのに不慣れな者を支持するのを非常に嫌がりますので、彼らは古い暴君に身を投じるのです。その暴君が死んでいる場合には、彼の息子たちと子孫に、また誰であれ、何らかの形で正当にその権利があるように思われる、その一族の血を引く生き残った者に身を投じるのです。人は本人であれ、その先祖であれ、かつてその命令に服していた者に仕えるのを恥と致しません。本人あるいはその先祖に用いられたすべての人びとは、同じ状況に戻るのを望むものです。したがって、しばしば見られることですが、かつての暴君と血の繋がった者が自ら申し出た時には歓迎されるだけでなく、独裁政を望んでいる人びとによって探し出されます。本人自身、それについて考えたこともなく、望んでいないにもかかわらず、です。

一四七八年、ジュリアーノが殺害され、ロレンツォが傷つき、死の危険にあった時、[302]われわれのうちでこのような政権を望んでいる者は、ロレンツォが亡くなった場合には、ロレンツォ・ディ・ピエールフランチェスコに頼ろうと考えたのです。なぜなら、ピエールフランチェスコはロレンツォに一番近い親族であったからです。[303]しかも、ピエールフランチェスコはその年齢のために、そのようなことをまったく望んでいなかったという事実にもかかわらず、です。ボローニァでは、アンニバーレ・ベンティヴォーリオ[304]の死に際して、この派閥の指導者たちはサンティ[305]をフィレンツェの羊毛組合から脱退させ、ボローニァの支配者に致しました。彼は、ポッピ出身のある男の息子であると誰もが思っていた若者でした。しかし彼らは、サンティがエルコーレ・ベンティヴォーリオの庶出の息子であるとすべての者に信じ込ませました。彼自身はそのようなことを思い付いたこともなければ、それについては何も知りませんでした。したがって、彼を得るために、彼らはあなたの祖父ネリ・ディ・ジーノに彼らに代わって行動してくれるようにと懇願せねばなりませんでした。このように現政権のすべての不満分子はかつての独裁者に、彼が死亡している場合には、その後継者に頼るものなのです。したがって、市民間の分裂が始まれば、その避け得ざる結果は一派閥が他の派閥によって敗れるにせよ、あるいはそれを打倒しようとするにせよ、同じ道を辿るということです。この感情は極めて強烈であるため、かつて暴君の敵で暴君を追放するのに全力を尽くした者たちでさえも、彼らと和解し彼らを復帰させようと努力するほどなのです。このようなことは無数の例がございます。これはすべての都市の、その都市が自由であろうが、他の都市の隷属下にあろうが、すべての都市の派閥抗争に共通しております。なぜなら、一方の派閥は常に現政権を愛していると宣言するし、他の派閥は前の政権で

(302) パッツィ陰謀事件を指している。
(303) 巻頭のメディチ家系図参照。
(304) 巻末の「登場人物案内」317頁参照。
(305) 巻末の「登場人物案内」317頁参照。

大物であった者を支持しようとします。私の指摘しました理由に動かされてのことです。なぜなら、彼らは新たに始めるよりかつての独裁政、あるいは君主政をよりたやすく再編成することができると望んでいるからです。

したがって、暴君とその子孫たちは、これらのいずれかの理由で市内にも領内にも、また外部にさえも常に友人たちを持っていて、彼らのために問題を惹き起こすのです。この危険を避けるための唯一正しい治療薬は、生存者が残らないよう、彼らを絶滅し根絶することでしょう。剣を用いてもよいし、毒を用いてもよい、便利な方を用いればよろしいでしょう。[306] さもなければ、生き残った火の粉が原因となって、常にあなた方は厄介な難しい問題に直面することになります。事実、暴君が滅んでも他の者が生き残れば、あなた方はしばしば暴君が生きている場合よりもいっそう悪い状態に置かれることになります。私はこれをピエロを例にあげて説明したいと思います。彼は衝動的で、生きている間は状況がどのようであっても決して断念することはないでしょう。それにもかかわらず私は、彼が死亡すれば、[307] もっと恐れねばならぬことが彼の兄弟たちから[308] 生じて来るのではないかと思っておりますす。もっとも、彼らは今までのところフィレンツェの問題では何の意味も持っておりません。しかし、ピエロが死ぬとなると問題が生じます。なぜなら、ピエロを傷つけた者は彼らの方をピエロ以上に信頼しやすいからです。また、彼らについて何も知らない大衆は、逆の証拠を見るまでは彼らの性格がピエロより、ずっと良いのではなかろうかという望みを抱くからです。外見からすれば、そのように思われるからなのです。[309]

しかし、一般にわれわれは誰も、何も知らないことについてはその物事について楽観的に考えがちです。それで、ピエロの死のみではあなた方は十分安全とはいえません。あなた方はメディチ家その

(306) 巻末付録『リコルディ』296頁B一四九参照。

(307) ピエロ・デ・メディチの死は一五〇三年である。詳細は巻末の「登場人物案内」319頁参照。

(308) ジョヴァンニ枢機卿とジュリアーノ・デ・メディチはピエロの弟である。巻末の「登場人物案内」318頁参照。

(309) ピエロの死後、事態はここで触れられているように進行する。メディチ家のフィレンツェ復帰は一五一二年に実現する。

ものを根絶させる必要があります。これ以外のいかなる治療薬も不十分で、あなた方を危険から完全に解放させることはできません。しかし、共和国にあってはこれは言うに易く、行うは難しでしょう。共和国にはこのようなことを行うのに必要な、下僕の熱心さ、秘密、それに迅速さが欠如しております。これに対し暴君の方は何を為すべきかを知り、それを実行するに当たって共和国より断然、優れています。あなた方は彼らの首に賞金を懸けました。[310] それは結構でしょう。しかし、これは死んだ迫害の形式です。このようなことで効果が上がったことはあまりありません。何者かが、これは良心の問題であると抗弁すれば、すなわち、彼らの殺害をとくに周到に、確実に行わせることが良心に反するのであれば、首に賞金を懸けて人にそれを行わせる機会を与えるのも、同じように道徳的に誤っております。要するに、私の意見ではこのような治療薬は政権の性格からして成功しないでしょう。また、彼らが何びとをも殺さなかったのに、彼ら自身が死によって罰せられるのを神の正義が許すとは思われないからなおさらです。御存知のように、コジモにしろ、その他メディチ家の誰にせよ、かつてそのような残酷さを亡命者や敵に対して加えたことはありません。様々な時に多くの敵が、しかも不倶戴天の敵がいたにもかかわらず、です。

第二の治療薬は彼らの財産を没収することです。そして、あらゆる術をもって彼らを困窮させるよう迫害するのです。なぜなら、彼らの財産が少なくなればなるほど、彼らの名声も害悪を為す力も失われて行くからです。それにもかかわらず、この治療薬は全面的には成功しないでしょう。なぜなら、フィレンツェ内外で、暴君を支持している人びとは一般に彼らの財産によってではなく、私が既に挙げた目的に動かされているからです。その目的は暴君の富、あるいは貧困に左右されるものではないからです。たしかに富裕な暴君は、より多くの名声を享受しております。さらに彼は金で友人たちを

(310) 一四九四年十一月十二日、ピエロの首に二千フィオリーニ、弟のジュリアーノにも同額の賞金が懸けられる。一四九五年十月十五日には四千フィオリーニに増額、同年十一月二十六日にはピエロの相続者(ロレンツォ)にも拡張される。

支援できます。彼は君主に寵愛されている高官に近づき、あちこちに使者を送り、密偵を傭い、政治的交渉に携わる人には必要な費用をすべて与えることができます。これらすべてのことを出来ない者は多くの利点を欠き、多くの機会を失うのです。なぜなら、数千ドゥカーティを投じて兵を徴集した暴君がいとも簡単に遠征の機会を与えられるといった状況が、時に生じることがあるからです。この場合、貧しかったならば他人の欲求に仕えねばならないのです。要するに、彼を貧困にすることは痛手を与えることはできるが、時間がかかります。なぜなら、最初は一定の貯えた金があり、預金を引き出すこともでき、助けてくれる古い友人たちもおります。彼が領内に力があるという最近の評判、間もなく帰還するという広く喧伝された噂は、彼を大いに保護し助けます。しかし時が経つにつれ、資金が底を尽き、預金も失われ、友人たちはうんざりして来ます。その時になって初めて、財産を奪った打撃が効いてくるのです。これはまた他国に対しても一つの事例として役立ちます。なぜなら、ジェノヴァでは国家に反逆した市民は祖国から追放されるだけで、財産は没収されませんが、仮にこのようなやり方をすれば国家転覆の陰謀を企てる者が数多く出るからです。困窮する懼れがないので控えるということがないのです。枢機卿が生きている限り[311]、メディチ家をこのような窮状に追い込むことができるとは思えません。なぜなら、枢機卿としての収入と名声はメディチ家に品位を汚さずにやって行くだけの資力を常に与えるからです。したがって、それだけこの特効薬に頼れる根拠は少なくなります。

第三の治療薬は、それ自体は不十分ですが、他の方策と結び付ければ一定の効果が上がりましょう。すなわち、メディチ家からフィレンツェとの交際を奪うことです[312]。フィレンツェ市民、あるいは領民に単に彼らと親しく付き合うのを禁止するだけでなく、彼らに話しかけたり、あるいは書簡を送った

(311) ジョヴァンニ枢機卿。後の教皇レオ一〇世である。巻末の「登場人物案内」318頁参照。

(312) 事実、フィレンツェの新政権は厳しい罰則をもってメディチ家との交わりをフィレンツェ市民に禁じている。グイッチァルディーニ『フィレンツェ史』(太陽出版)四六四頁以下参照。

り、あるいはいかなる形でも、彼らとの関係を持つことを禁止することです。違反した者には当人はもちろん、父、息子、近親者に対して極めて重い罰則を科すべきです。この方策は国外でのメディチ家の名声を落とすのに役立ちます。なぜなら、人びとが絶えずメディチ家の人びとを訪ね、親しく交際しているのを見る人は、これをメディチ家がフィレンツェに数多くの友人や同調者を持っている印しであると捉えるからです。逆に、彼らがすべての人びとから見捨てられ、避けられているのを見れば、彼らにとって状況はうまく行っていないということになります。この方策はまた、このような交際の生み出す難題や混乱を除去するのに役立ちます。なぜならばこのような交際を通して、わがフィレンツェ市民と彼らとの友情が日ごとに強まり、親交が深まって行き、これはしばしば国家に対する陰謀や共同謀議の温床となるからです。また、メディチ家に様々な情報を与えることにもなるからです。これらすべては共和国に害をなすものです。したがって、このような機会、あるいは便宜を除去することが彼らに打撃を与えるもう一つの方法でもあるのです。

第四の治療薬は、これは第一の治療薬に次いで良いもので、われわれ自身にかかっていることですが、フィレンツェに良い、秩序正しい政府を導入することです。これはメディチ家のすべての希望を根底から断ち切るものです。このような政権の下では有力市民たちが、メディチ家の友人となるのを恐れる必要はないでしょう。なぜなら、フィレンツェは分裂していないからです。また、政権内における有力市民の地位はとくに悪いものではないので、その権力を以前の敵の一人に、あるいは誰か彼らの依存している者に性急に引き渡す必要はないのです。逆に、バランスの取れた政権の下でメディチ家の多くの友人たちはメディチ家を忘れ、共和政権にあって大いに満足してやって行くであろうと思わねばなりません。なぜなら、御承知のように、とくに彼らの多くは名門出で、ほとんどフィレンツェの華ですし、また長期間続いたメディチ政権の友人であった人びとなのです。彼らはメディチ家の好意によって富を得て、高貴にされたのであり、メディチ政権において積極的な役割を果たすことによってその名声と経験を得て来た人びとなのです。したがって、彼らは常に他の市民の間にあって際立っております。その富と名声の点のみならず、能力と頭脳においても際立っているのです。良い政権はまた支配地の住民の感情を安定させるでしょう。なぜなら、臣民というものは通常、その支配者が名声を失ったり、あるいは混乱に陥ったりすれば、大胆になるものだからです。君主たちの間に、この政権が統一され、賢明に統治されているという評判が立てば、彼らはメディチ家を支援することにいっそう躊躇するようになります。なぜなら、慎重に統治されている国家を簡単に攻撃できるとは思えないからです。

フィレンツェ市内にメディチ家に心を寄せる者がいたとしても、メディチ家があえてフィレンツェの前に姿を現わすことはないでしょう。あるいは姿を見せても、彼らを阻止することは容易でしょう。(313) このような面倒な問題に備えて良き制度があるはずですから。なぜなら、このような問題に対しては初めから注意しておれば危険になることはありません。また、フィレンツェを転覆させて、流血と追放といった事態に導くこともないでしょう。このようなことにでもなれば、共和国や国家にとっては極めて有害なことになります。なぜなら、首を切り落とすことによってその人物を片付けることはできますが、その人物にとって代わって多くの不平分子が生まれて来るでしょう。その人物の支持者を敵に回すだけでなく、最終的には穏やかな考え方をしているすべての人びとを不快にさせることになりましょう。さらに、ある者を追放すれば、フィレンツェに対して常に悪意を掻き立てようとしている人びとの数を増すことになります。この二つとも政権の評判を落とすことになります。なぜならば、

(313) 一四九七年四月、ピエロ・デ・メディチはヴェネツィア人の援助のもとにフィレンツェの市門の前に姿を現わす。ベルナルド・デル・ネロがゴンファロニエーレの時である。しかし何事も起こらず、ピエロは去る。グイッチァルディーニ『フィレンツェ史』二一一—二一三頁参照。

あなた方が分裂しているという噂が国外で広がり、これは暴君を利することになりますから。このようにして、良き政権は様々なやり方で暴君に打撃を与えることができますが、その中には不平分子を劇薬を使わずして抑圧する手段も含まれています。国を統治する者は、最後の手段として以外、劇薬を用いてはならないのです。

第五の治療薬は、良き政権によってのみ採用され得るものです。それは時とともにメディチ家の財産の一部、あるいはすべてを彼らに返還することです。その条件は、彼らが一定の地域内に留まっていること、フィレンツェに対して問題を起こさないということです。これはあなた方がフランス王と同意に達した条件に似ています。すなわち、ピエロはフィレンツェ領の百ミーリア以内に近づかないという条件で財産を自由にできるが、百ミーリア以内に入った場合には財産を失うという条件です[314]。しかし、このフランス王との協定は長続きしませんでした。あなた方からすれば、この協定はフランス王の強制の下に同意されたものですし、ピエロにとっては時期が悪かったからです。暴君が追放されて、市外にしばしの間、先に触れられました理由によって留まらざるを得ない場合には、彼は帰還の希望で身を焦がしています。次いで唯一、財産を享受したいという熱望によって、帰還運動をやめようとはしません。この時期はまた、彼に財産を引き渡すには適切な時期ではありません。なぜなら、彼が困窮し、彼に物乞いさせるまで待つことが必要だからです。しかし、少しばかり小突き回され、借りた物を使い果たし、友人たちからすっかり巻き上げた時になって、彼は帰還の試みが失敗したこと、君主たちは彼に注目せず、あるいは彼を取引の対象として利用したこと、人びとが彼を裏切ったことを知ります。かくして彼は尾羽打ち枯らして、望みを失い、何をすべきかも分からず、帰還することよりも、いかに生き延びるかを考えるようになります。その時こそまさに、政権が秩序正しく良

(314) 一四九四年十一月二十五日のシャルル八世との条約。フィレンツェは本文に示されている条件でピエロの首に懸けた賞金を撤回している。実際はこの条約のようにはいっていない。

く確立されてさえいれば、彼に財産を享受する機会を与えることに私は反対致しません。ただし、彼がフィレンツェの、あなた方が彼に示した一定の範囲内に入った場合、あるいは他の何事かを企んでいるように思われる場合には、それらを奪い取るという条件付きです。

暴君が、極めて有望に思われるもう一つの選択肢を考えている時に、彼にその試みを断念させるためには、財産を失う恐怖のみでは十分でないでしょう。なぜなら、財産は己れの祖国と政治権力に比べれば問題にもならないからです。しかしその他のいかなる場合でも、それは十分に強力な拘束力となります。それは彼が君主たちの耳に囁いて、彼のために冒険に乗り出すよう要請して時を過ごすのを阻止するでしょう。また、君主たちに唆かされて行動に出るようなこともないでしょう。ただし、成功の見込みが極めてはっきりしている場合はこの限りではありません。したがって、このような方法ではあなた方は完全に安全を保障されてはいません。しかし、彼が絶望するようなことにでもなれば、その際、彼があなた方に与えるであろう多くの失費や面倒からは、あなた方は解放されるはずです。さらに、彼を冒険に走らせないでおくことは常に良いことなのです。なぜなら、時々、彼の発端は一見、望みがないように思われますが、次いで時とともに、それに成功と勇気をもたらすような好意的な機会が生じることもあり得るからです。

このような対策を取った後、さらにわれわれは先に進むことができましょう。しかし、これには時間がかかりましょう。まず、あなた方の政権がしっかり定着し、良い評判を得ていなくてはなりません。これに対し、メディチ家の方の事情は弱体化し、悪い状態に置かれていなければなりません。すなわち、このような状況であれば、私的な市民として彼らをフィレンツェに帰還させることができます。あえて彼らがフィレンツェに帰ろうとしない場合には、彼らは国外での信用を完全に失うでしょう。彼らが帰還しても政権が良ければすべての人は彼らを私的な市民と見なすであろうことは疑い得ません。この政権の権威のために、彼らは一市民として静かに生きねばなりません。このようにして、彼は市内外で名声もなく、もはや暴君ではなく市民として留まり、誰の目にもメディチ家がそこに党派を有していないことが明らかになるのです(315)。あるいは、一市民としての生活に耐えられなければ、彼ら自身の意志で国外に戻って行くことになりましょう。しかし名声が失われておりますので、破滅したのと同然とも言うことができましょう。仮にこのようなことにでもなれば、彼らを絶滅させる優れた方法となりましょう。しかし、これは新しいやり方です。極めて重要な事柄ですので、私はぜひそうせよとは申しませんが、単に提案したいと思います。しかし決定を下す前には、時の性格、フィレンツェの状況、その他すべての事柄を注意深く吟味せねばならないことはもちろんです。このような重要な事柄においては当然のことです。しかし、もう遅くなりました。よろしかったら食事に致しませんか。他に言うべきことがあれば、後でお話を続ければよいでしょう。

カッポーニ

よい思い付きですね。私たちはフィレンツェに戻りたいと思います。あなたの親切さのおかげで、私たちは十分に啓発されてフィレンツェに帰ることになります。したがって、われわれ一同、この訪問を決して忘れることはないでしょう。それだけの理由があります。

グイッチァルディーニ

君が感謝すべき人は一部は私にあります。私がこの討論を提案したのですから。

ソデリーニ

その通りです。しかし、われわれ全員がベルナルドに負っているものは無限です。昨日と今日、ベ

(315) 巻末付録『リコルディ』297頁B一一二参照。

ルナルドはわれわれに講義致しました。極めて筋の通った、明晰な、賢いものでした。極めて重要な問題で、われわれの盲《めしい》を開き、われわれは生涯を通して、これに光を見出して行くことでしょう。ベルナルドとわれわれに神の恩寵がありますように。わが市民たちが、すべてこれらを理解し、われわれがこの世を去る前に、あのような誉れと祝福がわがフィレンツェに導入されますように。

付録

『リコルディ』（抄、本書に関するもののみ）

登場人物案内（五十音順）

『リコルディ』について

一、フランチェスコ・グイッチァルディーニの『リコルディ』は一五一二年から一五三〇年にかけて書き継がれたものである。この間、十八年にわたる。

一、『リコルディ』に関するグイッチァルディーニの自筆写本で今日残されているものは四つである。「Q1」、「Q2」と呼ばれている一五一二年に書かれたもの。Qとはイタリア語のquadèrno（ノート・ブック）の頭文字Qからきている。「Q1」に収められたリコルディは十三個、「Q2」はこれら十三個に新たに十六個を追加して二十九のリコルディが収められている。

次いで今日「B」と呼ばれているものがある。これは一五二八年春のもので、百八十一個のリコルディからなる。

「C」は一五三〇年の五月から秋にかけて書かれたものである。フィレンツェ共和政権の最終的崩壊を目の前にした時期である。「C」には二百二十一個のリコルドが集録されている。『リコルディ』の最終的な完成である。

一、ここでいう『リコルディ』「A」というものは、ラファエレ・スポンガノが文献学的にその再現を企てたものである。

詳細は拙訳『グイッチァルディーニの訓戒と意見―「リコルディ」』（太陽出版）解説参照。

『リコルディ』

[第1巻]

――注8――

「C」一二四

私の観察したところによると、あらゆる国に、ほとんどあらゆる都市に同じような効果（effetto）を生み出す信心があるものである。フィレンツェではサンタ・マリア・イムプルネータは雨を降らせたり天気をよくしたりする。他の場所では聖処女や聖人がこれと同じことをするのを私は知っている。これは神の恩寵が誰をも救うという明白なしるしである。そして、それらの信心の原因はその効果が実際に生じたからというより、人間の臆断（opinione）にあるといえるだろう。

――注18――

「C」一七

静けさを愛するがために、自分から進んで仕事と権力を捨てたのだ、と公言するような者を信じてはならない。なぜならば、ほとんど常にその理由は気まぐれのためか、必要のためか、そのいずれかであるから。したがって経験の示しているように、ほとんどすべての者は、以前の生活に戻ることができるほんのかすかな光でも現われればただちに、あれほど讃美していた静けさを捨てて、あたかも火がよく油のしみて乾いたものに燃えつくような激しさで飛びついていくのである。（「B」五七、「A」三三一に対応）

「B」五七

私が仕事（faccende）を離れたのは何よりも平和と静けさを愛するからであり、野心に飽いたからであると広言（predicano）するような人びとを信じてはならない。彼らはほとんど常に心の中では正反対の気持ちを持っていて、引退に追い込まれたのは怒りのためか、そうせざるを得なかったためか、あるいは愚かさによるものか、そのいずれかであるからである。このような例をわれわれは毎日目にしている。そのような人びとに権力に戻り得るちょっとしたチャンスさえ与えれば、彼らはあれほど誇っていた平和と静けさを棄て、あたかも火が乾いたもの、あるいは油のしみたものに燃えつくような激しさで、それに飛びついていくのである。

——注19——　↓　注149

——注21——

「C」一二五

哲学者や神学者、その他自然を超えた物事や眼に見えないことを探求する人びとはすべて、愚かなことを多く（mille pazzie）口に出す。[訳注] なぜなら、われわれは実際のところそうした物事についてはは

［注21「C」一二五訳注］マルシーリオ・フィチーノに対する深い敬意にもかかわらず、法学者グイッチァルディーニは哲学や形而上学をあまり尊敬していなかったようである。

知ることができないからである。そうした探究は真理を発見するというより、才知を訓練するのに役立ってきたのであり、現に役立ってもいるのである。

――注22――

「C」二一二

三種類の政体のうち、――すなわち、一者による政体、少数者による政体、多数者による政体であるが――フィレンツェでは貴族政体が最悪のものではないかと思う。なぜなら、それはフィレンツェにおいては自然ではなく、受け入れられないであろう。同様に独裁制も然りである。貴族の野心と不和は独裁制と同じ多くの害悪を生み出す。あるいは独裁制以上かもしれない。彼らは都市をまたたく間に分裂させてしまうに相違ない。独裁制ですら功績をあげるものだが、貴族政体はそれらの何一つとして達成できないのである。[訳注]

「B」一三二

一人の良い人間による統治の方が、少数者あるいは多数者による統治よりも優れていることは誰しも認めるところである。たとえ彼らも良い人間であるとしても、である。その理由は明白である。また一人による統治の方が他のものに比べていともたやすく悪いものに変わってしまうということについても認められている。そして悪くなった場合、それは最悪のものとなる。このようにこの統治がそうなるのは相続による(per successione)からである。なぜならば、良い賢い父親の後に同じような息子が続くのは極めて稀なことである。したがって、私は世の政治思想家たちが、すべての状況や危険を考慮に入れて、新しい都市にとってより望ましい政体はいずれのものであるか、すなわち一人による統治に従った方がよいのか、あるいは多数者のそれにか、少数者のそれにか、いずれである

[注22「C」二一二訳注] 若き共和主義者としてのグイッチァルディーニの理想はまさに貴族政体(少数者による政体)にあったはずである。注44参照。

かを説明してくれるように望んでいる。（「A」一〇九に対応）

——注23——

「C」五七

占星術者[訳注]は他の人びとと比べてどれほど幸福なことか。百の嘘のうち一つの真実を語ることによって彼らは信頼をかち取り、彼らの言う虚偽は信じられるのである。これに対し、他の人びとは多くの真実のうち一つの嘘をつくことによって信用を失い、彼らの言う真実はもはや信用されなくなってしまうのである。このようなことが生じるのは、未来を知りたいという人間の好奇心あるがゆえである。未来のことは知りたいが、それを知る他の方法がないために、教えてやると約束する人のところに駆け込もうという気にもなるのである。（「B」一四五、「A」一一二に対応）

「C」二〇七

占星術については、つまり未来の出来事を判断する科学については語るも愚かである。この科学は真実ではないし、この科学に必要なすべての事柄は知ることができないし、人間の能力もそこまで達することができないからである。結論を言えば、そのような手段で未来を知ることができると思うのは一つの夢なのである。占星術師は自ら話していることを御存知ないのである。彼らの予想は行きあたりばったりの偶然による。したがって、たとえばどこかの占星術師の予言と、運まかせになされた普通の人間の予言とを取りあげてみれば、後者も前者と劣らず真実であるかもしれないのである。

「B」一四五

占星術師はなんと幸運であるか。術そのものの欠陥によるにせよ、あるいは占星術師自身の欠陥に

［注23「C」五七訳注］占星術はルネサンス人の心を捉えて離さない。グイッチァルディーニの占星術批判のリコルドにもかかわらず、グイッチァルディーニは生涯その呪縛から逃れることができなかったようである。

よるにせよ、彼らの術は幻想である。たとえそうであるにせよ、百の虚言によっても彼らからは信用が奪われないで、一つの真実を予言すれば多くの信用を集めるのである。これに対し一般の人は一つの嘘を吐いたことが知られると人びとはその人の言うことを、たとえそれがどれほど真実であっても信じようとはしない。このようなことがどうして生じるかというと、一般に人は未来を知りたいという非常に大きな欲求を持っているからである。未来のことを知り得る他の方法がないので、未来を告げることができると主張する人を誰であれ容易に信じてしまうのである。これはちょうど患者が健康を約束してくれる医者を信じるのとまったく同じである。

「A」一五八

諸々の予測(giudici)を広く印刷・出版しようとしている占星術師の権威を失墜させたいと望んでいる君主のもっとも簡単な方法は、次のようなものである。すなわち、来るべき年の予測が印刷・出版される時には、それと並べて過ぎ去った年についてなされた予測をもう一度印刷するよう法律で規定することである。なぜなら、人びとは過ぎ去った年についてなされた予測を再び読んで、いかにそれらが当たっていなかったかを知れば、来るべき年の予測も信じようとはしなくなろうから。過ぎ去った年についての偽りの予測(le bugie del passato)を忘れてしまえば、来るべきことを知りたいという、人間の有している生得の好奇心のために人はそれらを安易に信じてしまうのである。

——注37——

「C」七六

過去に存在したもの、また現在存在しているものはすべて未来においても同じく存在するであろう。

しかしそのものの名称や外観は変化してしまうので鑑識眼のない者はそれと分からないし、それらの観察によって、規則を引き出したり正しい判断を下したりできないのである。（「B」一一四、「A」九一に対応）

「B」一一四

過去の出来事は未来に光を投げかける。なぜなら世界は常に同一であったし、現在存するもののすべて、未来に存するであろうすべてはかつて（in altro tempo）存したものだから。[訳注] 同一の物事が繰り返されるのであるが、異なった名を持ち異なった色彩を帯びている。したがって、すべての人がそれらを認識できるとは限らない。賢明な人、それらを根気よく観察し考える人のみが認識し得るのである。

［注37「B」一一四訳注］このような見方はマキァヴェリの政治哲学の基本的前提であった。グイッチァルディーニはここではこのような見方を受け入れているようである。

――注40――

「C」一〇九

すべての者による政治が、自由の果実ではないし、自由獲得の目的でもない。なぜならば、有能でそれに値する者でないかぎり、統治すべきではないからである。自由の果実、自由獲得の目的は、正しい法と秩序の遵守である。法も秩序もともに、一人あるいは少数者の権力の下にあるよりも、自由な生活の中でより安定しているのである。そしてわれわれの都市をかくも苦しめている過ちはこれなのである。なぜならば、人びとは自由で安定しているだけでは満足しないで支配するのを求めてやまないのである。（「B」一四三、「A」一一九に対応）

「B」一四三

共和国においては自由が正義を与える（ministra）のである。正義の本来の目的は他ならぬ一人の人間が他の人間によって圧迫されるのを阻止することにある。したがって、一人による統治、あるいは少数者による統治において正義が行われていることに確信できれば、自由を強く望む理由はなくなるであろう。古代の賢人や哲学者は自由な統治を他のものより称讃せず、法と正義の維持にもっともよく成功している統治を好んでいるのは以上の理由による。[訳注]

〔注40「B」一四三訳注〕一見、マックス・ウェーバーを思わせるような極めて近代的な政治的技術主義となっている。イデオロギーは問題とされない。

——注44——

一五一二年、スペインで書かれたものに次のようなものがある。

「Q^2」一七

死ぬ前に私は三つのことを見たいと思う。わがフィレンツェに秩序正しい共和政権が樹立されること、イタリアがすべての野蛮人から解放されること、邪悪な僧侶の暴政から世界が解放されることである。[訳注]（「B」一四に対応）

〔注44「Q^2」一七訳注〕ソデリーニ政権下での若きグイッチァルディーニのリコルドである。注22参照。

——注45——

「B」一五五

フィレンツェにおいては、コジモの血を引いてなくとも（se non è della linea di Cosimo）政府の長（capo di stato）たり得ると何びとも信じてはいけない。フィレンツェといえども、自らを維持するためには教皇の支持[訳注]を必要としているのである。いかなる者も、たとえその者が誰であれ、フィレンツェの長たり得ると思い込むほど、強力な基盤（barbe）や支持者を有していないのである。もっとも、ピエロ・ソデリーニの場合のように、公の統領を必要としている民主政体によってその地位に

〔注45「B」一五五訳注〕クレメンス七世を指していよう。このリコルドにはグイッチァルディーニの複雑な思いが反映されているようである。

おかれれば話は別である。このように、そのような地位を熱望し（aspira）、しかもメディチ家の血統を引いていない者は、いかなる者も大衆と手を組まねばならないのである。（「A」一三一に対応）

――注86――

「C」六六

自由というものをあまりにも力強く説く連中を信用するな。なぜならほとんどすべての者は、おそらく誰をとってみても、自分の特殊な利益[訳注]（gli interessi particulari）を目的としていない者はないからである。そして経験のしばしば示すところであるが、独裁政体（uno stato stretto）の下で、よりよい条件が見出せると確信するや、彼らはその地位を求めて殺到することまったく確実である。
（「B」一〇六、「A」八二に対応）

「B」一〇六

自由について説教する者を嘲笑せよ。すべての者とまでは言わないにしても、ほとんどの者である。独裁政体のもとではるかにうまくやっていけると思えば、直ちに彼らは独裁政体のもとに馳せ参じるからである。なぜなら、すべての人間は己れの利益（interesse suo）を重んじ、名誉や栄光の価値を認識している者は極めて稀れだから。

――注87――　↓　（既出）注40

〔注86「C」六六訳注〕
この観点は晩年の『イタリア史』の基本理念となろう。

「C」一一二
一般大衆(popolo)が後から続いてくるだろうという希望を抱いて事(novità)を始めてはいけない。なぜならば、大衆は危険な土台であって、彼らは後からついていこうなどという気持ちはさらさらないし、おまえが信じていたものとはまったく違って気紛れをしばしば起こすものだからである。ブルートゥスとカッシウスの例を見よ。カエサルを殺害した後、期待された大衆の支持を得られなかっただけでなく、彼らを恐れてカピトルにひきのかざるを得なかったのである。(「B」一五六、「A」一三二に対応)
「B」一五六
大衆の欲望や意図(deliberazione)は極めて不安定なものであり、しばしば理性よりも事件の偶然の流れ(caso)によって決定されるので、権力を掌握する望みを彼らに託す人がいればそれは無意味なことである。大衆が何を欲しているかを推測するのは知恵というより幸運(ventura)の問題である。
「C」一四〇
大衆(popolo)について語るのは、愚かな動物について語るも同然である。無数の過誤、無数の混乱に満たされ、趣味を欠き、喜びを欠き、安定さを欠いた動物である。(「B」一二三、「A」一〇一に対応)
「B」一二三
大衆について語るは狂人、怪物について語るも同然である。混乱と過誤に満ちみちており、彼らの中身のない意見は真理から遠ざかること、プトレマイオスに言わせれば、スペインがインドから遠ざかっているのと同様である。

――注94――

「C」九八、九九

（九八）思慮ある暴君は臆病な賢人を愛するが、同じく勇気ある人びとをも、彼らが穏やかな良識を具えていると認めているかぎり、嫌悪するわけではない。なぜなら、彼は常に彼らを満足させておけるからである。暴君が嫌悪するのはなかんずく勇気があって不穏な人びと（gli animosi inquieti）である。なぜならば、彼らを満足させることができるとは思えないからである。したがって、余儀なく彼らを滅ぼそうと考えることにもなるのである。

（九九）思慮ある暴君の近くにあって、しかも彼に敵と見なされていないならば、私は臆病と見られるより、むしろ不穏で勇気のある人間（animoso inquieto）と思われたい。[訳注] なぜならば、その場合なら彼はおまえを満足させようと努めるが、他の場合では好きなままに扱うからである。

――注95――

「C」一六八

私を侮辱する者が、悪意からではなく無知のためにそれを行うとしても、このことがどうして私を救うことになろうか。むしろそれは、はるかに悪いことがしばしばである。なぜならば、悪意はそれ自身の明白な目的を持っていて、その規則に従って行動するので必ずしもそれが傷つけるであろうほど傷つけるとは限らない。しかし無知は目的も規則も尺度も持たないので、凶暴にふるまい、盲人の

［注94「C」九九訳注］『リコルディ』の批判版を出したスポンガノによれば、「C」九九のリコルドは九八と矛盾しているという。九九の不穏な（inquieto）は穏やか（quieto）でなければならないとして、グイッチャルディーニの単純な書き間違いに帰している。しかし、これには異論もあろう。

［注101「C」二二〇訳注］フィレンツェ共和

打撃を加えるのである。

——注101——

「C」二二〇

祖国が暴君の手に落ちた時には、暴君に協力して、善を行い、悪を避けるよう彼を説得していくことは良き市民の仕事であると私は信じている。訳注 いつであれ、良き人間が権威ある地位に立つのは、フィレンツェの利益に合している。これは確かである。フィレンツェの無知なる者、激情に駆られた者(gli ignoranti e passionati)は常に他のように考えているが、メディチ家の取り巻きの中に愚かで邪悪な人間しかいない場合、どれほどメディチ家の支配が悲惨なものになるかを彼らは認識せねばならない。(「B」一〇八、「A」八四に対応)

「B」一〇八

良い、忠誠心のある市民は暴君と良い関係を維持してゆくよう努めねばならない。それは己れ自身の安全のためだけでなく、(なぜなら疑われれば危険になるから)自国の利益のためにもそうせねばならない。なぜなら、そのような場合、彼は言葉と行動を通して多くの良い目標を助け、多くの悪いものを阻止することができるからである。彼を非難する者は愚かである。暴君のまわりに邪悪な人間しかいないような場合、彼らと彼らの都市は大変な状況になっているであろう。

訳注 国は一五三〇年八月、皇帝およびクレメンス七世に降伏し最終的な終末を迎え、メディチ家による独裁政治が確立する。グイッチァルディーニは評判の良くないアレッサンドロに仕えフィレンツェ政界に重きをなしている。アレッサンドロが暗殺された後、共和政体復活の可能性があったにもかかわらず、グイッチァルディーニはメディチ家の傍系にあたるコジモを擁立している。しかしコジモは権力を握るとグイッチァルディーニを閑職に追い、コジモ一世としてトスカナ大公国の創造者となっている。晩年のグイッチァルディーニは沈黙して、これを傍観せねばならなかったのである。

「C」一三四

人間はすべて生まれつき悪よりも善に傾いている。また何びとも、他の要素が彼を逆の方向に引きずり込まないかぎり、積極的に善を行い悪を避けるのである。しかし人間の性格は極めて脆いうえ、この世には悪に誘う機会がごろごろしている。そのため人間はたやすく善の道から逸脱してしまうのである。したがって、賢明な立法者は賞罰を発明したのである。それらは希望や恐怖でもって人間をその自然の傾向に堅固ならしめておくこと以外の何ものでもない。(「Q1」・「Q2」四、「B」三、「A」一四に対応)

「C」一三五

生来、善よりも悪をいっそう好んで行う人間がいるとすれば、それは人間ではなくて野獣である、あるいは化け物であると確信をもって言ってよい。というのも、彼はすべての人間に生まれつきのあの傾向に欠けるところがあるからである。(「B」四、「A」一四九に対応)

「Q1」・「Q2」四

人間は生来（naturalmente）善（bene）に傾いている。事実、悪から利益（utile）あるいは快楽（piacere）を期待し得ないならば、悪を行う者はいない。おそらく一人もいないであろう。悪から利益を引き出す機会が多く存することは確かである。そのため人間は簡単にその自然の傾向から逸脱してしまうのである。したがって、人間を自然の傾向にとどめておくために拍車（sprone）と手綱（briglia）が発明されたのである。すなわち、褒賞（premio）と刑罰（pena）である。共和国でそれらが用いられなければ、善良な市民を見出すことは稀れであろう。フィレンツェでわれわれは毎日これを目にしているのである。

「B」三

人間は生来、善に傾いている。悪から快楽（piacere）や利益を引き出すことができなければ、悪よりも善を好む。しかし人間の性格は脆く人間を悪に引き込む機会は無数にあるため、いともたやすく己れの利益のために（per interesse proprio）自然の傾向から離れてしまう。したがって、賢明な立法者によって拍車と手綱、すなわち褒賞と刑罰が発明されたのである。これは人間の性格を力で強制するためではなく、生来の傾向にとどめておくためにである。褒賞と刑罰が共和国で用いられないと、善い市民はめったに見出されないであろう。フィレンツェにおいてわれわれは経験で毎日これを見ているのである。

「B」四

何らかの実益（commodo）あるいは利益（interesse）なしに善よりも悪を愛する（ami）者について耳にしたり読んだりした場合、その者を人間ではなく野獣と称すべきである。なぜならば、その者にはすべての者に生まれつき共通しているあの本能（appetito）が欠けているからである。

——注110——

「C」四六

統治するに当たって（ne' miei governi）私は残酷さあるいは過度の懲罰を好んだことは一度もなかった。また必要でもないのである。なぜならば見せしめになる場合を除いて、恐怖を維持していくためには一リラの罰金に対して一五ソルディほどの罰金をとれば十分だからである。[訳注1] ただし、罪はす

［注110「C」四六訳注］

（1）リラ（lira）、ソルド（soldo 複数でソルディ soldi）はイタリアの貨幣単位で一ソルドは一リラの二〇分の一、一リラは一〇〇チェンティズミ。したがって一五ソルディは七五チェンティズミ（centesmi）にあたる。

べて罰するということを原則としての話である。[訳注2]（「B」三八、「A」一五に対応）

「B」三八

都市あるいは市民の支配者が秩序（corretti）を保ちたいと欲するならば、すべての罪を厳しく罰せねばならない。しかし罪の質において手心を加える（usare misericordia）ことができる。なぜなら、凶悪な事件あるいは見せしめが必要な場合は別として、普通は罪を罰するためにリラの代わりに一五ソルディ程度で十分すぎるからである。

（2）支配と苛酷さをめぐるこのリコルドは今まで紹介してきたものと異なって、一見、穏やかになっている。しかし「見せしめ」（certi casi essemplari）のための残酷さは必要と考えており、恐怖（el terrore）の維持が統治にとって不可欠のものと考えられていることは注目さるべきである。

——注114——

「C」八二

ほとんど考慮に値しない小さな始まりが、大きな破滅の、あるいは大きな成功の原因となることがしばしばある。したがって、どれほど小さなことでも、すべてのことを注意し熟考することが大いに賢明というべきである。（「B」二五、「A」二に対応）

「B」二五

極めて重要な物事の成否（momenti）はしばしば些細に思われることを行ったり、あるいは行わなかったりしたことに左右される。したがって些細な事柄においても注意深く、よく考えておかねばならない。

——注122——

「C」一一二

「六人なり八人なり賢者を一緒にしてごらんよ、とどのつまりは乱痴気騒ぎさ」（Metti sei o otto

savì insieme, diventano tutti pazzi.）とはアントニオ・ダ・ベナフラ氏のよく言っていたことだが、けだし名言である。なぜなら、彼らには意見の一致が見られず、問題を解決するというより議論に訴えるからである。

――注124――

「C」六四

一四九四年以前には戦争は長期にわたり、戦闘の日には流血がなく、国土略奪のやり方も緩慢で難しかった。大砲は既に使われてはいたが、不器用に扱われていたため、破壊の力は大きくはなかった。このようなわけで国を保持していた者がそれを失うことはほとんど不可能に近いといえた。やがてフランス人がイタリアに侵入してきて、[訳注1] 戦争にかつてない激しさを導入したことから、一五二一年頃には、戦闘の喪失が国家の喪失を意味するまでになったのである。このような軍隊の猛攻撃を撃退する術を教えたのは、ミラノ防衛に当たったシニョール・プロスペロ[訳注2]が初めてである。この実例によって今や支配者に一四九四年以前とまったく同じ安全が保証されることになったが、それは異なった理由からである。すなわち、以前は攻撃術を持たなかったがためであるが、現在は防衛術をよく心得ているがためである。（「A」九四に対応）

「A」九四

周知のごとく、一四九四年はロドヴィーコ公の野心と軽率さのためイタリアを破滅に導いた年であるが、この年以前には戦争の方法は今日とは大いに異なっていた。都市への攻撃は長期間にわたり、戦闘も今日とは異なりほとんど血を見ることもなかった。したがって、支配者が国を奪われることも

［注124訳注1］一四九四年のシャルル八世の侵入、一四九九年のルイ十二世の侵入、一五一五年のフランソア一世の侵入を指している。

［訳注2］プロスペロ・コロンナ。カール五世に仕えた傭兵隊長。フランス軍の攻撃に対してミラノを守る。一五二三年十二月三十一日没。グイッチァルディーニは『イタリア史』で彼を詳しく扱っている。

容易にはあり得なかった。ところが、一四九四年以降、野戦の勝利者（signore della campagna）が一瞬のうちに戦争を制するという事態が生じた。戦場に両軍が到着すると直ちに会戦が行われ、かくして戦争に決着がつけられる。このようにしてわれわれは、ナポリ王国とミラノ公国が戦わずして敵の手に落ち、波乱に富んだ、たった一日の経過のうちにヴェネツィア共和国が失われるのを見たのである。[訳注3] 今日にいたって初めて、今までとは異なった方法処置を教えたのはシニョール・プロスペロである。彼こそ防備を施された都市に立てこもり、野戦の勝利者の攻撃を撃退したのである。しかし、これも従順な一般の市民の支持がなかったなら成功はしなかったであろう。彼にはフランス人に対抗するミラノ市民の支持が寄せられていたのである。

——注125——

「C」六八

他が戦争している時に中立を維持することは、戦っているもののうち勝ち残る方を恐れる必要のないほど強い者にとっては良いことである。なぜならば、強い者は苦労せずして自らを維持できるし、他の混乱に乗じて利益を望み得るからでもある。これ以外の者にとっては中立は思慮のない有害なことである。なぜならば、勝者と敗者の餌食となるからである。最も良くないのは良識からではなく、不決断からなされた中立である。たとえば、中立を維持するかどうか決定できずに、当分の間はおまえの中立の約束だけで満足もしようという者に対してさえ満足させないようなやり方で身を処するといった場合である。この種の過ちに陥るのは君主ではなく共和国に多い。なぜならば、このようなことはしばしば決定を下すべき人たちの分裂に起因するからである。かくして、ある者がこれを進言す

［訳注3］ナポリ王国は一四九五年、ミラノ公国は一四九九年亡びる。ヴェネツィア共和国は一五〇九年五月十四日、アニァデルロの戦いで大敗。一時、領土の大半を失う。

れば、他の者はあれを勧告するといったありさまで、一つの意見を決定するに十分なほど、多くの人びとが一致することは決してないからである。そしてこれこそ、まさに一五一二年[訳注]に生じたことである。(「Q2」一八、「A」八五、「B」一五、一六に対応)

「Q2」一八

条約によって(per convenzione)、あるいは何が起ころうと恐れるものがないほど大きな力によって安全が保証されていない者にとって、他が戦争している時に中立であること(a stareneutrale)は愚かなことである。なぜなら、その者は征服された者を満足させないし、勝者に対してはその餌食(préda)となるからである。私の議論(alla ragione)に納得いかないのなら、教皇ユリウスとカトリック王がフランス王ルイに対して行った戦争の際、中立でいたことによってわがフィレンツェに何が生じたかを見よ。

「B」一五

条約によって、あるいは何が起ころうと恐れるものがないほど大きな力によって安全が保証されていない者にとって、他が戦争している時に中立であることは愚かなこと(pazzia)である。なぜなら、その者は征服された者を満足させないし、勝者に対してはその餌食となるからである。私の言うことに(ragione)納得いかない者は、教皇ユリウスとアラゴンのカトリック王がフランス王ルイに対して戦争を行った際、中立でいたことによってわがフィレンツェに何が生じたか、その例を見よ。

「B」一六

それにもかかわらず、中立を欲するならば、少なくともそれを望んでいる側と中立条約を結ぶべきである。なぜなら、それが一方に与《くみ》する一つの方法だから。その場合、もし彼らが勝ったとしてもお

[注125「C」六八訳注]ソデリーニ政権はどっち付かずの中立政策をとる。このためユリウス二世とフェルディナンドのスペイン軍に攻撃され、九月一日、ソデリーニ政権は崩壊。その後、メディチ家が帰還する。

そらくおまえを傷つけるのに幾分か躊躇するであろうし、あるいは恥ずかしく思うであろうから。

――注126――

「C」一一〇

話をするたびにローマ人を引き合いに出す人びとはいかに間違っていることか[訳注]。ローマ人を引き合いに出すには、彼らとまったく同じ条件の都市を持たねばならないだろう。それから彼らの実例に従って統治せねばならないのである。釣り合いのとれない性質を持った都市にとっては、それはまことに調和しない。あたかもロバが競馬のレースに加わるのを欲するようなものであろう。

[注126「C」一一〇訳注]
このリコルドは「C」一一七とともにマキァヴェリを批判しているものとして、よく知られている。

――注140――

「C」一四二

人間の持ち得る最大の幸運の一つは、己れ自身の利益のためにしたことが、公けの福祉のためになされたかのように見せる機会である。これこそまさにカトリック王[訳注]の事業をあれほど光栄あるものにしたのである。これらの事業は常に彼自身の安全と権勢のためになされたのであったが、しばしばキリスト教信仰の強化のため、あるいはローマ教会の擁護のためになされたかのように思われたのである。

[注140「C」一四二訳注]
アラゴンのフェルディナンド王（一四五二―一五一六）。カスティリア女王イザベラと結婚。スペインを統一。グイッチァルディーニは一五一二年三月から約二十カ月間、大使としてフェルディナンドの宮廷にいる。

「C」一〇一

凶暴で残忍な暴君から逃げ出すために役立つ規則（regola）あるいは処方箋は存在しない。ただし一つ、疫病に対して当てはまるものがある。すなわち、できるだけ遠くまで、できるだけ素早くそれから逃れること、これである。（「C」九八、九九、一〇〇、一〇一の各リコルドは「B」八二、「A」五七、「B」八三、「A」五八に対応）

「B」八二

祖国において、おまえが血に飢えた野獣のごとき暴君のもとで生きざるを得ない状況であれば、亡命せよという以外、おまえに教えるべき規則はない（si possono dare poche regole）。しかし暴君が自制をもって臨む場合には、たとえそれが用心のためであれ、あるいはそうせざるを得ないからであれ、あるいは彼の統治の状況のためであれ、いずれにせよその場合には、おまえは一目おかれるように、そして勇気はあるが物静かな性格（di natura quieto）で、強制されない限り暴動を起こそうなどという（alterare）気はさらさらない、そういう人間と思われるよう努めねばならない。その場合には暴君はおまえに優しく接し、革命（novità）を起こそうなどというきっかけ（causa）をおまえに与えないよう努めるであろう。しかし、おまえが落ち着きがないと思えば、暴君はそうはしないであろう。その場合には、何をしようともおまえがおとなしくしていないことを知り、おまえを破滅させる機会を求めざるを得なくなるであろう。

―――注143―――

「C」五〇

おまえの不平の本当の根を除去せずして、単に人間の顔ぶれを変えるだけの政変騒ぎ（mutazione）に没頭してはならない。なぜならば、同じ不満が残るからである。たとえば、メディチ家からセル・ジョバンニ・ダ・ポッピを追い出しても、彼の代わりに同一性格、同一条件の人間にすぎぬセル・ベルナルディーノ・ダ・サン・ミニアート[訳注1]が入ってくるならば何の得になるものか。（「B」五四、「A」二九に対応）

「B」五四

単にその結果が顔ぶれだけを変えるだけの政変劇に時を浪費してはいけない。ピエロがおまえに対して犯したと同じ悪行あるいは不快事（dispetto）が、いまやマルティノによって繰り返されるとすれば何の利益があろうか。たとえばメッセル・ゴーロ[訳注2]が去って、他の同じような人間が彼にとって代わって登場しても、何の楽しみがあろうか。

―――注149―――

「C」一〇

後天的な経験（l'accidentale della esperienza）[訳注]がなくとも、それだけで十分であると思い込むほど、生まれながらの分別（prudenza）に信を置いてはいけない。なぜなら、実務に携わってきた者はどれほど思慮分別に富んでいようとも、生まれながらの分別だけでは決して達成することのできない多くのことを経験がやり遂げるのを認めることができるからである。（「B」七一、「A」四五に対応）

［注143訳注1］セル・ジョヴァンニ・ダ・ポッピ（ser Giovanni da Poppi）はメディチ家に仕えた。ウルビーノ公ロレンツォの秘書官。セル・ベルナルディーノ・ダ・サン・ミニアート（ser Bernardino da San Miniato）もロレンツォに仕えたジェノア駐在の武官。

［訳注2］ゴーロ・ゲリ（Goro Gheri）は一五一二年、メディチ家のフィレンツェ復帰以来、ロレンツォの秘書官を務める。一五一九年、ロレンツォの死に至るまでフィレンツェに君臨。

［注149「C」一〇訳注］経験（esperienza）の重視はグイッチァルディーニの基本的な立場である。

「B」七一

生まれつき完全な能力（con naturale perfettissimo）がおまえに備わっていても、経験なしに一定の物事をやり遂げたり、あるいは理解したりできるものではない。経験のみがそれらを教えるのである。このリコルドは多くの事柄を扱ってきた人びとにより良く評価されるであろう。なぜなら、彼らは経験そのものから経験の価値を学んでいるからである。

——注150——

「C」一四六

最初に悪を手にしなければ、善をも手にし得ないというのは大いなる不幸である。

——注152——

「C」三〇

注意深く観察する者は、人間の事柄に運命の女神（la fortuna）が大きな影響力を与えているのを否定できない。なぜならば、よく目にするのだが人事が最も大きく動かされるのは、常に偶然の突発事によってであり、しかもそれらを予見したり避けたりすることは人間の力ではできないからである。人間の思慮や心づかいは多くのことを調節できるが、それでもそれだけでは十分ではない、幸運もまた必要なのである。訳注

［注152「C」三〇訳注］合理的に考え抜いた末の最良の決断であったはずのコニァック同盟の挫折など、一連の歴史的破局の影響が見られよう。コニァック同盟については「解説」一参照。

――注156――

「C」一九

他人を一味にしない限り、陰謀《訳注》を企むことはできない。それゆえ、非常に危険である。なぜならば、人間の大部分は無分別であるか、邪悪であるか、いずれかであり、そのような種類の人間と徒党を組むのはあまりにも大きな危険を冒すことになるからである。(「B」一五八、「A」一三四に対応)

「B」一五八

私ひとりでそれを実現し得る望みがあれば、私は喜んで私の嫌っている政府の転覆を行うであろう。しかしそのためには他の人間、たいていは黙することも知らず、どのように行動すべきかも知らぬ愚かで邪悪な人間と手を組まねばならないことに思いをいたすと、そのようなことを考えたこと自体、ぞっとするのである。

「C」二〇

陰謀が満足すべき結果となるよう望む者にとって、それを安全確実な基礎の上に置きほとんど成功疑いなしという風に企てたいのは当然のことだが、これほど矛盾に満ちたこともない。なぜならば、このように欲すればその者はより多くの人間、より多くの時間、より多くの機会を引っぱり込まなくてはならないが、これらはすべて陰謀発覚へと導くものだからである。したがって、陰謀というものがどれほど危険なものかが分かるだろう。他の場合だったら安全性をもたらすものが、ここでは危険をもたらすのである。私の信ずるに、その理由は多分このようなことに大きな力を持っている運命の

[注156「C」一九訳注]
陰謀についてのリコルディは数多くある。マキァヴェリと同様、グイッチァルディーニは陰謀については否定的であった。これには慎重な父ピエロの影響があろう。陰謀に関わってはならないという家訓である。

女神（la fortuna）が自分の力を制限しようとする者に立腹するからであろう。（「B」五五、「A」三〇に対応）

「B」五五

やむなく陰謀（trattati）を企もうとする者は次のことを肝に銘じておかねばならない。すなわち、陰謀をあまりにも確実な（troppo sicuri）ものにせんとする欲望ほど、確実にそれを失敗させるものはないということである。なぜならば、確実にするためには、より多くの時間が費やされ、より多くの人びとが仲間に引き入れられ、ますます複雑になるからである。そしてこれらは逆に陰謀が発覚する原因ともなる。さらに考慮に入れるべきは、このような事柄を取りしきっている（sotto dominio di chi sono queste cose）運命の女神が懸命に彼女の力から己れを解放し彼女に対し身を守ろうと努める者に対して激怒するということである。したがって私は次のように結論を下す。陰謀を決行するに当たってはあまりにも用心深く行うよりも、ある程度の危険を冒した方がより確実であるということである。

——注157——

「C」五一

フィレンツェでクーデター（mutare stati）を起こそうとする者は、それが必要やむを得ざる状況からするならばともかく、あるいは新政府の長に余儀なくつかざるを得ないがゆえにそうするならばともかく、そうでないならば思慮分別を欠くといえる。なぜならば、事が成功しない場合には、彼は自分自身および一家一門を危険に晒すことになるからである。成功したとしても、彼の得るのは辛うじて心に描いていたものの小さな一部にしかすぎない。獲得するものよりも比較にならないほど失うところの多い勝負を行うのは何と気違いじみたことか。多分、それと同じく少なからず問題なのは、ひとたび政体を変えたとしても、今度は絶えざる苦しみに直面するということである。すなわち、絶えず新しい革命（mutazione）を恐れねばならないのである。（「B」五三、「A」二八に対応）

「B」五三

祖国に対する燃えるような愛情のために大きな危険を冒して、それを元の自由の状態に復せしめようとする人びとを思いとどまらせようとは思わない。しかしわがフィレンツェにおいては、己れの利益のために政変（mutazione）を企てる者は賢明ではないと言わねばならない。なぜならば、それは大きな危険の伴った仕事であり、いかなる陰謀も成功しそうもないことは明白だからである。たとえ成功するにしても、おまえが当初もくろんでいたことのほとんどが実現され得ないことが常だからである。それに加えて、おまえは絶えざる不安のうちに過ごすことになろう。なぜならおまえは、おまえの追放した者どもが帰還しておまえを亡き者にするかもしれぬと絶えず恐れねばならないからである。

——注161——

「C」一一七

ある人間に疑惑を感じている場合、おまえの真に信頼すべき安全は、たとえその人間がおまえを傷つけようと欲しても、傷つけることができないような状態にしておくことである。なぜならば、他人の意志と裁量に基づく安全は、人間に善や信頼がどれほど少ししか見出されないかを考えてみると当てにならないからである。（「Q2」一九、「B」三三、「A」九に対応）

「Q2」一九

人間は大変、嘘つきである（fallacissimi）。したがって、他人に害せられないための真の保証（la vera sicurtà）は、おまえを傷つけたくないという彼の意志（e' non voglia）にではなく、傷つけようにも傷つけることができない（e' non possa）という点に築かれるべきである。

「B」三三

ある敵からおまえの手にし得る保証（sicurtà）はすべて結構である。誠実さ、友情、約束、その他の保証（assicurazione）、これらすべては結構なものである。しかし人間の邪悪な性格と、物事は時に応じて変わるもの、という事実を考えると、おまえの安全を保証する最善かつ確実なのは、おまえの敵がおまえを傷つけたくないという点にではなく、傷つけたくとも傷つけることができないようにしておくことである。

――注170――　↓　（既出）注126

――注171――

「C」九七

クレメンスが教皇に選出された時、[訳注1] ペスカラ侯[訳注2]が私に言ったものだ。多分、一般に希望されていることが成功するのを見るのはこれが最初で最後であろう、と。このような発言が出る理由は、一般に世間の出来事を動かすのは少数者であって多数者ではないということであろう。そして少数者の目的はほとんど常に多数者の目的とは異なっているので、その結果も多数者によって望まれたものとは異

［注171「C」九七訳注1］一五二三年十一月十九日。

［訳注2］スペイン王フェルディナンドに仕えた軍人。

なった結果が出てくるのである。（「B」三〇、「A」七に対応）

「B」三〇

ペスカラ侯がかつて私に言ったことがある。すなわち、一般に望まれていることは、めったに実現するものではない、と。これが本当であるならば、その理由は物事を動かすのは少数者であるということである。少数者の目的はほとんど常に多数者の目的や欲望と相対しているのである。

――注176――→（既出）注22

――注178――→（既出）注22

――注181――

「C」一二六

物事を行うに当たっては少しの混乱も欠陥（scrupulo）もなくなされるよう、その点までやり遂げることができれば望ましいことであろう。しかしそうするのは極めて難しいことである。したがって、物事を完全に仕上げることに熱心に過ぎるは誤りである。なぜなら、そうするために時間を浪費している間にしばしば機会は飛び去ってしまうからである。また、たとえ思った通りにやり遂げ、思った通りに決定したと信じたとしても、しばしば取るに足らなかったことに気づくものである。なぜなら、この世の物事というのは本質的にほとんどすべてがその各々の部分に何らかの混乱や不都合さの存在しないものはないようにできているからである。物事をそのあるがままに受け取り、それ自身のうち

に悪を欠いたものをして善しとするに決然たる態度をもってせねばならないのである。訳注

［注181「C」一二六訳注］一五三〇年になって初めて記されるリコルドである。

——注182——

「C」一八八

一つの極端から逃れるために中道へと移っていけばいくほど、恐れていた極端に、あるいはそれと匹敵するほど悪い極端に陥ってしまうものである。享楽しているものの果実を取り出そうとすればするほど、それだけ早くその享楽は終わりを告げ、果実の取り入れは終わるのである。たとえば自由を享受している大衆（popolo）を考えてみても、自由を用いようと欲すれば欲するほど、それだけ自由の享受は少なくなり、それだけ早く暴政の下に、あるいは暴政と少しも変わらぬ状態に落ち込むことになる。（「B」一七五、一七六に対応）

「B」一七五

極端から遠ざかろうとして他の極端の方へ移動すればするほど、いっそう容易におまえの避けようとしている極端に陥ってしまうものである。中間にとどまる術を知らないからである。したがって、民主政体が独裁制から逃れるために無拘束さ（licenza）の方に近づけば近づくほど、それだけ容易にもとの独裁に陥ってしまう。残念なことに、フィレンツェのわが同胞はこの言葉を理解しないのである。

——注186——　↓　（既出）注40

「C」三二

野心（la ambizione）は非難されるべきものではないし、野心的な人間も、合法的で名誉ある手段によって栄光を追い求めてきた限り、辱しめられるべきではない。それどころか偉大な卓越した仕事をやり遂げるのはこれら野心的な人びとなのである。訳注 そしてこのような欲求に欠ける者は冷たい精神（spirito freddo）であって、活動（faccenda）よりもいっそう怠惰に傾きやすいのである。野心でも一般に君主の場合がそうであるように、その唯一の目的として権力（grandezza）を求める時には、その野心は危険であり嫌悪すべきものである。権力を偶像視（idolo）し、権力へと導くものについてはこれを獲得せんとするような輩は、良心も名誉も、人間性もその他すべてのものをばらばらに崩してしまうものである（fanno uno piano della coscienza dell' onore, della umanitàe di ogni altra cosa)。（「Q_1」・「Q_2」二、「B」一、「A」七八に対応）

「Q_1」・「Q_2」二

名声を追い求める市民は称讃に値し都市に役に立つ（laudabili e utili alla città）。ただし、派閥（sette）や簒奪によってではなく、善良で慎重（buoni e prudenti）であると思われようとして、また公共のために何か良い仕事をなすことによって求める場合である。共和国がそのような野心に満たされるよう神に祈ろう。

「B」一

フィレンツェ（città）で名誉と栄光を追い求める市民は称讃に値し役に立つ。ただし、派閥や簒奪によってではなく、善良で思慮があると思われようとして、また祖国のために良い仕事をしようと

［注200「C」三二訳注］

野心（ambizione）についてのグイッチァルディーニのこのような評価は極めて特徴的である。

グイッチァルディーニにあっては名声（ripu-tazione）と名誉（onore）と栄光（gloria）は同一概念であり、これらを追い求めることが野心（ambizione）であって、しかも野心は非難されるべき（dannabile）ことではないのである。

ここで注目すべきは「栄光」（gloria）の独特の倫理的意味合いである。すなわち、gloriaとは「有徳な仕事によって得られる名声、称讃に値する行為によってもたらされる名声、誉れ」を指しているのである。

して求める場合である。わが共和国がこのような野心(ambizione)に満たされるように神に祈ろう。しかし権力(grandezza)のみをその目的とするような市民は危険である。なぜなら、権力を偶像視するような輩は正義や法(onestà)を顧慮することなく自らの目的を実現するためにいかなるものをも踏みにじってしまうからである。

——注208——

「C」一九七

非常に困難な矛盾に満ちた事柄を一般民衆(popoli)とともに処理せねばならぬ者は、次のことに注意すべきである。すなわち、もし事態が許せば、それらを分離し第一のものが解決されるまでは第二のものについては語らないようにすることである。なぜならば、こうすることによって、一つのことに反対する者も他のことに反対しないということになるかもしれないからである。すべてが一緒くたになっていれば、そのいずれかに不満を抱いている者も全体に反対することになりかねないのである。かくして、ピエロ・ソデリーニ[訳注]が四十人会議法を再制定しようと望んだ時、このようにすることを知っていれば、彼はそれを達成することができたであろうし、それとともに共和政体(el governo populare)を安定させていたことであろう。このような教訓はしばしば、私的な事柄においても、公的な事柄においても、少なからず役に立つのである。つまり、苦い飲み物を飲ませるには、できれば一口ではなく何度かに分けて飲ますという教訓である。

[注208「C」一九七訳注]ピエロ・ソデリーニについては「登場人物案内」参照。一五〇二年、終身ゴンファロニエーレに選ばれる。

「C」五二

経験から知られるように、他人の手先となってその権力獲得を助けてやった人はほとんどすべて、時がたつにつれて彼にあまり用いられなくなる。[訳注] その理由として次のように言われている。すなわち、権力を得た者は彼の手腕を知っているので、いつの日か与えてもらったものを奪われるのではないかと恐れているからだという。しかし、おそらく同様にして、手先となった方でも大いに役立ったものと思っているので、当然、彼にふさわしいだけのものを超えて、それ以上を要求するところからも生まれるのかもしれない。つまりそれが与えられないので彼は不満を感じ、そのことから彼と君主の間に怒りが生じ、疑惑が生まれてくるのである。（「B」一二六、「A」一〇三に対応）

「C」五三

私が君主になれたのは、仮に、おまえのお陰であり、おまえが私を援助してくれたからだとしても、そのおまえが私に対しおまえのやり方通りに政治を行い、私の権威を低めるようなことをおまえに許すよう要求するとすれば、そのたびごとに既におまえは私に与えてくれた恩恵を帳消ししていることになる。というのもおまえは、すべてであれ一部であれ、私に獲得させてくれたものを私から奪おうとしているからである。（「B」一二七、「A」一〇四に対応）

「B」一二六

政権を握った者と政権を握るに当たって彼を支持した者たちとの間に直ちに敵対関係が生じるということは、わがフィレンツェにしばしば生ずることである。その理由は次のように言われている。すなわち、政権を握った者は、それを助けた者たちが一般に名門出身であり才能にも恵まれ、またお

[注214「C」五二訳注]
一五〇二年、ピエロ・ソデリーニ（Piero Soderini）を終身統領（Gonfaloniere a vita）に担ぎあげたのはアラマンノ・サルヴィアーティ（Alamanno Salviati）であったが、後にサルヴィアーティはソデリーニの最大の政敵となる。なお、グイッチァルディーニの妻マリアはサルヴィアーティの娘である。これについては拙著『グイッチァルディーニの生涯と時代』上巻四九一—五二一頁参照。

そらくは絶えず変化を求めている（inquieto）ので彼らを疑いの目で見るようになるからであるというのである。これにもう一つの理由が付け加えられよう。すなわち、かつてのそのような支持者たちは自分たちが大いに働いたと思っているので、しばしば要求が当然以上に大きくなり、それが満たされないとなると腹を立てるからだという。このことから敵意と猜疑が生じるのである。

「B」二二七

ある者が権力を握るに当たって、それを助けた者、あるいは動因（causa）となった者が次に己れのやり方に従って統治するよう彼に望めば、その者は自らの与えた援助を帳消しすることになる。なぜなら、彼は自分が助けて獲得させた権力を利用しようと欲しているからである。権力を握った者は彼を赦せない正当な理由を持っているし、また恩知らずと呼ばれようとも痛痒を感じる必要もない。

――注215――→（既出）注45

――注236――→（既出）注105

――注247――

「C」二二一

各々の国において見出されるすべての格言は、異なった言葉ではあるがほとんど同一であり、類似したものである。その理由は、つまり格言というものは経験からあるいは事物の観察から生まれ出るのであるが、経験や事物の観察というのはどこにおいても同一のもの、あるいは類似したものだからである。

――注250――

注意深く観察する者は、人間の事柄に運命の女神（la fortuna）が大きな影響力を与えているのを否定できない。なぜならば、よく目にするのだが、人事が最も大きく動かされるのは常に偶然の突発事によってであり、しかもそれらを予見したり避けたりすることは人間の力ではできないからである。人間の思慮や心づかいは多くのことを調節できるが、それでもそれだけでは十分ではない、幸運もまた必要なのである。

「C」三〇

すべてを思慮分別とヴィルトゥ（virtù）に帰し、できるだけ運命（fortuna）の力を排除せんとする人でも少なくとも次のことは認めるべきである。すなわち、おまえの他人に卓越している能力や素質が高く評価されるような時代に遭遇し、あるいは生まれることが極めて重要であるということである。このことはちょうどファビウス・マキシムスの例によく示されていることである。[訳注] 彼の大きな名声は生まれつき狐疑逡巡する彼の性格によって与えられたものである。なぜならば、彼の直面した戦争は、熱烈な激しさが有害で、ぐずぐずした遷延が有利に作用するそうした戦争だったからである。他の時であったなら、その正反対でもあったであろう。したがって彼の運命は次の点に存したのである。すなわち、彼の時代が彼の内なるあのような性格を必要としていたということに、である。たしかに、われわれが時代の状況に適合するように自分の性格を変えることができるのであれば、われわ

「C」三一

［注250「C」三一訳注］この判断にマキァヴェリが影響しているのは明白である。ファビウス・マキシムスについてのマキァヴェリの見解については、『政略論』第三巻九章（永井三明訳、世界の名著16、マキァヴェリ、中央公論社、五三一頁）参照。またファビウス・マキシムスについては「登場人物案内」314頁参照。

れはかなり運命から支配されることが少なくなるであろう。しかし、これは最も難しいことであり、多分不可能ですらあるだろう。（「B」五二、「A」一一七に対応）

「B」五二

あらゆる物事を思慮分別とヴィルトゥに帰し、運命を無視しようとする人びとがいる。しかし彼らといえども、おまえの能力（virtù）とおまえが最善を尽くそうとしている物事が高く評価されるような時期に生まれ合わせたことは大きな幸運（grandissimo beneficio di fortuna）であることを否定することはできない。同一の能力がある時には高く評価され、他の時には低く評価されること、同一の行為がある時には喜ばれ、他の時には嫌われるといったことは経験の示すところである。

——注251——　↓（既出）注150

——注252——

「C」一三九

都市が人間同様、死ぬべきものであるということは真実である。[訳注] しかし違いはある。すなわち、人間は腐敗性物質（materia corrutibile）からできているので、たとえ不節制なことをしなくとも死滅するのであるが、都市はその構成材料（materia）の欠陥から滅びるのではない。それらは常に更新されるからである。むしろ悪運によるか、あるいは統治の悪さ、すなわち統治者によって軽率に取られる政策のために滅びるのである。純粋に悪運のみによる滅亡は極めて稀れである。というのも、都市というのは活力のある大きな抵抗力を持った集団であって、それを破壊するには途方もなく強烈な

［注252「C」一三九訳注］一五三〇年八月、クレメンス七世とカール五世軍によるフィレンツェ攻略が念頭にあろう。グイッチァルディーニには既に自由なフィレンツェ共和国崩壊の予感が存していたであろう。

暴力が必要となるからである。したがって、都市の滅亡の原因はほとんど常に統治する者の過ちによるのである。都市が常によく統治されていれば永久に存続していくことも可能かもしれない、あるいは少なくとも今までのものより比較にならぬくらい永い生命を持つことができるであろう。

「C」一八九

すべての都市、すべての国家、すべての王国は必ず滅びるものである。あらゆるものは、それ自体によるか、偶然の出来事によるか、いずれにせよいつかは終わり、死滅するのである。したがって、自国の滅亡に立ち合う市民は自国の不幸を悲しみ、それを不運であると呼ぶことはできない。むしろ自分自身を悲しみ不運と呼ばねばならない。なぜなら、自国を奪ったのは、何らかのやり方で起こらねばならぬことであったが、そのような災厄の必須な時代に生まれ合わせたことは不幸なことだからである。(「A」一五六に対応)

「A」一五六

長いあいだ繁栄したあと衰退した都市についてこれを不幸と呼ぶことはできない。なぜなら、これは人間的なものすべての帰結であるから。また、すべて他の都市に共通のこうした法則にそれが縛りつけられていることにも、これを不幸と見なすことはできない。しかし祖国が幸運に恵まれている時にではなく、その衰退する時期に生まれ合わせた運命を持つ市民は不幸といってよい。

——注255——

「C」三八

メディチ家は大きな力を得て、教皇を二人も出してはいるが、フィレンツェを保持していくことは、極めて困難である。ところが私的な一市民であったコジモはそれほどの困難もなく保持し得たのである。なぜなら、コジモには自らのあり余る権力以外に時代の状況が幸いしたからである。そのお陰でコジモは少数者の権力を借りて政権を奪取し、いまだ自由の何たるかを知らない一般の人びとの怒り（displicenza dello universale）を買うこともなかったのである。それどころか中流の人びとと下流の人びとは、有力者同士の争いのたびに、そして騒動が起こるたびに状況を改善していたのである。しかし人びとが大会議（el Consiglio grande）の味を知ってしまった今日[訳注]、統治権を握ろうとしても、四人、六人、十人、あるいは二十人の市民からそれを横領剥奪するというようなことは問題にならない。統治権は全市民の手にあるので、彼ら全市民から奪うことが問題なのだ。しかも彼らは自由を目的としているので、あらゆる柔和さをもってしても、あらゆる良い統治をもってしても、あるいはメディチ家その他の勢力家が利用する一般大衆の幸福の増大（essaltazione）をもってしても、彼らに自由を忘れさせる望みはないほどである。（「B」一五四、「A」一三〇に対応）

「B」一五四

そのあらゆる偉大さにもかかわらず、メディチ家はフィレンツェを支配するのに苦労している。一介の市民であったメディチ家の先祖がかつてフィレンツェを手に入れるに当たって払った苦労をはるかに越えている。その理由は、当時にあってはフィレンツェはいまだ自由と自由な制度を味わっていなかったからである。事実、フィレンツェは当時、常に少数者の手にあったのである。政権を握っていた者は敵としての大衆を持っていなかった。政権が誰の手にあろうと大衆にはどうでもよかったからである。しかし、一四九四年から一五一二年まで続いた共和政体の記憶がいまや大衆の心の中に深く刻み込まれているので、独裁政治の下で利益を望み得る少数の人びとを除いて他の人びとは政権を

［注255「C」三八訳注］コンシーリオ・グランデ。一四九四年十二月二十三日、サヴォナローラの影響下に成立。

支配している者に敵意を持つことになるからである。なぜなら、彼らは本来、自分たちのものを彼に奪われたと思うからである。

——注256——

「C」七八

時期に合わせてある事を企てるならば容易に成功するだけでなく、ほとんどひとりでに（per loro medesime）できあがってしまうものでも、時機が到来する以前に企てると、単に失敗するだけでなく、後に時が熟してきても、あの容易さは失われてしまうことがしばしばである。したがって物事を気違いじみて急いで行ってはならない、せき立ててはいけない、それが熟するのを待ち、その時節（la sua stagione）を待つべきである。（「B」一一七、「A」九五に対応）

「B」一一七

同一の事業（impresa）でありながら誤った時に企てられれば、困難かつ不可能になるが、適切な時と場合になされると極めて容易であることが分かる。誤った時に物事を企てれば成功しないばかりか、たやすく成功したであろうような時が来ても、事業そのものを駄目にしてしまう危険を冒していることが分かろう。賢人は忍耐強いと言われるのはこのためである。

——注257——

「C」一六九

自由な都市にいようと、狭い政体（governo stretto）の下にいようと、あるいは君主の下にいようと、おまえの計画はすべて達成することができないということを建前としておくように。それゆえ、計画の一つが失敗しても激怒したりあるいは反乱を企てようとしたりしないで、自分の立場を維持してそれに満足していなければならない。そうしないならば、おまえ自身だけでなく、多分、都市全体をもひっくり返してしまうことが往々にしてあるから。そしてとどのつまりは、ほとんど常に自らの立場をいっそう悪くさせるということになるからである。[訳注]

［注257「C」一六九訳注］陰謀についてのリコルディ同様、慎重な世渡りを勧めている。

——注289——

「C」二一九

何度も言って来たことだし、極めて真実であるのだが、ヴェネツィア人がその広大な領土をつくり出すのより、フィレンツェ人がその所有する狭小な領土を確定することの方が、いっそう困難であった。なぜならば、フィレンツェ人は自由の満ち溢れた地方におり、しかも自由というのは極めて消滅し難いからである——それゆえ、これらの地方を征服するには最大級の労苦が伴い、たとえ征服しても少なからざる労苦をもって維持されねばならないのである。そのうえ、フィレンツェ人には近くに強力で決して滅びることのないローマ教会がある。それは時折り苦悩に喘ぐことがあっても、結局は再び起きあがって以前にもまして新たにその権利を主張するといった風である。ヴェネツィア人は隷属に慣れた、防禦においても反抗においても粘り強さというものを持たない土地を取ったのであった。そして近くにはその生命や記憶の永続きしない世俗的な君主しかいなかったのである。(「B」一三一、「A」一〇八に対応)

「B」一三一

しばしば言って来たことであるが、フィレンツェ人がその小さな領土を獲得したのは、ヴェネツィア人あるいはその他イタリアの諸君主がその広大な領土を獲得したのに比べて、さらに驚嘆すべきことである。なぜなら、自由はトスカーナの隅々まで（in ogni piccolo luogo）深く根付いているのでフィレンツェの拡大はいずこにおいても抵抗に出合ったからである。ヴェネツィア人あるいはその他イタリアの諸君主の国家の場合はこうではなかった。それらは隷属に慣れた、どの国に支配されようと無関心な国民（popoli）の間に位置していたからである。そのような人びとは頑固な、あるいは長期間にわたる抵抗に出ることは決してないのである。さらに、ローマ教会が近くに存したことがフィレンツェにとって極めて大きな障害であったたし、現在もそうである。なぜなら教会は現にその根を深く根付かせているので、われわれの領土拡大の大きな障害となってきたのである。

——注292——

「C」一二三

未来の出来事は極めて当てにならぬもので、数多くの偶然に左右されるものであるから、どれほど賢明な人でもそれに欺かれること再三である。彼らの言うことに、とくに物事の詳しい点について——なぜなら一般的なことについての判断はしばしば正しいことがあるので——注目し判定を下せば、賢明さに欠けると思われている他の人びとの言うことと比べて、ほとんど差異を見出せないであろう。したがって、将来の悪を恐れて現在の善を放棄することは、その悪が極めて確実であり、切迫しており、あるいは善に比べてはるかに大きい場合は別としても、そうでない場合には常に狂気の沙汰であ

［注292「B」九六訳注］メディチ政権が共和政権によって打倒されるのを恐れるあまり、メディチ政権の下で享受できる利益を失ってはならないというのである。「B」一三六に次のように言う。たとえ善良な市民であり、他人の物や権利を不当に奪うような横領者（usurpatore）ではないとしても、フィレンツェにおいては現在のメディチ家政権のような政権と親密な関係を結んではならない。そのような場合、人びとの嫌疑を受け憎悪されるからである。こうしたことはそれのもたらす多くの重大な結果からして、でき得る限り避けねばならない。しかし私はまた、このようなことのために身

る。さもなければ、あることに対する謂われのない恐怖のために、おそらく手に入れることもできたであろう善を失うことになるのである。(「B」九六、「A」七一に対応)

「B」九六

この世の物事というものは極めて不定(varie)で多くの偶然事に左右されるものであるから、未来について予測することは非常に難しい。賢明な人の予言がほとんど常に間違うのをわれわれは経験から知っている。したがって、私は未来のより大きな悪を恐れて現在の善を、たとえ小さなものでも、それを放棄しようとする人びとの決意(el consiglio)に賛同しない。もちろん、未来の悪が目睫に迫りかつ確実であれば別である。なぜなら、おまえの恐れている物事はしばしば実際に生じないものであり、その時にはおまえは必要もない恐れのために(per una paura vana)気に入ったものを放棄してしまったことになる。[訳注] したがって、物から物が生まれる(di cosa nasce cosa)という格言は賢いものである。

——注295——

「C」七三

アレキサンダー大王にせよカエサルにせよ、その他、寛大な点で称讃されている人にせよ、慈悲を示せば勝利の成果が台無しになり、危険に晒されるのを知りつつ、なおかつ慈悲を示したことは決してなかった。なぜならば、それはおよそ阿呆のすることであろうから。自らの安全が弱まりもせず、むしろ名声だけが高まるような場合に限って、彼らは慈悲を垂れたのである。

を引いてしまい、このような政権との親密さのもたらすすべての利益を失ってはならないと言いたい。強欲であるという評判を得たり、要人や多くの人びとの感情を害したりしないならば、政変が起こり、おまえを憎々しくさせていた原因が排除された時には、おまえに対するその他の非難は見逃され、おまえの悪い評判は次第に消え去っていくのが分かろう。おまえは最初恐れていた破滅、あるいは不名誉の状態にいつまでもとどまってはいないであろう。それにもかかわらず、これらは重大な事柄であり、人はよくこれらの点で過ちを冒すものである。またうまくいっても、そのような政権と

——注298——

「C」**四八**

道徳的な規範に従って国家を運営することはできない（Non si può tenere stati）。なぜならば——その起源を考えてみると——すべて国家は暴力（violenti）にあるからである。共和国の場合もそれ自身の祖国にあっては別であるとしても、その祖国の外に対してはそうである。皇帝はこのような規則から免れることはできないが、僧侶も少なからずそうである。僧侶の暴力は二重といえる。なぜなら、僧侶は世俗的な武器と精神的な武器でわれわれを強制するからである。（「B」九五、「A」七〇に対応）

「B」**九五**

その起源をよく考えると、すべての国家は暴力である。正当な世俗権力というものは存在しない。もっとも、共和国の権力はそれ自身の領域内においては正当なものであるが、領域を越えた場合はそうではない。皇帝の権力さえも例外ではない。なぜなら、それはローマ人の権威に基づいたものであって、これ以上大きな簒奪は他にない。僧侶のそれもこの規則から外れるものではない。事実、彼らの暴力は二重である。彼らはわれわれを支配するために世俗の武器と精神の武器の双方を用いるから。

——注306——

「B」一**四九**

リヴィウスが言及しているように、暴君の娘であれば、たとえ娘といえども殺さねばならぬというシラクサの法令は残酷である。しかし、まったく理由のないことではない。なぜなら、暴君が殺され

何の関わりもなく身を処した人びとの保つ良い評判のいくぶんかを失うことになるのも否定し得ないことである。

ても（mancato）暴君のもとで好んで生活していた者はいかなることをしてでも新たに暴君をつくり出そうとするからである。たとえ蠟からつくらねばならないにしても、である。しかし新しい暴君に良い評判を与えることは容易ではないので、彼らは先の暴君につながるものは何でも利用しようとする。したがって、つい最近、暴君から解放された都市は、暴君の一族全員とその子孫を絶滅しない限り、決してその自由を確保し得ないのである。これは男の場合には絶対的に当てはまる。女の場合については、私は状況に応じて、また女の性格と都市の性格に応じて判断するつもりである。（「A」一二五に対応）

——注315——　↓　（既出）注122

登場人物案内

ア行

アウグストゥス　Augustus, Caesar Octavianus（B.C63-A.D14）
元老院を尊重してはいたが、実質上の初代ローマ皇帝といえる。本名はオクタヴィアーヌス。母を通してカエサルと姻戚関係にあり、カエサルの相続者にして養子となる。紀元前四三年、レピドゥス、アントニウスとともに三頭政治を行う。アントニウスとは義兄弟の関係にある。前三一年、クレオパトラと組んだアントニウスをアクティウムの海戦で敗り、実権を握る。前二七年にはアウグストゥス（尊厳なる者）なる尊称を元老院から与えられ、ローマ共和国の事実上の支配者となる。四年、ティベリウスを養子とし後継者とする。ティベリウスは護民官、プロコンスルを経て一四年、アウグストゥスの死とともに皇帝に就任する。

アテネ公
本名はブリアンヌ伯ゴーチェ。通称グァルティエーリ。フランス人である。一三四二年、ルッカとの戦いでフィレンツェ軍の指揮官に任ぜられる。一年間、市の全権を与えられるが、パルラメントを召集し、ここで終身の権力を手にする。しかし圧政を敷き、翌一三四三年七月、フィレンツェより追放される。アテネ公についてはマキァヴェッリ『フィレンツェ史』（筑摩書房刊、マキァヴェッリ全集3、在里寛司、米山喜晟訳）第二巻一〇一―一一二頁参照。

アリストテレス　Aristoteles（B.C384-322）
マケドニアのスタギラ生まれ。父ニコマコスはマケドニア王アミュンタスの侍医であり、宮廷人でもあった。十七歳でアテナイに出てプラトンのアカデメイアに入る。プラトンが没するのは前三四七年である。アリストテレスがアカデメイアに滞在した年月については諸説があるが、ここでは二十年としておく。プラトンの亡くなった年である。その後、ピリッポス王によって王子アレクサンドロスの師傅に任ぜられている。アレクサンドロスが国王になるとアリストテレスはアテナイに戻り、リュケイオンで学校を開き、生涯ここで過ごす。『政治学《ポリーティカ》』は都市国家論であり、一三世紀にラテン語訳がなされて以来、ルネサンス期イタリアで大いに読まれたものである。

アルビッツィ、マーゾ　Albizzi, Maso（1343-1417）
フィレンツェの代表的な政治家。チオンピの乱が起こった時、たまたまドイツにいたが、その後、チオンピ政権

(1378-81)の間、追放されている。一三八二年、フィレンツェ帰還、寡頭政権の指導者となる。ミラノ公ジァン・ガレアッツォやナポリ王ラディスラオとの戦いでフィレンツェ防衛に功績がある。大使などを歴任。一三九二年ゴンファロニエーレ職にあった時には、大衆に人気のあるアルベルティ派の頭目を逮捕している。一四〇二年、皇帝ヴェンツェルによってファルツ伯に任ぜられている。オッティマーティの一人である。拙訳、グイッチァルディーニ『フィレンツェ史』（太陽出版）三一—三二頁参照。

アルフォンソ二世 Alfonso II (1448-95)
カラブリア公、ナポリ王。在位一四九四—五年。ナポリ王フェルランテ（在位一四五八—九四年）の息子である。人文主義的教育を受け、学芸のパトロンとして知られる。他方、軍人としても名声を馳せる。一四八〇年から八一年にかけて、トルコの攻撃からオトラントを防衛している。しかし、ナポリ王国内の領主《バローネ》たちに対する抑圧のため反乱を惹起。その鎮圧に苦労する。九四年に国王に即位するが、シャルル八世のナポリ侵攻（九五年一月）に際し、子供のフェルランテ（二世）に王位を譲り、同年、シチリアで没している。グイッチァルディーニ『フィレンツェ史』四九、六七、八四、九〇、九九—一〇〇、一〇六—一一二、一一八—一二〇、一五二—一五六、一八六頁のそれぞれを参照。

アレクサンドロス三世（大王） Alexander III (B.C356-323)
マケドニア王で一般に大王と呼ばれている。ピリッポス二世の子供。アリストテレスを師傅とする。前三三六年、父王が暗殺され、国王に即位。前三三四年、ヘレスポントを渡り、シリア、フェニキア、エジプトを征服。次いでペルシャ王ダリウス三世をイッソスで敗り、三三〇年、ペルシャを滅亡させている。インドにまで兵を進め大帝国を建設するが、前三二三年、バビロンにて病没。

ヴィスコンティ、ジァン・ガレアッツォ Visconti, Gian Galeazzo (1351-1402)
ミラノ公、通称「有徳公」。一三六〇年、フランス王ジァン二世の娘イザベルと結婚。持参金としてシャンパーニュのヴェルトゥ（Vertus）伯領を得る。ここからVirtù公と称される。一三七八年、ジァン・ガレアッツォは父ガレアッツォの死に際して北イタリアの領土を相続、次いで伯父ベルナボ（Bernabò）を攻撃し、その領土を奪う。一三九五年、皇帝ヴェンツェルよりミラノ公の称号を許される。初代ミラノ公である。一連の遠征を通して北イタリアに次々と領土を獲得、他方、南下してフィレンツェと戦う（一三九〇—九二年、一三九七—九八年、一四〇〇—〇二年のそれぞれ三回である）。この間、ジァン・ガレアッツォはフィレンツェ周辺の都市、ルニジアーナ、ピサ、シエーナ、ペルージァ、スポレート、アッシジ、さらにボローニァを獲得し、フィレンツェ包囲網を完成、フィレンツェは最大の危機に直面していた。当時の書記官長は高名な人文主義者のコルッチョ・サルターティ（1331-1406）である。フィレンツェ共和国の栄光を謳いあげ、果敢にミラノ公に対抗する。しかしフィレンツェが救われたのはミラノ公の突然の死であった。この時のフィレンツェ市民の解放感は次の言葉に示されていよう。「死はフィレンツェ人の古くからの同盟者」（la morte antica alleata de' Fiorentini）。これはフィレンツェの古くからの格言である。

ヴィスコンティ、フィリッポ・マリア Visconti, Filippo Maria（1392-1447）

ミラノ公（第三代）。ジァン・ガレアッツォ・ヴィスコンティの次男。兄ジョヴァンニ・マリアが一四一二年亡くなった後、ミラノ公となる。父の死によって四散した領土を回復すべく積極的に軍事行動に出て一応の成果を挙げる。しかし、これによってヴェネツィアとフィレンツェと敵対。一四四〇年代までヴェネツィアとフィレンツェを相手に戦う。一四二三年から一四二八年にかけてフィレンツェと戦い、一四二五年にはヴェネツィアがフィレンツェの同盟者となっている。その後、平和が回復するのは一四四一年になってからである。クレモナの和約である。その後、ミラノ公はフランチェスコ・スフォルツァの傭兵軍に依存するようになる。庶出の娘ビアンカをフランチェスコに与えている。しかしミラノ公の地位を彼に与える意志はなかったようである。これについてはグイッチァルディーニ『フィレンツェ史』三三、三七―三八頁参照。

ウッザーノ、ニッコロ・ダ Uzzano, niccolò da（1359-1431）

富裕な商人で銀行家。一三九〇年代に成立した少数者政権の代表者。一三九三年、ゴンファロニエーレに就任。以後、一四〇七年、一四二一年と二度、ゴンファロニエーレ職に就く。戦争の十人委員として、ミラノ、ナポリ、ルッカとの戦争を行う。大使としても活躍。一四二一年に創設された海事局の一員。一四二〇年代、フィレンツェは二つの党派に分裂するが、ウッザーノは一方の頭領。もう一つの党派がジョヴァンニ・デ・メディチとその子コジモを中心とするものである。ウッザーノについてはグイッチァルディーニ『フィレンツェ史』三三頁参照。

オルシニ家 Orsini

ブラッチァーノに居城のあるローマの領主《バローネ》一族。オルシニ家は代々、高位聖職者はもちろん、教皇さえも出している大家門。他方、傭兵隊長として活躍した者も多い。ロレンツォ・イル・マニーフィコは一四六九年、クラリーチェ・オルシニと結婚。ピエロ・デ・メディチもアルフォンシーナ・オルシニと結婚する。フィレンツェ市民はメディチ家の二人が外国の女性と結婚したことに対し不快を感じていた。また、ロレンツォは影響力を行使してリナルド・オルシニをフィレンツェの大司教とするが（一四七四年）、これに対しても好意を抱かなかった。フィレンツェの傭兵隊長としてパオロ・オルシニを傭ったのもピエロである。このパオロ・オルシニはセニガーリアで一五〇二年、チェーザレ・ボルジアによって絞殺されている。オルシニ家についてはグイッチァルディーニ『フィレンツェ史』七四、三七五、四六〇—四六二頁参照。

カ行

カッポーニ、ジーノ・ディ・ネリ　Capponi, Gino di Neri
(1350-1421)

チオンピの乱で「大物《デ・グランディ》」と宣告され政治権力を剥奪されるが、一三九一年、アルビッツィ派と同盟、九三年のパルラメントでアルベルティ派を追放。その後、フィレンツェの政界で指導的役割を果たす。地方長官を経て、一四〇一年、ゴンファロニエーレに就任。戦争の十人、大使を歴任。一四〇六年、フランスとピサ買収についての交渉を行い、ピサ戦のコメサーリオとして活躍。ピサ征服後はその初代カピターノに任命される。有名なユスティニアヌス法典をピサからフィレンツェにもたらしたのはジーノである。ピサ公会議に関係した後、教皇アレクサンデル五世のもとにフィレンツェ大使として派遣される。一四一八年、二度目のゴンファロニエーレ。羊毛組合の一員で実業家でもあった。著作にピサ戦の報告メモ、Ricordi politici e familiari 等がある。

カッポーニ、ネリ・ディ・ジーノ　Capponi, Neri di Gino
(1388-1457)

一四一二年以来、様々な官職を経て、一四二三年にプリオーレ。父のジーノ同様、大使としてローマやヴェネツィアに派遣されている。ルッカ戦ではコメサーリオとして重要な役割を演じている。リナルド・デリ・アルビッツィ（マーゾの息子）と対立。一四三三年、コジモ・デ・メディチを追放したのはこのリナルドである。ニッコロ・ダ・ウッザーノは既に亡くなっていた。ネリ・ディ・ジーノはメディチ派を擁護し、コジモのフィレンツェ帰還に貢献している。一四三六年、ゴンファロニエーレ。一四三七年から四一年にかけて戦争の十人の一員。著作に「ピサ獲得についてのコメンタリ」(Commentari sull'acquista di Pisa) その他がある。「ピサ獲得についてのコメンタリ」は父ジーノの「ピサ戦の報告メモ」に基づいたものである。ネリ・ディ・ジーノとコジモ・デ・メディチの関係については、グイッチァルディーニ『フィレンツェ史』三三—三七頁参照。

カッポーニ、ピエロ・ディ・ネリ　Capponi, Piero di Neri
(1446-96)

対話者の一人である。ネリ・ディ・ジーノの孫に当たる。

父のジーノは政治にはあまり関心がなかった。生涯を商業活動に捧げている。これに対し、ピエロは成功した商人であると同時に、政治的にも積極的であった。ロレンツォ・イル・マニーフィコとは明礬《みょうばん》鉱を共有している。大使やコメサーリオ、戦争の八人などを歴任。一四八三年にはプリオーレ、一四九三年にはゴンファロニエーレに選ばれている。九三年というと既にピエロ・デ・メディチの時代である。また九四年四月には大使としてフランスに派遣され、シャルルと外交交渉を行っている。カッポーニ銀行はパリとリヨンにあり、特別の保護を受けていた。

ピエロ・ディ・ジーノは一四九四年十一月九日のピエロ・ディ・メディチの追放に当たっては積極的な役割を演じている。同じ十一月九日、シャルル八世はピサに入城。ピサ市民は王に願ってフィレンツェからの独立を宣言する。シャルルがフィレンツェに入城するのは十一月十七日である。フランス王との交渉に当たるのはフランチェスコ・ヴァローリ、ピエロ・カッポーニである。ピエロが交渉中、王の条約案を引き裂いたのはこの時である。グイッチァルディーニは『フィレンツェ史』でこの時の状況を生々と描いている（一七四頁参照、ピエロ追放の経緯およびその後のフィレンツェの状況については一五七―一八四頁を参照）。シャルルとの激しいやりとりはあったであろうが、実はピエロ・ディ・ジーノとシャルルとは昵懇の間柄であったようである。彼の兄弟ネリはこの後、大使としてシャルルのナポリ遠征に同行している。十二月二日のパルラメントで二十人アッコピアトーリに任せられ、フィレンツェの改革を提案しているが、狭い政権 lo stato stretto に近いものであった。ピサとの戦いにコメサーリオとして従軍。ソイアナの戦いで戦死している（『フィレンツェ史』二〇三―二〇四頁「ピエロ・カッポーニの死」を参照）。ピエロの妻はグイッチァルディーニの伯母に当たるニコローサ・ディ・メッセル・ルイジである。

グイッチァルディーニ、ピエロ・ディ・メッセル・ルイジ
Guicciardini, Piero di Messer Luigi（―1441）

一三七八年、チオンピの乱の時にゴンファロニエーレであったメッセル・ルイジの次男。「メッセル・ルイジはピエロの唯一の息子であるが、一四〇〇年に亡くなったこのピエロからわれわれは出ているのである云々」（『わが一族の追憶』Memorie di famiglia）。これについては拙著『グイッチァルディーニの生涯と時代』（太陽出版）上巻二八―二九頁参照。「若い頃は強情で反抗的であったが」父と長兄の死後、一家の家長として一連の官職と大使を歴任。ゴンファロニエーレに三度、戦争の十人に数回、選ばれている。追放されたコジモ・デ・メディチのフィレンツェ帰還をネリ・ディ・ジーノ・カッポーニ、その他の人びとと実現させた功労者であり、ネリ・ディ・ジーノとともにメディチ政権を支えた実力者であった。『フィレンツェ史』（太陽出版）三四頁参照。

グイッチァルディーニ、ピエロ・ディ・ヤコポ　Guicciardini, Piero di Jacopo（1454-1514）

対話者。わがフランチェスコ・グイッチァルディーニの父である。ピエロは父ヤコポと異なり、人文主義的教育を受けている。ラテン語、ギリシャ語、哲学を学んでいる。フィチーノは一四七六年三月一日付のピエロ宛ての書簡で、「著作においても行為においても傑出した人」と述べている。学者にしてわが弟子、とも言っている。また一四八九年には『アポロギア』Apologia をピエロと二人のフィレンツェ市民に献呈している。グイッチァルディーニは父ピエロをこよなく愛していたようである（拙著『グイッチァルディーニの生涯と時代』上巻三三―三四頁参照）。

ピエロの官職歴は多くない。一四九〇年、改革のための十七人委員に選ばれ、九二年にはミラノに大使として派遣された程度である。政治的には慎重で、サヴォナローラ時代にはビジとして知られていた。ビジとは灰色を意味するが、政治的な態度が不明ということである。サヴォナローラの信者であり友人でもあったが、政治的には何の役割も果たしていない。したがって、政変が生じてもグイッチァルディーニ家は安泰であった。しかし諮問会議にはしばしば召集され、常に不偏不党で常識を代表していた。

グイッチァルディーニ、メッセル・ルイジ・ディ・ピエロ　Guicciardini, Messer Luigi di Piero（1407-87）

ピエロ・ディ・メッセル・ルイジの長男。弟のヤコポ（グイッチァルディーニの祖父）同様、ルイジもメディチ政権の中心的人物であった。「一市民の享受し得るすべての栄誉を享受した。コメサーリオ、使節、大使を歴任。ゴンファロニエーレは三度、シニョリーア入りは三度、戦争の十人は常連で、アッコピアトーリにも選ばれ、バリーアにはいかなる時もその一員になっていた」（『わが一族の追憶』）。メッセル・ルイジは、ミラノ公やその他のイタリアの諸君主とも親交があったとグイッチァルディーニは報告している。四度結婚しているが、男の子に恵まれなかった。娘のニコローサはピエロ・ディ・ジーノ・カッポーニに嫁している。

グイッチァルディーニ、ヤコポ・ディ・ピエロ　Guicciardini, Jacopo di Piero（1422-90）

フランチェスコの祖父。兄のルイジとともにメディチ政権を支えた。ゴンファロニエーレに二度、シニョリーア入りは三度、改革のための十七人を歴任。一四六八年はミラノ、六九年はローマ、七〇年はナポリという風にしばしば大使として派遣されている。フランチェスコは祖父ヤコポを「教育はないが、実際的な知性に秀れた、善き良心の持ち主」としている。しかも「兄ルイジよりもメディチ政権によって高く評価され信頼されており、ロレンツォに次ぐフィレンツェの第一者」とされていた（『わが一族の追憶』）。

クセノポン Xenophon（B.C427?-360?）
アテナイの人。ソクラテスの弟子。『キュロスの教育』(Cyropaedia) はペルシャの国祖、大キュロス（B.C559-529）の伝記小説である。クセノポンは大キュロスを理想的な君主として尊敬していた。クセノポンの著作には次のようなものがある。『アナバシス』『ギリシャ史』『ソクラテスの思い出』などである。『アナバシス』は一万人の退却ともいわれ、クセノポンが戦いに敗れたギリシャ人傭兵をティグリス河から黒海に抜け、ギリシャに連れ帰るまでの話を描いたものである。この戦いはペルシャの王位継承戦であり、クセノポンはアルタクセルクセスに対して弟のキュロスに味方してギリシャ人傭兵を集め、戦いに参加したのである。前四〇一年のことである。

グラックス、ガイウス Graccus, Gaius（B.C154-121）
前一二三―一二二年、護民官であったガイウスは、農業問題を解決しようとし、兄のティベリウスの農業法を再び制定する。ガイウスの急進的な改革プランは反発を招き、暴動で殺害される。この後、マリウス時代の派閥抗争が始まり、ひいては共和国の崩壊へと導く。

グラックス、ティベリウス Graccus, Tiberius（-B.C133）
前一三三年、護民官に選ばれる。ティベリウスは改革者であった。大衆党の領袖であり、貧民のために農地改革を行おうとする。彼の農業法の狙いは広大な共有地を回復させ、そこに貧民を移住させることであった。オクタヴィウスに拒否権を行使されると、ティベリウスは彼の罷免を要求し、後には自ら護民官の再選に立候補している。その結果は殺害されて終わる。

クレメンス七世（在位1523-34）、**ジューリオ・デ・メディチ** Clemens Ⅶ, Giulio de' Medici
ロレンツォ・イル・マニーフィコの弟ジュリアーノの庶出の子。パッツィ陰謀事件の年、すなわちジュリアーノの殺害された年、一四七八年に生まれている。一四九四年から一五一二年にかけて追放の身。その後、従兄弟のジョヴァンニ枢機卿がレオ一〇世として教皇に即位すると、フィレンツェ大司教および枢機卿に任ぜられる。ピエロ・デ・メディチの末弟ジュリアーノが一五一六年に亡くなり、ピエロ自身の子ロレンツォも一五一九年に亡くなると、フィレンツェの統治はジューリオ枢機卿に任される。当時、ジューリオ枢機卿はフィレンツェで人気があり市民との関係も良かった。フィレンツェ政府の改革案を広く市民に問うたりしている。マキァヴェリもそれに応じて改革案をものしている。一五二一年、レオはカール五世と同盟、フランソア一世を北イタリアから駆逐すべく兵をロンバルディアに進撃させる。グイッチァルディーニはコメサーリオとしてロンバルディアの陣営にいる。十月、ジューリオ枢機卿が教皇代理として派遣されて来るが、この時期に本『対話』の執筆が始められたと思われている。グイッチァルディーニとジューリオとの親交が深まったのもこの時期である。その後レオが急死し、ジューリオの暗殺未遂事件などが重なり、執筆は中断されている。しかし『対話』執筆の動機はマキァヴェリの場合と同じであろう。

一五二三年十一月三日、ジューリオはクレメンス七世として教皇に選出され、グイッチァルディーニは一五二四年、ロマーニァ総督に任ぜられる。『対話』の完成は二五年晩秋であろう。完成に当たっては、六月から七月にかけてのマキァヴェリとの交流を無視することはできない。これについて、またクレメンスのその後についても巻末の「解説」一参照。

サ行

サヴォナローラ、ジローラモ　Savonarola, Girolamo
(1452-98)

フェラーラ出身。父はエステ家の侍医。ドミニコ会の修道士。一四八二年、フィレンツェに派遣され、八七年まで滞在。次いで一四九〇年、再びフィレンツェに戻り、予言者としてサン・マルコ寺院で説教し、絶対的な影響力を揮う。サヴォナローラは既にロレンツォ在世中からロレンツォの権力簒奪とロレンツォによってもたらされた道徳の腐敗に対して説教壇から声高く告発し弾劾していたが、その聖者のような生活態度と、かつてない新しい型の雄弁さ、その実現された恐ろしい予言や威嚇によって大衆の間に熱狂的な人気を博し、やがて教養ある人びとや貴族の間にも彼の帰依者になる者が出て来る。著名な哲学者ピコ・デルラ・ミランドラもその一人である。九四年十一月九日のピエロ追放後、サヴォナローラは影響力を発揮し、十二月二十三日の法令でコンシーリオ・グランデを成立させ、民主政権を樹立。しかしフィレンツェ内の反サヴォナローラ勢力（アッラヴィアーティ）の台頭や教皇アレクサンデル六世との対立の結果、破門されると大衆の広汎な支持を失い、九八年、逮捕され裁判に付せられて火刑に処せられる（九八年五月二十三日）。サヴォナローラについてはグイッチァルディーニ『フィレンツェ史』一八九―二四七頁参照。

シクストゥス四世（在位一四七一―八四年）、**フランチェスコ・デルラ・ローヴェレ**　Sixtus IV, Francesco della Rovere（1414-84）

リグリアのサヴォナ近郊で生まれる。フランチェスコ会修道士。次いでフランチェスコ会の総会長となり、一四六七年、枢機卿（サン・ピエトロ・ヴィンクラ枢機卿）、一四七一年、教皇即位。神学者として著名であったが野心家。甥のジローラモ・リアーリオのためにイーモラを買収。パッツィ陰謀事件に関係する。その後、ヴェネツィアと同盟し、フェラーラとの戦いに入る。他方、学問・芸術のパトロンとしても知られる。システィナ礼拝堂は彼に由来する。シクストゥス四世

については グイッチァルディーニ『フィレンツェ史』六四、八三—八六、一一四頁参照。

シャルル八世（在位一四八三—九八年）、**フランス王** Charles Ⅷ（1470-98）

一四八三年、十三歳で即位。ナポリに対するアンジュー家の相続権を得る。ミラノのロドヴィーコ・イル・モロに唆され、一四九四年、ナポリ遠征に乗り出す。九月、イタリアに侵入、ピエロ・デ・メディチの追放後、十一月十七日にフィレンツェ入城。十二月三十一日、ローマ入城。シャルルは教会領の自由通行を求めていたが、教皇アレクサンデルは拒否。シャルルはかまわず侵入、力で教皇に協定を結ばせている。ナポリではいかなる抵抗にも遭っていない。ナポリ入城は一四九五年二月二十二日である。フランス王の迅速なナポリ王国制圧はイタリア諸国だけでなく、皇帝やスペイン王、イギリス王までが警戒、対仏同盟が結成される。同盟結成を知ったシャルルは帰国を決意、フォルノーヴォの戦いを経て一四九五年十月、フランスに帰還している。シャルルがナポリに残した兵はスペイン軍のために壊滅する。シャルルはイタリアへの再侵入を考えていたが、九八年没する。二十八歳であった。

スカーリ、ジョルジョ Scali, Giorgio（c.1350-82）

フィレンツェの貴族の家柄の出。一三七〇年代のゲルフ党寡頭政権から排除され、一三七八年のチオンピの乱に際して大衆の指導者として登場。その後のギルド政権下で権力を濫用したとされ、その反動で一三八二年、処刑されている。

スキピオ家 Scipios

ローマの名門家系。プーブリウス・コルネリウス・スキピオ・アフリカーヌス Publius Cornelius Scipio Africanus 第二次ポエニ戦争の英雄。前二一〇年から二〇七年にかけてカルタゴ軍をスペインから駆逐、二〇二年にはハンニバルに対して大勝利を勝ち取り、ローマに凱旋。アフリカーヌスという名はこれに由来する。

プブリウス・コルネリウス・アエミリアーヌス・アフリカーヌス Publius Cornelius Aemilianus Africanus（B.C185-129）

第三次ポエニ戦争で活躍。カルタゴは破壊される。スキピオ家の養子。傑出した軍人であるとともに、また文人でもあった。元老院議員。ポリビオスに詳細な記述がある。

スフォルツァ、フランチェスコ Sforza, Francesco（1401-66）

ミラノ公。傭兵隊長ムーツィオ・アッテンドロ・スフォルツァの子。一四二四年、父の死とともに、その後継者となる。ミラノ公フィリッポ・ヴィスコンティの傭兵隊長となり、一四四一年にはその庶出の娘ビアンカ・マリアと結婚。一四四七年、フィリッポの死とともにミラノ公国の相続権を要求、武力でミラノ公の地位を獲得。コジモ・デ・メディチとフランチェスコ・スフォルツァとの緊密な了解関係はその後のイタリアの同盟関係を変えるものであった。ヴェネツィア－フィレンツェの同盟は破棄される。この問題についてはグイッチァルディーニ『フィレンツェ史』三七―四二頁参照。

スフォルツァ、ロドヴィーコ・イル・モロ　Sforza, Lodovico il moro（1451-1508）

フランチェスコの次男。イル・モロ（ムーア人）という綽名は顔色が黒かったからとされる。兄のガレアッツォ・マリアが一四七六年に暗殺された後、幼少であった甥のジァン・ガレアッツォにとって代わって、次第にミラノの実質的な支配者となっていく。ミラノ公ジァン・ガレアッツォは、ナポリ王アルフォンソ二世の娘イザベラと結婚している。しかも、このイザベラはアルフォンソとイポリータ（フランチェスコ・スフォルツァの娘であり、イル・モロの姉である）の娘である。イル・モロがシャルル八世をイタリアに侵入させ、ナポリ王国を征服した背景にはイル・モロとナポリの関係が存したのである。一四九四年、シャルルがミラノを通過した後、ミラノ公ジァン・ガレアッツォが急死する。イル・モロが毒殺したという疑惑がもたれているが、イル・モロはこれによってミラノ公となる。

イル・モロは一四九一年、フェラーラ公エルコーレ一世の娘ベアトリーチェ・デステと結婚。イル・モロの宮廷は文化的な中心となる。レオナルド・ダ・ヴィンチはイル・モロに一四八二年から九九年まで仕えている。

イル・モロは己れの地位を守るために、シャルルをイタリアに呼び入れたのであるが、シャルルの後、ルイ一二世が即位すると運命は一変する。ルイは祖母ヴァレンティーナを通してミラノ公国を要求したからである。ヴァレンティーナは、初代ミラノ公ジァン・ガレアッツォ・ヴィスコンティの娘である。ルイは一四九九年、ミラノ公国を奪い、イル・モロは捕虜になりフランスの獄中で死を迎える。グイッチァルディーニ『フィレンツェ史』二八六―二八八頁参照。なおロドヴィーコ・イル・モロについて、グイッチァルディーニは『リコルディ』の中に次のようなリコルドを残している。

「C」九一

私は、ミラノ国がロドヴィーコ・スフォルツァの子供たちによって享受されるのを神の正義が許しておくなどとはどうしても考えられなかった。ロドヴィーコ・スフォルツァこそミラノ公国を悪辣なやり口で手に入れ、しかもそれを得るために全世界を滅ぼした張本人なのだから。（「B」一〇七、「A」八三に対応）

「B」一〇七

ロドヴィーコ公の子供たちがミラノ公国を治めるのを神が許すだろうと信じることは、私にはいつもできなかった。

彼があれほど恥知らずに公国を簒奪したからではなく、簒奪するに際してイタリア全体の隷属と破滅をもたらし、さらにキリスト教王国全体にわたって多くの付随した災厄をもたらしたからである。

スッラ、ルーキウス・コルネリウス　Sulla Lucius Cornelius（B.C138-78）

指揮下にある軍団を率いてローマに進軍、軍事的な独裁の時代を開く。マリウスに指揮権が移るのを阻止するためである。前八一年、一法律が通り、これによってスッラは全権を掌握し軍事独裁を行う。前七八年、急死。独裁を放棄した一年後である。カンプス・マルティウスに公的に埋葬されたが、盛大な葬儀であった。

セルヴィウス・トゥルリウス　Servius Tullius（B.C578-535?）

ローマの六代目の王。伝承によれば、ローマとラテン同盟との条約締結を行ったとされる。この条約文書は、アヴェンティヌスの丘に彼が建てた寺院に保存される。寛大な支配者として彼の手になるものとされる憲法が、四世紀に平民のために通った法律の前例であるとされているが、おそらくこれは虚構であろう。

ソデリーニ、パゴラントーニオ・ディ・メッセル・トッマーゾ　Soderini, Pagolantonio di Messer Tommaso（1448-99）

対話者。トッマーゾの長男。終身ゴンファロニエーレ、ピエロ・ソデリーニの兄。メディチ政権時代に二度、プリオーレに選出されている。一四八〇年バリーアの一員でもあり、九〇年の改革のための十七人委員会の一員でもある。九四年の革命を支持していたが、二十人アッコピアトーリには選出されていない。対話者のピエロ・カッポーニの工作によるものとされている。その結果、サヴォナローラの熱烈な信奉者となり、二十人アッコピアトーリの寡頭支配を阻止しようと企て、サヴォナローラに民主政権樹立を呼びかけたとされている。九五年、二十人アッコピアトーリの支配は崩壊する。しかしパゴラントーニオは両陣営に足場を持っている。子供の一人を急進的な反サヴァナローラ党である、いわゆるアッラビアーティ（arrabiati）に加入させている。このため、サヴォナローラには全面的に信頼されていなかったようである。しかし、フランチェスコ・ヴァローリに次いでサヴォナローラ党の指導者の一人であったことは間違いない。諮問会議での雄弁家であり、意見のまとめ役であった。一四九五年と九七年に戦争の十人委員会の一員を務め、また同じ九七年にはゴンファロニエーレに選出されている。しかしフランチェスコ・ヴァローリが殺害され、サヴォナローラが処刑されると、パゴラントーニオは大衆の復讐欲のため危険に晒される。パゴラントーニオを救ったのは、ソデリーニ一門やベルナルド・ルッチェライなど名門貴族である。一時フィレンツェから離れていた後、公的生活に復帰する。大使やコメサーリオに任ぜられている。一四九九年、コメサーリオとしての任務中、ピサで病没する。グイッチァルディーニ『フィレンツェ史』一四四―七、一七六―七、二二二―三、二四一―二、二七七―八頁のそれぞれを参照。

ソデリーニ、ピエロ・ディ・メッセル・トッマーゾ Soderini, Piero di Messer Tommaso (1452-1522)

パゴラントーニオの弟。一五〇二年、終身ゴンファロニエーレに就任。兄と同じく、メディチ政権下で官職を歴任。ロレンツォの死後、シャルル八世の宮廷に大使として派遣される。一四九九年、長兄パゴラントーニオが死ぬと事実上、ソデリーニは一門の家長となる。二番目の兄フランチェスコは聖職者の経歴を辿る。一五〇三年、ヴォルテルラ司教に任ぜられ、枢機卿に列せられる。後、このソデリーニ枢機卿はレオ一〇世と対立することになる。

一四九九年、シニョリーアの一員、次いで戦争と平和の十人の一員、一五〇一年、任期二カ月のゴンファロニエーレ、さらにたびたび大使職に任ぜられている。この時期、フィレンツェ共和国の代表的な市民であったといえる。翌一五〇二年、終身ゴンファロニエーレに選出された時は五十歳である。彼がゴンファロニエーレに選ばれたのは、おそらく子供がいなかったからである、とされている。ピエロ・ソデリーニを終身ゴンファロニエーレに選出するに当たって一番貢献したのは、アラマンノ・サルヴィアーティとその一門であった。ちなみに、アラマンノ・サルヴィアーティはグイッチァルディーニの岳父である。しかし選出後、サルヴィアーティとソデリーニとの関係は悪化、アラマンノ・サルヴィアーティはソデリーニの最大の政敵となる。ソデリーニは大衆と手を組み、有力市民層の期待を裏切ったからである。これに関し、グイッチァルディーニは『フィレンツェ史』の中で詳細に論じている（三六八―三六九、三九四―三九八頁参照）。なお、次のようなリコルドもある。

「C」五二

経験から知られるように、他人の手先となってその権力獲得を助けてやった人はほとんどすべて、時がたつにつれてあまり用いられなくなる。その理由として次のように言われている。すなわち、権力を得た者は彼の手腕を知っているので、いつの日か与えてもらったものを奪われるのではないかと恐れているからだという。しかし、おそらく同様にして、手先となった方でも大いに役立ったものと思っているので、当然、彼にふさわしいだけのものを越えて、それ以上を要求するところからも生まれるのかもしれない。つまりそれが与えられないので彼は不満を感じ、そのことから彼と君主の間に怒りが生じ、疑惑が生まれてくるのである。（「B」一二六、「A」一〇三に対応）

「B」一二六

政権を握った者と政権を握るに当たって彼を支持した者たちとの間に直ちに敵対関係が生じるといったことは、わがフィレンツェにしばしば生ずることである。その理由は次のように言われている。すなわち、政権を握った者は、それを助けた者たちが一般に名門出身であり才能にも恵まれ、またおそらくは絶えず変化を求めている（inquieto）ので彼らを疑いの目で見るようになるからであるというのである。これにもう一つの理由が付け加えられよう。すなわち、かつてのそのような支持者たちは自分たちが大いに働いたと思っているので、しばしば要求が当然以上に大きくなり、それが満たされないとなると腹を立てるからだという。このことから敵意と猜疑が生じるのである。

ゴンファロニエーレとしてソデリーニは財政危機の克服など一定の成果を挙げている。マキァヴェリはソデリーニの片腕であった。しかしソデリーニはメディチ家に対する措置が不十分で甘かった。親仏政策も災いして一五一二年、メディチ家の帰還を許し、亡命を余儀なくされ一五二二年、亡命地ローマで没している。マキァヴェリは『政略論』（永井三明訳、世界の名著、マキァヴェリ、中央公論社、三九四―六頁、第三巻第三章）でソデリーニについて詳細に論じている。

ソデリーニ、メッセル・トッマーゾ・ディ・ロレンツォ Soderini, Messer Tommaso di Lorenzo（1402-85）

メディチ政権下の指導的市民の一人。またフィレンツェの最も富裕な市民の一人である。対話者パゴラントーニオおよびその弟フランチェスコ（ソデリーニ枢機卿）、終身ゴンファロニエーレ、ピエロ・ソデリーニの父。

弟のニッコロ（1403-74）はピッティ陰謀事件（一四六五―六六年）に関係しているが、トッマーゾは最後までピエロに忠実で、ピエロ亡き後はロレンツォを助けた。これについてはグイッチァルディーニ『フィレンツェ史』五八―六四頁参照。

タ行

タキッツス、コルネリウス Tacitus, Cornelius（c.55-117）

ローマの元老院議員、執政官。ローマ最大の歴史家。著書に『アグリコラ』Agricola『ゲルマニア』Germania『同時代史』Historia『年代記』Annales がある。『アグリコラ』はブリタニアを征服した将軍アグリコラの伝記である。アグリコラはタキッツスの岳父でもある。『同時代史』は六八年から九六年にかけての歴史を扱っている。『年代記』は一四年、アウグストゥスの死からネロ帝に至るまでのローマ史である。『年代記』の最初の部分は一五〇九年に発見され、一五一五年、刊行された。『リコルディ』に次のものがある。

「C」一三

暴君の考え方がどんなものか知りたいならば、コルネリウス・タキッツスを読め。あの臨終の場のアウグスティヌスとティベリウスとの最後の議論のところである。(「B」七八、「A」五三に対応)

「C」一八

コルネリウス・タキッツスは暴君の下で生きていく人びとに、いかに慎重に生き、行動せねばならぬかをよく教えてくれる。と同時に、暴君に対しては、その暴政を基礎づける方法を教えるのである。(「B」七九、「A」五四に対応)

「B」**七九**

念入りに読む者には、同じコルネリウス・タキッツスが暴君の下で生きる人びとの身の処し方 (come s'ha a governare) をも見事に教えていることが分かる。

「B」一〇一

コルネリウス・タキッツスの一文を読めば、わがフィレンツェ市民の卑屈な精神に驚くことはなくなるだろう。タキッツスの描くところによれば、世界を支配しあれほどの栄光に包まれて生きるのに慣れきっていたローマ人たちが、歴代の皇帝の下にどれほどまで卑屈に仕えたか、あの暴君にして高慢な人物であったティベリウスでさえ、その卑屈さに嘔吐を催したほどであったという。(「A」七六に対応)

タルクィニウス、スペルブス　Tarquinius, Superbus (B.C534-510)

ローマ最後の王。伝承によれば、王の子がタルクィニウス・コラティヌスの妻ルクレーティアを犯す。ルクレーティアは夫にそのことを告げて自殺。これが原因で大衆の反乱が起こり、タルクィニウス家はローマから追放される。

ダンドロ、アンドレア　Dandolo, Andrea (1306-54)

一三四三年から五三年までのヴェネツィアのドージェ。ヴェネツィアの法令の改革者であるとともに、芸術のパトロンとして知られる。ドージェとしての職務期間中、書記局の援助で『年代記』Chronica を執筆。ペトラルカと文通し、ペトラルカ宛ての書簡が二通残っている。一三五一年五月二十二日付のものと、一三五四年六月十三日付のものである。また、ペトラルカはミラノ大司教より大使としてヴェネツィアに派遣されている。

ティベリウス　Tiberius　→　アウグストゥス参照。

デル・ネロ、ベルナルド　Del Nero, Bernardo (1424-97)

対話者。主役を演じている。グイッチァルディーニの分身。古着屋で小ギルド出身。親類縁者などの「コネもなければ地位もない」人間の一人である。メディチ家の恩顧によってのみ昇進できた人である。メディチ政権時代に重要な官職を歴任。アッコピアトーリや八人委員会のメンバーになっている。ゴンファロニエーレはメディチ政権時代に二度、三度目は九七年である。九七年、ゴンファロニエーレ職にあった時、ピエロ・デ・メディチがフィレンツェの市門に現われる。市内からの何の反応もないのを見てピエロは市門を立ち去るが、この事件がベルナルドの破滅のもととなる。本来、ベルナルドは一般に旧体制の復活を狙っている野心家と見なされている。ピエロ・デ・メディチ帰還の陰謀が発覚、ベルナルドは逮捕され拷問にかけられる。判決は死刑である。グイッチァルディーニによれば、サヴォナローラ派のフランチェスコ・ヴァローリが最大の政敵としてベルナルドの死を要求したという。八月二十一日、他の四人とともに処刑される。一四九五年三月十九日の法律で保証された上訴は認められなかった。対話者のグイッチァルディーニの父ピエロは、最後までその不当性を主張している。マキァヴェリも上訴を認めなかったことでサヴォナローラを批判している。マキァヴェリ『政略論』(永井三明訳)第一巻第四五章(世界の名著、中央公論社)三〇〇―三〇五頁参照。他方、ベルナルドを邪悪な野心家として批判する者もいる。アラマンノ・リヌッツィ、ピエロ・パレンティ、ルーカ・ランドゥッチなどの共和主義者である。

ベルナルド・デル・ネロの処刑についてはグイッチァルディーニ『フィレンツェ史』(太陽出版)二二〇―二二九頁参照。なお、ベルナルド・デル・ネロの政敵フランチェスコ・ヴァローリの最後については、同書二三四―二三七頁参照。

ドヴィツィ、セル・ピエロ・ダ・ビッビエーナ Dovizi, Ser Piero da Bibbiena

弟ベルナルドとともに、ロレンツォおよびピエロの私設秘書。メディチ宮に居住し様々な特権を与えられていた。ロレンツォの死後、セル・ピエロは戦争の十人委員会のメンバーに選出される。ピエロの側近である。革命の際、ひそかに逃亡。ジョヴァンニ・デ・メディチがレオ一〇世として教皇に即位すると、セル・ピエロも弟ベルナルドも復権、ベルナルドは枢機卿に任ぜられ、レオ一〇世の側近として活躍した。

ハ行

パッツィ家 Pazzi

フィレンツェの古くからの富裕な大家門。広く商業活動を営み、内外に名声を博している。一五世紀にはローマとフィレンツェで銀行を経営。唯一、メディチ家に対抗し得る競争者であった。

一四七八年当時のパッツィ家の家長はヤコポである。ヤコポには子供がいない。その代わり甥が多数、取り巻いている。ガレオット、レナート、フランチェスコ、ジョヴァンニ、グリエルモ、その他である。当初、ヤコポは陰謀には関心を示していない。それに同意せしめたのは、教皇シクストゥス四世の力と甥のフランチェスコである。フランチェスコはローマの銀行で仕事をしている。

発端はイーモラの買収問題である。ロレンツォはかねてよりフィレンツェのために売りに出ているイーモラを買収しようと考えている。シクストゥス四世も甥のジローラモ・リアーリオのためにそれを考えている。問題はその資金三万ドゥカーティである。ロレンツォは教皇の財務官であるパッツィ家にその資金をシクストゥスに与えないよう要請し、パッツィ家はそれに同意している。しかし、ジローラモ・リアーリオと親しいフランチェスコはこれを無視し、資金を提供してイーモラはジローラモのものとなる。ロレンツォはこれに立腹し報復に出る。七六年、遺言なき（ab intestato）遺産相続は認めないという一法律を成立させ、ヤコポの甥ジョヴァンニからボッロメイ家の遺産を奪っている。ジョヴァンニの妻はベアトリーチェ・ボッロメイである。

この問題やその他様々な要因が重なって陰謀は成立する。フランチェスコ・パッツィがジローラモ・リアーリオと具体的な計画を練り、シクストゥス四世も黙認。家長ヤコポを動かしたのはこのシクストゥスの黙認である。

実行犯たちは大聖堂でジュリアーノ殺害には成功するが、ロレンツォのそれは失敗。失敗後のフィレンツェ市民による報復は、凄じいものがあった。グリエルモ・パッツィを除いて、パッツィ家のほとんどすべての関係ある者が処刑されている。グリエルモが処刑を免れたのは、ロレンツォの妹ビアンカが嫁いでいたためである。パッツィ事件の全貌についてはグイッチァルディーニ『フィレンツェ史』七一―八二頁参照。

パッツィ、レナート・ディ・ピエロ Pazzi, Renato di Piero（1442-78）

一四七四年八人委員会《オット・ディ・グァルディーア》のメンバー。政治に介入せず、学問に専念。陰謀については知っていたが反対している。フィレンツェを離れ別邸に引きこもっていたが、捕らえられ絞殺される。レナートの処刑は一般に不当なものと思われる。「大衆に人気があり、賢明であると思われたがゆえの処刑であった」。グイッチァルディーニ『フィレンツェ史』八〇頁参照。

ビッビエーナ、セル・ピエロ・ダ ↓ ドヴィッツィ参照。

ファビウス・マクシムス Fabius Maximus（B.C c.275-203）

綽名は cunctator 優柔不断の人《クンクタトール》。五回、執政官を務める。ハンニバルに何度も大敗したローマ人を結集。ハンニバルに対する作戦において有名な戦術を採る。決戦を挑まない、慎重に戦いを遅らせる戦術である。アフリカまで戦いを進めようという大スキピオの計画に反対した。マキァヴェリ『政略論』（永井三明訳、世界の名著）第三巻第九章五三一―五三三頁参照。また、グイッチァルディーニには次のリコルドがある。

「C」三一

すべてを思慮分別とヴィルトゥ（virtù）に帰し、できるだけ運命（fortuna）の力を排除せんとする人でも少なくとも次のことは認めるべきである。すなわち、おまえの他人に卓越している能力や素質が高く評価されるような時代に遭遇し、あるいは生まれることが極めて重要であるということである。このことはちょうどファビウス・マキシムスの例によく示されていることである。彼の大きな名声は生まれつき狐疑逡巡する彼の性格によって与えられたものである。なぜならば、彼の直面した戦争は、熱烈な激しさが有害で、ぐずぐずした遷延が有利に作用するそうした戦争だったからである。他の時であったならその正反対でもあったであろう。したがって彼の運命は次の点に存したのである。すなわち、彼の時代が彼の内なるあのような性格を必要としていたということにである。たしかに、われわれが時代の状況に適合するように自分の性格を変えることができるのであれば、われわれはかなり運命から支配されることが少なくなるであろう。しかし、これは最も難しいことであり、多分不可能ですらあるだろう。（「B」五二、「A」一一七に対応）

「B」五二

あらゆる物事を思慮分別とヴィルトゥに帰し、運命を無視しようとする人びとがいる。しかし彼らといえども、おまえの能力（virtù）とおまえが最善を尽くそうとしている物事が高く評価されるような時期に生まれ合わせたことは大きな幸運（grandissimo beneficio di fortuna）であることを否定することはできない。同一の能力がある時には高く評価され、他の時には低く評価されること、同一の行為がある時には喜ばれ、他の時には嫌われるといったことは経験の示すところである。

このような判断にマキァヴェリが影響しているのは明白である。

フィチーノ、マルシーリオ Ficino Marsilio（1433-99）

一五世紀後半、フィレンツェ・プラトニズムを代表する哲学者。メディチ家の保護を受け、プラトンの著作をすべてラテン語に訳した。一四八四年、フィレンツェで刊行。その他、神秘学的新プラトン主義的著作の翻訳もある。グイッチァルディーニの洗礼に当たっては、父（対話者ピエロ）の友人として代父の一人となっている。グイッチァルディーニは『リコルダンツェ』の中でフィチーノを指して「世界における当代を代表するプラトン主義哲学者」と記している（Ricordanze. p.53）。フィチーノと父ピエロとの友情は、一四七六年、フィチーノがピエロに与えた書簡や『アポロギア』をピエロとその他二人のフィレンツェ市民に献呈していることからして明らかである。

フェルランド（フェルランテ）、ナポリ王　Ferrando (Ferrante) (1423-94)

ナポリ王アルフォンソ一世（在位一四四三—五八年）の庶出の子。フェルランドの教育に当たったのは有名な人文主義者ロレンツォ・ヴァラである。フェルランドはナポリ宮廷における学芸のパトロンとして知られている。政治的には冷徹な現実主義者であり、ナポリ王国内の領主の反抗を残忍に鎮圧している。フェルランドはフィレンツェでは常に不詳であったが、ロレンツォの有名なナポリ行以来、メディチ政権とは友好関係にあった。

フォスカリ、フランチェスコ　Foscari, Francesco

ヴェネツィアのドージェ（一四二三—五七年）。三十四年の長きにわたる。フォスカリがドージェに選出されれば、ヴェネツィアは戦争に明け暮れるであろうと噂された。事実、その通りになる。対トルコ戦、ジェノヴァ、ミラノとの戦いがそれである。ヴェネツィアはミラノとの戦いでブレッシァとベルガモを獲得し、内陸国家としても強大になる。十人委員会により罷免される。

フォルテブラッチョ、ニッコロ・ディ・ステルラ　Fortebraccio, Niccolò di Stella (-1435)

傭兵隊長。一四二六年、ミラノ公との戦いに際してフィレンツェに傭われる。一四二九年、ヴォルテルラがフィレンツェに背いた時にはヴォルテルラを回復している。一四三〇年、フィレンツェの資金援助の下に自らルッカ領に侵入、しかし十二月、フィレンツェはルッカに敗北。ニッコロ・ウッザーノの忠告を無視したためである。翌三一年、彼は教皇の傭兵隊長となっている。これについてはマキァヴェリの『フィレンツェ史』第四巻（筑摩書房刊『全集』3.）一八七—一九五頁参照。

プッチョ・ディ・アントーニオ・プッチ　Puccio di Antonio Pucci (1389-1449)

メディチ家に使われていた身分の低い雑役夫。一四三三年以前からメディチ党として政治に積極的に参加。三三年、メディチ家とともに亡命、帰還後はコジモ政権で特権的な地位を占める。卑しい身分から出て銀行ギルドの一員となり、商業裁判所のアッコピアトーリとして政治的にも影響力を持っている。プッチョの子アントーニオもメディチ政権下で父の地位を保つ。

ペリクレス　Pericles (B.C c.495-429)

アテナイの政治家。大衆指導者となり、内政・外政で大きな影響力を発揮。とくにペロポンネソス戦争初期において戦争指導に大きな役割を果たす。公金横領の罪で職を解かれ、罰金を科せられる。ストラテグスに再任される直前、アテナイを襲った疫病のため没す。

ベンティヴォーリオ、アンニバーレ　Bentivoglio, Annibale（1413-45）
一四四三年から四五年までボローニァの領主。父はアントン・ガレアッツォ。ただし庶出である。アントン・ガレアッツォは教皇の傭兵隊長を務め、時にボローニァを支配していた。アンニバーレは二度、フィレンツェに亡命。コジモ・デ・メディチの仲介によって、まずマルティヌス五世と和解、次いで領主としてボローニァに帰還する。一四四五年、カンネスキ家により暗殺される。三歳の子供を残す。後のジョヴァンニである。これに対しベンティヴォーリオ家を敬愛していた民衆が蜂起、カンネスキ家一族を皆殺しにする。次いでサンティに、ジョヴァンニが成年に達するまでボローニァの統治を委ねることになる。

ベンティヴォーリオ、サンティ　Bentivoglio, Santi（1424-63）
フィレンツェの傭兵隊長であったエルコーレ・ベンティヴォーリオの庶子。ポッピで生まれている。父はフィレンツェにいる。羊毛商人、ヌッチョ・ソロスメイの徒弟となる。サンティがエルコーレの子であることは、一四四〇年、ポッピを追われて、ボローニァに亡命したポッピ伯フランチェスコ・グイディがアンニバーレに伝えていたとされている。ネリ・カッポーニはサンティの保護者であったことから仲介を頼まれる。サンティは一四四六年から六三年までボローニァの実質的な支配者であった。これについてはマキァヴェリ『君主論』（池田廉訳、世界の名著、中央公論社）十九章、一一八―一一九頁参照。

ボッロメイ家　Borromei
パッツィ家参照。トスカーナ出身の富裕な一族。ミラノに亡命後もフィレンツェと商業上の関係を持つ。ジョヴァンニ・アントーニオ・パッツィとベアトリーチェ・ボッロメイの結婚は、パッツィ陰謀事件の背景の一つとなる。

ポンペイウス、グナエウス　Pompeius Magnus, Gnaeus（B.C166-48）
大（マグヌス）ポンペイウスと呼ばれる。数多くの戦勝のためである。ローマの将軍・政治家。第一次三頭政治を敷く。カエサルの女婿となるが、のち対立。四八年殺害される。

マ行

マリウス、ガイウス　Marius, Gaius（B.C157-87）
古代ローマの将軍・政治家。前一一五年、プラエトール。一〇四年から八七年の死に至るまで何度も執政官となる。

メディチ、コジモ　Medici, Cosimo（1389-1464）
「祖国の父」Pater Patriae。ジョヴァンニ・ディ・ビッチの子。ジョヴァンニは教皇の銀行家として一族の財を築く。

一四三四年、亡命地ヴェネツィアから帰還すると、政敵を一掃しメディチ政権を樹立。その後、六十年間にわたる政権の基盤をつくる。コジモの政権およびコジモの業績については、マキァヴェッリ『フィレンツェ史』（筑摩書房刊『全集』3．）一九九―二一二頁および三三三―三三四頁参照。およびグイッチァルディーニ『フィレンツェ史』三四―四五頁、一四一―二頁参照。本書巻頭のメディチ家系図参照。

メディチ、ジュリアーノ Medici, Giuliano（1479-1516）
ネムール公。ロレンツォ・イル・マニーフィコの三男。一五一二年九月、メディチ家がフィレンツェに復帰すると、当分の間、フィレンツェの統治に当たるが、兄ジョヴァンニがレオ一〇世として教皇に即位するとフィレンツェを去り、ローマに定住、教会のゴンファロニエーレに任命されている。ジュリアーノはナポリ王国に野心があったとされる。フィレンツェの支配はピエロの子ロレンツォに委ねられる。これについては拙著『グイッチァルディーニの生涯と時代』（太陽出版）上巻二〇一頁参照。一五一五年、ジュリアーノはサヴォアのフィリベルタと結婚。フィリベルタはフランス王フランソア一世の伯母である。同年十一月、マリニァーノの戦いでフランス軍が大勝した後、ジュリアーノはネムール公となるが、翌年三月、没している。

メディチ、ジョヴァンニ・ディ・ピエールフランチェスコ Medici, Giovanni di Pierfrancesco（1467-98）↓［319頁］
ロレンツォ・ディ・ピエールフランチェスコ（の弟）。巻頭のメディチ家系図参照。

メディチ、ジョヴァンニ・ディ・ロレンツォ Medici, Giovanni di Lorenzo（1475-1521）
ジョヴァンニ枢機卿。レオ（Leo）一〇世。ロレンツォ・イル・マニーフィコの次男。一四九二年、若くして枢機卿の帽子を与えられる。イル・マニーフィコの死の直前である。一四九四年、フィレンツェを追放されるが一五〇〇年以後、ローマに居を定める。メディチ家の新たな宮廷である。一五一二年、メディチ家のフィレンツェ帰還後、ユリウス二世のあとを継いで一五一三年三月一日、教皇に選出される。長兄のピエロ亡き後、いまや家長としてフィレンツェを実質的に支配している。フランチェスコ・グイッチァルディーニを登用し、教会領モーデナ、レッジョの代官とし、次いでパルマのそれも兼ねさせ、他方、甥のロレンツォをフィレンツェの支配者としウルビーノ公とする。一五二一年、皇帝カールと結び北イタリアからフランスを駆逐しようと戦いを始め、ミラノを取ったニュースを耳にして十二月一日、没す。グイッチァルディーニはこの時、コメサーリオとしてロンバルディアにおり、パルマに派遣されている。拙著『グイッチァルディーニの生涯と時代』上巻二九一―三〇九頁参照。

メディチ、ピエロ・ディ・ロレンツォ　Medici, Piero di Lorenzo（1471-1503）
ロレンツォ・イル・マニーフィコの長男。人文主義者アンジェロ・ポリツィアーノの教育を受ける。ロレンツォの死後、二十一歳でフィレンツェの統治に当たるが、その傲慢な態度と無能な政策によって市民に嫌われる。ナポリ王に接近、フランス王シャルルと反目したことがピエロの破滅となる。フランス王に四つの城砦とリヴォルノを引き渡したことによってフィレンツェで反乱が起こり、ピエロは一四九四年十一月九日、フィレンツェを追放される。一五〇三年、ガリリアーノ川で溺死。ガリリアーノ川の戦いの詳細は、グイッチァルディーニ『フィレンツェ史』三九二―三頁参照。

メディチ、ロレンツォ・イル・マニーフィコ　Medici, Lorenzo il Magnifico（1449-92）
「痛風病み」のピエロの子。コジモの孫。一四六九年、父ピエロの死とともにフィレンツェの実質的な支配者となる。一四六九年から九二年にかけてのロレンツォの時代は文化的にも政治的にもフィレンツェの全盛期であると、後世称えられてきた。学問・芸術のパトロンであり、自らも詩人であったが、政治的にはイタリアの調停者として平和の維持に努めた政治家でもある。商才はなく、次々と国外の銀行を閉鎖し、公金に手をつけることもあったが、メディチ家の名声はロレンツォによって高められたのである。ロレンツォ・イル・マニーフィコについての詳細は、グイッチァルディーニ『フィレンツェ史』一三〇―一四二頁参照。およびマキャヴェッリ『フィレンツェ史』（筑摩書房刊『全集』3.）第八巻四二五―四二八頁参照。

メディチ、ロレンツォ・ディ・ピエールフランチェスコ　Medici, Lorenzo di Pierfrancesco（1463-1503）
弟のジョヴァンニとともにイル・ポポラーノ（il popolano）と綽名されている。イル・ポポラーノとは庶民的な人といった意味で、ここからしても大衆に人気があった。コジモ・デ・メディチの弟ロレンツォの家系である。ロレンツォの子ピエールフランチェスコの長男である。分家ということで本家に対して、その処遇のため反発があったようである。一四九四年四月、ロレンツォと弟のジョヴァンニは突然、逮捕される。容疑はミラノのロドヴィーコ・イル・モロと通じてピエロ・デ・メディチの打倒を謀った、というものである。これを仲介したのはベルナルド・ルッチェライの息子コジモ（「登場人物案内」322頁参照）である。コジモは当時、ピエロと対立していて、ミラノに逃れている。逮捕された二人はイル・モロとの交渉については認めたが、具体的な計画についてはいかなる合意にも達することがなかったという。「ピエロは極刑を考えたと言われるが、政権を握っていた市民たちは手を血で汚すことを嫌って彼らを釈放する」（グイッチァルディーニ『フィレンツェ史』一五三―四頁参照）。結局、カステルロの彼らの領地に追放処分にしている。しかしそこから脱出し、シャルル八世がイタリアに侵入すると、その宮廷に合流している。

ロレンツォはマルシーリオ・フィチーノ、ボッティチェリ、ミケランジェロの友人でありパトロンであった。ピエロ・デ・メディチの亡命後、ロレンツォはフィレンツェに帰還、サヴォナローラとは対照的に、いまやミラノ公となったロドヴィーコ・イル・モロに友好的な態度をとっている。ミラノ公とサヴォナローラは対立していたからである。一四九七年にはベルナルド・デル・ネロを含む多くの市民がミラノ公の支援のもとに少数者による政権を樹立し、その頭にロレンツォ・ディ・ピエールフランチェスコとジョヴァンニを据えようとしていたという。これについてはグイッチァルディーニ『フィレンツェ史』二二五―六頁参照。

弟のジョヴァンニはその後、ミラノ公を介してフォルリとイーモラの領主カテリーナ・スフォルツァ（その最初の夫ジローラモ・リアーリオは既に暗殺されている）と結婚し、一子をもうけている。勇猛な武将ジョヴァンニ・デルレ・バンデ・ネレ（黒軍団のジョヴァンニ）である。このジョヴァンニの子がコジモで、後のトスカーナ大公コジモ一世である。本書巻頭のメディチ家系図参照。

ラ行

ラディスラオ、ナポリ王　Ladislao（1380-1414）

六歳でナポリ王に即位。戴冠式は一三九〇年である。その後、アンジュー家のルイ二世と相続をめぐって戦う（一三九〇―九九年）。一四〇六年、王はローマ、ラティウム、ウムブリアを手に入れ、一四〇九年には南トスカーナ地方のコルトナを獲得。ラディスラオ王のトスカーナへの進出を恐れたのはフィレンツェである。イタリア王国の建設を狙っているのではないかという恐れである。フィレンツェはアンジュー家のルイと同盟する。一四一一年から一三年にかけてその平和の後、戦いが再開、一四一四年和平。その直後、ラディスラオは亡くなる。

ランフレディーニ、ジョヴァンニ・オルシニ　Lanfredini, Giovanni Orsini（1437-90）

富裕な商人一族の出。一四七一年、ヴェネツィアのメディチ銀行の支店長に任ぜられる。ランフレディーニはここで、ロレンツォ・イル・マニーフィコの非公式のスパイとして活躍している。次いで一四七八年、パッツィ陰謀事件の後、公式にヴェネツィア駐箚のフィレンツェ大使に選出されている。七九年、大使職を解かれフィレンツェに戻る。以後、メディチ銀行の共同経営者として仕事をしている。一四八四年、フィレンツェの大使としてローマに派遣され、ここでジョヴァンニのためにインノケンティウス八世から枢機卿の帽子を獲得すべく奔走する。一四九〇年、ローマで没。

リアーリオ、ジローラモ Riario Girolamo（1443-88）
リアーリオ伯。教皇シクストゥス四世の甥。ミラノ公ガレアッツォ・マリア・スフォルツァからイーモラを買収、一四七三年、その庶出の娘カテリーナと結婚。ジローラモはパッツィ陰謀事件で決定的な役割を演じている。これについては「登場人物案内」パッツィ家参照。その後もロレンツォとの対立は続く。一四八八年、四月十四日、ジローラモはチェッコ・デル・オルソに暗殺される。背後にロレンツォの手が動いていたであろう。この後、カテリーナ・スフォルツァは三番目の夫としてジョヴァンニ・ディ・ピエールフランチェスコ・デ・メディチと結婚、一子をもうけている。ジョヴァンニ・デッレ・バンデ・ネルレ（黒軍団のジョヴァンニ）である。

リヴィウス、ティトゥス Livius, Titus（B.C59-AD17）
ローマの歴史家。その『ローマ史』は一四二巻。しかし、ほとんどが散佚。今日、完全に残っているのは最初の十巻と第二十一巻―第四十五巻（ただし四十一巻は散逸）のみである。マキァヴェリの『政略論』はこの最初の十巻についての注釈である。『政略論』あるいは『ローマ史論』などと訳されているが、マキァヴェリの原題は次のようになっている。Discorsi sopra la prima deca di Tito Livio（ティトゥス・リヴィウスの最初の十巻についての注釈）である。リヴィウスは一四世紀以降、イタリアをはじめとして一八世紀まで広く読まれる。ローマ史の教科書であった。ちなみにマキァヴェリの『政略論』は一五三〇年、グイッチァルディーニが批判することになる。『マキァヴェリ論』である。原題はConsiderazioni intorno ai "Discorsi" del Machiavelli（『マキァヴェリの「ティトゥス・リヴィウス注釈」に関する考察』）というものである。ただし、これは完成されなかった。

リクルゴス Lycurgus
前九世紀頃、スパルタの国制を制定し軍隊を創設したとされる伝説的な人物。ヘロドトスの記述に初めて現われる。

ルター、マルティン Luther Martin（1483-1546）
宗教改革者。アウグスティヌス会の修道士。ヴィッテンブルク大学教授。レオ一〇世の免罪符発売に対し、義認論の立場から反発し一五一七年、ヴィッテンベルクの城教会の扉に九十五カ条のテーゼを貼り出し、免罪符が真の救いを保証するものであるかどうかを神学的に問題にする。宗教改革の発端である。当時、レオ一〇世はこの事件がどれほど大きな意味を持つことに至るかを理解していない。
グイッチァルディーニは次のようなリコルドを書き残して

いる。
「C」一一八
僧侶の野心、貪欲、好色（la mollizie）を私以上に嫌悪する人を私は知らない。それらの悪徳がすべてそれ自体、憎むべきものであるし、またすべて神に従って生活していると公言している人びとにほとんど似つかわしくないからでもある。さらにそれらの悪徳は非常に対立していて、極めて異常な人間でないかぎり、一人間に併存し得ないほどのものだからである。それにもかかわらず、私が多くの教皇の下で保って来た地位のため、私自身の利益のためにも、彼らの権勢を愛せざるを得なかった。もしこのような関係がなかったならば、私は己れ自身を愛するがごとく、マルチン・ルターを愛していたであろう。それは一般に解釈され理解されているやり方でキリスト教という宗教から引き出された法則から自らを解放するためではなく、彼ら一群の悪漢どもが当然の終末に至らされるのを見るため、つまり悪徳を奪われるか、あるいは権威を奪われるかするのを見るためにである。（「B」一二四に対応）
「B」一二四
当然ながら私は常に教会国家の崩壊を見たいと望んできた。しかし運命がそう望んだために、私は二人の教皇の権力を支持しそのために働かねばならなかった。それがなかったなら、私は己れ自身を愛するごとく、マルティン・ルターを愛していたであろう。ルター派が僧侶たちの邪悪な暴政の翼を破壊してくれるように、少なくとも翼の先端を切りとって（tarpare）くれるように望んでである。

ルッチェライ、コジモ・ディ・ベルナルド Rucellai, Cosimo di Bernardo
ベルナルドの子である。ベルナルドの妻はナンニーナ・デ・メディチで、ロレンツォは義兄である。ロレンツォ亡き後、ベルナルドもその子コジモもともにピエロ・デ・メディチと対立し、相容れない関係にある。またソデリーニ政権とも対立し一五〇五年には、ベルナルドはもう一人の息子ジョヴァンニとアヴィニオンに亡命している。ベルナルドは文人としても才能があり、シャルル八世のイタリア侵入を扱った注目すべき著作もある。De bello italico Commentarius がそれである。またその主宰するサロン「オルティ・オルチェラリ庭園の集い」は、フィレンツェの文化的中心であった。ベルナルド・ルッチェライについてはグイッチァルディーニ『フィレンツェ史』（太陽出版）四一一—四一六頁参照。なお、グイッチァルディーニに次のようなリコルドがある。
「B」一五七
生まれからして政府の長たり得ないような身分（qualità）であれば、おまえの全運命とある政権の運命とが一体となるほど、その政権と緊密な関係に入るのは愚かなことである。なぜなら、手に入れるものより失うものの方が比較にならないほど大きいからである。また亡命の危険を決して冒してはならない。なぜなら、われわれはジェノアのアドルニ家やフレーゴジ家のような党派の頭ではないので、何びともわれわれを迎え入れることはないからである。われわれは外地で名声もなく資産もなく、生きるために物乞いをせねばならなくなろう。ベルナルド・ルッチェライの例を思い起こせば十分である。同じ理由からして、われわれは政権の長がわれわれを敵と思ったり、われわれに疑いを抱いたりするきっかけを与えないように、うまく切り抜け（temporeggiarci）、彼とよい関係を保っていかねばならない。（「A」一三三に対応）

コジモ・デ・ルッチェライは父ベルナルドが一五一四年亡くなると、フィレンツェのヴィア・デルラ・スカラ近くの庭園での集いの主宰者となる。その庭園は祖父ジョヴァンニの設計したもので、ジョヴァンニには『雑録』Zibaldone なる著作がある。グイッチァルディーニの『リコルディ』に類したものである。ジョヴァンニもまた学芸のパトロンであった。マキァヴェリは一五一七年頃から、この「オルティ・オルチェラリ庭園の集い」に参加し、『政略論』はコジモに献呈された。また、コジモは『戦争論』の対話者の一人でもある。

レオ一〇世　↓［318頁］ジョヴァンニ・デ・メディチ

解説　フランチェスコ・グイッチァルディーニと『フィレンツェの政体をめぐっての対話』

一　フランチェスコ・グイッチァルディーニの生涯
二　『フィレンツェの政体をめぐっての対話』について
三　フィレンツェの行政組織について

一　フランチェスコ・グイッチァルディーニの生涯

フランチェスコ・グイッチァルディーニ（一四八三―一五四〇）はわが国においては今なお、ほとんど無名である。マキァヴェリといえば誰もが、ああ、あれかといった反応が返ってくる。しかし、グイッチァルディーニの名を口にしても、怪訝な顔をされるのが精々である。西洋史の専門家を除いて、グイッチァルディーニを知る人はごく稀れなのである。

しかし、生前、フランチェスコ・グイッチァルディーニは、マキァヴェリとは比較にならないほど、著名で社会的に高い地位を占めていた。フィレンツェの名門貴族の出で、メディチ家出身の二人の教皇、レオ一〇世とクレメンス七世に仕えた教会国家の高級官僚である。モーデナ、レッジョの代官を務め、一五二四年にはロマーニァ総督の地位に就いている。その後、コニァック同盟を推進し、教皇軍、フィレンツェ軍の最高軍事顧問として、カール五世と戦っている。

これに対しマキァヴェリは、失脚した、もと「自由と平和十人委員会」の一書記官にすぎない。貧困に悩み、メディチ家の愛顧を得ようと『君主論』を献呈しているが[(1)]、メディチ家はなかなか用いようとはしない。せいぜい年俸百フィオリーニで『フィレンツェ史』の執筆を依頼する程度である[(2)]。

しかし両者の死後、このような状況は一変する。マキァヴェリの名声はその数々の著作を通して不滅のものとなる。これに対し、グイッチァルディーニの名は一般に忘れ去られ、マキァヴェリに匹敵するような評価を受けることはなかった。

フランチェスコ・グイッチァルディーニの著作集が初めて世に出るのは一九世紀後半になってからのことである[(3)]。一五四〇年のグイッチァルディーニ没後、実に三百年を経ている。その間、彼の先輩であり友人でもあるマキァヴェリが、近代政治思想史の焦点として事あるごとに論議の的となってきたのとは大いに異なっている。グイッチァルディーニの名をわずかに歴史上にとどめていたのは、主として『イタリア史』(Storia d' Italia) を通してであった。

『イタリア史』の初版は一五六一年である。その後、一六世紀のうちにラテン語、フランス語、ドイツ語、スペイン語、英語に翻訳され、一五・六世紀ヨーロッパ史の信頼すべき案内書として読まれるのである。そして、グイッチァルディーニ没後、早くも数十年にして、フランスのモンテーニュは歴史家としてのグイッチァルディーニの事実処理の正確さ、厳格さを称讃して「彼は入念な歴史家である。私の考えでは、彼からは他の誰よりも、正確に、当時の事件の真相を学ぶことができると思う。しかも、たいていの場合、彼はそれらの事件の立役者として枢要の地位にあった。彼が憎悪や依怙贔《えこひい》屓《き》や虚栄心から真実を偽った様子はまったくない」と書くのである[(4)]。ここで描かれているのは信ずべ

(1)『君主論』は一五一六年、ピエロ・デ・メディチの子ロレンツォに献呈されている。

(2)『フィレンツェ史』は一五二〇年、ジューリオ枢機卿(後のクレメンス七世)によって執筆を依頼され、一五二五年完成する。

(3) カネストリーニによる。全十巻である。Francesco Guicciardini, Opere inedite, illustrate da Giuseppe Canestrini e publicate per cura del Conti Pier e Luigi Guicciardini. Firenze. 1857-67. 10.vols.

(4) モンテーニュ『エセー』第二巻、第十章、『書物について』(岩波文庫版、原二郎訳 [二] 三七五—三七六頁)。

き歴史事実の提供者としてのグイッチァルディーニである。ただ、モンテーニュは既にグイッチァルディーニのうちに、ある種の暗黒面を認め、彼の人間性にモンテーニュらしい皮肉な疑惑を表明している。腐敗し堕落した人間のイメージである。これは一九世紀後半、イタリア最大の批評家、デ・サンクティス（De Sanctis）やその後、イギリスのルネサンス史家、シモンズ（J. A. Symonds）などによってつくり出される悪名高きグイッチァルディーニ像を暗示させる。

デ・サンクティスやシモンズがグイッチァルディーニを見る場合、主としてその『リコルディ』（Ricordi）を通してである。モンテーニュが既に『リコルディ』を手に入れて読んでいたかどうかの証拠はない。しかし、その可能性がまったくないわけでもない。なぜなら一五六一年以後、『リコルディ』の一部が写本の形でグイッチァルディーニ家から離れ、間もなくフランスで出版されているからである。(5) ともかくモンテーニュによれば、グイッチァルディーニには「あれほど多くの人間の心と行為、あれほど多くの動機と意図を判断しながら、その中に道徳や宗教や良心のせいにしたものが一つもない」のである。「まるでこれらの要素（道徳や宗教や良心）が世界から絶滅したかのようである。それ自体、どんなに美しく見える行為でも、その原因を何か不道徳な動機か利欲に帰していることである。……いかなる堕落もその伝染を免れた者が一人もないほどに、あらゆる人間をつかんだということはあり得ない。こう考えてくると、彼の好みがいくらか不徳に染まっていたのではないか、おそらく自分自身をもとにして他人を評価していたのではないかと心配になる」というのである。

グイッチァルディーニの発掘は一九世紀歴史主義の成果であるが、イタリア統一期の精神的状況は『リコルディ』の著者をゆるすことができない。デ・サンクティスの『グイッチァルディーニの人間』（L' uomo del Guicciardini, 1869）や『イタリア文学史』（Storia della letteratura italiana, 1873, II）

（5）拙訳『グイッチァルディーニの訓戒と意見──「リコルディ」』（太陽出版、一九九六年）解説参照。

は、その後のグイッチァルディーニ像を決定する。グイッチァルディーニは国家を犠牲にして、自らの栄達と利欲を謀る者である。自らの利益のためにはすべてを裏切り犠牲にする卑劣漢以外の何者でもないのである。『リコルディ』は「イタリアの腐敗の法典であり、生活規則にまで高められたもの」で、グイッチァルディーニは、より「疲弊し堕落した世代の先触れ」である。『リコルディ』はまさにその疲弊した世代の福音書（il Vangelo）である。

デ・サンクティスのこうした見方は、シモンズが受け継ぎ、一八八五年版の『大英百科辞典』の有名なグイッチァルディーニの項には、ほとんど記念碑的な形で次のように書かれる。「グイッチァルディーニのような人間の道徳的性格は、接する者に最も激しい嫌悪感を喚び起こすていのものである。グイッチァルディーニは単に野心的で残忍で復讐心に富み、貪欲なだけではない。単にそれだけの性質だけなら他の人間にも見出せるし、それほどの嫌悪感は伴わないかもしれない。これらの欠陥のために、グイッチァルディーニは仲間の市民たちから憎まれたが、それにもまして、われわれは彼のうちにわれわれの世紀が寛大にゆるすことのなかなかできそうもないあの卑劣さを認めるのである。終始一貫した（persistent）利己心、自己の利益のために真理と名誉を犠牲にするやり方、また自己の利益になるならば、世界がどれほど悪くなっても黙認しようとする態度、思想と実際のあきれるほどの対照……云々[6]」。

デ・サンクティスやシモンズのこうしたグイッチァルディーニ観は、二〇世紀に入ってかなり修正される。それは二〇世紀の危機的な精神状況がルネサンスという同じような危機の時代をよりよく理解できるようになってきたことと、歴史的相対主義が二〇世紀の思考を決定することによって、デ・サンクティスやシモンズの見方をも一九世紀後半という一文化時期に関係づけ、その所産であるとし

（6） Guicciardini. History of Italy and History of Florence. Translated by Cecil Grayson, Edited and Abridged with an Introduction by John R. Hale. Twayne Publishers, INC. Introduction, Ⅷ—Ⅸ.

てそのような見方そのものを相対化してしまったこと、この二つである。単純なやり方で過去の功罪、善悪を論ずることは、われわれの歴史感覚がゆるさないのである。それどころか『リコルディ』は「無限に深い、無限に悲しい文書」(un documento infinitamente profondo e infinitamente triste)であり、「一種の内面の法典であり、心の書物」(una specie di codice interno, di libro del cuore)であるとされる。[7] また「人間の現実をありのまま裸にして写し出す鏡」(specchio di una realtà umana nudamente riprodotta)であり、「生きた経験の断片」[8](brani di esperienza vissuta)、「近代的な告白録」[9](libri di confessione della modernità)の最初の書物であるとされる。

フランチェスコ・グイッチァルディーニは一四八三年、フィレンツェの名門貴族の家に生まれている。一四世紀以来、グイッチァルディーニ家は代々、ゴンファロニエーレその他大使、コメサーリオなどの要職を占めてきた家柄である。一五世紀に入って、グイッチァルディーニ家はメディチ家とのつながりを強める。一四三四年、コジモ・デ・メディチが亡命先のヴェネツィアから帰還するのに大きな役割を果たし、その後、ピエロ、大ロレンツォの代を通してメディチ家との提携を持続している。[10]フランチェスコの父ピエロは慎重な学者肌の人物で、権力抗争に深く関わることがなかったため、ロレンツォの死後、一四九四年、フランス王シャルル八世のイタリア侵入の際、メディチ家が追放されフィレンツェに民主政権(governo populare)が成立した時も、とくにその影響は受けなかった。ピエロは精神的にサヴォナローラを信奉しており、フランチェスコもその影響を受けている。しかし、政治的にサヴォナローラ派に属することはなかった。したがって、サヴォナローラが一四九八年に処刑された後も安泰であった。

フランチェスコはフィレンツェの貴族階層に通常の古典教育を受け、哲学者マルシーリオ・フィチ

(7) P. Treves: Il realismo politico di Francesco Guicciardini, (Firenze 1931) p.26

(8) V. Vitale: Francesco Guicciardini, (Torino, 1941) p.206.

(9) L. Malagoni; Guicciardini (Firenze 1939) p.146.

(10) これについては拙著『グイッチァルディーニの生涯と時代』(太陽出版、一九九七年)上巻二七頁以下参照。以下、拙著『生涯と時代』で表記する。

ーノの教えも受けている。ラテン語だけでなくギリシャ語も習わされたが、「ギリシャ語は法律の勉強を始めたため数年のうちに忘れてしまった」[11]と言っている。法律はフィレンツェ、フェラーラ、パドヴァ各大学で学んでいる。

一五〇五年、グイッチァルディーニは学業を終え、フィレンツェで法学博士号を取得している。これでメッセルと人に呼ばれる身分となる。弁護士を開業し、若くして名声を博している。

一五〇八年、マリア・サルヴィアーティと結婚。愛のためでもなく金銭のためでもなく、フィレンツェ政界での勢力を築くためである。[12]当時、サルヴィアーティは、終身ゴンファロニエーレ、ピエロ・ソデリーニの最大の政敵であり、実力者である。グイッチァルディーニがソデリーニではなくその政敵のサルヴィアーティを選んだことは注目される。グイッチァルディーニの野心は、フィレンツェ政界に進出することであった。

結婚と同時に、グイッチァルディーニは一族の回想録を書き、同時に『フィレンツェ史』も執筆しはじめている。著述家グイッチァルディーニの誕生である。

一五一一年になるとスペイン大使に任命されるが、年齢からしても、任務の重大性からしても、これは前例のない抜擢であった。[13]ちなみにこの時、外交のための十人委員会の書記としてマキァヴェリがいる。グイッチァルディーニに与えられた外交上の指令を書いたのはマキァヴェリである。[14]スペインに出発するのは一五一二年になってからである。フェルディナンド王のもとに滞在している間、先に触れたように、皮肉にも当のフェルディナンド王の意志でフィレンツェに政変が起こり、ソデリーニ政権が倒れ、メディチ家が復帰する。その後、フィレンツェはレオ一〇世、クレメンス七世の影響下で次第に君主国の色彩を強めていく。メディチ家が復帰すると、グイッチァルディーニは早速、メ

(11) Roberto Ridolfi: Vita di Francesco Guicciardini (Roma 1960) p.11. リドルフィの『グイッチァルディーニの生涯』は今日でも依然として価値ある唯一の伝記である。以下、Vita で示す。また拙著『生涯と時代』上巻五三頁以下参照。

(12) ibid. p.31. 拙著『生涯と時代』上巻八四—八六頁参照。

(13) ibid. p.37. 拙著『生涯と時代』上巻一一九頁以下参照。

(14) 大使任命の背景はイタリアをめぐる当時の複雑な国際状況にある。ロンバルディアからフランスを駆逐するために、ユリウス二世はスペインのフェルディナンドと同盟。フランスと友好関係にあったソデリーニ政権は

ディチ家に書簡を送って歓心を買っている。(15) スペインから帰国後、一五一五年、シニョリーアの一員に任命され、翌一六年にはレオ一〇世によってモーデナの代官に抜擢されている。これは困難な任務であった。モーデナは地理的にも歴史的にも強大なフェラーラ公国に属していたうえ、治安が乱れていたからである。グイッチァルディーニは峻厳な態度で統治している。(16) これが認められ、一七年にはレッジョの代官も兼ねる。レッジョもつい最近、フェラーラから回復された問題の都市である。

レオ一〇世は一五二一年十二月、突然没する。(17) グイッチァルディーニにとって屈辱の季節が始まるが、それでもたとえ名目的ではあっても代官職に留まっている。次いで、ジューリオ枢機卿がクレメンス七世として教皇位に就くとともに、グイッチァルディーニの昇進が始まる。一五二四年にはロマーニァ全体の総督に任命される。ラヴェンナ、チェゼーナ、リーミニ、イーモラ、フォルリ等々を含む地域である。イタリアの中でも最も分裂し、党派的に相対立しており、教皇の統治下に入ったり離れたりしている地域である。ここでもグイッチァルディーニは、その峻厳な統治によって法と秩序の回復に成功している。この間、イタリアおよびヨーロッパの国際政治は大激動期を迎え、時代は急を告げている。パヴィーアの敗戦後、フランス王フランソワ一世はマドリッドの獄でマドリッド条約を結んで釈放されるが、(18) 釈放後、直ちにマドリッド条約を反古としたために神聖ローマ皇帝カール五世との新たな対立が始まる。この間、グイッチァルディーニはクレメンス七世のもとでコニァック同盟の熱心な推進者となって、教皇庁軍の教皇総代理として一五二六年から二七年にかけてカール五世と戦っている。この結果は悲惨なものであった。

一五二七年五月六日から、カール五世の傭兵軍による「ローマ劫略」がなされ、クレメンスはサン・タンジェロ城に逃がれ、フィレンツェでは政変が起こり、メディチ家は再び追放され、共和政権

ユリウスと対立、難しい局面に立たされていた。

(15) ibid. p.63. 拙著『生涯と時代』上巻一七八―一七九頁参照。

(16) ibid. p.100. ff. 拙著『生涯と時代』上巻二二三〇頁以下参照。

(17) カールと結んだ対フランソア戦でロンバルディアを征服した直後である。これについては拙著『生涯と時代』上巻二九一頁以下参照。

(18) 一五二六年一月である。拙著『生涯と時代』下巻二九頁以下参照。

が樹立されている。グイッチァルディーニは失脚し、この間一時、フィレンツェに戻っているが、メディチ派として共和政権の急進派から疑惑の目をもって見られ、この時期はグイッチァルディーニの危機の時代であった。『リコルディ』「B」がまとめられるのはこの時期である。

メディチ家追放後のフィレンツェ共和政権下におけるグイッチァルディーニの立場は微妙であった。長期間にわたるメディチ家との関係のため、共和政権内の急進派はグイッチァルディーニに疑惑を抱き、信頼していない。法廷に召喚されるのを予想して、架空の「告発状」(Oratio accusatoria)とそれに対する「弁護」(Oratio defensoria) を秘かに準備したのは、この時期、すなわち一五二七年のことである。[19] いかにも弁護士らしい対応の仕方である。総じて、グイッチァルディーニの思想行動には法律家的な特徴が指摘され得るかもしれない。

当時の共和政府のゴンファロニエーレは友人のニッコロ・カッポーニであったがため、カッポーニがそのポストに留まる限り、グイッチァルディーニの立場は安泰であったが、カッポーニの失脚とともにフィレンツェを離れ、亡命している。事実、予想通り、グイッチァルディーニは一五三〇年、共和政府から召喚され、本人欠席のまま裁判が行われ、有罪を宣告され、財産を没収されている。[20] フィレンツェはこの間、教皇クレメンス七世と和解したカール五世軍に包囲されていたが、ついに降伏(八月)、共和政府は最終的に崩壊している。『リコルディ』「C」が書かれるのはこの時期である。『リコルディ』「C」の冒頭は皇帝軍のフィレンツェ包囲と共和政府の英雄的な抵抗について報告している。

「C」一

信仰の人びと (le persone spiritualis) の言い草に、偉大なことを成し遂げる者は信仰の人で

(19) これについては Felix Gilbert; Machiavelli and Guicciardini (Princeton. University Press 1965) pp.274-275. また Roberto Ridolfi. Vita di Francesco Guicciardini. p.291 ff. 拙著『生涯と時代』下巻一七〇頁以下参照。

(20) 拙著『生涯と時代』下巻二一四頁以下参照。

ある、あるいは福音書にも、信ずる者は山をも動かす、云々というのがあるが、その理由は信仰が頑固さ（ostinazione）を生み出すからである。信仰とは、理に合わない物事を頑なな考えをもって、ほとんど確信をもって信じ込むこと、あるいはたとえ理に合っていても理性が納得する以上の決然たるさまで、それらを信じ込むこと以外の何物でもない。それゆえ信仰を持つ者は、その信じていることに頑固に（ostinato）なり、困難や危険をものともせず、あらゆる極端なことに身をまかせ、恐れを知らない断固たる途に進んで行くのである。そしてこのことから次のようなことが生ずる。すなわち、世の中の物事は無数の事件や偶然の突発事に支配されているので、長い時間が経るうちに数多くのやり方で（per molti versi）思いもかけなかった救いが、粘り強く耐え忍んでいる者に生じるというようなことである。そしてこのような頑固さは信仰から生じるものであるから、信じる者は偉大なことをなし得る、云々といったことは当然言われて然るべきなのだ。われわれの時代におけるその最大の実例は、フィレンツェ市民の示した次のような頑固さである。すなわち、世間のあらゆる理性に反して、フィレンツェ市民は教皇と皇帝を向こうに回して戦争を待ち受け(21)、他から何の救援の望みもなく分裂した状態で、多くの困難に遭いながらも遂行し、七日も持ちこたえられまいと信じられていたのが、既に七カ月間も敵の軍隊を城壁にこもって持ちこたえてきており、最初はすべての人びとによって破滅だと言われていたにもかかわらず、今ではたとえ勝ちを制しても何びとも不思議に思うものはいないようなやり方で事を処理してきたのである。このような頑固さはフェラーラのイエロニモ師(22)の予言によれば、決して滅びることはないという信仰に由来するものなのである。

(21) 神聖ローマ皇帝カール五世軍による有名なフィレンツェ包囲は、一五二九年十月十二日に始まり、翌年八月十二日、フィレンツェの降伏によって終わる。

(22) サヴォナローラを指す。「フラーテの子供たち」の一人であったであろうグイッチァルディーニは生涯サヴォナローラの予言を気にかけていたようである。これについては拙著『生涯と時代』上巻五四―五六頁参照。

共和政権崩壊後、新たにクレメンス七世の命を受けてフィレンツェに帰国したグイッチァルディーニは、共和派に対して容赦ない復讐を行っている。クレメンスの疑惑を買っていたこともあって、復讐は苛酷であった。その後、メディチ家のアレッサンドロに仕え、彼のもとで政治顧問として大きな権威を有している。放蕩者のアレッサンドロが三七年に暗殺されると、[23] 共和政権の可能性もあったが、グイッチァルディーニはあえて、メディチ家のコジモに政権を委ねるべく工作している。後の絶対主義国家トスカーナ大公国の基礎を築くことになる。

コジモ擁立に関しては、いろいろなことが語り継がれている。娘をコジモに嫁がせたいと望んでいたというのもその一つである。もう一つはヴァルキィの報告である。コジモは当時、十七歳のスポーツ好きの軽薄な若者と思われている。グイッチァルディーニの思惑は、この若者に、毎年金貨一万二千フィオリーニを与えて政治の実権は自分が握ろうというものであった、と言うのである。「一万二千、これはちょっとした額だ」(è un bello spendere) と言ったという。いずれにせよ、グイッチァルディーニはコジモ擁立に成功するが、この若者は軽薄どころか、いったん権力を握ると、さっさとグイッチァルディーニを閑職に追いやってしまう。晩年の大作『イタリア史』はこうして成立する。グイッチァルディーニの没するのは一五四〇年五月二十二日である。

フィレンツェ出身の同時代人ベネデット・ヴァルキィのグイッチァルディーニ観は次のようなものであった。注目すべきは、ここには既にモンテーニュによって指摘され、デ・サンクティスやシモンズによって完成されるグイッチァルディーニ観のすべてが原初的な形で表明されていることである。「メッセル・フランチェスコはその地位からしても、財産からしても、法学博士の称号からしても、また教皇の代官、教皇総代理を勤めたという点からしても、並々ならぬ名声を博したのであるが、単

(23) 暗殺したのはメディチ一門のロレンツィーノである。巻頭のメディチ家系図、およびコジモ擁立に至る詳細は拙著『生涯と時代』下巻三六七—三八六頁参照。

にそれだけにとどまらず、彼の名声をいっそう高めたのは、世界の事柄、人間の事柄についての彼の知識である。しかも、単なる知識だけではなく実際の豊富な経験を通して、それらについて素晴らしい論評をものしたことにもよる。しかし彼は、これらの力を当然期待されるようには行使しなかった。なぜならば、非常に傲慢で、人に厳しかったという事実は別としても、彼をしばしば、節度ある市民にふさわしい行動を超えて極端な行動に駆り立てたものは、彼の野心と貪欲さなのである[24]」。

グイッチァルディーニは同時代人に好かれなかった。傭兵隊長、封建貴族、反乱分子、共和派のフィレンツェ市民、いずれもグイッチァルディーニに反感を抱いたのである。しかし例外もあった。「私はメッセル・フランチェスコ・グイッチァルディーニを愛する。私は自分の魂よりも祖国を愛する」(amo messer Francesco Guicciardini, amo la patria mia più che l' anima.)。このように書いたのはマキァヴェリである。これは一五二七年四月十六日、フランチェスコ・ヴェットリ宛ての書簡に見える言葉である[25]。

二　『フィレンツェの政体をめぐっての対話』について

この対話編は、リドルフィの考証によれば、レオ一〇世がフランスを相手に企てた戦争中にロンバルディアの陣営で書きはじめられたものである[26]。すなわち、一五二一年の十月から十一月にかけてである。当時、グイッチァルディーニは教皇軍のコメサーリオ・ジェネラーレとして、軍事顧問として戦争に参加している。また、ジューリオ枢機卿が、総司令官プロスペロ・コロンナとスペイン軍の指揮官ペスカラ侯との不仲を調停するために、教皇代理として十月一日からロンバルディアに来ている。

(24) R.Ridolfi : Vita p.417. 拙著『生涯と時代』下巻四〇九―四一一頁参照。

(25) これについてはまたFederico Chabod : Machiavelli and the Renaissance (translated by David Moore, Harper Torchbooks 1958) pp. 109―115.

(26) Roberto Ridolfi : Vita. pp.210-214.

このためグイッチァルディーニのコメサーリオ・ジェネラーレとしての仕事は大いに軽減され、物を書く時間の余裕が生じる。また、グイッチァルディーニがジューリオ枢機卿との個人的な接触によって一段と親密になり、互いに信頼感を深めていったのもこの時期である。ジューリオ枢機卿はウルビーノ公ロレンツォの死後、フィレンツェの実質的な支配者となっている。しかも、ジューリオにはフィレンツェ市民の厚い期待がかけられている。『対話』が書かれるに至った動機は後に述べるように、おそらくこのことに関係しているであろう。しかし『対話』の執筆は、レオ一〇世の死に続く混沌とした政治状況や、パルマ防衛(27)などのために中断される。

次いで一五二二年から翌年にかけて、教皇ハドリアーヌス六世治下で、グイッチァルディーニのモーデナ、レッジョの代官としての地位が脅かされ、名目的なものとなり、その結果、パルマに逼塞《ひっそく》せざるを得なくなった時期に再び取りあげられるが、クレメンスの教皇選出、ロマーニァ総督任命などのためにまたもや中断された後、最終的に一五二五年の秋にかけて完成されるのである。

一五二五年秋、本書が完成されるに当たっては、マキァヴェリの存在を無視することができないであろう。実は、この年六月から七月にかけて約一カ月間、マキァヴェリはファエンツァのグイッチァルディーニのもとに滞在している。教皇クレメンスから派遣されてのことである。しかも、教皇親書さえも携えてのことである。これについては少々説明が必要であろう。

マキァヴェリがグイッチァルディーニのもとに現われたのはモーデナ以来の友情を暖めるためではない。もちろん、二人の友情は続いていたはずである。モーデナでの交遊以来、すでに四年を経ている。この四年間でグイッチァルディーニとマキァヴェリとの交遊を示す具体的な証拠として残されているのは、残念ながらマキァヴェリの書簡が一つである。しかしこの書簡は、マキァヴェリ研究者に

(27) フランス兵からパルマを奪ったジューリオはグイッチァルディーニをその代官として派遣する。しかし、レオの死とともに再びフランス兵のパルマ攻囲が始まる。その防衛は極めて英雄的であった。拙著『生涯と時代』上巻三〇一―三〇九頁参照。

とっては見逃すことのできない重要な情報を与えてくれるものである。

マキァヴェリのこの書簡は一五二四年八月三十日付のものである。この書簡から分かることは、グイッチァルディーニがポッピアーノにあるグイッチァルディーニ所有の農園の農事上の仕事をマキァヴェリに依頼していたことである。マキァヴェリの書簡はその報告書である。リドルフィはその内容からして、マキァヴェリとグイッチァルディーニの間に定期的な書簡の交換がなかったならば、このような問題で突然、マキァヴェリに仕事を依頼するようなことはなかったろう[28]、と言っている。証拠はないが、おそらくリドルフィの言う通りであろう。いずれにせよ、われわれにとって興味のあるのは、この書簡の中でマキァヴェリは執筆中の『フィレンツェ史』(Istorie fiorentine) について触れている点である。「あなたにここに来ていただいて、私が今まで書き進めてまいりましたところまでをあなたにお見せできるのでしたら、一〇ソルディを支払ってもよいと存じております。それ以上とは申しませんが。なぜなら、特定の詳細な点になりますと、その重大性を強調し過ぎたり、低く評価したりして、誤っているのではないかどうか、あなたの御意見をお伺いする必要があるからです[29]」。ここで触れられている『フィレンツェ史』とは、一五二〇年、当時枢機卿であったクレメンスによって年俸百フィオリーニで執筆を依頼されていたものである。この作品が完成されるのは一五二五年六月である。マキァヴェリは自らこれを携えてローマに上り、クレメンスに直接献呈する。当時、クレメンスの置かれていた政治的立場は、微妙なというより、それを超えて次第に危機的なものになりつつある。

一五二五年二月二十四日のパヴィーアの戦いによって、フランソア一世はカール五世に完敗する。アジァンクール以来の歴史的大敗といえる。フランソアは捕虜となり、マドリッドの獄に送られ、い

(28) R. Ridolfi. ibid. p.203. マキァヴェリは「八人委員会」の依頼で一五二一年五月、カルピで開かれているフランチェスコ派修道会の総会に派遣されるが、その途中、モーデナのグイッチァルディーニの下に立ち寄っている。これがその後の交遊の始まりである。拙著『生涯と時代』上巻二八三―二九一頁参照。

(29) ibid. p.203. Opere di Niccolò Machiavelli. vol.V. Epistolario. p.405. (Edizioni Valdonega. Verona. 1969)

まや和平交渉が進行中である。イタリアはカールの掌中にある。このような状況の中でクレメンスは四月一日、カールと協定に達していたが、カールはまだその協定に批准していない。教皇の二枚舌外交が禍いとなっているのである。やがてカールの意図は、グイッチァルディーニの予言したように、はっきりしたものとなろう。カールとの友情は長続きすることはなかろう。しかも、クレメンスには兵もなく、兵を傭う金もない。いかにしてこの難局に立ち向かうべきか。マキァヴェリがローマに現われたのは、このような時である。クレメンスとの謁見では国際状況について、カールとフランソアとの平和交渉について、クレメンスとカールとの関係について、などその他様々な問題が話題となったことであろう。とくに、クレメンスの置かれたこのような無力の状況にあって、マキァヴェリの強調したのは傭兵ではなく、市民軍編成の問題である。フィレンツェでのマキァヴェリの実験は、プラートの戦いで失敗に終わっている。しかし今回は、必ず成功させねばならない。イタリアを蛮人《バルバーリ》の侵入から解放するためにである。あてにならない傭兵軍ではなく、イタリア人から成る市民軍の編成こそ、目下の急務である。マキァヴェリにとって、イタリアに災難と不幸をもたらした元凶は傭兵制度なのである。古代ローマのような市民軍を持たねばならないのである。マキァヴェリがおそらく熱っぽく説いたであろう、このような主張はクレメンス七世だけでなく、側近のヤコポ・サルヴィアーティやニッコロ・シェーンベルクの心をも動かし、積極的に支持される。

さて、徴兵はどこでなされねばならないか。フィレンツェでか、あるいはボローニァでか、それともロマーニァでか。実は、マキァヴェリがロマーニァに派遣されるに至った経緯についてはよく分からないのである。フィレンツェの農民よりも、ロマーニァの農民の方が、好戦的な性格を持っていると見なされていたからであろうか。いずれにせよ、この問題を討議するために、マキァヴェリはファエンツァにいるグイッチァルディーニのもとに派遣されるのである。マキァヴェリがファエンツァに到着するのは六月十九日である。マキァヴェリが持参した教皇親書は熱狂的なものである。そこには次のように書かれている。「この問題は壮大なものです（La cosa è grande）。そしてこれに教会国家と全イタリアの救済（salvezza）がかかっております。事実、キリスト教世界全体の救済がかかっているのかも知れません」[30]。実は、グイッチァルディーニはマキァヴェリがファエンツァに現われる前に、すでにローマにいる忠実な代理人コロンボによって事情を詳細に把握している。すなわち、六月十八日付書簡で、次のようにコロンボに命じている。「どのような目的で教皇がこれを計画しているのか、私の代わりに尋ねていただきたい。なぜなら、現在の危険に対処するための方策とするのであれば、この方策は間に合わないからです[31]」（è provisione che non può essere a tempo）。

　グイッチァルディーニは教皇親書を読み、マキァヴェリの熱弁に耳を傾ける。次いで、六月二十二日、次のように書いている。「これが望み通り実現されれば、疑いもなく教皇猊下の行うことのできた最も有益な、最も称讃に値する仕事の一つとなりましょう」。しかし「実際に行うとなると」（quid agendum）、マキァヴェリの前提としているものがロマーニァの人びとには欠如している、とグイッチァルディーニは指摘する。すなわち、ロマーニァの人びとには教皇に対する忠誠心が欠けており、必要とされる財源もロマーニァから徴集できる可能性はないというのである。グイッチァルディーニはこのようにして、マキァヴェリの提案に反対する。そして決定は教皇に委ねるのである[32]。ロベルト・リドルフィはこれについて、「グイッチァルディーニは近くを見ており、マキァヴェリは遠くを見ている[33]」と説明している。グイッチァルディーニは現実主義者であり、これに対してマキァヴェリは理想主義者であるというのである。しかし、このような説明ですべてが解決されるとは思えない。

（30）R.Ridolfi : Vita. p.204.

（31）ibid. p.204. Carteggi. vol. VIII. p.63. コロンボとはグイッチァルディーニの傭っていたエイジェントである。チェーザレ・コロンボ。グイッチァルディーニは彼を通してクレメンスに関する正確な情報を得ていた。拙著『生涯と時代』上巻三一二―三一三頁参照。

（32）ibid. p.205. Carteggi. vol. VIII. p.66ff.

（33）ibid. p.204.

（34）『リコルディ』「C」

グイッチァルディーニは初めからロマーニァでの市民軍編成は不可能なこととしている。敵意を持つギベリン党がおり、ゲルフ党でさえその忠誠心をあてにすることはできない。資金調達は至難の業である。総じて党派間の争いのため市民軍の徴募がうまくいくかどうか不明である、といった様々な理由をあげている。クレメンスは冷水をかけられたことであろう。どちらにするか決断がつかないのである。グイッチァルディーニは、マキァヴェリがファエンツァに着く前に、もう既にこのような結論を下している。マキァヴェリにもその実現の困難なことを指摘し、長時間、議論してもいる。確かに、グイッチァルディーニの指摘するような困難は存していたであろう。しかし、このような計画全体に対する疑念を表明するとともに、グイッチァルディーニは慎重にも、決定についてはすべてをクレメンスに任せている。クレメンスが優柔不断であることを、グイッチァルディーニは知っている。[34] 計画に伴う困難さ、疑念を表明することが、クレメンスにどのような効果を与えることになるかをすでに承知している。ここに引用した二十二日付の書簡を書いたあと、二十三日、グイッチァルディーニはこれと同じ内容の、しかもいっそう慎重な言い回しで改めて書き直した書簡を送る。しかも、「教皇に読ませるように」という指令付きである。いつもの通り、とくに「教皇の身振り、表情、行動、言葉にできるだけ注目するように、そして私に報告するように」(Voi farete che Nostre Signore legga la lettera alligata, et notate particularmente quanto potete li moti et parole sue, et mi avisate di tucto)とある。また、ヤコポ・サルヴィアーティにもニッコロ・シェーンベルクにも見せ、その反応を報告するように、と付け加えている。[35] このようなグイッチァルディーニの工作は成功している。クレメンスの決断はなされない。かくして、マキァヴェリはグイッチァルディーニとともに、ファエンツァでクレメンスの決断を待っている。リドルフィに言わせれば、「二人とも正反対の理由で」待

一九四に次のようにある。「事に当たって慎重に行わなければならないとしても、仕事の最中に、成功できないと考えて中止してしまうほど、多くの困難を思い描くようであってはならない。むしろ扱い方によって容易なことが分かり、仕事を行っているうちに多くの困難はひとりでに消えていくことを忘れてはならない。これはまことに真実なことであって、仕事をする者は実際に毎日それを目にするのである。教皇クレメンス七世がこのことを銘記してさえいれば、しばしば彼は、仕事をより素早く、名誉ある形で処理することができたであろう。」

(35) R. Ridolfi : Vita. p.205. Carteggi. VIII.

っているのである。この間、グイッチァルディーニは七月八日にその後のローマでの成り行きをコロンボに尋ねている。次いで七月十二日には、「マキァヴェリのために決断」を求める。なぜなら彼は、「何をしたらよいのか分からない」[36]からである。この間、クレメンスは書記官サドレートに促されて、もう少しこの件について考えたいので、マキァヴェリは引き続きファエンツァにとどまっているように答えている。したがって、マキァヴェリはなおしばらくファエンツァに滞在しているが、教皇の決断よりも早く「二、三の用件のために」[37]フィレンツェに戻りたいとローマに書き送り、市民軍編成をめぐる教皇親書の問題は終わるのである。

ローマ教皇クレメンス七世とマキァヴェリ、それにグイッチァルディーニの間で行われた市民軍構想をめぐっての、このようなやりとりを見て来て、筆者は複雑な思いに駆られている。これが行われていたならば、その後のイタリア史はどのような展開を見たであろうか。グイッチァルディーニのあげる困難さはそれなりに理解し得ても、クレメンスの真意はいかなるものであったろうか。おそらく、マキァヴェリの献策に従いたかったのではなかろうか。グイッチァルディーニは「現在の危険に対処するための方策としては、間に合わない」のを理由に、市民軍編成に反対しているのであるが、果たしてそうであったのか[38]。

このように、グイッチァルディーニはロマーニァでの市民軍編成に反対したのであるが、グイッチァルディーニの反対の理由については実は隠れた別の理由が存していたように筆者には思われる。グイッチァルディーニは既に見てきたように、己れの意志に基づいて物事の計画を立て、そのための準備を行い、かつそれを実行するのは、しかもそれが「名誉」と「利益」に関係があれば大いに望む[39]ところであろう。われわれはその実例を、レオ一〇世の二度にわたる流産したフェラーラ奇襲計画の際

p.71.

(36) ibid. p.206. Carteggi. vol.VIII. p.78.

(37) ibid. p.206.

(38) たとえば、『リコルディ』「B」一七三に次のようにある。「さし迫った危険に対して、とくに戦争において、もう手遅れであると思って何らかの措置をとらなかったり、とるのを躊躇したりしてはならない。なぜなら、物事というものは、その本来の性質のため、またその遭遇する様々な障害のために、しばしば予想以上に時間をとるものであるから、おまえが手遅れと思って省略した措置が間に合ったといったことがたびたび生じるからである。私は何度もこのことを経験している。」

にも見て取ることができる。クレメンスの望むように、ロマーニァで市民軍の編成を行うものとすれば、実際に兵を徴集し、小隊、中隊、大隊などの軍組織に組み入れ、訓練を施し、紀律ある軍を建設する任にあたるのは当然、フィレンツェにおいて既にその経験を積んだマキァヴェリでなければならない。それに、マキァヴェリは当時『戦争論』をものしていて、その方面の権威者としても認められている。兵を訓練するためには、将校が必要であろう。将校を集めねばならない。指揮官は誰にするか、おそらくマキァヴェリは、パヴィーアの戦いの直前、負傷して戦線から離脱していたジョヴァンニ・デ・メディチ(40)のことを念頭においていたかもしれない。いずれにせよ、このような実務を一つひとつやり遂げていく能力のあるのは、元「軍事・外交委員会」の書記であったマキァヴェリである。競争者や上級者を極力排除することに努めてきた、誇り高いグイッチァルディーニにとって、これは愉快なことではないであろう。マキァヴェリのポストはどうなるのか。その権限はいかなるものか。教皇直属のポストであるのか。たとえそのポストが総督の指揮、監督の下にあるとしても、マキァヴェリの計画が成功すれば、総督の権威と名誉が幾分か傷つくことにもなりかねない。「利益」にも関係してこよう。グイッチァルディーニは、クレメンスがマキァヴェリの献策に感動し、それを受け入れ、それをロマーニァにおいて実現すべくマキァヴェリを送ってきたこと自体に不愉快なものを感じていたかもしれないのである。もちろん、これは推定であるが、まったく考えられないことではない。

一方、マキァヴェリにとっては、これは最大のチャンスであったろう。ついに、クレメンスがマキァヴェリを用いようとしているのである。しかも、『フィレンツェ史』の執筆依頼のようなものではない。市民軍の創設である。マキァヴェリが長年、その実現を目指して情熱を傾けてきた市民軍建設という、歴史を変えるような画期的な構想を実現し、それが正しいことを証明できる唯一のチャンス

(39) これについては拙著『生涯と時代』上巻二六八―二六九頁参照。

(40) すなわち黒軍団のジョヴァンニ。ジョヴァンニ・ディ・ピエールフランチェスコとカテリーナ・スフォルツァの子である。トスカーナ大公コジモ一世はその子である。巻頭のメディチ家系図参照。

なのである。個人的な「名誉」や「利益」の問題をはるかに超えたものである。しかし、結局はこのたびもマキァヴェリの理想は実現されることはない。マキァヴェリはグイッチァルディーニの意見を知っている。またグイッチァルディーニのローマへの工作も知っていたかもしれない。しかし、マキァヴェリにとって、グイッチァルディーニとの交友関係は大きな意味をもっている。市民軍構想にグイッチァルディーニが現実的な困難さをあげて反対したとしても（ちなみに父のピエロもこれに反対していた）、これによってグイッチァルディーニとの交友関係を捨て去ってよいものではない。グイッチァルディーニとマキァヴェリの社会的な地位は隔絶したものである。教会国家の大官であり、また年収四千ドゥカーティ以上を手にするロマーニァ総督である。もちろん、卑下する必要はないが、友情は大切にしなければならない。マキァヴェリは頃合いを見て、ファエンツァを去る決意をする。ファエンツァを出発するのは七月二十六日の早朝である。このことはグイッチァルディーニのコロンボ宛て書簡で確認される。

グイッチァルディーニはマキァヴェリに対して、ある種の後ろめたさを感じていたであろうか。あるいは、マキァヴェリがファエンツァを発ったことに対し、ある種のほっとした安堵感めいたものを感じていたであろうか。もちろん、これらについては分からない。しかしマキァヴェリの去った直後、グイッチァルディーニはマキァヴェリに対して次のような極めて愛想のいい手紙を送っている。「私はあなたからのお便りを待ち望んでおります。……あなたが立ち去られたあと、マリスコッタはあなたについて敬意をもって話しております。あなたの態度、物腰、彼女との接し方について、あなたを讃め称えております。彼女の話を聞いておりますと、私の心は嬉しくなります。なぜなら、私の望みはすべて、あなたに良かれということですから。ここに戻られるならば、必ずや親切にもてなされ、おそらくはずっと優しく抱擁されるであろうこと、これを私は保証致します」。これに対しマキァヴェリは如才なく返書を書き送る。「今朝、私は、マリスコッタの寵愛について、あなたが触れている御手紙を受け取りました。私はこの世で所有している他のいかなるものにも増して、マリスコッタの寵愛を誇りに思っております。くれぐれも彼女によろしくお伝えください」。ここで触れられているマリスコッタという女性は、誰であるか不明であるが、われわれのよく知るマキァヴェリの習慣からしても、またグイッチァルディーニについてのこの種の証言からしても、どのような女性であるかは容易に想像できる、[41]とリドルフィは言っている。

このように、ファエンツァでの出来事のあとでも、これはマキァヴェリにとっては「苦い、もう一つのアロエを飲むようなものであった[42]」としても、グイッチァルディーニとの交友関係は損なわれてはいない。むしろ「暖かさと親密さがますます増してきた」のである。これについてリドルフィは次のように述べている。「モーデナでの出会い、カルピでの往復書簡のやりとりが、著名な代官にとってよりも、マキァヴェリの方に重要さにおいて、より大きな意味を持っていたのは事実である。これと同じことが、ファエンツァでのマキァヴェリの滞在とその後に続く書簡の交換についてもいえるのである。しかし彼らの性格や運命の違い、不平等さ以上に、何か、より強いものが彼らを結びつけ、友情が深まっていったことは明白である。ついに、マキァヴェリはグイッチァルディーニの生活の中に入りはじめる。次いで、友情について彼らの生存中にいえたことが、死後、逆転する。死後、二人の友情はマキァヴェリにとってよりも、いっそうグイッチァルディーニにとって栄誉となるべき運命にあった[43]」。

ところで、八月七日の書簡はわれわれにとって極めて興味深いものがある。ここでグイッチァルデ

(41) R.Ridolfi : Vita. pp.206-207.
(42) ibid. p.206.
(43) ibid. p.207.

ィーニはマキァヴェリに対して突然、胸襟を開いて次のように提案している。「親愛なるマキァヴェリ……私がとくに申し上げねばならないのは、あなたが私の宛て名に煌々たる《イルストレ》（illustre）という形容詞を付して私に敬意を表明するのであれば、私はマニーフィコ（偉大な）を用いてあなたに敬意を表さねばなりません。このようなお互いの称号のやりとりをもって愉快を味わうにしても、空手形であることが分かれば悲しみを味わうことになります。したがって、称号について決意をしていただきたい。あなたが御自身にふさわしいと思うものを選んで私に付けてください[44]」。

　グイッチァルディーニは、自らの体面を重んじてきたフィレンツェの名門の出の誇り高い人物である。また、マニーフィコとかイルストレといった敬称をもって偶されるのに慣れきってもいる。スペイン大使、モーデナ、レッジョの代官、ロマーニァ総督という経歴からして当然のことでもある。それがここに至って、失脚した元「十人委員会」の書記に対し、イルストレといった敬称を付けるのをやめてくれ、と言っているのである。儀礼を抜きにした関係を結びたい、と言っているのである。リドルフィは「このような書き出しはグイッチァルディーニにとって異例のことである[45]」と言っている。異例なことはこれだけではない。この短い書簡は突然、次のような文章をもって終わる。「元気づけられるようなニュースは何もありません。われわれは暗闇の中を（in tenebris）歩いているのですが、両手を後ろ手に縛られているので、打撃を避けることができないのです[46]」。

　われわれは、このようなグイッチァルディーニにこれまで出会ったことがない。何がグイッチァルディーニを変えたのであろうか。マキァヴェリに対するグイッチァルディーニの態度には、明らかに変化が見られる。大袈裟な敬称をもって呼び合うのをやめようという提案もその現われであるが、すぐその後の、迫り来る時代の危機についての唐突ともいうべき率直な不安の表白は、これまでのグイ

（44）ibid. pp.208-209. Machiavelli, Epistolario. p.413.

（45）ibid. p.209.

（46）Machiavelli. Epistolario p.413.

ッチァルディーニには見られないものである。

すでに触れたように、マキァヴェリがファエンツァに滞在したのは六月末から七月末にかけての約一カ月間である。この間、マリスコッタにのみ関わり合っていたわけではない。パヴィーア以後のイタリア諸国の置かれた政治的状況についても、二人は立ち入って話し合ったことであろう。グイッチァルディーニはソデリーニ政権の元外交官であり、市民軍の組織者であったマキァヴェリの意見に耳を傾け、おそらく魅了されるものがあったであろう。「長い間の経験と絶えざる読書[47]」によって、政治行動の規則体系を構築せんとしてきた政論家マキァヴェリの議論である。説得力は抜群であろう。

グイッチァルディーニに対するマキァヴェリの『君主論』の影響を、早くも一五一六年の著作『いかにしたらメディチ家はその権力を確保し得るか』の中に見出したのはジェンナロ・サッソー(Gennaro Sasso)であるが、以後、『政略論』を読み、『戦術論』をも読んでいたはずである。しかし、パヴィーアの戦い以後の混沌として不透明な政治状況のもとにあって、グイッチァルディーニは先に触れたように、ファエンツァで、一カ月余にわたってマキァヴェリと親しく交わるのであるが、このことによってグイッチァルディーニは、市民軍創設についての意見の対立にもかかわらず、マキァヴェリを以前にも増してよりよく理解し得るようになったものといえよう。「両手を後ろ手に縛られて暗闇の中を歩いている」といった表現も、ファエンツァでのマキァヴェリとの交友を抜きには考えられないであろう。

当時のイタリアをめぐる政治状況についての判断も共通のものであった。パヴィーア以後、フランスの勢力はイタリアから一掃され、スペインの圧倒的な力が全イタリアに及ぼうとしている。カールはクレメンスと同盟を結んでいるが、まだ批准していない。カールはクレメンスに友好的な態度を示

(47) マキァヴェリ『君主論』(池田廉訳。世界の名著16、マキァヴェリ、中央公論社)四五頁献辞参照。

しているように見えても、グイッチァルディーニもマキァヴェリもともに、カールの意図がどこに存しているかについて何らの幻想をも抱いていない。マキァヴェリが市民軍構想を建策したのもこのためである。ローマがこれに賛成したのもこのためである。しかし、グイッチァルディーニは現実主義者として、実務家として、またグイッチァルディーニ特有の嫉妬心からしてこれに反対するが、これについては既に述べた通りである。

『フィレンツェの政体をめぐっての対話』が完成されるのは、こうしたマキァヴェリとの知的交流があってのことといえよう。

ところで、この対話がなされたとされるのは一四九四年十二月のことである。すなわち、シャルル八世のイタリア侵入に伴って一四九四年十一月九日、フィレンツェで暴動が起こり、ピエロ・デ・メディチが一門とともに追放され、一時、「二十人アッコピアトーリ」による臨時政府を経て、サヴォナローラの指導の下に新体制が確立されようとしている時期である。対話がなされたのはベルナルド・デル・ネロの別邸である。対話は四人によってなされる。ベルナルド・デル・ネロ、ピエロ・カッポーニ、パゴラントーニオ・ソデリーニ、それにピエロ・グイッチァルディーニである。このピエロはもちろん、グイッチァルディーニの父親である。

ベルナルド・デル・ネロはパレスキ派（メディチ派）で、後、一四九七年になってメディチ家帰還の陰謀を知りながら通告しなかったとして実際に処刑された人物である。対話が行われた当時、デル・ネロは「老人ではあるが大変な知恵者」とされている。「ほとんど神託僧のように、その後実際に生じた多くの物事を予言している」のである。民主的な新体制から排除され、公務から手を引いて、近くの別邸で静かに余生を送っている。ピエロ・カッポーニはフィレンツェの名門貴族層を代表していて、ピエロ・デ・メディチの追放に一役買い、そのあと臨時政府「二十人アッコピアトーリ」のメンバーとなっている。パゴラントーニオ・ソデリーニはサヴォナローラ派であり、急進共和派である。ピエロ・グイッチャルディーニはサヴォナローラの信奉者であるが、政治的には無党派で、対話を客観的に報告するという役割を担っている。もちろん、この対話は歴史的事実ではない。虚構のものである。ここでグイッチァルディーニを代弁しているのは、奇妙にも庶民出のメディチ派のベルナルド・デル・ネロである。いわゆるグイッチァルディーニの分身である。

『フィレンツェの政体をめぐっての対話』は二巻に分かれている。第一巻は、ロレンツォ・イル・マニーフィコの統治と、一四九四年十一月以降成立した共和政権との優劣をめぐっての議論である。第二巻は、今後のフィレンツェにおける唯一、現実的で実現可能な、最も機能的な政体はいかなるものかに関する議論である。

『対話』はメディチ家の追放と革命をどのように評価するかをもって始まる。メディチ派のデル・ネロはこのような政治的転覆は一般にフィレンツェにとって、常に損害をもたらし、益することはなかったと主張する。政変は常に有害であったというのである。これに対しソデリーニは、サヴォナローラ派として革命を擁護する。今回の革命（mutazione）は他の政変とは異なって、党派争いではない。一四三三年や一四三四年の政変騒ぎとは異なる。また、一四六六年や一四七八年の政変でもない。ここで触れられている一四三三年とは、コジモ・デ・メディチが国外追放に処せられた年であり、翌一四三四年とは、コジモがヴェネツィアから帰還し、フィレンツェの支配権を手中に収めた年である。一四六六年はピッティ陰謀事件（「痛風病み」のピエロ・デ・メディチの暗殺計画）が発覚した年であり、一四七八年はパッツィ陰謀事件で、ジュリアーノ・デ・メディチが暗殺された年である。ロレンツォは重傷を負ったが生き延びている。ロレンツォの権力が安定し、絶対的になるのはこの事件による。これら一連の政変騒ぎは、ソデリーニによれば、支配層内部の権力争いであり、支配層の権力を強化させるものであった。今回の革命は今までのものとは異なって、「一つの政体を他の政体に取り換えたもの」である。市民の自由が回復されたのである。[48]このように述べて、ソデリーニは九四年の革命を肯定している。あなたも実際は、今回の政変に満足しているのではないか、と促されて、デル・ネロは自らの立場を明らかにしている。デル・ネロは他の三人の対話者とは異なり、「貴族の生まれでもないし、一門の親族に取り巻かれてもいない[49]」。また、十分な教育を受けてもいない。デル・ネロは、自分自身の努力とメディチ家の恩顧によって、政治的に力を持つようになった成り上がり者である。したがって、デル・ネロの政治に対する姿勢は三人の対話者とは異なり、伝統的な考え方から完全に解放されている。

デル・ネロはマルシーリオ・フィチーノの名をあげて、「哲学者たちは、三種類の政体、すなわち、一人による統治、少数者による統治、多数者による統治のうちで、最良のものは一人による統治であり、次が少数者による統治、最悪のものは多数者のそれであると言っているではないか[50]」と言って話を切り出す。「それにもかかわらず、あなた方は哲学者の称讃する統治形態を拒否して、哲学者が少しも称讃しないものを選択しているが、私にはそれが分からないのである」として説明を求める。これに対して、マルシーリオ・フィチーノの弟子で、フィチーノから「メランコリックで調和のとれた幸せな気質」(ingegno melancolico, temperato, felice) と評されたピエロ・グイッチァルディーニが、控え目に、「このような難解な事柄には私は聞き手として、何も言わない方がふさわしいと思うが、

(48) R.Ridolfi : Vita. pp.304-305. 本書二五頁参照。

(49) 本書二八頁参照。

(50) 本書二九―三〇頁参照。

マルシーリオ・フィチーノから学んだこと、しかもあなた方のほうが私以上によく御存知のことを喜んで申し上げたい」として、次のように説く。「それら三種類の政体のうち、最良のものは一人による政体であることは確かである。しかし、それが暴力を用いて、あるいは党派争いによって、または権力を簒奪することによって実現された場合には、良いというわけにはいかない。選出によるものでもなければ、臣下の自由な選択によるものでもないからである。メディチ政権がこの種の型であったことは否定し得ない。――今日の一人による政体のすべてがそうであるように、臣下の意志や生来の傾向を代表するものではなく、支配している者の欲望に基づいているからである。したがって、哲学者を引き合いに出すのは隠当ではない。なぜなら、彼らはこの種の政体を決して是認することはないからである。なお、付け加えていえば、これら同じ哲学者たちによれば、一人による統治が、その人物が秀れている場合には最良の統治形態であるが、その人物が悪い場合には最悪のものとなる……[51]」。

このような、ピエロの、正当な一人による統治と正当でない統治を区別する考え方に反対して、デル・ネロは、政権は結果によって良し悪しが判断されるべきであって、原理原則によってではない、と主張する。

さらにデル・ネロは、いかなる政体も暴力に基づいている、したがって、正当な政体とか正当でない政体といった区別は無意味である、と主張する。正当な政体でも、無知あるいは悪意によって、権力を簒奪した政権と同じ悪政を敷くこともできるし、暴力によって政権を奪取した政府が善い政治を行うことも可能である。独裁政とか共和政といった区別も重要ではない。問題は統治能力である。

法と正義が維持されているのであれば、統治形態はいかなるものでもよいというグイッチァルディーニの技術主義は、マックス・ウェーバーのそれを先取りしているように思われるが、これについて

（51）本書三〇―三二頁参照。

は『リコルディ』「C」一〇九、「B」一四三がある。「B」一四三はロマーニァ総督時代のものであろう。

「B」一四三

共和国においては自由が正義を与える（ministra）のである。正義の本来の目的は、他ならぬ一人の人間が他の人間によって圧迫されるのを阻止することにある。したがって、一人による統治、あるいは少数者による統治において正義が行われていることに確信できれば、自由を強く望む理由はなくなるであろう。古代の賢人や哲学者は自由な統治を他のものより称讃せず、法と正義の維持に最もよく成功している統治を好んでいるのは以上の理由による。

デル・ネロは古典的な三種の政体区分を放棄する。それに代えて新しい基準を導入する。「ラルゴー」（largo）と「ストレット」（stretto）という概念である。「ラルゴー」とは「広い」、「ストレット」は「狭い」を意味する形容詞である。stato stretto というと、文字通り訳せば「狭い政権」である。少数者あるいは一人による統治を指す。すなわち、「狭い政権」とは一三八二年から一四三四年に至るフィレンツェの名門貴族層による寡頭制も含めて、一四三四年以降のメディチ家による政権を指している。「広い」政権とは、一二九〇年代から一三八二年に至る時期のいわゆるギルド政権を含めて、一四九四年以降成立した、コンシーリオ・グランデを中核とする共和政権を指すのである。古典的な三つの政体は一定の状況のもとに循環していくのであるが、グイッチァルディーニの用語法からすれば、循環するというより、一定の状況において一方から他方へと、他方から一方へと不断に変化していくものとなる。このような用語法によれば、政体の差異は実体的な差異ではなく、程度の差ということになる。

デル・ネロは名門貴族層を代弁するソデリーニやカッポーニの議論を攻撃する。ソデリーニによれば、自由な都市共同体としてのフィレンツェの長い歴史とその名声からして、自由で開かれた政府こそフィレンツェの自然な統治形態であり、それにふさわしい最良のものであるという。デル・ネロはこれに対し、自由な都市共同体の導入は「誰もが政治に参加するのを許すものではない」とする。単に、「法と共通善を保護するためであって、これは秀れた一人の人間によって最もよく実現される」(52)のである。デル・ネロによれば、カッポーニの言う自由や平等といったものは一つのスローガンに過ぎず、権力の座にいない者が権力を得るための手段として利用するものである。目的が達成されれば、自由と平等への要求は放棄される。デル・ネロによれば、自由と平等は社会的に上昇するための口実なのである。偽善に過ぎないのである。デル・ネロは次のように説く。

「自由という言葉はしばしば、己れの貪欲さと野心を隠すための口実として、偽装として利用されているのであって、人間が自由に対する欲求を生まれつき持っているからではない、という事実についてたびたび私は思い巡らしてきた。……私の思い違いでなければ、人間というものは他人を支配したい、他人より優越したいという生得の欲求を持っているように思われる。自由をひたすら愛すがゆえに、君主になるチャンスがあっても、あるいは他人に優越するチャンスがあっても、そのチャンスを進んで利用しようとはしないような人は一般には皆無である。このようなことが日々行われているのを、われわれは見ている……自らを欺かないようお願いしたい。そして私が物事の真実をあなた方に知っていただきたいと努めても、この理由で私に、暴君の擁護者、自由と共和国の敵だというようなレッテルを貼らないでいただきたい。……よく秩序づけられているならば、私は決して自由に反対しないことが議論しているうちに明らかになるだろうから。……かくして私は、政治的な自由に対す

(52) 本書三九―四〇頁参照。

る欲求は、パゴラントーニオの言うように、生得のものではないし、また普遍的なものではないと結論づけたい。古代においてもそうであったのであれば、より堕落したわれわれの時代においては、いっそうそのようにいえる。自由を説く者が、己れの利益が自由な政体においてよりも、狭い政権において、より良く確保されると思えば、まっしぐらにそれに飛びついていかない者は一人もいないと私が言うのは、この理由からである。[53]……」

デル・ネロの口を通して語られる、このような人間観と現実政治の勧めは、一五一二年以降、二〇年代にかけて深められたグイッチァルディーニ本来の思想であることに注目すべきであろう。

このないわば序論のあと、問題とされるのはロレンツォ・イル・マニーフィコの統治の功罪をめぐる問題である。カッポーニの提案で三つの面から論ぜられる。正義と法の問題、「名誉」と「利益」の分配（これには徴税の仕方をめぐっての議論も入る）、それに外交政策の三つの面である。カッポーニは、すべての面でメディチ家を非難する。依怙贔屓《えこひいき》と私利私欲の追求のためである。デル・ネロはメディチ家の弁護に努める。自覚した依怙贔屓は無能無知に勝るというのである。メディチ家の私利の追求はうまくいくが、これは、名誉や栄光を求めて、貴族層同士が破壊的な競争をすることによって生ずる党派争いや、無秩序に勝るというのである。ロレンツォ・イル・マニーフィコの負の面も当然論ぜられる。しかしそれらはすべて、基本的にはグイッチァルディーニの一五〇八年から九年にかけての『フィレンツェ史』に見られるものである。しかし、ロレンツォに対する評価の調子は明らかに変化している。対話者はフィレンツェの繁栄はすべてロレンツォに負っているということで一致して、第一巻は終わる。

対話は翌日も行われる。革命政権もメディチ政権も、それぞれ欠陥があるのが判明したので、当然、

（53）本書六五—七〇頁参照。また巻末付録『リコルディ』264頁、注86参照。

フィレンツェに理想的な政体についての議論が必要となるからである。これが第二巻の内容をなす。デル・ネロが請われて、フィレンツェに最も適した政体とはいかなるものであるかを語ることになる。デル・ネロの語る内容は、一五二二年八月、スペインで執筆した『ログローニョ論考（民主政体をいかに秩序づけるかについて）』[54]のそれと基本的には重なるものがある。

唯一、実現可能な、現実的なフィレンツェの政体は、デル・ネロによれば次のようなものである。頂点に終身のゴンファロニエーレが立っている。下部にコンシーリオ・グランデがある。幅広い中産層を含む三千名を越える市民から構成されるヴェネツィアの制度を模範とした会議体である。中間に百五十名からなる元老院がある。この政体で注目すべきは、権力がこの百五十名からなる元老院に集中していることである。元老院議員の任期は終身である。この百五十名の人びとは、名門貴族層の中から選ばれる選良《エリート》（uomini da bene）である。財産があり、教養がある少数者である。ソデリーニの言うように、古代の政権であれ現代のそれであれ、あらゆる政権において「重要なのは少数者のヴィルトゥ（能力）である」[55]からである。これに成り上がり者のデル・ネロも異論はない。デル・ネロも、政権は選良の手に委ねられるべきであるという主張において共通している。これはまた当然ながら、グイッチァルディーニ自身の主張でもある。成り上がり者のベルナルド・デル・ネロが貴族的な価値観に近づくのはこの地点である。野心や栄光への欲求をも、ヴィルトゥとして受け入れているというのである。かくして『対話』はデル・ネロの元老院による統治の讃美をもって終わる。対話者はデル・ネロの「明断で賢明な」議論がフィレンツェ全体を活気づけ、それが実現されるのを願うのである。

ところで、このような内容を持つ『対話』はどのように読まれねばならないのか。どのように理解されるべきか。

（54）『ログローニョ論考』については拙著『生涯と時代』上巻一六六頁以下参照。

（55）巻末付録『リコルディ』281頁以下、注171、C九七、B三〇参照。

まず指摘せねばならないのは、『対話』が首尾一貫性に欠けている点である。第一巻の内容と第二巻のそれとが鋭く対立しているのである。第一巻におけるベルナルド・デル・ネロの立場は、冷徹な現実政治《レアールポリティーク》のラジカルな擁護者である。理念ではなく、現実的な政治の機能、その効果、結果を強調する技術主義の立場である。法と正義がしっかり維持されるのであれば、政体はいかなるものでもかまわないという立場である。この立場に立って、デル・ネロは一四九四年の革命政府を否定し、メディチ政権を擁護するのである。既に述べたように、デル・ネロは名門貴族層の出自ではない。己れの才知とヴィルトゥによって、しかもロレンツォ・イル・マニーフィコの厚い恩顧のもとに成り上がった人物である。したがって、メディチ政権の擁護もその恩義を考えれば極めて当然である。しかし、共和派からすればデル・ネロの議論は疑惑の対象となろう。グイッチァルディーニもこれを承知している。

第二巻のデル・ネロは、名門貴族層の考え方に接近していく。かつて『ログローニョ論考』でグイッチァルディーニの示した考え方である。デル・ネロがフィレンツェに最も適した政体としてあげるのは、基本的には名門貴族層を主体とした共和政である。もちろん、形式的には混合政体である。王政（終身ゴンファロニエーレ）、貴族政（元老院）、民主政（コンシーリオ・グランデ）のすべての要素が混入している政体である。しかし、権力の中枢は元老院にある。行政府の「十人委員会」、その他すべての役職人事は元老院において決定されるのである。この議論はメディチ派からは疑惑の目をもって見られるであろう。当時のメディチ政権を否定するものであるから。グイッチァルディーニは序文でこの点、次のように弁解している。「しかし主題に戻れば、私は実際、メディチ家に対し深い、異例ともいうべき恩義がある。とくにメディチ家出身の二人の教皇レオとクレメンスによって傭われ、特別の栄誉を与えられている。しかしこのために、これを執筆したことによって恩知らずであるとして非難されるとは思っていない。レオやクレメンスの恩を考えれば、メディチ家の地位に反対するような思想を抱くことは不適切のように思われよう。しかし私は、とくにこの書を楽しみと気晴らしのために、出版の意図もなく執筆したのであるから、人は、この書から私がメディチ家の偉大さに反対している、またメディチ家の権威に不快感を抱いているなどと結論を下すこともできないし、そうすべきでもない。同じ理由をもって、われわれはアテナイの市民であり、当然、愛国者であったはずのクセノポンがキュロス大王の名のもとに君主政体について物を書いたからといって、彼がアテナイの自由を嫌っていたなどとは論じようとはすまい。またアレクサンドロス大王の師傅であり、アレクサンドロスに恩義のあるアリストテレスが『政治論』を書いたからといって、アレクサンドロスの敵であるなどと論じようとはしないであろう[56]」。

ところで、このような内容を持つ第一巻と第二巻を、われわれはどのように理解すべきであろうか。グイッチァルディーニは本来、フィレンツェの「良き市民」で、共和政を奉じている。『フィレンツェ史』や『ログローニョ論考』はこれをよく示している。メディチ家のフィレンツェ帰還は、必ずしもグイッチァルディーニを喜ばせなかったはずである。それにもかかわらず、グイッチァルディーニはスペインから帰国した後、メディチ家から厚く遇され、「政庁」にも入っている。また、誇り高いはずのグイッチァルディーニの方も、メディチ家の好意を得ようと追従も混じえていろいろ奔走している。これについては、既に触れたはずである（解説一）。その結果、一五一六年にはレオ一〇世によってモーデナの代官に抜擢され、翌年にはレッジョのそれも兼ねる。レオの没後にはクレメンスによっていっそう重く用いられ、『対話』を完成しつつあった一五二五年にはロマーニァの総督であ

（56）本書「序」一八頁参照。

る。メディチ家の厚い保護なくしては、グイッチァルディーニの「名誉」も「利益」もあり得ないのである。

しかし、メディチ家によるフィレンツェ支配は永続するであろうか。ウルビーノ公ロレンツォの専制的な支配がフィレンツェの人びとに嫌われていたことは、グイッチァルディーニのよく知るところである。サヴォナローラの記憶はまったく失われたわけではない。コンシーリオ・グランデが廃止されたことに対する不満もくすぶっている。共和派の陰謀もないわけではない。ウルビーノ公ロレンツォが没した後、ジューリオ枢機卿がフィレンツェの実質的な支配者となるが、ジューリオはロレンツォとは対照的に市民的な生活(vivere civile)態度をもってフィレンツェ市民に接している。フィレンツェではジューリオに対する期待感が高まっていると、当時の歴史家は伝えている[57]。事実、レオ一〇世の没後、真意はともかくとして、ジューリオ枢機卿はフィレンツェの政体をより民主的な基盤の上に据えようと試みている。コンシーリオ・グランデを復活しようというものである。効力が発するのは一五二二年五月一日である。ジューリオ枢機卿もフィレンツェの共和派に気を使っているようである。しかし、このような民主化の試みは、ピエロ・ソデリーニの弟、ヴォルテルラ枢機卿によるメディチ政権打倒計画のため中断される。ヴォルテルラ枢機卿はフランスから資金援助を得て、レンツォ・ダ・チェーリに七千の兵を与えてシエーナに向かわせている。シエーナ攻略のあと、フィレンツェに向かおうというものである。しかし、レンツォ・ダ・チェーリはグイド・ランゴーニ伯に阻止されて、この一件は終わる。

次いで五月末、ジューリオ枢機卿暗殺計画がフィレンツェで発覚する。当時の歴史家ナルディによれば、この計画はヴォルテルラ枢機卿ソデリーニによるシエーナ進攻と呼応したものである。首謀者

(57) Il Principe. ed. by L.A.Burd (Oxford Clarendon Press.1891) p.152.

はツァノービ・ブオンデルモンティ、ヤコポ・ディアッチェート、ルイジ・トマーゾ・アラマンニ、ルイジ・ディ・ピエロ・アラマンニである。彼らはすべて、オルティ・オリチェラリイ（Orti Oricellarii）庭園の集いの仲間である。彼らはレンツォ・ダ・チェーリ軍の協力をあてにしていたが、結局、それが実現しなかったために直接、ジューリオ枢機卿の殺害計画に走る。五月二十二日、ヤコポ・ディアッチェートが逮捕され、六月七日、ルイジ・トマーゾ・アラマンニとともに処刑されている。ツァノービ・ブオンデルモンティとルイジ・ディ・ピエロ・アラマンニは逃亡に成功する。マキァヴェリはこの事件には一切関係していない。しかし『リヴィウス論』（『政略論』）がマキァヴェリが予想した以上に、これらの青年たちに影響を与えていた可能性はある。ナルディは次のように記している。「これらの若者たちの思いつきと行動については、ニッコロもまた罪がないわけではなかった」（'de' pensamenti e azioni di questi giovani anche Niccolò non fu senza imputazione）。マキァヴェリも庭園の集いの重要なメンバーであり、『政略（リヴィウス）論』を献呈しているのは、首謀者の一人で逃亡に成功したツァノービ・ブオンデルモンティその人である。

ジューリオ枢機卿のフィレンツェ政体の改革は、このような政治危機の中で結局は実行されずに終わる。ジューリオ自身、どの程度、真剣にこれを考えていたかは不明である。

いずれにせよ、メディチ政権は安定していないのである。イタリアをめぐる政治状況に何らかの変化が生じれば、いつでも政変の可能性が出てくるであろう。事実、これはやがて現実のものとなる。

ちなみに、当時、ジューリオ枢機卿の改革計画のために様々な人びとが新しい政体についての意見書や草案をものしている。マキァヴェリもその一人である。[58] グイッチァルディーニの『対話』も、流れとしてはそのような改革案の一つと解釈することもできよう。しかし、今回もこの『対話』はクレ

（58）一五一九年、マキァヴェリはジューリオ枢機卿よりフィレンツェの政体について意見を求められる。『フィレンツェ政府改革草案』（Sulla Reforma dello Stato di Firenze）についての断片は当時のものである。次いで一五二二年、『改革案』なるものが書かれる。

メンスに献呈されることもなく、出版されることもなかった。この書の序文は三回書き直されている。最初のものには「年をとる前に」出版しようという意志が表明されているが、最終的な序文においては既に紹介したように、単に「楽しみと気晴らしのために」(per mio piacere e recreazione) 書いたのであり、「それを出版する意図をもってではない」(nè con intenzione di publicarlo) と言い切っている。しかし、実情は出版し得ないものであったといえる。すなわち、グイッチァルディーニの政治的立場が分裂していることによってである。メディチ家復帰以来の分裂である。共和派としてのグイッチァルディーニと、メディチ家の恩顧によってのみ「名誉」と「利益」を保証されているグイッチァルディーニとの分裂である。また、「良き市民」としてのフィレンツェ共和国に対する忠誠と、恩義のあるメディチ家に対する忠誠との分裂である。『対話』の序文にあるように、グイッチァルディーニの内には、アテナイ市民で愛国者であったクセノポンと、アレクサンドロス大王の師傅であるとともに、その厚い保護を受けていたアリストテレスがいる。しかし、この分裂はいかなる精神的な苦悩も伴っていない。「己れ自身の利益」の追求が優先されるからである。

『リコルディ』「C」二八には次のようにある。

「C」二八

僧侶の野心、貪欲、好色を私以上に嫌悪する人を私は知らない。……それにもかかわらず、私が多くの教皇の下で保ってきた地位のため、私自身の利益のためにも、彼らの権勢を愛せざるを得なかった。もしこのような関係がなかったならば、私は己れ自身を愛するごとく、マルティン・ルターを愛していたであろう。

ここには、既にわれわれの知っているグイッチァルディーニがいる。『対話』にはこのような分裂が見られるが、このような分裂にもかかわらず、一つの、いかにもグイッチァルディーニならではの問題が存している。すなわち、保身の問題である。処世術の問題である。その意味でこの『対話』は『リコルディ』と内面的なつながりがあるといえる。生きるに当たってのグイッチァルディーニのモットーの一つは、当時書きとめられた「B」一四六にある。

「B」一四六

負けた側に身を置くことのないように神に祈れ。なぜなら、たとえおまえに罪がなくとも信用を落とすことになるから。また自分を正当化しようと街路や広場を駆け回っても何の役にも立たないであろう。逆に勝利者の仲間にいれば、たとえそれに値しないとしても常に称讃されるであろう。

グイッチァルディーニは実は、一五一二年のメディチ家の復帰以来、この政権がいつまで続くものかについて常々いろいろと思い巡らしていたはずである。『対話』の序文には次のようにある。「なぜならば、フィレンツェにおけるメディチ家の権威と教皇の巨大な権力のために、フィレンツェはその自由を失ったように見えるが、それにもかかわらず、人間事象に日々生じる予期せぬ偶然のおかげで、一人による政権がいついかなる時に元の自由な政権に戻るかもしれないからである。民主政権が一夜のうちにいともたやすく一人による政権に変わったのと同じである[59]」。

実は、グイッチァルディーニは共和政復活の可能性を考えているのである。「B」一五四もこの時期に書きとめられたものであろう。

(59) 本書「序」一五—一六頁参照。

「B」一五四

そのあらゆる偉大さにもかかわらず、メディチ家はフィレンツェを支配するのに苦労している。一介の市民であったメディチ家の先祖がかつてフィレンツェを手に入れるにあたって払った苦労をはるかに越えている。その理由は、当時にあってはフィレンツェはいまだ自由と自由な制度を味わっていなかったからである。事実、フィレンツェは当時つねに少数者の手にあったのである。政権を握っていた者は、敵としての大衆を持っていなかった。政権が誰の手にあろうと、大衆にはどうでもよかったからである。しかし、一四九四年から一五一二年まで続いた共和政体の記憶がいまや大衆の心の中に深く刻み込まれているので、独裁政治の下で利益を望み得る少数の人びとを除いて、他の人びとは政権を支配している者に敵意を持つことになるからである。なぜなら、彼らは本来、自分たちのものを彼に奪われたと思うからである。

『リコルディ』には、暴君とクーデタについての数多くのリコルドが見出される。暴君の下でいかに身を処すべきか、いかに「名誉」と「利益」を引き出すべきか、といった問題である。他方、デル・ネロの実例からして、共和政が復活した場合、親メディチ派としてどのような報復がなされるか、……おそらくグイッチァルディーニは告発され、処刑され得る場合も想定していたはずである。このような状況にあっていかに対処すべきか、グイッチァルディーニにとって問題は一つである。すなわち、メディチ家が支配している間は、その恩顧を失わず「名誉」と「利益」を確実にすること、他方、メディチ家が倒された場合には共和派からの告発と追求を避けること、この一事である。父親ピエロの処世術である。

『フィレンツェの政体をめぐっての対話』はこのために書かれたものと考えられる。第一巻はメディチ家統治の擁護論であり、第二巻は共和政擁護論である。グイッチァルディーニは、第二巻で提案している混合政体論が現実に実現され得るものとは思ってもいないし、リドルフィの言うように、その意図もない。唯一、自由と共和政に対する忠誠の意を示すのみである。

『フィレンツェの政体をめぐっての対話』とは以上のごときものである。第一巻はグイッチァルディーニの内なるクセノポン、第二巻はアリストテレスを示している。

三　フィレンツェの行政組織について

一四九四年、コジモ以来、六十年間にわたってフィレンツェに君臨してきたメディチ家政権が崩壊する。ピエロ・デ・メディチの対外政策の失敗のためである。ピエロは亡命し、フィレンツェには新しい民主政権（governo popolare）が成立する。この民主政権は様々な問題を抱えつつも一五一二年、スペイン軍の援助のもとにメディチ家が復帰するまで存続する。

この民主政権の諸制度は、一四九四年十二月二十二日―二十三日に成立した有名な法律に基づいている。メディチ政権時代の諸制度、諸機関は廃止される。改革に当たってフィレンツェ人の目指したのはかつて存在していた、古き良き時代の諸制度に復帰することであった。これは極めてルネサンス的な感覚といえる。新しい政権の中核となるのは、一般にコンシーリオ・グランデ（大会議）と呼ばれているものである。当初、これは「民衆《ポポロ》と共同体《コムーネ》の会議《コンシーリオ》」（el Consiglio del popolo et comune）と称された。本来、これは古い起源の二つの独立したコンシーリオであった。一三二〇年代の改革によって、ポデスタ（Podestà）の諮問機関として「コンシーリオ・デル・コムーネ」（構成員二百名）が設置される。「コンシーリオ・デル・ポポロ」（構成員三百名）はカピターノ・デル・ポポロ（Capitano del popolo）の諮問機関である。「コンシーリオ・デル・コムーネ」のメンバーには貴族も選ばれたが、「コンシーリオ・デル・ポポロ」には平民しか認められなかった。その任期は四カ月である。法律の制定に当たっては、これら二つのコンシーリオの三分の二以上の賛成が必要であった。ただし、コンシーリオそのものには立法権はない。メディチ政権下では次第にその権限は他の機関に移されていく。一四九四年、この二つのコンシーリオは解散され、コンシーリオ・グランデの核となっていく。(60)

コンシーリオ・グランデのメンバーになる資格のある人びととは、次のような人びとである。すなわち、一定期間、フィレンツェに居住し、税金を納めている人びとで、本人の名、あるいは父親の名、あるいは祖父の名が三大要職（「シニョリーア」、「十二人の良き人びと」、「十六人ゴンファロニエーリ・ディ・コンパニーア」）のいずれかに、その候補者として袋《ボルサ》に入れられた人びとである。実際にその職に就いたことがあるかどうかは問わない。候補者となっただけでよい。また、コンシーリオ・グランデのメンバーになるには年齢が二十九歳になっていなければならない。法的にはこれらの条件を満たす人びとのみがフィレンツェ市民といえる。したがって、コンシーリオ・グランデとは近代的な議会ではない。フィレンツェ全市民によるコンシーリオである。当時、フィレンツェのこのような市民の数は三千名を少し越える程度であったと考えられている。

コンシーリオ・グランデはまた審議機関でもない。その最も重要な機能は票決と官職者選出である。すなわち、法案と課税の承認をめぐる票決と、様々な官職者の選出である。したがって、コンシーリ

（60）ここでポデスタ職とカピターノ・デル・ポポロ職について簡単に触れておきたい。

ポデスタ職は一二世紀後半、あるいは一三世紀前半に制定されたもので、その起源は古い。当時、ポデスタがフィレンツェの最高の官職であった。任期は当初一年であったが、一二九〇年に至ってポデスタの権力を抑えるために六カ月に短縮される。ポデスタになり得る資格はまず、外国人であること、次いで貴族であること、ゲルフ党に属する者である。ポデスタは国家の首長として、条約に署名し、裁判を行い、戦時には軍の総司令官を兼ねる。しかし一四世紀以降、とくに一五世紀の

オ・グランデと政府諸機関との間には密接な関係が存する。しかも、コンシーリオ・グランデの成員三千人の一人ひとりが官職に就く権利を有している。官職者の選出の方法は、基本的にはくじ引きの方式である。メディチ政権下では手によって（a mano）官職者任命を操作している。コンシーリオ・グランデにおいてはくじ引きと名札による選挙の双方を兼ねるようになる。これについては以下に具体的に触れる。

一四九四年の改革は既存の官僚機構をそのまま温存している。もちろん、メディチ政権下での「百人会《チェント》」、「七十人会《セタンタ》」、「十七人会《ディチアセッテ》」、「八人委員会《オット・ディ・プラティケ》」等々は廃止されたが、古くからの機関は、あるいは復活され、あるいはそのまま引き継がれるのである。

「シニョリーア」（政庁）は国権の最高機関である。これは審議機関でもある。シニョリーアのみが立法権を持つ。立法権といってももちろん、最終的にはコンシーリオ・グランデの承認が必要である。したがって、正確には法案の提出権とでもいうべきであろう。条例に関しては、それ自身の権限で出すことができる。また国事犯に関しては、これを裁くことができる。外交問題に対しても大きな権限を有している。シニョリーアが制定されたのは一二八二年である。商人ギルドが隆盛に向かっていた時期である。当初、シニョリーアを構成するプリオーレに選ばれるのは、七つの大ギルドのいずれかに属する者である。次いで、五つの中ギルドに属する者も資格を認められ、一二九三年以降は九つの小ギルドに属する者も認められる。最初に、プリオーレは三人であった。このシニョリーアがその二カ月の任期を終えた後、プリオーレは六人となる。フィレンツェの三つの区域から二人ずつ選出されるのである。一三四三年、フィレンツェ市は四つの行政区域に分割される。これ以後、プリオーレの数は八名となる。任期は二カ月、報酬はない。名誉職《オノーレ》（onore）である。八名のプリオーレのう

メディチ政権下に至って、ポデスタの大きな権限は次々と他の行政職に奪われていく。わずかに裁判上の権限のみに限定される。さらに、その裁判上の権限も縮小され、最後には三大要職の選出に立ち合う程度の機能しか果たさなくなる。一四九八年に再びその法的権限を回復するが、これも一五〇二年、正義の協議会《コンシーリオ・ディ・ジュスティーツィア》、通称ルオタ（輪）に取って代わられる。ルオタについては『フィレンツェ史』三二七頁参照。
カピターノ・デル・ポポロは一二五〇年、第一民主政《プリモ・ポポロ》（primo popolo）の成立とともに制定される。カピターノ・デル・ポポロの資格もポデスタのそれとまったく同じであ

ち六名は大ギルドから、二人が小ギルドから選出される。プリオーレの選出はまず、有資格者の審査（scrutinio）会議を経た後、資格者の名札が袋《ボルサ》に入れられ、次いでくじ引きの仕方で袋から引き出された名札の者が選ばれるのである。しかし一四三四年以降、くじ引きの仕方が変化する。手による操作が行われるようになるからである。アッコピアトーリ（accoppiatori）の仕事は通常では資格審査会議の決定に従って、三大要職に就ける有資格者の名札を適切に袋に入れていくことである。シニョリーアの選出に当たっては、二種類の袋が用いられる。一般の袋《ボルサ・ジェネラーレ》（borsa generale）と、小さな袋《ボルセリーノ》（borsellino）である。全部で七つの袋が使われる。小ギルドから選出される二名は、同一の袋が使われるからである。当然ながら、小さな袋に入れられた場合、選出される確率は高くなる。アッコピアトーリには名札をどの袋に入れるかを決定する権限が与えられている。その前に資格審査会議がある。メディチ政権はこの審査会議をも支配している。選出が手で行われる限り、アッコピアトーリはその結果に決定的な影響力を発揮し得たのである。

シニョリーアを主宰するのは「正義のゴンファロニエーレ」（Gonfaloniere di Giustizia）である。一二九三年、正義の法令によって制定される。フィレンツェ共和国の首長である。任期はプリオーレと同じく二カ月である。ゴンファロニエーレの選出方法もプリオーレと同様、くじである。ゴンファロニエーレになる資格は小ギルドに属する者には与えられていない。一五〇二年、ゴンファロニエーレ職は終身となる。選出されたのはピエロ・ソデリーニであるが、一五一二年、メディチ家の帰還とともに追放され、終身ゴンファロニエーレ制は廃止される。

シニョリーアは二つの諮問機関を持つ。いわゆる本文でコレッジといわれているものを構成する。すなわち「十二人の良き人びと」（Dodici Buonuomini）と、「十六人ゴンファロニエーリ・ディ・コ

る。任期は一年であったが一二九〇年、六カ月に縮小される。裁判上の権限以外、カピターノ・デル・ポポロは市民軍の指揮官である。ポデスタは総司令官であったが、ポデスタの率いるのは騎兵である。市民軍はフィレンツェ市民で二十中隊、農村部で九十六である。この中隊はゴンファーニと呼ばれる。ゴンファーニは軍旗を意味する。シニョリーアとゴンファロニエーレ・ディ・ジュスティーツァが登場するまで、ポデスタとカピターノ・デル・ポポロがフィレンツェの最高職であった。一四世紀になると、権限は他の機関に奪われていく。メディチ政権下では政治犯を裁くバリーア（大

ンパニーア」(Sedici Gonfalonieri di Compagnia) である。「十二人の良き人びと」は一三二一年、シニョリーアを監視するために制定される。「十六人ゴンファロニエーリ・ディ・コンパニーア」は当初は十九名であったが、一三四三年、フィレンツェが四つの区域に分割された時に十六名となる。これらはシニョリーアとともに、フィレンツェの三大要職（i tre maggiori）といわれている。シニョリーアが法案を作成し、それを通過させるためにはまずこれら二つの機関に諮り、その後、コンシーリオ・グランデに上程されるのである。「十二人」の任期は三カ月、「十六人ゴンファロニエーリ」は四カ月である。選出方法はくじ引きであった。しかし、グイッチァルディーニの時代にあっては、コレッジは既に政治的な意味を失っている。しかしその権威は高かった。

この他、フィレンツェの行政機関で重要なものは次の三つである。「八人委員会《オット・ディ・グァルディア》」、「十人委員会《ディエチ・ディ・バリーア》」、「モンテ局」(Ufficiali di Monte) がそれである。「十人委員会」は一三八四年に制定されたものである。対外戦争と外交を担当する。一四九四年以降は「自由と平和の十人《ディエチ・ディ・リベルタ・エ・パーチェ》」(Dieci di libertà e pace) と呼ばれる。任期は六カ月、場合によっては延長される。シニョリーアとコレッジによって選出される。グイッチァルディーニは本文ではなぜか「自由と平和の十人」とは呼ばず、旧来の「ディエチ・ディ・バリーア」を用いている。マキァヴェリが書記官として仕えたのは、この「自由と平和の十人」である。

「オット・ディ・グァルディア」（八人委員会[61]）はチオンピの乱の鎮圧直後、一三七八年に設置されたもので、政治犯の逮捕、審問を行う。その後、一般の刑事・民事事件も扱うようになる。任期は六カ月、後に四カ月となる。選出はくじ、あるいはシニョリーアによって選出される。この機関で解決できなかった重大な国事犯は、特別の「四十人法廷《クァランティア》」(Quarantia) に委ねられる。「モンテ局」は

権）を与えられたりするが、次第にオット・ディ・グァルディアに取って代わられ、一四七七年、カピターノ・デル・ポポロは廃止される。一四九八年、再び導入されるが、ポデスタ同様、これも一五〇二年、ルオタに取って代わられる。

(61) otto di Guardia

一三四三年に設置されたもので、公債を扱ったが、次第に税の徴集、その他、有力市民によるフィレンツェに対する貸し付け金の徴集など、広くフィレンツェの財政問題を扱うようになる。五年に一度、あるいは必要が生じた場合、モンテの改革が行われる。主として利率の変更がその目的である。一四九四年以降、改革は定期的に毎年行われることになる。

この他、支配下の都市を統治するために派遣される重要な役職がある。ポデスタあるいはカピターノ（Capitano）という古色蒼然たる称号を有す。ピサ、ピストイア、アレッツォ、ヴォルテルラ、コルトナ、リヴォルノ等々に派遣される。任期は一年である。この他、フィレンツェには病院の監督官、警察長官《バルジェルロ》（Bargello）、警吏、獄吏、風俗取締官などの役職もある。「ノタイオ・デルレ・リフォルマジョーニ」（notaio delle riformagioni）を「立法公証人」として訳しておいたが（『フィレンツェ史』一六四頁）、これには説明が必要であろう。公証人であるが、法案を作成し公認する仕事を行う。また、様々なコンシーリオでの票決の記録も行う。コンシーリオでシニョリーアを代表して演説し、また、各演説者の記録を行うことができる。シニョリーア付きの公証人である。

最後に、フィレンツェにとって重要な特別職を二つあげねばならない。まず、インバシァドーレ（Imbasciadore）、あるいはオラトーレと呼ばれている。外国に派遣されるいわゆる外交官である。インバシァドーレもオラトーレも、大使あるいは使節と訳してある。任命されるのは主として名門貴族層である。これには高額の報酬が保証されている。もう一つはコメサーリオである。これは緊急の問題が生じた時に任命される特別職である。とくに戦争の際に任命される。フィレンツェが戦争を行う際、兵の徴集、糧食の調達等々を行う広汎な権限を持っている。ただし、兵の指揮権はない。「特別委員」という訳語も考えたが、あえて訳さなかった。なお、コメサーリオ・ジェネラーレ（Commesario generale）という役職も登場するが、複数のコメサーリオが任命された場合、全員を代表する上位の役職を意味している。コメサーリオに任命されるのは通常、名門貴族層である。ピサ作戦では、マキァヴェリも例外的にこれに任命されている。(62)

フィレンツェの行政職の特徴は、任期が極めて短期間であるという点に存する。こうした措置の目的は、できるだけ素早く役職を、税金を支払って一定期間、フィレンツェに在住しているすべての市民の間に回転させることにある。これはフィレンツェが未だ小さな都市であった時代のシステムである。当時は、役職に就くことは市民の義務であった。任期が短いことは、市民が本業に専念するための時間を不当に奪われないことを保証するものであった。しかし時の経過とともに、短い任期の意味が変化してくる。すなわち、僭主の出現を防ぐためのものと考えられるようになる。さらにフィレンツェが成長するにつれて、その行政も拡大され、役職に就く態度も変わってくる。三大要職は無給であった。名誉職《オノーレ》（onore）である。やがてフィレンツェの驚異的な経済的・政治的発展の結果、報酬の支払われる官職が増加し、官職に就くことはかつては義務であったが、いまや積極的に追い求める魅力あるものとなる。官職に就くことは利益《ウティーレ》（utile）をもたらすのである。一四九四年以後、コンシーリオ・グランデがこれらすべての官職を選出することになるが、コンシーリオ・グランデのメンバーはすべて官職に就く資格を有しているのである。フィレンツェの市民はすべて官職に就き、その利益を享受する権利を持っているのである。しかし官職の数は限られており、二十九歳以上の市民の数は三千を越えている。したがって、官職の循環を市民の間に公平に行うために、様々な禁止条項（divieti）が設けられる。一定の官職に就いた者は一定期間、他の官職に就くことはできない。同一家族の成員も同時に就くことはできない。一定の重要な官職については年齢制限も設けられる。それ

（62）ピサ作戦については拙著『生涯と時代』上巻八八―九〇頁参照。なお、本書ではグイッチァルディーニに従ってコメサーリオと表記しているが、現代イタリア語ではコミサーリオであろう。

では具体的にどのような手続きによって官職に就けるのか。重複を厭わず、次に整理する。

すべての市民が官職に就かねばならぬというフィレンツェ初期の考え方、また、権利として官職に就けるという一四九四年以後の考え方は、市民を官職に任命するその方法に示されている。それぞれの官職に対して資格のあるすべての市民の一覧表が、資格審査会議を経て作成される。まず、そながら、これらの一覧表は絶えず修正され作り直される)。次いで、有資格者の姓名の書かれた名札がアッコピアトーリによって赤い革の袋《ボルサ》に入れられ、その袋からくじ引きの要領で取り出された者が官職に就くことになるが、その前に税を納めているかどうか、禁止条項に触れないかどうかが検討される。これらすべてをクリアした後に初めて、官職に就くことが可能となる。メディチ政権時代は手によって操作されていたことは先に触れた通りである。

以上、複雑なフィレンツェの行政機構を単純に概括したが、しかし実際は不明な点が多いのである。同じ名称でも時代によってその機能が変化し、実際にはどのような役割を果たしたかうかがい知れないのである。グイッチァルディーニ自身、フィレンツェの諸制度については詳細に語ってくれないのである。曖昧な点が残るのである。かつて、グイッチァルディーニは歴史家について次のように語ったことがある。

「すべての歴史家は例外なく次の点において誤りを冒してきたように私には思われる。すなわち、同時代にあってよく知られている多くのことを誰もが知っているからという前提のもとに書き残すのを怠ったという点においてである。このことからして今日、ギリシャ史やローマ史、その他の歴史における極めて多くの点についての知識が望まれているという次第である。たとえば、種々の行政官の間の権威や相違について、政権について、軍隊組織について、都市の大きさについて、その他、著者の時代にはよく知られており、そのために省略された多くの物事について、知識を欠いているのである。もし歴史家が、時とともに諸都市は滅亡し物事の記憶は失われていくこと、歴史とは物事の記憶を永久にとどめておくためにのみ書かれるということを考えたなら、彼らはもっと注意して勤勉にそれらを書き残したであろう。そうなれば、遠く隔たった時代に生を享けた者もそこに描かれている同時代の人びと同様、すべての物事を眼の前にあるかのごとく知ることができるであろう。まさに歴史の目的はそれなのである。」（『リコルディ』C一四三）

なお「解説」一は拙訳『グイッチァルディーニの「訓戒と意見」』の解説の一部を加筆訂正したものである。

二は同じく拙著『グイッチァルディーニの生涯と時代』下巻「フィレンツェの政体をめぐっての対話について」（五三—七五頁）に手を加えたものである。

三はグイッチァルディーニの拙訳『フィレンツェ史』の「解説」三をそのまま転載したものである。

人名索引（「登場人物案内」および「年表」中に出る人名は除く）

ア行

アウグストゥス，カエサル・オクタヴィアーヌス Augustus, Caesar Octavianus ………212–3
アテネ公，ブリアンヌ・ゴーティエ Brienne Gautier ………131
アラゴン家 Aragon ………114
アリストテレス Aristoteles ………18, 356, 359, 362
アルビッツィ，メッセル・マーゾ・デリ Albizzi, Messer Maso degli ………45, 47
アルフォンソ 1 世 Alfonso Ⅰ ………103–4
アルフォンソ 2 世 Alfonso Ⅱ ………104
アレクサンデル 6 世 Alexander Ⅵ ………113–4
アレクサンドロス大王 Alexander Ⅲ ………18, 105, 295, 356, 359
アンジュー家 Anjou ………113
アントニウス Antonius ………212
イザベラ（カスティリア女王）Isabella ………274
ヴァルキ，ベネデット Varchi, Benedetto ………334
ヴィスコンティ，ジァン・ガレアッツォ Visconti, Gian Galeazzo ………47, 100
ヴィスコンティ，フィリッポ・マリア Filippo Maria ………100–1, 110
ヴィッテルリ，パオロ Vitelli, Paolo ………105
ヴェットリ，フランチェスコ Vettori, Francesco ………335
ウェーバー，マックス Weber, Max ………40, 242, 263, 350
ウッザーノ，ニッコロ・ダ Uzzano, Niccolò da ………45, 100, 110
オルシニ家 Orsini ………56, 60
オルシニ，アルフォンシーナ Orsini, Alfonsina ………60
オルシニ，クラリーチェ Clarice ………60

カ行

カエサル，ユリウス Caesar, Julius ………265, 295
カッシウス Cassius ………265
カッポーニ，ジーノ・ディ・ネリ Capponi, Gino di Neri（対話者ピエロの曽祖父） ………30, 45, 240
カッポーニ，ニッコロ Niccolò ………332
カッポーニ，ネリ・ディ・ジーノ Neri di Gino（ピエロの祖父） ………32, 37, 245
カッポーニ，ピエロ・ディ・ジーノ Piero di Gino（対話者） ………17, 23, 27, 32, 37, 43, 58–9, 61, 73, 78, 82, 86, 90, 115–20, 137, 146, 347–8, 352–3
カネストリーニ，ジュゼッペ Canestrini, Giuseppe ………2, 326
カール 5 世 Karl Ⅴ ………115, 238, 267, 271, 289, 326, 331–3, 337–8, 346
偽アレオパギタ Pseudo-Areopagita ………15
キュロス大王 Cyrus Ⅱ ………18, 356
ギルバート，フェーリクス Gilbert, Felix ………45

グイッチァルディーニ，ピエロ・ディ・メッセル・ルイジ
Guicciardini, Piero di Messer Luigi ……32
グイッチァルディーニ，ピエロ・ディ・ヤコポ（対話者）Piero di Jacopo ……23, 27, 30–3, 35, 37, 49, 60, 64, 122, 142, 150, 168–70, 191, 205, 222, 228, 232, 278, 329, 343, 347–50, 361
グイッチァルディーニ，フランチェスコ・ディ・ピエロ Francesco di Piero ……2–3, 17–8, 23, 25, 29–32, 39–40, 43, 45–6, 48, 50, 54–8, 61, 73, 84, 87, 92, 95, 97, 100, 104, 114–5, 135, 141–2, 144, 180, 190–1, 202, 209, 213, 221–2, 226, 238–9, 248, 250, 256, 258–60, 262–3, 266–7, 271, 274, 276, 284, 286, 289, 325–48, 350–1, 353–62, 366, 369–70
グイッチァルディーニ，メッセル・ルイジ・ディ・ピエロ（4代前の先祖）
Messer Luigi di Piero ……32, 46
グイッチァルディーニ，ヤコポ・ディ・ピエロ（祖父）Jacopo di Piero ……32
グイッチァルディーニ，ルイジ・ディ・ピエロ（大伯父）Luigi di Piero ……97
クセノポン Xenophon ……18, 356, 359, 362
グラックス，ガイウス Gracchus, Gaius ……222, 228, 231
グラックス，ティベリウス Tiberius ……222, 228, 231
グレゴリウス11世 Gregorius XI ……167
クレメンス7世 Clemens VII，ジューリオ・ディ・メディチ Giulio de' Medici ……17–8, 115, 142, 238, 263, 267, 281, 289, 325–6, 330–2, 334–42, 346, 355–8
ゲリ，ゴーロ Gheri, Golo ……276
コロンナ，プロスペロ Colonna, Prospero ……271–2, 335
コロンボ，チェーザレ Colombo, Cesare ……339, 341, 343

サ行

サヴォナローラ，ジローラモ Savonarola, Girolamo ……38, 41, 44, 100, 191, 291, 329, 333, 347–8, 357
サッソー，ジェンナロ Sasso, Gennaro ……346
サドレート Sadoleto ……341
サルヴィアーティ，アラマンノ Salviati, Alamanno ……180, 286
サルヴィアーティ，マリア Maria ……286, 330
サルヴィアーティ，ヤコポ Jacopo ……338, 340
シェーンベルク，ニッコロ Schönberg, Niccolò ……338, 340
シクストゥス4世，フランチェスコ・デルラ・ローヴェレ
Sixtus IV, Francesco della Rovere ……56
シモンズ J. A. Symonds ……327–8, 334
シャルル8世 Charles VIII（フランス王） ……56, 104, 112–4, 238, 251, 271, 329, 347
スカーリ，ジョルジョ Scali, Giorgio ……47, 209
スキピオ家 Scipio ……219
スフォルツァ家 Sforza ……55
スフォルツァ，カテリーナ Sforza, Caterina ……342
スフォルツァ，フランチェスコ Francesco ……101, 104
スフォルツァ，ロドヴィーコ・イル・モロ Lodovico il Moro ……102, 104, 113–4, 271
スポンガノ，ラファエレ Spongano Raffaele ……256, 266

スッラ，ルーキウス・コルネリウス Sulla, Lucius Cornelius ……………………212, 231
セルヴィウス，トゥルリウス Servius, Tullius ………………………………………225
セル・ジョヴァンニ・ダ・ポッピ Ser Giovanni da Poppi ……………………………276
セル・ベルナルディーノ・ダ・サン・ミニアート Ser Bernardino da San Miniato
………276
ソデリーニ，パゴラントーニオ・ディ・メッセル・トッマーゾ（対話者）
Soderini, Pagolantonio di Messer Tommaso ………17 ,23, 27, 32, 37–9, 50, 59, 60–1, 65, 70, 72, 77, 109, 115, 120–2, 125–6, 129, 135, 137, 141, 160, 164, 172, 197, 210, 347–9, 352–4
ソデリーニ，ピエロ・ディ・メッセル・トッマーゾ（終身ゴンファロニエーレ）
Piero di Messer Tommaso ………16, 160, 174, 180, 189, 202, 215, 263, 285–6, 330, 357
ソデリーニ，フランチェスコ Francesco（ヴォルテッラ司教，枢機卿） ……………357
ソデリーニ，メッセル・トッマーゾ・ディ・ロレンツォ
Messer Tommaso di Lorenzo ……………………………………………………32

タ行

タルクイニウス・スペルブス Tarquinius Superbus …………………………225, 243
ダンドロ，アンドレア Dandolo Andrea …………………………………………219
チェーリ，レンツォ・ダ Ceri, Lenzo da ………………………………………357–8
ディアッチェート，ヤコポ Diacceto, Jacopo ……………………………………358
テオポンプス Theopompus ……………………………………………………215
デ・サンクティス De Sanctis …………………………………………327–8, 334
デル・ネロ，ベルナルド（対話者）del Nero, Bernardo
……17–8, 27–8, 30, 47, 60–1, 64, 87, 95, 150–1, 190–1, 220, 250, 253–4, 347–55, 361
ドヴィツィ，セル・ピエロ・ダ・ビッビエーナ Dovizi, Ser Piero da Bibbiena ………61
ドン・ミケレット Don Micheletto ……………………………………………144

ナ行

ナルディ Nardi ………………………………………………………………357–8

ハ行

パッツィ家 Pazzi ……………………………………………………56, 58–9, 119
パッツィ，レナート・ディ・ピエロ Pazzi, Renato di Piero ………………………59
ハドリアーヌス 6 世 Hadrianus Ⅵ ……………………………………………336
バリオーニ家 Baglioni ……………………………………………………………50
ビッビエーナ，セル・ピエロ・ダ →ドヴィツィ
ファビウス・マキシムス Fabius Maximus ………………………………………288
フィチーノ，マルシーリオ Ficino, Marsilio ………………29–31, 88, 91, 258, 329, 349–50
フェルディナンド（アラゴン王）Ferdinando ……………………115, 273–4, 281, 330
フェルランド 1 世（フェルランテ，ナポリ王）Ferrando Ⅰ（Ferrante） …………56–7
フォスカリ，フランチェスコ Foscari, Francesco ………………………………219
フォルテブラッチョ，ニッコロ・ディ・ステッラ Fortebraccio, Niccolò di Stella
………110

ブオンデルモンティ，ツァノービ Buondelmonti, Zanobi ……358
プッチョ・ディ・アントーニオ・プッチ Puccio di Antonio Pucci ……54
プトレマイオス Ptolemaios ……265
プラトン Platon ……15, 88, 91, 155, 181
フランソア１世 François Ⅰ ……115, 238, 271, 331, 337–8
ブルートゥス，ユニウス Brutus, junius ……244
ブルートゥス，マルクス・ユニウス Marcus junius ……265
ペスカラ侯 Marquis Pescara ……281–2, 335
ヘシオドス Hesiodos ……209
ペトラルカ Petrarca ……219
ベナフラ，アントーニオ・ダ Venafra, Antonio da ……271
ペリクレス Pericles ……200
ベンティヴォーリオ家 Bentivoglio ……50
ベンティヴォーリオ，アンニバーレ Annibale ……245
ベンティヴォーリオ，エルコーレ Ercole ……245
ベンティヴォーリオ，サンティ Santi ……245
ボッロメイ家 Borromei ……58
ボニファキウス９世 Bonifacius Ⅸ ……219
ボルジア，チェーザレ Borgia, Cesare ……100
ポンペイウス Pompeius ……231

マ行

マキァヴェリ，ニッコロ Machiavelli, Niccolò ……39, 54, 108–9, 141–5, 148, 154, 160, 191, 221, 262, 274, 278, 288, 325–6, 330, 335–47, 358, 366, 368
マクシミーリアーン１世（皇帝）Maximilian Ⅰ ……113, 115
マリウス，ガイウス Marius, Gaius ……231
マリスコッタ Mariscotta ……343–4, 346
メディチ，アレッサンドロ・デ Medici, Alessandro ……267, 334
メディチ，コジモ・デ Cosimo de' ……25, 33, 37, 44, 50, 54, 59–60, 84, 101, 104, 124, 131, 140, 182, 209, 247, 291, 329, 348, 362
メディチ，コジモ・ディ・ジョヴァンニ（コジモ１世）Cosimo di Giovanni ……267, 334, 342
メディチ，ジュリアーノ・ディ・ピエロ Giuliano di Piero ……25, 245, 349
メディチ，ジュリアーノ（ネムール公）Giuliano ……246–7
メディチ，ジョヴァンニ・ディ・ピエールフランチェスコ Giovanni di Pierfrancesco ……125, 342
メディチ，ジョヴァンニ・ディ・ロレンツォ Giovanni di Lorenzo →レオ10世
メディチ，ジョヴァンニ・デルレ・バンデ・ネレ Giovanni delle Bande nere ……342
メディチ，ピエロ・ディ・コジモ（痛風病み）Piero di Cosimo ……25, 124, 329, 348
メディチ，ピエロ・ディ・ロレンツォ Piero di Lorenzo ……17–8, 24, 28–9, 32, 44, 46, 56, 60–1, 84, 93, 102, 104, 114, 121, 123–5, 129–30, 135, 137, 207, 222, 242, 246–7, 250–1, 326, 347–8, 362
メディチ，ロレンツィーノ Lorenzino ……334
メディチ，ロレンツォ・イル・マニーフィコ Lorenzo il Magnifico ……25, 32–3,

50–2, 55–61, 63, 76, 81, 84, 86, 92–4, 97, 104, 117–21, 123–5, 135, 138, 140, 175, 198, 245, 329, 348–9, 353, 355
メディチ，ロレンツォ・ディ・ピエールフランチェスコ Lorenzo di Pierfrancesco ………245
メディチ，ロレンツォ・ディ・ピエロ（ウルビーノ公）Lorenzo di Piero ………247, 276, 326, 336, 357

ヤ行

ユリウス2世 Julius Ⅱ ……………………………………………………………273, 330–1

ラ行

ラディスラオ（ナポリ王）Ladislao ……………………………………………………………47
ランゴーニ，グイド Rangoni, Guido ……………………………………………………357
ランフレディーニ，ジョヴァンニ・オルシニ Lanfredini, Giovanni Orsini ………198–9
リアーリオ，ジローラモ Riario, Girolamo ………………………………………………56
リヴィウス，ティトゥス Livius, Titus ………………………………………168, 230–1, 296
リクルゴス Licurgos ………………………………………………………………………213
リドルフィ，ロベルト Ridolfi, Robert …………………330, 335, 337, 339–40, 344–5, 362
ルイ12世（フランス王）Louis Ⅻ ………………………………………………238, 271, 273
ルター，マルティン Luther, Martin ……………………………………………………359
ルッチェライ，コジモ・ディ・ベルナルド Rucellai, Cosimo di Bernardo …………125
ルッチェライ，ベルナルド Bernardo ……………………………………………………125
レオ10世 Leo X，ジョヴァンニ・デ・メディチ Giovanni de' Medici ………17–8, 246, 248, 325, 331, 335–6, 341, 355–7

付記

本書の出版に当たっては、就実学園に心から感謝したい。学園の出版助成金なしには、この仕事はなされなかったからである。また太陽出版社主の籠宮良治氏にも感謝の意を申し述べたい。氏の懇切丁寧な、しかも適切な校正上の忠告なしにはこの書の出版はかくも迅速にはなされなかったであろう。

平成十二年三月吉日　記

フィレンツェの政体をめぐっての対話

末吉孝州（すえよし・たかくに）
1935年、東京生まれ。早稲田大学大学院博士課程修了。専門はヨーロッパ近代思想史および精神史。鹿児島短期大学教養科教授を経て、現在、就実女子大学文学部史学科教授。この間、鹿児島大学（教養部、法文学部）、鹿児島経済大学、富山大学（教育学部）、吉備国際大学講師を歴任。
〈著書〉『第一次世界大戦とドイツ精神』（1990年、太陽出版）、『グイッチァルディーニの生涯と時代』（上・下巻、1997－98年、太陽出版）。〈訳書〉『グイッチァルディーニの「訓戒と意見」（リコルディ）』（1996年、太陽出版）、『フィレンツェ史』（1999年、太陽出版）、『ルネサンス哲学における個と宇宙』（1999年、太陽出版）、『フィレンツェの政体をめぐっての対話』（2000年、太陽出版）。〈主要論文〉「マキァヴェリと近代世界」（史観・第72冊、第73冊）、「マキァヴェリにおけるドイツ観と古典古代」（鹿短大研究紀要第16号）、「古代英知論再考――フランシス・ベーコンの世界」（就実女子大学史学論集第７号）、その他。

2000年３月30日　第１刷

著　者――F.グイッチァルディーニ
訳　者――末　吉　孝　州
発行者――籠　宮　良　治
発行所――太　陽　出　版

東京都文京区本郷 4-1-14 〒113-0033 ☎03（3814）0471

装幀＝山城　猛（スパイラル）
米子プリント社／井上製本
ISBN4－88469－196－２

グイッチァルディーニの生涯と時代［上・下］

——グイッチァルディーニ研究序説——末吉孝州＝著

◉近代政治思想・歴史思想の源流を探る

イタリア・ルネサンス期に生きた理想主義者マキァヴェリと並ぶ、知的現実主義者フランチェスコ・グイッチァルディーニの精神・思想・人間性を、門外不出の訓戒の書『リコルディ』を通して究明し、ルネサンス崩壊期の時代精神とその質的転換の軌跡に光をあてる。『フィレンツェ史』『イタリア史』の著者の詳細な伝記。

★第21回「マルコ・ポーロ賞」受賞!!

「未知のルネサンスの代表的人物を日本に初めて紹介」— 同賞選考委員会

◉A5判／上製／［付］口絵、地図、年表——

［上巻］三五二頁／本体四五〇〇円＋税
［下巻］四四八頁／本体五八〇〇円＋税

グイッチァルディーニの「訓戒と意見」―【リコルディ】

フランチェスコ・グイッチァルディーニ／末吉孝州＝訳・解説

◉イタリア・ルネサンス期における一政治家の「訓戒と意見」を完全収録―

近代政治思想史の泰斗・理想主義者マキァヴェリと並ぶ、知的現実主義者F・グイッチァルディーニの慧眼。卑俗な世渡りの智恵から高度な政治的行動の格率に至るまで、門外不出の『リコルディ』が時代を超えていま、現代によみがえる。

四六判／上製／二八〇頁／価格二七〇〇円＋税

『グイッチァルディーニの生涯と時代』を補完する第一級の歴史的資料。